KB184340

2025 대비
고졸 검정고시
기출문제집

문제

저자 블랙고시마스터 신

선택과목 **도덕, 기술 가정, 체육, 음악, 미술** 모두 포함

새롭게 바뀐 범위 2021년부터 8회분 기출문제 수록

검정고시 과외 15년 경력, 100%합격생 배출

Blackgosi Master

유튜브 채널 "검정고시마스터 SHIN"
저자 직강 무료 강의 전체제공

머리말

안녕하세요! 블랙고시마스터 신입니다.
저는 15년간 검정고시를 준비하는 학생들과 함께 해 온 베테랑 선생이죠.

검정고시 합격을 위해 각자가 가지고 있는 기초지식으로 단기간에 최고의 점수를 낼 수 있을지를 고민하며 한 명 한 명 수업을 해 왔습니다. 그래서 제 수업은 "맞춤형 전략" 으로 학생의 성향과 학습 스타일을 분석해 강점은 키우고 약점은 보완해서 수업을 했고 수업의 목표는 무조건 합격 이였고 결과도 당연 전원 합격입니다!

15년간 10대부터 60대까지 다양한 연령대의 학생들과 함께하며, 원서 접수 기간을 놓쳤거나 시험장에 가지 않은 부득이한 경우를 제외하고 응시한 모든 학생이 합격했습니다.

제가 생각하는 검정고시 시험은 단순한 자격 시험이 아니라 새로운 문을 여는 기회입니다 ^_____^
검정고시에 도전하는 이유는 각자 다르겠지만, 합격 후 펼쳐질 새로운 가능성과 꿈을 상상해보세요!
기출문제 반복 풀이만 제대로 해도, 합격은 시간 문제입니다!

여러분도 할 수 있습니다.
우리 함께 검정고시의 문을 열어볼까요?
검정고시 마스터 신과 함께!
우리 모두 파이팅입니다!

2025년 1월
저자 **블랙고시 마스터 신**

더 많은 도움이 필요하다면?

♫**유튜브 검정고시마스터 SHIN**
　기출문제 해설 강의와 대학 입시 꿀팁까지

♫**네이버 까페** https://cafe.naver.com/blakgosimaster
　교재 관련 문의사항이나 검정고시와 입시에 대해 생기는 궁금증 해결

♫**공식 기출문제 다운로드** 한국교육과정평가원 ↻ kice.re.kr

♫**카카오톡 오픈채팅 블랙고시마스터** https://open.kakao.com/me/blackgosimaster
　수업 중엔 칼답 약속을 못하지만, 검정고시 관련 문의 사항에 최대한 빨리 답 드릴께요

<2025년 고졸 검정고시 출제 계획>

1. 기본 원칙

가. 2015 개정 교육과정에서 출제

나. 검정고시 시험 목적에 부합하는 출제 적정 난이도 유지

2. 출제 수준

고등학교 졸업정도의 지식과 그 응용능력을 측정할 수 있는 수준

3. 세부 출제 기준 및 방향

가. 세부 출제 기준

1) 각 교과의 검정(또는 인정)교과서를 활용하는 출제 방식
- 가급적 최소 3종 이상의 교과서에서 공통으로 다루고 있는 내용으로 출제(단, 국어와 영어 지문의 경우 공통으로 다루고 있는 교과서 종수와 관계없으며, 교과서 외 지문도 활용 가능)

2) 고졸 검정고시 '교과별' 출제 대상 과목
- 2015 개정 교육과정에 따른 고등학교 과목에서 고졸 검정고시 교과별 출제 범위가 되는 대상 과목은 다음과 같음.

구분	2025년	
	교과	출제 범위(과목)
필수	국어	국어
	수학	수학
	영어	영어
	사회	통합 사회
	과학	통합 과학
	한국사	한국사
선택	도덕	생활과 윤리
	기술 · 가정	기술 · 가정
	체육	체육
	음악	음악
	미술	미술

나. 세부 출제 방향

1) 문제은행(기출문항 포함) 출제 방식을 고졸은 적용하지 않음.

다. 출제 난이도

1) 최근 5년간 평균 합격률을 고려하여 적정 난이도 유지

4. 출제 형식 및 배점

가. 문제지

구분	형식
규격	8절 중절지 양면 인쇄(단, 중졸 · 고졸 국어는 8절 4면)
유형	단일형 인쇄

나. 문항

1) 문항형식 : 객관식 4지 택 1형
2) 출제 문항수 및 배점
   - 문항 수 : 각 과목별 25문항 (단, 수학은 20문항)
   - 배점 : 각 과목별 1문항 당 4점 (단, 수학은 1문항 당 5점)

구분		1교시	2교시	3교시	4교시		5교시	6교시	7교시
시간		09:00 ~09:40	10:00 ~10:40	11:00 ~11:40	12:00 ~12:40	중식 12:30 ~13:30	13:40 ~14:10	14:30 ~15:00	15:20 ~15:50
		40분	40분	40분	30분		30분	30분	30분
과목	고졸	국어	수학	영어	사회		과학	한국사	선택

※ 지체, 시각장애인 등에 대한 고사시간 연장에 대해서는 시 · 도 교육청이 적의 조정 시행

6. 검정고시 교과목

- 필수 : 국어, 수학, 영어, 사회, 과학, 한국사 (6과목)
- 선택 : 도덕, 기술.가정, 체육, 음악, 미술 과목 중 1과목

7. 고졸 검정고시 출제 범위 교과서 안내

교과	출제 범위(과목)	대상 교과서
국어	국어	교육부 검정(2017.09.08)
수학	수학	교육부 검정(2017.09.08)
영어	영어	교육부 검정(2017.09.08)
사회	통합사회	교육부 검정(2017.09.08)
과학	통합과학	교육부 검정(2017.09.08)
한국사	한국사	교육부 검정(2019.11.27)
도덕	생활과 윤리	교육부 검정(2017.09.08)
기술·가정	기술·가정	경상북도교육감 인정 15-경북-18-고교-17-(001, 002, 003, 004, 005, 006, 007, 008, 009, 010, 011, 012)
체육	체육	서울특별시교육감 인정 15-서울-16-고교-17-(016, 017, 018, 019, 020, 021, 022, 023, 024, 025, 026)
음악	음악	대전광역시교육감 인정 15-대전-17-고교-17-(001, 002, 003, 004, 005, 006, 007, 008, 009, 010)
미술	미술	경기도교육감 인정 15-경기-17-고교-17-(001, 002, 003, 004, 005, 006, 007, 008, 009, 010)

목차 contents

필수 과목

사회

과학

한국사

목차 contents

선택 과목

음악

미술

유튜브 강의 후기

2023년 1회 시험 합격자 후기

@익명 - q3r5W
시험 끝나자마자 선생님 생각이 바로 났어요 정말 너무 너무 감사드려요...제가 자퇴하기 전에는 정말 성적은 늘 바닥이었고 살아가면서 성공이라는 걸 해본 적 없었어요 그래서 스스로가 너무 한심했고 엄마한텐 너무 미안해서 다 포기하고 싶다는 생각이 가득 했었어요. 그런데 오늘 시험 끝나고 한 과목 빼고 다 백점인거 채점하면서 정말 눈물이 났어요. 저도 할 수 있는 사람이라는 걸 괜시리 깨달아서 그랬나봐요 정말 감사드린다는 말을 넘어서 표현하고 싶은데 차마 표현할 수 없는 제 머리가 탓스러울 지경이에요. 선생님 이번 시험을 계기로 할 수 있다는 큰 생각의 힘을 가질 수 있게 됐고, 이제 꿈을 갖고 이정도면 됐다는 생각 가질 때까지 노력이라는 걸 이번엔 해보고 싶어요. 전부 선생님께서 제게 주신것들이에요.
정말 너무 감사드리고 제 올해의 시작을 선생님과 함께여서 기뻤어요. 감사해요!

@user - ik5lv5ub7m
쌤은 제 불안과 걱정, 긴장을 모두 떨쳐주신 분. 중학교 때는 공부를 잘 하는 편이고 많이 했는데, 고등학교 와서는 아예 손을 놔버렸거든요 그래서 걱정도 너무 많이 되고 고득점을 맞지 못하면 제 자존심이 허락을 안해서 잘 해보려고 여러 영상도 찾고 하다가 짧은 시간안에 효율성 있는게 쌤 영상이더라고요. 그 때의 배경지식과 쌤 영상으로 내용 이해하고 문제집을 푸니까 진짜 합격은 당연히 할 수 있겠구나 생각했어요. 시험 볼 때 점심시간에도 쌤 영상 봤고요, 쌤이 예상하셨던 문제들도 주의 깊게 보면서 풀었어요. 아쉽게 한 문제 틀렸지만 거의 70프로는 쌤 덕분입니다.

@히히 - gbz4k
정말 해냈어요. 너무 막막했는데 쌤 영상만 보고 600점이 넘었네요. 나이 먹고 공부하는게 쉬운 일이 아니었는데, 너무 감사합니다~ ^ ^ 그리고 시험장에서 선생님 영상을 보고 계신 분이 있더라고요. 너무 반가웠어요~ ^ ^

2023년 2회 시험 합격자 후기

@메메메메 - y4g
늦은 나이에 고졸에 필요성을 많이 느끼고 공부를 시작했다가 펜을 놓은 지가 오래되어 정말 막막해 하고 있던 찰나에 우연찮게 검정고시마스터 신 이라는 채널을 알게되었고, 정말 많은 도움을 얻어 이번 23년도 8월 시험 잘 치루고 가답안 맞춰보니 합격을 했네요. 누구에겐 별거 아닐 수 있지만 오랜세월 펜을 놓은 저로써는 공부라는 진입 장벽을 너무 쉽게 무너뜨리게 해 준 채널입니다. 다시한번 정말 감사드립니다. 도덕 96점, 영어 84점, 국어 72점, 수학 75점, 사회 84점, 과학 80점, 국사 80점

@아띠랑스 - s4q
오늘 시험 잘 치르고 왔습니다. 쌤 덕분에 한국사 92점 나왔어요. 그리고 영어 64점, 수학 70점 원했던 기대치보다 조금 낮은 점수여서 아쉬움도 많이 남지만 전체 점수로는 여유있게 합격했습니다. 50대 후반인 나이인데도 노력으로 대학을 갈 수 있어 너무 행복합니다.

@목공 - q5w
선생님 잘 가르쳐 주셔서 감사합니다. 저는 올해 60세이며 1981년에 고등학교 중퇴 후 42년만에 공부를 해서 이번에 합격했습니다. 감사합니다.

2024년 1회 시험 합격자 후기

@쏠레-n1t
저는 64세인데 두 달동안 방송듣고 요점정리 복사해서 공부해서 두 과목 100점에 평균 82점 입니다. 감사해요 평생 소원풀이 했어요. 대학 입학도 생각 중입니다^^

@근먀
공부에 손 놓은지 어언 15년 됐지만 선생님 영상 보면서 3일 전 '바짝 공부해서 올해 합격만 하자!' 해서 520점 나왔습니다. 너무 감사드립니다. 선생님은 문제 풀이와 더불어 다른 설명까지 곁들어서 많은 도움이 됐습니다.

@하루-z9n
안녕하세요 선생님! 선생님 덕분에 전과목 만점을 받게 되었습니다! 다른 과목은 몰라도 과학이 완전 노베이스라 핵심 총정리 책을 아무리 정독해도 머릿속에 들어오지 않아 막막했는데 지푸라기 잡는 심정으로 유튜브를 찾아봤는데 선생님께서 과학 요점 정리해주신 파일들이 쭈루룩 있는거에요! 그래서 핵심 총정리 강의로도 이해가 되지 않던 부분들이 너무 이해가 잘되어서 과학은 기본서 더 이상 읽지 않고 선생님 강의 3개년 기출풀이 여러번 돌려보며 정독했습니다! 그 결과 첫 시험만에 전과목 올백을 맞았습니다. 다른 과목들도 도움 많이 받았지만 정말 과학은 선생님 강의 외에 아무것도 읽은 게 없는데 100점이 나와서 너무 감사할 따름입니다. 덕분에 이 점수로 좋은 대학 갈 수 있는 첫 단계 발판을 만들게 된 것 같아 너무 뿌듯합니다.

2024년 2회 시험 합격자 후기

@user-xb3ki1bx5t
선생님 올백을 위해 재시험 봤는데 과학 가채점으로는 100점입니다! 이번에도 영상 21년부터 쭉 보면서 백지 복습하고(다들 백지 복습하세요!! 모르는 게 한 눈에 보여요) 선생님께 카톡으로 질문도 하면서 시험 준비를 했습니다. 질문할 선생님이 없는 저로서는 블랙고시 마스터 선생님이 계시다는 이유 하나만으로 불안함을 덜 수 있었어요. 100퍼센트 다 공부하는 게 제일 좋다는 것을 알면서도 공부를 덜하고 싶은 나쁜 마음이 올라와서 '선생님 이것도 공부 해야하나요?'라고 질문했는데 늘 친절히 답해주셔서 감사합니다!!

@user-qg5sp9ug9i
안녕하세요 고2 학생입니다! 사실 코로나 시절 중학교를 다니면서 온라인 수업을 하다보니 공부 지식도 제대로 못 쌓은 채로 중학교 졸업을 했어요. 고등학교때는 정말 잘하고 싶은 마음이 컷는데 학교가 너무 힘들어서 갑작스럽게 자퇴하고 검정고시 준비했습니다. 완전 노베이스 상태에서 테스트 때는 50점초반~60점대로 늘 불안했는데, 쌤 영상만 싹다 보고 외우고 정리하면서 공부하고 최종 78점으로 넉넉하게 합격했습니다. 워낙 기초가 없어 제발 합격만 하자했던 저에게는 과분한 점수입니다. 이제 계속 점수 높여갈려구요 물론 쌤 영상 보고 공부하면서요. 사회는 쌤 영상밖에 안봤는데 노베이스 상태에서 96점 나왔습니다!

@aiways7150
저는 고1 때 슬럼프가 와서 수능 공부에 매진하려고 자퇴한 18세 학생입니다. 검정고시가 난이도가 어려운 것은 아니더라도 전 과목 90점을 못넘기면 가족들에게도 친구들에게도 너무 부끄러울 것 같았습니다. 그래서 공부를 1월부터 시작했는데 어떤 부분을 얼마나 외워야 하는지 모르니 재미도 없고 너무 무모한것 같더라고요. 그 뒤로 공부를 안하다가 10일 정도 남았을 때 선생님의 벼락치기 불안해하지 말라는 게시물을 보고 바로 마음 다시잡고 어려운 과학, 사회, 한국사는 선생님 영상 2021년 기출풀이부터 전부 다 보고 헷갈리는 부분 노트에 정리해서 그것만 외웠는데요 가장 자신없던 암기과목에서 100점을 맞았습니다. 국영수도 영상 많이 봐둘걸 하는 아쉬움이 남지만 선생님 아쉬움 없는 시험결과 얻을 수 있어서 너무 감사드리고 진심으로 꼭 나중에 돌려드리고 싶습니다. 국어 96, 수학 100, 영어 96, 사회 100, 과학 100, 한국사 96, 도덕 100

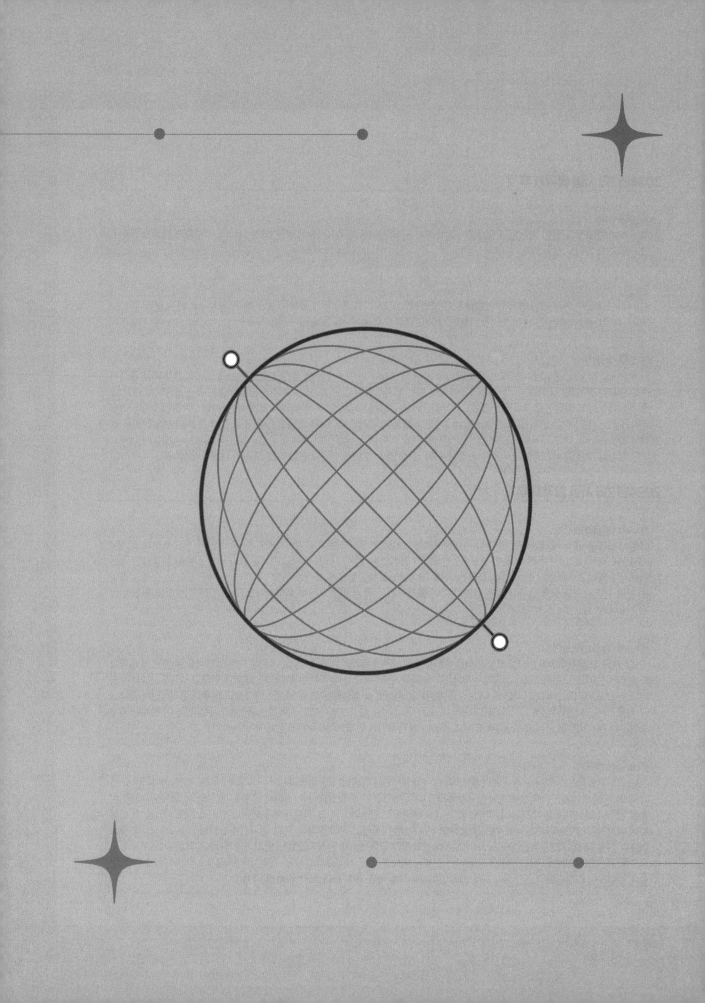

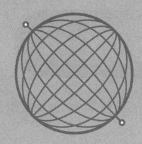

고등학교 졸업학력
검정고시

국어 기출문제

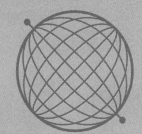

01.

다음 대화 상황에 어울리는 속담은?

> 꼼꼼히 수리해 주셔서 편리하게 사용할 수 있게 되었습니다. 솜씨가 정말 좋으세요.

> 고객님 말씀 덕분에 제가 더 힘이 납니다. 고객님이 제품을 잘 관리하셔서 수월하게 고칠 수 있었습니다.

① 모기도 모이면 천둥소리 난다.
② 사촌이 땅을 사면 배가 아프다.
③ 털어서 먼지 안 나는 사람 없다.
④ 가는 말이 고와야 오는 말이 곱다.

02.

다음 대화에서 '소윤'의 말하기 태도에 나타난 문제점은?

> 은영 : 지난번 너의 말에 상처를 받았어.
> 소윤 : (기분 나쁜 표정으로) 미안해. 내가 잘못했다고 치자.
> 은영 : (화난 목소리로) 너 그렇게밖에 말 못하니?

① 진정성 없는 사과를 했다.
② 혼자서만 말을 길게 했다.
③ 지나친 비속어를 사용했다.
④ 과도한 줄임말을 사용했다.

03.

다음 <표준 발음법> 규정에 따라 발음하지 않는 것은?

> **표준 발음법**
> [제24항] 어간 받침 'ㄴ(ㄵ), ㅁ(ㄻ)' 뒤에 결합되는 어미의 첫소리 'ㄱ, ㄷ, ㅅ, ㅈ'은 된소리로 발음한다.

① 의자에 앉지 마시오.
② 아빠가 아기를 안고 있다.
③ 짐을 옮기고 이곳에 모여라.
④ 머리를 감고서 세수를 했다.

04.

밑줄 친 부분 중 피동 표현이 아닌 것은?

① 불길이 바로 잡혔다.
② 막냇동생의 신발 끈이 풀렸다.
③ 철수가 다친 친구를 등에 업었다.
④ 그림을 그릴 때에는 붓이 사용된다.

05.

높임 표현이 잘못 사용된 문장은?

① (기자가 시민에게) 잠시 인터뷰하실 시간 있으세요?
② (점원이 손님에게) 여기 주문하신 음료 나오셨습니다.
③ (엄마가 아들에게) 할머니를 모시고 병원에 다녀오렴.
④ (형이 동생에게) 아버지께서 요즘 고민이 있으신 것 같아.

06.

다음 ㉠ ~ ㉣에 나타난 중세 국어의 특징으로 적절하지 <u>않은</u> 것은?

> **[훈민정음 언해]**
>
> ㉠나·랏:말ᄊᆞ·미中듕國·귁·에달·아文문字·ᄍᆞ·와·로
> 서르ᄉᆞᄆᆞᆺ·디아·니ᄒᆞᆯ·씨·이런젼·ᄎᆞ·로어·린百·ᄇᆡᆨ
> 姓·셩·이니르·고·져 ㉡·홇·배이·셔·도ᄆᆞᆾ:내
> 제 ㉢·ᄠᅳ·들시·러펴·디:몯ᄒᆞᇙ ㉣·노·미하·니·라
>
> – 『월인석보(月印釋譜)』 –

① ㉠:방점을 사용하여 소리의 높낮이를 표시하였다.

② ㉡:'ㆆ'이 표기에 사용되었다.

③ ㉢:어두 자음군이 존재하였다.

④ ㉣:끊어 적기로 표기하였다.

07.

다음 개요의 ㉠에 들어갈 내용으로 가장 적절한 것은?

> 주제문: 온라인 공간에서 '잊힐 권리'를 법적으로 허용하자
>
> I. 서론: 온라인 공간에서의 무분별한 개인 정보 노출 실태
> II. 본론: '잊힐 권리'를 법적으로 허용해야 하는 이유
>   1.개인이 일일이 정보를 삭제하기 힘들다.
>   2.정보가 한번 유출되면 회수하기가 어렵다.
>   3.㉠
> III. 결론: 온라인 공간에서 '잊힐 권리'의 법적 허용 촉구

① 정보에 대한 개인의 판단을 억압한다.

② 지나친 정보의 통제로 '알 권리'가 침해된다.

③ 공공의 이익을 위한 정보까지 삭제될 수 있다.

④ 개인 정보의 지속적 노출이 정신적 피해를 준다.

08.

다음 글에서 ㉠ ~ ㉣을 고쳐 쓰기 위한 방안으로 적절하지 <u>않은</u> 것은?

> 칭찬의 대화란 상대방의 좋은 점을 일컬어 기리기 위한 대화를 뜻한다. ㉠ <u>남에</u> 칭찬하면 자신도 즐겁고 상대방도 즐거워한다. 또한 칭찬은 삶의 ㉡ <u>활녁소</u>로 기능을 한다. ㉢ <u>강도 높은 거절을 '거부'라고 한다.</u> 칭찬에 인색하지 않고 칭찬을 ㉣ <u>효과적으로</u> 잘할 줄 아는 사람은 많은 사람들의 사랑과 존경을 받는다.

① ㉠:잘못된 조사 사용이므로 '남을'로 바꾼다.

② ㉡:맞춤법에 어긋난 표현이므로 '활력소'로 고친다.

③ ㉢:글의 흐름과 상관없는 내용이므로 삭제한다.

④ ㉣:적절한 단어 사용이 아니므로 '권위적'으로 수정한다.

[09~11] 다음 글을 읽고 물음에 답하시오.

> ㉠ <u>눈</u>은 살아 있다
> 떨어진 눈은 살아 있다
> ㉡ <u>마당</u> 위에 떨어진 눈은 살아 있다
>
> 기침을 하자
> 젊은 시인(詩人)이여 기침을 하자
> 눈 위에 대고 기침을 하자
> 눈더러 보라고 마음 놓고 마음 놓고
>
> 기침을 하자
> 눈은 살아 있다
> ㉢ <u>죽음을 잊어버린 영혼(靈魂)과 육체(肉體)를 위하여</u>
> 눈은 새벽이 지나도록 살아 있다
>
> 기침을 하자
> 젊은 시인(詩人)이여 기침을 하자
> 눈을 바라보며
> 밤새도록 고인 가슴의 ㉣ <u>가래</u>라도
> 마음껏 뱉자
>
> – 김수영, 「눈」 –

09.

윗글의 표현상 특징으로 가장 적절한 것은?

① 시구를 반복하여 시적 의미를 강조하고 있다.

② 설의적 표현을 사용하여 독자의 공감을 유도하고 있다.

③ 문장을 명사형으로 종결하여 시적 대상에 주목하게 한다.

④ 미각적 심상을 사용하여 주제를 생생하게 표현하고 있다.

10.

㉠ ~ ㉢ 중 '순수한 생명력을 지닌 존재'를 표현한 시어는?

① ㉠

② ㉡

③ ㉢

④ ㉣

11.

다음 설명을 참고할 때 화자가 추구하는 삶의 모습과 가장 가까운 것은?

> 시인은 4 · 19 혁명을 계기로 현실 비판 의식을 바탕으로 한 참여시를 발표하였다.

① 현실에 만족하는 삶

② 불의에 저항하는 삶

③ 육체적 건강을 유지하는 삶

④ 자연을 관찰하고 즐기는 삶

[12~14] 다음 글을 읽고 물음에 답하시오.

> [앞부분의 줄거리] 공사판을 떠돌아다니며 일을 하던 영달은 우연히 정 씨를 만난다. 두 사람은 삼포로 가는 기차를 타러 역으로 가던 중 일하던 곳에서 도망친 백화를 만나 함께 기차역에 가게 된다.

대합실에서 정 씨가 영달이를 한쪽으로 끌고 가서 속삭였다.

"여비 있소?"

"빠듯이 됩니다. 비상금이 한 천 원쯤 있으니까."

㉠"어디루 가려오?"

"일자리 있는 데면 어디든지……."

스피커에서 안내하는 소리가 웅얼대고 있었다. 정 씨는 대합실 나무 의자에 피곤하게 기대어 앉은 백화 쪽을 힐끗 보고 나서 말했다.

"같이 가시지. 내 보기엔 좋은 여자 같군."

"그런 거 같아요."

㉡"또 알우? 인연이 닿아서 말뚝 박구 살게 될지. 이런 때 아주 뜨내기 신셀 청산해야지."

영달이는 시무룩해져서 역사 밖을 멍하니 내다보았다. 백화는 뭔가 쑤군대고 있는 두 사내를 불안한 듯이 지켜보고 있었다. 영달이가 말했다.

㉢"어디 능력이 있어야죠."

"삼포엘 같이 가실라우?"

"어쨌든……."

영달이가 뒷주머니에서 꼬깃꼬깃한 오백 원짜리 두 장을 꺼냈다.

"저 여잘 보냅시다."

영달이는 표를 사고 빵 두 개와 찐 달걀을 샀다. 백화에게 그는 말했다.

"우린 뒤차를 탈 텐데……. 잘 가슈."

영달이가 내민 것들을 받아 쥔 백화의 눈이 붉게 충혈되었다. 그 여자는 더듬거리며 물었다.

"아무도…… 안 가나요?"

ⓐ "우린 삼포루 갑니다. 거긴 내 고향이오."

영달이 대신 정 씨가 말했다. 사람들이 개찰구로 나가고 있었다. 백화가 보퉁이를 들고 일어섰다.

[가]
> "정말, 잊어버리지…… 않을게요."
> 백화는 개찰구로 가다가 다시 돌아왔다. 돌아온 백화는 눈이 젖은 채로 웃고 있었다.
> "내 이름 백화가 아니에요. 본명은요…… 이점례예요."

여자는 개찰구로 뛰어나갔다. 잠시 후에 기차가 떠났다.

- 황석영, 「삼포 가는 길」 -

12.

윗글에 대한 설명으로 적절한 것은?

① 대화를 통해 인물들이 처한 상황을 나타내고 있다.

② 외양 묘사를 통해 영웅적 인물의 모습을 표현하고 있다.

③ 비현실적인 소재를 통해 현실 극복 의지를 드러내고 있다.

④ 작품 안 서술자를 통해 서로 불신하는 현실을 비판하고 있다.

13.

㉠ ~ ㉣ 중 '정 씨'의 말이 아닌 것은?

① ㉠   ② ㉡
③ ㉢   ④ ㉣

14.

윗글의 [가]에 나타난 '백화'의 심정으로 가장 적절한 것은?

① 기차역을 떠나게 되어 억울해 하고 있다.

② 두 사람과 헤어지는 것을 아쉬워하고 있다.

③ 기차가 아직 도착하지 않아 언짢아하고 있다.

④ 이름을 속인 것을 들키지 않아 안도하고 있다.

[15~16] 다음 글을 읽고 물음에 답하시오.

내 버디 멋치나 ᄒ 니 수석(水石)과 송죽(松竹)이라
동산(東山)의 돌 오르니 긔 더옥 반갑고야
두어라 이 다ᄉ 밧긔 또 더ᄒ 야 머엇ᄒ 리

(제1수)

㉠ 구룸 빗치 조타 ᄒ 나 검기ᄅ ᄌ 로[1] ᄒ 다
㉡ ᄇ 람 소ᄅ 묽 다 ᄒ 나 그칠 적이 하노매라[2]
조코도 그츨 뉘[3] 업기ᄂ ㉢ ᄆ 믈뿐인가 ᄒ 노라

(제2수)

더우면 곳 퓌고 치우면 ㉣ 닙 디거ᄂ
솔아 너ᄂ 얻디 눈 서리ᄅ 모ᄅ ᄂ 다
구천(九泉)[4]의 블휘[5] 고든 줄을 글로 ᄒ 야 아노라

(제4수)

1) ᄌ 로 : 자주.
2) 하노매라 : 많구나.
3) 뉘 : 세상이나 때.
4) 구천 : 땅속 깊은 밑바닥.
5) 블휘 : 뿌리가.

- 윤선도, 「오우가(五友歌)」 -

15.

윗글에 대한 설명으로 가장 적절한 것은?

① 후렴구를 유사하게 반복하고 있다.

② 종장의 첫 음보를 3음절로 맞추고 있다.

③ '기-승-전-결'의 4단 구조로 내용을 전개하고 있다.

④ 3 · 3 · 2조를 기본으로 한 3음보 율격을 사용하고 있다.

16.

㉠ ~ ㉣ 중 다음에서 설명하는 자연물로 적절한 것은?

이 작품은 자연물에서 사대부들이 추구하던 윤리적 가치를 발견하고 이들을 예찬하는 마음을 노래하고 있다.

① ㉠   ② ㉡
③ ㉢   ④ ㉣

수오재(守吾齋), 즉 '나를 지키는 집'은 큰형님이 자신의 서재에 붙인 이름이다. 나는 처음 그 이름을 보고 의아하게 여기며, "나와 단단히 맺어져 서로 떠날 수 없기로는 '나'보다 더한 게 없다. 비록 지키지 않는다 한들 '나'가 어디로 갈 것인가. 이상한 이름이다."라고 생각했다.

장기로 귀양 온 이후 나는 홀로 지내며 생각이 깊어졌는데, 어느 날 갑자기 이러한 의문점에 대해 환히 깨달을 수 있었다. 나는 벌떡 일어나 다음과 같이 말했다.

[가]
천하 만물 중에 지켜야 할 것은 오직 ⊙ '나'뿐이다. 내 밭을 지고 도망갈 사람이 있겠는가? 그러니 밭은 지킬 필요가 없다. ⓒ 내 집을 지고 달아날 사람이 있겠는가? 그러니 집은 지킬 필요가 없다. 내 동산의 ⓒ 꽃나무와 과실나무들을 뽑아 갈 수 있겠는가? 나무뿌리는 땅속 깊이 박혀 있다. 내 책을 훔쳐 가서 없애 버릴 수 있겠는가? ② 성현(聖賢)의 경전은 세상에 널리 퍼져 물과 불처럼 흔한데 누가 능히 없앨 수 있겠는가. 내 옷과 양식을 도둑질하여 나를 궁색하게 만들 수 있겠는가? 천하의 실이 모두 내 옷이 될 수 있고, 천하의 곡식이 모두 내 양식이 될 수 있다. 도둑이 비록 훔쳐 간다 한들 하나둘에 불과할 터, 천하의 모든 옷과 곡식을 다 없앨 수는 없다. 따라서 천하 만물 중에 꼭 지켜야만 하는 것은 없다.

그러나 유독 이 '나'라는 것은 그 성품이 달아나기를 잘하며 출입이 무상하다. 아주 친밀하게 붙어 있어 서로 배반하지 못할 것 같지만 잠시라도 살피지 않으면 어느 곳이든 가지 않는 곳이 없다. 이익으로 유혹하면 떠나가고, 위험과 재앙으로 겁을 주면 떠나가며, 질탕한 음악 소리만 들어도 떠나가고, 미인의 예쁜 얼굴과 요염한 자태만 보아도 떠나간다. 그런데 한번 떠나가면 돌아올 줄 몰라 붙잡아 만류할 수 없다. 그러므로 천하 만물 중에 잃어버리기 쉬운 것으로는 '나'보다 더한 것이 없다. 그러니 꽁꽁 묶고 자물쇠로 잠가 '나'를 굳게 지켜야 하지 않겠는가?

– 정약용, 「수오재기(守吾齋記)」 –

17.

윗글의 갈래에 대한 설명으로 적절한 것은?

① 행과 연으로 내용을 구분하고 있다.
② 글쓴이의 경험과 깨달음을 전달한다.
③ 등장인물, 대사, 행동이 주된 구성 요소이다.
④ 현실을 반영하여 있을 법한 이야기를 꾸며 낸다.

18.

[가]의 내용을 고려할 때 ⊙ ~ ② 중 성격이 다른 하나는?

① ⊙   ② ⓒ
③ ⓒ   ④ ②

19.

윗글에 드러난 글쓴이의 주된 관점으로 가장 적절한 것은?

① '나'는 나와 맺어져 있어 떠날 수 없다.
② 천하엔 '나'보다 지켜야 할 소중한 것이 많다.
③ 나는 '나'와 타인을 위해서 독서를 해야 한다.
④ 나는 '나'를 잃어버리지 않게 잘 지켜야 한다.

[20 ~ 22] 다음 글을 읽고 물음에 답하시오.

미세 플라스틱이 사람들의 눈길을 ⊙ 끌기 시작한 것은 오래되지 않았다. 불과 십몇 년 전까지만 해도 사람들은 버려진 그물에 걸리거나 떠다니는 비닐봉지를 먹이로 잘못 알고 삼켰다가 죽은 해양 생물의 불행에만 주로 관심이 있었다. 그러다 2004년 세계적인 권위를 지닌 과학 잡지 「사이언스」에 영국 플리머스 대학의 리처드 톰슨 교수가 바닷속 미세 플라스틱이 1960년대 이후 계속 증가해 왔다는 내용의 논문을 발표했다. 그 후로 미세 플라스틱이 해양 생태계에 끼치는 영향을 규명하려는 후속 연구들이 이어졌다.

해양 생물들이 플라스틱 조각을 먹이로 알고 먹으면, 포만감을 주어 영양 섭취를 저해하거나 장기의 좁은 부분에 걸려 문제를 일으킬 수 있다. 또한 플라스틱은 제조 과정에서 첨가된 잔류성 유기 오염 물질을 포함하고 있으며 바다로 흘러들어 간 후에는 물속에 녹아 있는 다른 유해 물질까지 끌어당긴다. 미세 플라스틱을 먹이로 착각하고 먹은 플랑크톤을 작은 물고기가 섭취하고, 작은 물고기를 다시 큰 물고기가 섭취하는 먹이 사슬 과정에서 농축된 미세 플라스틱의 독성 물질은 해양 생물의 생식력을 떨어뜨릴 수 있다.

미세 플라스틱은 인간에게도 위협이 될 수 있다. 한국 해양 과학 기술원의 실험 결과, 양식장 부표로 사용하는 발포 스티렌은 나노(10억분의 1) 크기까지 쪼개지는 것으로 확인되었다. 나노입자는 생체의 주요 장기는 물론 뇌 속까지 침투할 수 있는 것으로 알려져 있다. 내장을 제거하지 않고 통째로 먹는 작은 물고기나 조개류를 즐기는 이들은 수산물의 체내에서 미처 배출되지 못한 미세 플라스틱을 함께 섭취할 위험이 높아지는 셈이다.

- 김정수, 「바닷속 미세 플라스틱의 위협」 -

20.

윗글의 서술 방식으로 가장 적절한 것은?

① 미세 플라스틱의 장단점을 비교하고 있다.

② 미세 플라스틱의 위협에 대한 해결책을 나열하고 있다.

③ 미세 플라스틱의 제조 과정을 순차적으로 제시하고 있다.

④ 미세 플라스틱 증가를 뒷받침하는 정보의 출처를 밝히고 있다.

21.

윗글의 내용과 일치하지 않는 것은?

① 미세 플라스틱에 대해 사람들이 관심을 가지기 시작한 것은 오래되지 않았다.

② 플라스틱이 바다로 흘러들어 간 후에는 물속에 녹아 있는 유해 물질을 끌어당긴다.

③ 미세 플라스틱에 오염된 해양 생물을 인간이 섭취해도 유해 물질은 모두 몸 밖으로 배출된다.

④ 먹이 사슬 과정에서 미세 플라스틱에 농축된 독성 물질은 해양 생물의 생식력을 떨어뜨릴 수 있다.

22.

밑줄 친 부분이 ⊙과 같은 의미로 쓰인 것은?

① 상자가 무거워 들거나 끌기 힘들다.

② 이 제품의 디자인은 관심을 끌기 힘들다.

③ 눈이 많이 내려서 자동차를 끌기 힘들다.

④ 더 이상 할 얘기가 없어 시간을 끌기 힘들다.

[23~25] 다음 글을 읽고 물음에 답하시오.

"어떻게 살 것인가?"라는 질문에 쉽게 답을 내릴 수 있는 사람은 없습니다. 그래서 저는 이 무거운 질문을 "어떤 삶을 살고 싶은가?"로 살짝 바꾸어 보았습니다. 그랬더니 "오늘 저녁에 뭐 먹을까?"라는 질문처럼 조금 가볍게 느껴지더군요. 이 질문에 대해서 여러분마다 각자 ㉠ <u>추구하는</u> 바가 있을 텐데요. 저는 그 답을 여러 심리학자의 연구를 바탕으로 세 가지로 정리했습니다.

첫 번째는 '신나게 살기'입니다. 재미있는 삶, 지루하지 않은 삶, 즐거운 삶을 사는 것이지요. 노벨상을 받은 사람들의 공통점은 ㉡ <u>심오하고</u> 심각해서 ㉢ <u>접근하기</u> 어려운 사람인 줄 알았는데 알고 보니 모두 재미있는 사람이더라는 것입니다. 우리가 꿈꾸는 삶 중에 하나는 죽는 순간까지 장난기를 잃지 않는 것입니다.

두 번째는 '의미 있게 살기'입니다. 가치 있는 삶, 헌신하는 삶, 목적이 이끄는 삶을 사는 것이지요. 남아프리카 공화국 최초의 흑인 대통령이자 인권 운동가였던 넬슨 만델라는 "인생의 가장 큰 영광은 넘어지지 않는 게 아니라 넘어질 때마다 다시 일어난 것에 있다."라고 했습니다. 감각적인 즐거움은 덜하더라도 ㉣ <u>원대한</u> 목표를 위해 헌신하는 것 또한 매우 의미 있는 삶이 될 것입니다.

세 번째 삶의 형태는 '몰두하며 살기'입니다. 자신이 좋아하고 잘하고 의미 있는 일에 미친 듯이 몰두하는 것이지요. 물론 하루 스물네 시간을 그렇게 살라는 게 아닙니다. 그렇게 살아서도 안 되고요. 다만 가끔 무언가에 미친 듯이 몰두하는 경험은 우리의 삶을 좀 더 긍정적인 방향으로 안내합니다.

– 최인철, 「행복은 몸에 있다」 –

23.

윗글의 내용 전개 방식으로 가장 적절한 것은?
① 시간적 순서에 따라 내용을 서술하고 있다.
② 질문에 대한 답을 세 가지로 나누어 제시하고 있다.
③ 대상의 차이점을 중심으로 그 특성을 제시하고 있다.
④ 서로 다른 관점을 절충하여 새로운 이론을 제시하고 있다.

24.

㉠ ~ ㉣의 뜻풀이로 적절하지 <u>않은</u> 것은?
① ㉠ : 목적을 이룰 때까지 뒤쫓아 구하는
② ㉡ : 사상이나 이론 따위가 깊이가 있으며 오묘하고
③ ㉢ : 어떤 기준점에서 멀어지기
④ ㉣ : 계획이나 희망 따위의 장래성과 규모가 큰

25.

윗글에서 알 수 있는 내용이 <u>아닌</u> 것은?
① "어떻게 살 것인가?"의 답을 찾기란 쉽지 않다.
② 장난기를 잃지 않고 사는 것은 신나게 사는 것이다.
③ 감각적인 즐거움만을 위해 사는 삶은 의미 있는 삶이다.
④ 몰두하는 경험은 우리의 삶을 긍정적으로 이끈다.

2021년 2회 기출문제

01.

다음 대화에서 영호의 말하기에 대한 설명으로 적절한 것은?

> 선생님 : 영호야, 이번에 낸 소감문 정말 잘 썼더라.
> 영호 : 아닙니다. 아직 여러모로 부족합니다.

① 자신을 낮추어 겸손하게 말하고 있다.
② 상대방의 의견에 동의하며 말하고 있다.
③ 대화 맥락에서 벗어난 내용을 말하고 있다.
④ 상대방의 기분을 고려하여 칭찬을 하고 있다.

02.

다음 대화에서 손녀의 말하기의 문제점으로 적절한 것은?

> 손녀 : 할머니, 저 편의점 가서 혼밥* 하고 올게요.
> 할머니 : 혼밥이 뭐니?
>
> *혼밥 : '혼자 먹는 밥'의 의미로 쓰임.

① 생소한 지역 방언을 사용하였다.
② 직접 언급하기 꺼려하는 말을 사용하였다.
③ 맥락에 맞지 않는 관용 표현을 사용하였다.
④ 상대방이 이해하기 어려운 줄임말을 사용하였다.

03.

다음 <표준 발음법> 규정에 따라 발음하지 않는 것은?

> 표준 발음법
>
> 【제20항】 'ㄴ'은 'ㄹ'의 앞이나 뒤에서 [ㄹ]로 발음한다.

① 경주는 신라의 서울이다.
② 새로운 논리를 전개했다.
③ 설날 아침에 세배를 했다.
④ 어제 그를 종로에서 만났다.

04.

밑줄 친 부분이 한글 맞춤법에 맞게 쓰인 것은?

① 그 약속은 반듯이 지키겠다.
② 우체국에서 부모님께 편지를 붙였다.
③ 정답을 맞힌 사람에게 선물을 주겠다.
④ 김장을 하려고 배추를 소금물에 저렸다.

05.

(가)에서 설명하는 시제가 드러나 있는 것을 (나)의 ㉠ ~ ㉢ 에서 고른 것은?

> (가) 사건이 일어나는 시점이 말하는 시점인 현재보다 앞서 일어난 사건의 시제
> (나) 어제 학교에서 책을 ㉠ 읽었다. 오늘은 가까운 도서관에 와서 책을 ㉡ 읽는다. 예전에 ㉢ 읽은 책이 눈에 띄어 다시 보고 있다. 앞으로도 책을 많이 ㉣ 읽어야겠다.

① ㉠, ㉡   ② ㉠, ㉢
③ ㉡, ㉢   ④ ㉢, ㉣

06.

㉠ ~ ㉣에 나타난 중세 국어의 특징으로 적절하지 않은 것은?

> ·불·휘 기·픈 남·ᄀᆞᆫ ㉠ᄇᆞᄅᆞ·매 아·니 :뮐·ᄊᆡ
> 곶:됴·코 여·름 ㉡·하ᄂᆞ·니
> ㉢:시·미 기·픈 ㉣·므·른 ·ᄀᆞ·ᄆᆞ·래 아·니 그·츨·ᄊᆡ
> :내·히 이·러 바·ᄅᆞ·래·가ᄂᆞ·니
>
> ― 「용비어천가」 제2장 ―

① ㉠: 모음 조화를 지키고 있다.
② ㉡: 'ㆍ(아래아)'를 사용하고 있다.
③ ㉢: 주격 조사가 생략되어 있다.
④ ㉣: 이어 적기로 표기하고 있다.

07.

다음 개요의 ㉠에 들어갈 내용으로 적절하지 않은 것은?

> 주제: 공원 내 쓰레기 불법 투기를 근절하자.
> I. 서론: 공원 내 쓰레기 불법 투기 실태
> II. 본론
>   1. 공원 내 쓰레기 불법 투기의 원인
>   가. 공중도덕 준수에 대한 시민 의식 부족
>   나. 쓰레기 불법 투기에 대한 공원 측
>   관리 소홀
>   2. 공원 내 쓰레기 불법 투기의 해결 방안
>   ㉠
> III. 결론: 공원 내 쓰레기 불법 투기 근절을
>   위한 실천 촉구

① 공원 내 목줄 미착용 반려견 출입 제한
② 공중도덕 준수를 위한 시민 대상 캠페인 실시
③ 쓰레기 불법 투기 계도를 위한 지도 요원 배치
④ 공원 내 CCTV 증설을 통한 쓰레기 불법 투기 단속

08.

㉠ ~ ㉣에 대한 고쳐쓰기 방안으로 적절하지 않은 것은?

> 인터넷 게임 중독자는 일상생활에 ㉠적응하거나 불편을 겪는 경우가 많다. 왜냐하면 인터넷 게임 중독은 뇌 기능을 저하시켜 의사 결정 및 충동 조절 능력을 ㉡떨어뜨리기 때문이다. ㉢인터넷은 정보 교환을 하기 위해 연결한 통신망이다. 인터넷 게임 중독의 문제를 명확히 인식하고, 이에 대한 경각심을 가져야 ㉣할것이다.

① ㉠: 문맥을 고려하여 '적응하지 못하거나'로 바꾼다.
② ㉡: '왜냐하면'과 호응하도록 '떨어뜨린다'로 바꾼다.
③ ㉢: 글의 통일성을 해치는 문장이므로 삭제한다.
④ ㉣: 띄어쓰기가 잘못되어 있으므로 '할 것이다'로 고친다.

[09 ~ 11] 다음 글을 읽고 물음에 답하시오.

> 흔들리는 나뭇가지에 꽃 한번 피우려고
> 눈은 ㉠얼마나 많은 도전을 멈추지 않았으랴
>
> ㉡싸그락 싸그락 두드려 보았겠지
> 난분분[1] 난분분 춤추었겠지
> ㉢미끄러지고 미끄러지길 수백 번,
>
> ㉣바람 한 자락 불면 휙 날아갈 사랑을 위하여
> 햇솜[2] 같은 마음을 다 퍼부어 준 다음에야
> 마침내 피워 낸 저 황홀 보아라
>
> 봄이면 가지는 그 한 번 덴 자리에
> 세상에서 ⓐ가장 아름다운 상처를 터뜨린다
>
> ― 고재종, 「첫사랑」 ―
>
> 1) 난분분: 눈이나 꽃잎 따위가 흩날리어 어지럽게.
> 2) 햇솜: 당해에 새로 난 솜.

09.

윗글의 표현상 특징으로 적절하지 <u>않은</u> 것은?

① 자연 현상을 통해 시상을 전개하고 있다.
② 청유형 문장을 통해 화자의 정서를 드러내고 있다.
③ 감각적 이미지를 활용하여 대상을 구체화하고 있다.
④ 비유적 표현을 활용하여 시적 의미를 형상화하고 있다.

10.

다음과 관련하여 윗글을 감상할 때, ㉠ ~ ㉣ 중 시적 의미가 가장 이질적인 것은?

> 나뭇가지에 쌓이는 눈꽃을 피우기 위한 '눈'의 노력

① ㉠
② ㉡
③ ㉢
④ ㉣

11.

ⓐ의 시적 의미와 표현 방법으로 적절한 것은?

	시적 의미	표현 방법
①	성숙한 사랑의 가치	역설법
②	첫사랑에 대한 그리움	대구법
③	미래에 대한 불길한 예감	역설법
④	지나간 사랑에 대한 미련	대구법

[12~14] 다음 글을 읽고 물음에 답하시오.

[앞부분의 줄거리] '나'의 집에 세 살던 권 씨는 아내의 수술비를 빌리고자하지만 나는 거절한다. 뒤늦게 나는 권 씨 아내의 수술비를 마련해주지만, 권 씨는 그 사실을 모른 채 그날 밤 강도로 들어온다.

　양전히 구두까지 벗고 양말 바람으로 들어온 강도의 발을 나는 그때 비로소 볼 수 있었다. 내가 그렇게 염려를 했는데도 강도는 와들와들 떨리는 다리를 옮기다가 그만 부주의하게 동준이의 발을 밟은 모양이었다. 동준이가 갑자기 칭얼거리자 그는 질겁을 하고 엎드리더니 녀석의 어깨를 토닥거리는 것이었다. 녀석이 도로 잠들기를 기다려 그는 복면 위로 칙칙하게 땀이 밴 얼굴을 들고 일어나서 내 위치를 흘끔 확인한 다음 본격적인 작업에 들어갔다. 터지려는 웃음을 꾹 참은 채 강도의 애교스러운 행각을 시종 주목하고 있던 나는 살그머니 상체를 움직여 동준이를 잠재울 때 이부자리 위에 떨어뜨린 식칼을 집어 들었다.

　"연장을 이렇게 함부로 굴리는 걸 보니 당신 경력이 얼마나 되는지 알 만합니다."

　내가 내미는 칼을 보고 그는 기절할 만큼 놀랐다. 나는 사람좋게 웃어 보이면서 칼을 받아 가라는 눈짓을 보였다. 그는 겁에 질려 잠시 망설이다가 내 재촉을 받고 후닥닥 달려들어 칼자루를 낚아채 가지고는 다시 내 멱을 겨누었다. 그가 고의로 사람을 찌를 만한 위인이 못 되는 줄 일찍이 간파했기 때문에 나는 칼을 되돌려준 걸 조금도 후회하지 않았다. 아니나 다를까, 그는 식칼을 옆구리 쪽 허리띠에 차더니만 몹시 자존심이 상한 표정이 되었다.

　"도둑맞을 물건 하나 제대로 없는 주제에 이죽거리긴!"

　"그래서 경험 많은 친구들은 우리 집을 거들떠도 안 보고 그냥 지나치죠."

"누군 뭐 들어오고 싶어서 들어왔나? 피치 못할 사정 땜에 어쩔 수 없이⋯⋯."

나는 강도를 안심시켜 편안한 맘으로 돌아가게 만들 절호의 기회라고 판단했다.

"그 피치 못할 사정이란 게 대개 그렇습디다. 가령 식구 중의 누군가가 몹시 아프다든가 빚에 몰려서⋯⋯."

그 순간 강도의 눈이 의심의 빛으로 가득 찼다. ㉠ 분개한 나머지 이가 딱딱 마주칠 정도로 떨면서 그는 대청마루를 향해 나갔다. 내 옆을 지나쳐 갈 때 그의 몸에서는 역겨울 만큼 술 냄새가 확 풍겼다. 그가 허둥지둥 끌어안고 나가는 건 틀림없이 갈기갈기 찢어진 한 줌의 자존심일 것이었다. 애당초 의도했던 바와는 달리 내 방법이 결국 그를 편안케 하긴커녕 외려 더욱더 낭패케 만들었음을 깨닫고 나는 그의 등을 향해 말했다.

- 윤흥길, 「아홉 켤레의 구두로 남은 사내」 -

12.

윗글에 대한 설명으로 적절한 것은?

① 공간의 대비를 통해 주제를 강조하고 있다.
② 과거 회상을 통해 갈등의 원인을 보여 주고 있다.
③ 작품 속 인물의 시각으로 사건을 서술하고 있다.
④ 계절적 배경을 묘사하여 인물의 심리를 암시하고 있다.

13.

윗글에 나타난 '나'의 심리로 가장 적절한 것은?

① '강도'의 행위에 대해 두려워하지 않고 있다.
② '강도'에 대해 분노와 적대감을 느끼고 있다.
③ '강도'가 자신의 집에 들어온 까닭을 궁금해하고 있다.
④ '강도'에게 한 자신의 우호적인 말에 끝까지 만족하고 있다.

14.

㉠의 이유로 가장 적절한 것은?

① 수술비를 마련해 준 것을 알게 되어서
② 주인 가족에 대한 미안한 마음이 들어서
③ 자신을 배려해 준 것에 고마운 마음이 들어서
④ 자신의 정체를 들킨 것 같아 자존심이 상해서

[15~16] 다음 글을 읽고 물음에 답하시오.

가시리 가시리잇고 나는
ᄇᆞ리고 가시리잇고 나는
위 증즐가 대평셩디 (大平盛代)

날러는 엇디 살라 ᄒᆞ고
ᄇᆞ리고 가시리잇고 나는
위 증즐가 대평셩디 (大平盛代)

잡ᄉᆞ와 두어리마ᄂᆞᆫ
선ᄒᆞ면 아니 올셰라
위 증즐가 대평셩디 (大平盛代)

셜온 님 보내ᄋᆞᆸ 노니 나는
가시ᄂᆞᆫ 둧 도셔 오쇼셔 나는
위 증즐가 대평셩디 (大平盛代)

- 작자 미상, 「가시리」 -

15.

윗글에 대한 설명으로 적절한 것은?

① 후렴구의 반복을 통해 운율을 형성하고 있다.
② 선경후정을 통해 주제 의식을 강조하고 있다.
③ 자연과 인간을 대비하여 정서를 드러내고 있다.
④ 계절의 변화에 따라 대상의 속성을 드러내고 있다.

16.

윗글의 화자에 대한 설명으로 적절하지 <u>않은</u> 것은?

① 1연 : 이별의 상황을 안타까워함.
② 2연 : 임에 대한 헌신과 순종을 다짐함.
③ 3연 : 임을 붙잡고 싶어 함.
④ 4연 : 임과의 재회를 간절히 소망함.

[17~19] 다음 글을 읽고 물음에 답하시오.

[앞부분의 줄거리] 옥영과 혼인하려던 최척은 왜병의 침입을 막기 위해 의병으로 전쟁에 나가게 된다. 전쟁에서 돌아온 최척은 옥영과 혼인해 행복하게 살지만, 또 다른 전란의 발생으로 옥영과 다시헤어진다.

최척은 홀로 선창(船窓)에 기대 자신의 신세를 생각하다가, 짐 꾸러미 안에서 통소를 꺼내 슬픈 곡조의 노래를 한 곡 불어 가슴속에 맺힌 슬픔과 원망을 풀어 보려 했다. 최척의 통소 소리에 바다와 하늘이 애처로운 빛을 띠고 구름과 안개도 수심에 잠긴 듯 했다. 뱃사람들도 그 소리에 놀라 일어나 모두들 서글픈 표정을 지었다. 그때 문득 일본 배에서 염불하던 소리가 뚝 그쳤다. 잠시 후 조선말로 시를 읊는 소리가 들렸다.

[A]
왕자교(王子喬) 통소 불 제 달은 나지막하고 바닷빛 파란 하늘엔 이슬이 자욱하네. 푸른 난새 함께 타고 날아가리니 봉래산 안개 속에서도 길 잃지 않으리.

시 읊는 소리가 그치더니 한숨 소리, 쯧쯧 혀 차는 소리가 들려왔다. 최척은 시 읊는 소리를 듣고는 깜짝 놀라 얼이 빠진 사람 같았다. 저도 모르는 새 통소를 땅에 떨어뜨리고 마치 죽은 사람처럼 멍하니 서 있었다. 송우가 말했다.

"왜 그래? 왜 그래?"

거듭 물어도 대답이 없었다. 세 번째 물음에 이르러서야 비로소 최척은 뭔가 말을 하려 했지만 목이 막혀 말을 하지 못하고 눈물만 하염없이 흘렸다. 최척은 잠시 후 마음을 진정시킨 뒤 이렇게 말했다.

"저건 내 아내가 지은 시일세. 우리 부부 말곤 아무도 알지 못하는 시야. 게다가 방금 시를 읊던 소리도 아내 목소리와 흡사해. 혹 아내가 저 배에 있는 게 아닐까? 그럴 리 없을텐데 말야."

그러고는 자기 일가가 왜적에게 당했던 일의 전말을 자세히 말했다. 배 안에 있던 사람들이 모두 놀랍고 희한한 일로 여겼다.

<중략>

옥영은 어젯밤 배 안에서 최척의 통소 소리를 들었다. 조선 가락인 데다 귀에 익은 곡조인지라, 혹시 자기 남편이 저쪽 배에 타고 있는 것이 아닐까 의심하여 시험 삼아 예전에 지었던 시를 읊어 본 것이었다. 그러던 차에 밖에서 최척이 말하는 소리를 듣고는 허둥지둥 엎어질 듯이 배에서 뛰어내려 왔다.

최척과 옥영은 마주 보고 소리치며 얼싸안고 모래밭을 뒹굴었다. 기가 막혀 입에서 말이 나오지 않았다. 눈물이 다하자 피눈물이 나왔으며 눈에 아무것도 보이지 않았다.

– 조위한, 「최척전」 –

17.

윗글에 대한 설명으로 적절한 것은?

① 동물을 의인화하여 풍자 효과를 높이고 있다.
② 꿈과 현실을 교차하여 사건을 입체적으로 나타내고 있다.
③ 자연물에 감정을 이입하여 작품의 분위기를 드러내고 있다.
④ 인물의 행위에 대한 작가의 부정적 평가가 직접적으로 제시되어 있다.

18.

[A]의 기능으로 가장 적절한 것은?

① 왜적에 대한 복수를 결심하는 계기
② 전란으로 헤어졌던 인물들이 재회하는 계기
③ 부귀를 누렸던 인물이 과거를 회상하는 계기
④ 사건의 전모를 깨달은 인물이 신분을 밝히는 계기

19.

윗글의 인물에 대한 설명으로 가장 적절한 것은?

① '최척'은 자신의 처지를 떠올리며 퉁소를 불고 있다.
② '옥영'은 시를 지어서 '송우'의 물음에 화답하고 있다.
③ '옥영'은 염불 소리를 듣고 '최척'이 일본 배에 타고 있음을 확인하고 있다.
④ '최척'은 배 안의 사람들이 왜적에게 당했던 일의 전말을 듣고 망연자실하고 있다.

[20 ~ 22] 다음 글을 읽고 물음에 답하시오.

외부 효과란 누군가의 행동이 타인에게 이익이나 손실을 발생시키는 것을 말한다. 외부 효과가 타인에게 이익을 주면 긍정적 외부 효과인 외부 경제, 반대로 손실을 끼치면 부정적 외부 효과인 외부 불경제가 된다. 예컨대 꽃집에서 화사한 화분을 진열해 놓은 모습을 보면 기분이 좋아지지만, 낡은 트럭에서 내뿜는 시커먼 매연은 불편을 ⊙ 초래한다. 꽃집은 타인에게 외부 경제를, 매연을 내뿜는 트럭은 외부 불경제를 제공한 것이다.

누이 좋고 매부 좋은 외부 경제는 권장할 일이다. 그러나 본인에게는 좋지만 타인에게는 해를 끼치는 외부 불경제는 심각한 갈등과 비용을 ⓒ 유발하기에 늘 사회적 관심사가 된다. 따라서 외부 불경제를 법으로 규제하거나 부정적 외부효과를 시정하기 위해 ⓒ 고안된 세금인 '피구세'를 물리기도 한다. 피구세는 첫 제안자인 영국의 경제학자 아서 피구의 이름을 딴 것으로, 외부 불경제를 유발한 당사자에게 세금을 물림으로써 외부 효과를 내부화, 즉 본인 부담이 되게끔 만드는 것이다.

한편 피구세 중에서도 국민 건강과 복지에 나쁜 영향을 끼치는 특정 품목의 소비를 억제하기 위해 물리는 세금을 죄악세라고 한다. 일부 국가에서 @ 논의되었던 설탕세(당 함유 제품에 부과하는 세금)가 이에 해당한다. 설탕은 본인의 건강을 해치는 것은 물론 사회적으로도 의료 수요 증가, 건강보험 재정 악화 등의 부정적 외부 효과를 유발하므로 이를 억제하고자 세금을 부과하는 것이다.

- 오형규, 「외부 효과와 죄악세」 -

20.

윗글에 대한 설명으로 적절하지 않은 것은?

① 개념을 풀이하며 화제를 제시하고 있다.
② 전문가의 이론을 시대순으로 설명하고 있다.
③ 구체적인 사례를 활용하여 이해를 돕고 있다.
④ 속담을 활용하여 설명 대상의 특성을 제시하고 있다.

21.

윗글의 내용과 일치하는 것은?

① 외부 경제를 유발한 당사자에게는 피구세를 물린다.
② 낡은 트럭에서 내뿜는 매연은 외부 경제로 볼 수 있다.
③ 외부 불경제는 사회적 관심이 높으므로 규제하지 못한다.
④ 죄악세는 부정적 외부 효과를 억제하기 위해 물리는 세금이다.

22.

⊙ ~ @의 사전적 의미로 적절하지 않은 것은?

① ⊙ : 일의 결과로서 어떤 현상을 생겨나게 함.
② ⓒ : 어떤 것이 다른 일을 일어나게 함.
③ ⓒ : 참고로 비교하고 대조하여 봄.
④ @ : 어떤 문제에 대하여 서로 의견을 내어 토의함.

[23 ~ 25] 다음 글을 읽고 물음에 답하시오.

○○ 지역 신문 칼럼   20○○년 ○월 ○일

심폐 소생술을 배우자

텔레비전을 함께 보던 가족이 갑자기 의식을 잃고 쓰러졌을 때, 우리가 할 수 있는 일은 무엇일까요? 바로 심폐 소생술입니다.

일반적으로 심장 정지 후 뇌가 손상되기 시작하고, 6분이 지나면 뇌사 상태가 됩니다. 이후 불과 10분 만에 사람은 생물학적 사망에 이르게 됩니다. 이를 통해 심정지 발생 후 초기 대응시간이 환자의 생사를 좌우한다는 것을 알 수 있습니다. 따라서 심정지 환자를 발견하면 즉시 응급 처치를 해야 하는데, 이때 필요한 것이 심폐 소생술입니다.

하지만 많은 사람들이 심폐 소생술이 무엇인지, 이를 어떻게 해야 하는지 모를뿐더러 일부 사람들은 오히려 자신의 응급처치가 환자에게 해를 끼칠지도 모른다고 걱정합니다. 이러한 걱정을 떨쳐 버릴 수 있는 가장 좋은 방법은 심폐 소생술을 배우는 것입니다. 실제와 유사한 상황에서 실습 위주의 심폐 소생술 교육을 받고 반복적으로 연습하면, 실제 상황이 발생했을 때 당황하지 않고 심폐 소생술을 실행할 수 있을 것입니다.

응급 상황은 예고 없이 찾아옵니다. 그럴 때 도울 방법을 몰라 응급 환자를 보고만 있을 수밖에 없다면 그 안타까움은 이루 말할 수 없을 것입니다. 소중한 생명을 ⊙ 지키기 위해 심폐 소생술을 배우고 익힙시다.

23.

윗글의 서술상 특징으로 가장 적절한 것은?

① 묻고 답하는 방법으로 중심 화제를 제시하고 있다.
② 다양한 관점에서 문제 해결 방법을 소개하고 있다.
③ 대립되는 의견을 절충하여 결론을 제시하고 있다.
④ 중심 화제의 한계를 제시하며 글을 마무리하고 있다.

24.

윗글에서 알 수 있는 내용으로 적절하지 않은 것은?

① 심정지 환자 발생 시 되도록 빨리 응급 처치를 해야 한다.
② 실습 위주의 심폐 소생술 교육은 실제 상황 발생 시 유용하다.
③ 심정지의 발생 원인을 제거하기 위해 심폐 소생술 교육을 실시하고 있다.
④ 심폐 소생술 교육은 자신의 응급 처치가 환자에게 해가 될까 우려하는 사람들에게 도움이 된다.

25.

밑줄 친 부분이 ⊙과 가장 유사한 의미로 쓰인 것은?

① 개는 집을 잘 지키는 동물이다.
② 경찰이 정문을 지키고 서 있었다.
③ 우리는 등교 시간을 꼭 지켜야 한다.
④ 누구든지 건강은 젊어서 지켜야 한다.

01.

다음 중 '준수'의 말하기의 문제점으로 적절하지 않은 것은?

> 준수 : 야! 너 색연필 있지? 줘 봐!
> 민우 : 어쩌지? 미안하지만 지금은 나도 써야 해.
> 준수 : 내가 먼저 쓸 거야! 바로 줄 건데 뭘 그러냐? 색연필 빌려 주는 게 그렇게 아깝냐!

① 상대방의 상황을 무시하고 있다.
② 상대방에게 막무가내로 요구하고 있다.
③ 상대방의 기분이 상하게 표현하고 있다.
④ 상대방이 이해하지 못하는 관용 표현을 사용하고 있다.

02.

다음 중 [A]에 대한 설명으로 가장 적절한 것은?

> 은희 : 축제를 앞두고 우리 춤 동아리에서 리허설을 하려고 하는데, 앞으로 축제 때까지 무대가 있는 강당을 우리가 사용하면 안 될까?
> 민수 : 그건 어렵겠어. 우리 뮤지컬 동아리도 춤추는 장면이 있는데, 전체 동작이 서로 맞지 않아서 강당에서 연습을 더 해야 해.
> 은희 : 그런 어려움이 있구나. 그러면 춤 동작은 우리가 도와줄 테니 이번 주만이라도 강당을 우리가 쓰도록 해 주면 좋겠어. [A]
> 민수 : 그래, 괜찮네. 이번 주는 너희가 쓰고 다음 주는 우리가 쓸게.

① 일방적으로 자신의 입장을 강요하고 있다.
② 자신의 의도를 숨기고 상대방을 비난하고 있다.
③ 상대방의 처지에 공감하며 요구 사항을 전하고 있다.
④ 상대방의 의견을 반박하며 자신의 주장을 강조하고 있다.

03.

다음 규정에 따라 발음하지 않는 것은?

> **표준 발음법**
> 【제19항】받침 'ㅁ, ㅇ' 뒤에 연결되는 'ㄹ'은 [ㄴ]으로 발음한다.

① 강릉 　　　　② 담력
③ 송년 　　　　④ 항로

04.

다음의 높임법을 활용한 문장으로 볼 수 없는 것은?

> 주체 높임법은 문장의 주체를 높이는 방법이다.

① 아버지께서는 늘 음악을 들으신다.
② 어머니께서는 지금 집에서 주무신다.
③ 선배는 선생님께 공손히 인사를 드렸다.
④ 할아버지께서는 어제 죽을 드시고 계셨다.

05.

다음 중 끊어적기에 해당하지 않는 것은?

> 孔·공子·ᄌᆞ曾증子·ᄌᆞᆯ·려닐·러ᄀᆞᆯᄋᆞ·샤 디ᄋᆞ·몸·이며
> ㉡얼굴·이며 ㉢머·리털·이·며 술·흔父·부母·모·ᄭᅴ
> 받ᄌᆞ·온㉣거·시·라敢·감·히헐·위샹히·오·디아·니·홈·이
> 效·도·이비·르소미·오·몸·을셰·워道·도·를行ᄒᆡᆼ·ᄒᆞ·야
> 일·홈·을後·후世·셰·예·베퍼 ᄡᅥ父·부母·부母·보톨·현·너게
> ·홈·이효·도·의ᄆᆞ·ᄎᆞᆷ·이니·라
>
> － 『소학언해』 (1587) －

① ㉠ 　　　　② ㉡
③ ㉢ 　　　　④ ㉣

06.

밑줄 친 부분이 '한글 맞춤법'에 맞지 않는 것은?

① 집에서 보약을 <u>다리다.</u>
② 가난으로 배를 <u>주리다.</u>
③ 그늘에서 땀을 <u>식히다.</u>
④ 아들에게 학비를 <u>부치다.</u>

07.

< 조건>을 모두 고려하여 만든 광고 문구로 가장 적절한 것은?

<조건>

- '고운 말을 사용하자.'는 주제를 드러낼 것
- 비유법, 대구법을 모두 활용할 것

① 지금 바로 말하세요. 안 하면 모릅니다.
② 봄날처럼 따뜻한 말씨, 보석처럼 빛나는 세상!
③ 마음을 멍들게 하는 상처의 말은, 이제 그만!
④ 대화는 관계의 시작! 말로 마음의 문을 여실 거죠?

08.

㉠ ~ ㉢을 고쳐 쓴 것으로 적절하지 <u>않은</u> 것은?

한지는 바람이 잘 통하고 습도 조절이 잘되는 종이라서 창호지로도 많이 쓰인다. ㉠ <u>창문이</u> 닫아도 한지는 바람이 잘 통하고 습기를 잘 흡수해서 습도 조절 역할까지 한다. ㉡ <u>그러나</u> 한지에 비해 양지는 바람이 잘 통하지 않고 습기를 잘 흡수하지 못한다. ㉢ <u>최근 물가 상승으로 한지의 가격이 2배 이상 올랐다.</u> 한지가 살아 숨 쉬는 ㉣ <u>종이라도,</u> 양지는 뻣뻣하게 굳어 있는 종이라고 할 수 있다.

① ㉠ : 잘못된 조사를 사용했으므로 '창문을'로 바꾼다.
② ㉡ : 잘못된 접속어를 사용했으므로 '그러므로'로 바꾼다.
③ ㉢ : 글의 통일성을 해치는 문장이므로 삭제한다.
④ ㉣ : 문맥을 고려하여 '종이라면'으로 바꾼다.

[09~11] 다음 글을 읽고 물음에 답하시오.

산모퉁이를 돌아 논가 외딴 우물을 홀로 찾아가선 가만히 들여다봅니다.

우물 속에는 달이 밝고 구름이 흐르고 하늘이 펼치고 파아란 바람이 불고 가을이 있습니다.

그리고 한 사나이가 있습니다.
어쩐지 ㉠ <u>그 사나이가 미워져 돌아갑니다.</u>

돌아가다 생각하니 그 사나이가 가엾어집니다.
도로 가 들여다보니 사나이는 그대로 있습니다.

다시 그 사나이가 미워져 돌아갑니다.
돌아가다 생각하니 그 사나이가 그리워집니다.

우물 속에는 달이 밝고 구름이 흐르고 하늘이 펼치고 파아란 바람이 불고 가을이 있고 추억(追憶)처럼 사나이가 있습니다.

- 윤동주, 「자화상(自畵像)」 -

09.

윗글의 표현상의 특징으로 적절하지 <u>않은</u> 것은?

① 오고 가는 행위의 반복을 통해 시상을 전개하고 있다.
② '- ㅂ니다'의 반복적 사용을 통해 운율을 형성하고 있다.
③ 설의적 표현을 사용하여 비판적 인식을 드러내고 있다.
④ 시각적 심상을 사용하여 대상을 선명하게 나타내고 있다.

10.

윗글에 대한 설명으로 적절하지 <u>않은</u> 것은?

① 1연에서 우물에 비친 자신의 모습을 들여다보고 있다.
② 2연에서 우물 속 풍경을 보며 비정한 현실에 분노하고 있다.
③ 4연에서 화자는 '사나이'에게 연민을 느끼고 있다.
④ 5연에서 미움의 감정이 그리움으로 변화하고 있다.

11.

다음과 관련하여 윗글을 감상할 때, ㉠의 이유로 가장 적절한 것은?

> '자화상'은 일제 강점기를 살았던 시인의 이상적 삶의 태도가 잘 드러나 있는 작품으로, 치열한 자아 성찰의 산물인 부끄러움과 암울한 시대에 대한 극복 의지가 담겨 있다.

① 이상적 가치를 이미 실현했기 때문에
② 경제적으로 안정된 삶을 추구하기 때문에
③ 현실에 저항하지 못하는 자신이 부끄럽기 때문에
④ 삶의 고통을 극복한 자신에게 당당함을 느끼기 때문에

[12~14] 다음 글을 읽고 물음에 답하시오.

[앞부분 줄거리] 원미동에 터를 잡고 사는 강 노인은 자신의 마지막 남은 땅에 밭농사를 지으며 그 땅을 팔지 않으려 하고 있다.

　서울 것들이란. 강 노인은 끙끙거리다 토막 난 욕설을 내뱉어 놓았다. 강 노인이 괭이를 내던지고 밭 끄트머리로 걸어가는 사이 언제 나왔는지 부동산의 박 씨가 알은체를 하였다. 자그마한 체구에 검은 테 안경을 쓰고, 머리는 기름 발라 착 달라붙게 빗어 넘긴 박 씨의 면상을 보는 일이 강 노인으로서는 괴롭기 짝이 없었다. 얼굴만 마주쳤다 하면 땅을 팔아 보지 않겠느냐고 은근히 회유를 거듭하더니 지난 겨울부터는 임자가 나섰다고 숫제 집까지 찾아와서 온갖 감언이설을 다 늘어놓는 박 씨였다.

<중략>

　"영감님, 유 사장이 저 심곡동 쪽으로 땅을 보러 다니나 봅디다. ㉠ 영감님은 물론이고 우리 동네의 발전을 위해서 그렇게 애를 썼는데……."

　박 씨가 짐짓 허탈한 표정을 지으며 말하고 있는데 뒤따라 나온 동업자 고흥댁이 뒷말을 거든다.

　"참말로 이 양반이 지난겨울부터 무진 애를 썼구만요. 우리사 셋방이나 얻어 주고 소개료 받는 것으로도 얼마든지살 수 있지라우. 그람시도 그리

애를 쓴 것이야 다 한동네 사는 정리로다가 그런 것이지요."

　강 노인은 가타부타 말이 없고 이번엔 박 씨가 나섰다.

　"아직도 늦은 것은 아니고, 한 번 더 생각해 보세요. 여름 마다 똥 냄새 풍겨 주는 밭으로 두고 있으니 평당 백만 원 이상으로 팔아넘기기가 그리 쉬운 일입니까. 이제는 참말이지 더 이상 땅값이 오를 수가 없게 돼 있다 이 말씀입니다. 아, 모르십니까. 팔팔 올림픽 전에 북에서 쳐들어올 확률이 높다고 신문 방송에서 떠들어 쌓으니 이삼천짜리 집들도 매기[1]가 뚝 끊겼다 이 말입니다."

　"영감님도 욕심 그만 부리고 이만한 가격으로 임자 나섰을 때 후딱 팔아 치우시오. 영감님이 아무리 기다리셔도 인자 더 이상 오르기는 어렵다는디 왜 못 알아들으실까잉. 경국이 할머니도 팔아 치우자고 저 야단인디……."

　고흥댁은 이제 강 노인 마누라까지 쳐들고 나선다. 강 노인은 아무런 대꾸도 없이 일하던 자리로 돌아가 버린다. 그 등에 대고 박 씨가 마지막으로 또 한마디 던졌다.

　"아직도 유 사장 마음은 이 땅에 있는 모양이니께 금액이야 영감님 마음에 맞게 잘 조정해 보기로 하고, 일단 결정해 뿌리시오!"

－ 양귀자, 「마지막 땅」 －

1) 상품을 사려는 분위기. 또는 살 사람들의 인기.

12.

윗글에 대한 설명으로 가장 적절한 것은?
① 작품 속 서술자가 자신의 이야기를 들려주고 있다.
② 대화를 통해 인물 간 화해의 과정을 드러내고 있다.
③ 비현실적인 배경을 제시하여 신비로운 분위기를 보여 주고 있다.
④ 인물의 외양 묘사를 통해 인물에 대한 강 노인의 못마땅함을 보여 주고 있다.

13.

윗글을 통해 알 수 있는 내용으로 적절한 것은?

① 유 사장은 강 노인의 땅을 마음에 두고 있다.

② 고흥댁은 받지 못한 소개료 때문에 생활고를 겪고 있다.

③ 신문 방송의 영향으로 집을 사려는 분위기가 고조되고 있다.

④ 박 씨는 강 노인에게 땅을 팔라고 말한 것을 후회하고 있다.

14.

㉠에 드러난 말하기 방식으로 가장 적절한 것은?

① 상대방의 지난 잘못을 들추며 비난하고 있다.

② 땅값이 앞으로는 오르지 않을 것이라 협박하고 있다.

③ 동네 발전에 애쓴 것을 언급하며 상대방을 회유하고 있다.

④ 상대방의 침묵에 대해 불쾌감을 드러내며 질책하고 있다.

[15~16] 다음 글을 읽고 물음에 답하시오.

생사(生死) 길은
예 있으매 머뭇거리고,
나는 간다는 말도
못다 이르고 어찌 갑니까.
어느 가을 이른 바람에
이에 저에 떨어질 잎처럼,
한 가지에 나고
가는 곳 모르온저.
아아, ㉠ 미타찰(彌陀刹)에서 만날 나
도(道) 닦아 기다리겠노라.

　　　　　　　　　　- 월명사, 「제망매가(祭亡妹歌)」 -

15.

다음을 참고하여 윗글을 탐구한 내용으로 가장 적절한 것은?

이 작품은 10구체 향가이다. 1～4행, 5～8행, 9～10행의 세 부분으로 나눌 수 있는데, 그중 마지막 부분이 낙구이다.

① 낙구는 감탄사로 시작되고 있군.

② 세 부분은 각각 연으로 구분되어 있군.

③ 10구체 향가는 후렴구로 마무리되고 있군.

④ 세 부분의 첫 어절은 각각 3음절로 시작되고 있군.

16.

㉠에 나타난 화자의 태도로 가장 적절한 것은?

① 대상과 재회를 염원하고 있다.

② 자신의 처지를 한탄하고 있다.

③ 대상의 업적을 예찬하고 있다.

④ 이별한 대상을 원망하고 있다.

[17~19] 다음 글을 읽고 물음에 답하시오.

심청이 들어와 눈물로 밥을 지어 아버지께 올리고, 상머리에 마주 앉아 아무쪼록 진지 많이 잡수시게 하느라고 자반도 떼어 입에 넣어 드리고 김쌈도 싸서 수저에 놓으며,

"진지를 많이 잡수셔요."

심 봉사는 철도 모르고,

"야, 오늘은 반찬이 유난히 좋구나. 뉘 집 제사 지냈느냐?"

그날 밤에 꿈을 꾸었는데, 부자간은 천륜지간(天倫之間)이라 꿈에 미리 보여 주는 바가 있었다.

"아가 아가, 이상한 일도 있더구나. 간밤에 꿈을 꾸니, 네가 큰 수레를 타고 한없이 가 보이더구나. 수레라 하는 것이 귀한 사람이 타는 것인데 우리 집에 무슨 좋은 일이 있을란가 보다. 그렇지 않으면 장 승상 댁에서 가마 태워 갈란가 보다."

심청이는 저 죽을 꿈인 줄 짐작하고 둘러대기를,

"그 꿈 참 좋습니다."

하고 진짓상을 물려 내고 담배 태워 드린 뒤에 밥상을 앞에 놓고 먹으려 하니 간장이 썩는 눈물은 눈에서 솟아나고, 아버지 신세 생각하며 저 죽을 일 생각하니 정신이 아득하고 몸이 떨려 밥을 먹지 못하고 물렸다. 그런 뒤에 심청이 사당에 하직하려고 들어갈 제, 다시 세수하고 사당문을 가만히 열고 하직 인사를 올렸다.

"못난 여손(女孫) 심청이는 아비 눈 뜨기를 위하여 인당수 제물로 몸을 팔려 가오매, 조상 제사를 끊게 되오니 사모하는 마음을 이기지 못하겠습니다."

울며 하직하고 사당문 닫은 뒤에 아버지 앞에 나와 두 손을 부여잡고 기절하니, 심 봉사가 깜짝 놀라,

"아가 아가, 이게 웬일이냐? 정신 차려 말하거라."

심청이 여쭙기를,

"제가 못난 딸자식으로 아버지를 속였어요. 공양미 삼백 석을 누가 저에게 주겠어요. 남경 뱃사람들에게 인당수 제물로 몸을 팔아 오늘이 떠나는 날이니 저를 마지막 보셔요."

심 봉사가 이 말을 듣고,

[A]
"참말이냐, 참말이냐? 애고 애고, 이게 웬 말인고? 못 가리라, 못 가리라. 네가 날더러 묻지도 않고 네 마음대로 한단 말이냐? 네가 살고 내가 눈을 뜨면 그는 마땅히 할 일이나, 자식 죽여 눈을 뜬들 그게 차마 할 일이냐? 너의 어머니 늦게야 너를 낳고 초이레 안에 죽은 뒤에, 눈 어두운 늙은 것이 품 안에 너를 안고 이집 저집 다니면서 구차한 말 해 가면서 동냥젖 얻어 먹여 이만치 자랐는데, 내 아무리 눈 어두우나 너를 눈으로 알고, 너의 어머니 죽은 뒤에 걱정 없이 살았더니 이 말이 무슨 말이냐? 마라 마라, 못 하리라. 아내 죽고 자식 잃고 내 살아서 무엇하리? 너하고 나하고 함께 죽자. 눈을 팔아 너를 살 터에 너를 팔아 눈을 뜬들 무엇을 보려고 눈을 뜨리?"

– 작자 미상, 완판본 「심청전」 –

17.

윗글의 내용과 일치하지 않는 것은?

① 심청은 자신이 떠나야 하는 까닭을 아버지에게 밝혔다.

② 심청은 아버지에게 하직 인사를 하기 위해 사당으로 들어갔다.

③ 심 봉사는 자신을 위해 제물이 되려는 심청의 결정을 만류하고 있다.

④ 심청은 자신이 떠난 후 조상의 제사를 지내지 못하는 것을 안타까워하고 있다.

18.

꿈의 기능으로 가장 적절한 것은?

① 심청의 영웅적 능력을 드러낸다.

② 심청의 앞날에 일어날 일을 암시한다.

③ 심 봉사와 심청의 갈등 해소의 계기가 된다.

④ 심청이 겪었던 과거의 위기 상황을 보여 준다.

19.

[A]에 대한 설명으로 적절한 것은?

① 설의적 표현을 통해 삶의 희망을 드러내고 있다.

② 의인화를 통해 현실을 우회적으로 비판하고 있다.

③ 해학적 표현을 통해 슬픔을 웃음으로 승화하고 있다.

④ 반복적인 표현을 통해 인물의 안타까운 심정을 드러내고 있다.

[20~22] 다음 글을 읽고 물음에 답하시오.

글을 잘 읽으려면 읽기 목적에 맞는 읽기 방법을 선택해야 한다. 읽기의 방법은 매우 다양한데, 이는 다음과 같이 몇 가지로 나누어 볼 수 있다.

첫째, 글을 읽을 때 소리를 내는지에 따라 음독(音讀)과 묵독(默讀)으로 나뉜다. 음독은 글을 소리 내어 읽는 방법이며, 묵독은 글을 소리 내지 않고 속으로 읽는 방법이다. 음독은 근대 이전에 보편적으로 사용된 읽기 방법으로, 요즘에는 개인이 혼자 글을 읽을 때 대체로 묵독을 사용한다. ⃝ 잘 이해되지 않는 부분의 뜻을 파악하거나 두 사람 이상이 함께 읽을 때는 음독이 사용되기도 한다.

둘째, 글을 읽는 속도에 따라 속독(速讀)과 지독(遲讀)으로 나뉜다. 속독은 중요한 내용을 중심으로 글을 빠르게 읽는 방법이며, 지독은 뜻을 새겨 가며 글을 천천히 읽는 방법이다. 속독은 주로 가벼운 내용이 담긴 글을 읽거나, 글을 읽을 시간이 부족하여 대강의 내용을 먼저 파악하고자 할 때 사용된다. 반면 깊이 있는 내용이나 전문적인 내용이 담긴 글을 읽을 때는 대체로 지독이 사용된다. 이때 전문 서적을 읽을 때처럼 글의 세부 내용을 자세하게 파악하며 읽는 것을 정독(精讀)이라고 하고, 문학 작품이나 고전을 읽을 때처럼 내용과 형식, 표현 등을 차를 우려내듯 여유롭게 음미하며 읽는 것을 미독(味讀)이라고 한다.

셋째, 글을 읽는 범위에 따라 통독(通讀)과 발췌독(拔萃讀)으로 나뉜다. 통독은 글 전체를 처음부터 끝까지 훑어 읽는 방법이며, 발췌독은 글에서 필요한 부분만 찾아 읽는 방법이다. 통독은 주로 글 전체의 내용이나 줄거리를 파악하고자 할 때 사용되며, 발췌독은 필요한 부분만 선별하여 특정 정보를 찾을 때 사용된다.

20.

윗글에 대한 설명으로 적절하지 않은 것은?

① 읽기 방법을 기준에 따라 제시하고 있다.

② 다양한 읽기 방법의 개념을 설명하고 있다.

③ 비유적 표현을 통해 읽기 방법을 설명하고 있다.

④ 서로 다른 읽기 방법을 절충하여 새로운 읽기 방법을 보여 주고 있다.

21.

⃝에 들어갈 말로 가장 적절한 것은?

① 그러나   ② 따라서

③ 예컨대   ④ 왜냐하면

22.

㉮와 ㉯에 들어갈 읽기 방법으로 적절한 것은?

내일이 우리 모둠 발표 순서라 주제와 관련된 책을 빌려왔어. 그런데 시간이 부족해서 어쩌지?

시간이 없으면 대강의 내용을 먼저 빠르게 보는 (㉮)이나, 목차를 보고 필요한 부분을 찾아 읽는 (㉯)을 활용해 봐.

	㉮	㉯		㉮	㉯
①	속독	통독	②	속독	발췌독
③	지독	통독	④	지독	발췌독

[23~25] 다음 글을 읽고 물음에 답하시오.

우리 눈에 보이는 것들은 정말 '눈에 보이는 대로'만 존재 할까? 신경과학 분야의 국제 학술지에 「우리 가운데에 있는 고릴라」라는 제목의 논문이 ⊙ 게재됐다. 하버드 대학교 심리학과 연구자들은 흰옷과 검은 옷을 입은 학생들을 두 조로 나누어 같은 조끼리만 농구공을 주고받게 하고 그 장면을 동영상으로 찍었다. 연구자들은 이 영상을 사람들에게 보여주면서 검은 옷을 입은 조는 무시하고, 흰옷을 입은 조의 패스 횟수만 세어 달라고 요구하였다. 실제 이 영상에는 고릴라 의상을 입은 학생이 가슴을 치고 퇴장하는 장면이 있는데, 그들의 절반은 이것을 전혀 인지하지 못했다. ㉮ 도대체 이들은 왜 고릴라를 보지 못했을까? 이것은 '무주의 맹시' 때문이다. 이는 시각이 ⓛ 손상되어 물체를 보지 못하는 것과 달리 물체를 보면서도 주의를 기울이지 않아서 인지하지 못하는 경우를 말한다.

인간은 눈을 통해 빛을 감지하고 사물을 보지만 눈 자체로 세상을 ⓒ 인식하는 것은 아니다. 눈으로 들어온 빛이 망막의 시각 세포에 의해 전기적 신호로 변환되고 이 신호가 시신경을 통해 뇌의 시각 피질로 들어올 때 세상을 본다고 느끼는 것이다. 시각 피질은 약 30개의 영역으로 구성된 복합적인 영역으로, 물체의 기본적인 이미지를 구분하는 영역, 형태를 구성하는 영역, 색을 담당하는 영역, 운동을 ⓔ 감지하는 영역 등 다양한 영역이 조합되어 종합적으로 사물을 인지한다. 예를 들어 시각 피질의 영역이 제 기능을 하지 못하면 세상이 흑백으로 보이며, 운동을 감지하는 영역이 손상되면 질주하는 자동차도 느리게 움직이는 것처럼 보인다.

이처럼 감각 기관으로 들어오는 정보를 고스란히 받아 들이지 않고 제 입맛에 맞는 부분만 편식하는 것은 뇌의 보편적인 특성이다. 뇌의 많은 영역이 시각이라는 감각에 배정되어 있음에도 눈으로 받아들이는 모든 정보를 보이는 그대로 뇌가 빠짐없이 처리하기는 어렵다. 우리의 뇌는 선택과 집중, 적당한 무시의 과정을 거쳐 세상을 보기 때문에 있어도 보지 못하거나 잘못 보는 경우도 많은 것이다.

- 이은희, 「고릴라를 못 본 이유」 -

23.

윗글에 대한 설명으로 적절한 것을 <보기>에서 고른 것은?

<보기>

ㄱ. 사례를 통해 내용을 설명하고 있다.
ㄴ. 질문을 통해 독자의 호기심을 유발하고 있다.
ㄷ. 시대에 따라 변화하는 통념을 보여 주고 있다.
ㄹ. 서로 다른 실험 결과를 대비하여 가설을 증명하고 있다.

① ㄱ, ㄴ ② ㄱ, ㄷ
③ ㄴ, ㄷ ④ ㄷ, ㄹ

24.

㉮의 이유로 가장 적절한 것은?

① 망막의 시각 세포는 흰색에만 반응하기 때문에
② 시신경이 손상되어 물체를 보지 못했기 때문에
③ 눈으로 들어오는 빛은 전기적 신호로 변환되지 못하기 때문에
④ 눈으로 들어오는 모든 정보를 처리하기 어려운 뇌의 특성 때문에

25.

⊙ ~ ⓔ의 사전적 의미로 적절하지 않은 것은?

① ⊙ : 글이나 그림 따위를 신분이나 잡지 따위에 실음.
② ⓛ : 자기도 모르는 사이에 물건 따위를 잃어버림.
③ ⓒ : 사물을 분별하고 판단하여 앎.
④ ⓔ : 느끼어 앎.

2022년 2회 기출문제

01.

다음 대화에서 '영준'의 말하기 방식에 대한 설명으로 적절한 것은?

> 정우 : 어제 친구랑 싸웠는데 친구가 화해할 생각이 없어 보여.
> 영준 : 그랬구나. 마음이 복잡하겠네. 그 친구도 시간이 지나면 화가 풀려서 괜찮아질 거야.

① 상대의 요청을 수용하며 말하고 있다.
② 전문가의 말을 인용하여 말하고 있다.
③ 통계 자료를 활용하여 설득하고 있다.
④ 상대의 기분을 고려하여 위로하고 있다.

02.

㉠에 들어갈 말로 가장 적절한 것은?

> 겸양의 격률: 자신에 대한 칭찬은 최소화하여 표현한다.
>
> <사례>
> 민아 : 나래야, 이번 발표 자료 정말 잘 만들었더라!
> 나래 : (㉠)

① 응, 다음에 만들 발표 자료도 기대해 줘.
② 당연하지. 내가 뭐 못하는 것 본 적 있니?
③ 아니야, 부족한 점이 많았는데 좋게 봐 줘서 고마워.
④ 그렇지? 내가 봐도 이번 자료는 참 잘 만든 것 같아.

03.

다음 '표준 발음법' 규정이 적용되지 <u>않는</u> 것은?

> 【제17항】 받침 'ㄷ, ㅌ(ㄾ)'이 조사나 접미사의 모음 'ㅣ'와 결합되는 경우에는, [ㅈ, ㅊ]으로 바꾸어서 뒤 음절 첫소리로 옮겨 발음한다.

① 일이 많아 <u>끝이</u> 보이지 않는다.
② 그는 <u>굳이</u> 따라가겠다고 졸랐다.
③ 한옥 대문이 <u>여닫이</u>로 되어 있다.
④ 그는 <u>밭이랑</u>에 농작물을 심었다.

04.

밑줄 친 부분이 '한글 맞춤법'에 맞게 쓰인 것은?

① 내가 너보다 먼저 <u>갈게</u>.
② 오늘은 <u>웬지</u> 기분이 좋다.
③ 그렇게 마음대로 하면 <u>어떻해</u>.
④ 날씨가 얼마나 <u>덥든지</u> 땀이 났다.

05.

(가)에서 설명하는 시제가 드러나 있는 것을 (나)의 ㉠ ~ ㉣에서 고른 것은?

> (가) 사건이 일어나는 시점과 말하는 시점이 일치하는 시제
> (나) 오랜만에 비가 ㉠ <u>내린다</u>. 긴 가뭄으로 ㉡ <u>근심하던</u> 농부는 드디어 활짝 ㉢ <u>웃는다</u>. 내일부터는 비가 자주 내린다니 앞으로 가뭄 걱정이 ㉣ <u>없겠다</u>.

① ㉠, ㉡   ② ㉠, ㉢
③ ㉡, ㉣   ④ ㉢, ㉣

[06~07] (나)는 (가)를 토대로 작성한 글이다. 물음에 답하시오.

(가)

제목: 떡볶이의 어제와 오늘

I. 처음 : 떡볶이의 유래에 대한 호기심 유발
II. 중간
  1. 떡볶이의 유래인 조선 시대 궁중 떡볶이
  2.   ⓐ
III. 끝 : 세계적으로 인기를 얻고 있는 떡볶이

(나)

떡볶이는 우리나라 사람들이 가장 사랑하는 음식 중 하나이다. 떡볶이는 언제 처음 만들어졌을까?

떡볶이는 본래 조선 시대 궁궐에서 만들어 먹던 요리였다. 조선 시대의 떡볶이는 궁중 요리인 잡채와 유사한 음식이었다. 당면 대신 쌀떡을 넣고, 쇠고기와 각종 나물을 넣어 간장으로 양념을 한 것이다. ㉠ 떡볶이 외에도 조선시대 궁중 요리로 유명한 것은 신선로가 있다.

궁중 요리였던 떡볶이는 1950년대부터 시중에 팔리면서 대중 음식이 되었다. 그 후로도 떡볶이에 시대상이 반영되면서 떡볶이는 여러 차례 변모했다. 가스가 ㉡ 공급하기 시작한 1970년대부터는 즉석에서 요리할 수 있어 길거리에서도 떡볶이를 팔기 시작했다. 2000년대에는 프랜차이즈 시스템이 등장하여 떡볶이에도 상표가 ㉢ 달렸는데, 다양한 소스·메뉴가 개발되면서 떡볶이는 한국을 대표하는 먹거리가 되었다.

떡볶이는 이제 한국인의 ㉣ 입맛 뿐 아니라 세계인의 입맛도 사로잡고 있다. 떡볶이는 비빔밥, 김치와 더불어 한식의 대표주자로 전 세계의 한식 열풍을 이끌고 있다. 떡볶이가 앞으로도 계속 발전하여 세계인의 입맛을 사로잡기를 기대해 본다.

06.

(나)의 내용을 고려할 때, (가)의 ⓐ에 들어갈 내용으로 가장 적절한 것은?

① 시대에 따른 떡볶이의 변모 과정
② 1950년대 떡볶이의 인기 요인 분석
③ 떡볶이 프랜차이즈화의 장점과 단점
④ 길거리에서 파는 떡볶이의 종류와 특징

07.

㉠ ~ ㉣의 고쳐쓰기 방안으로 적절하지 않은 것은?

① ㉠ : 글 전체의 내용과 상관없는 문장이므로 삭제한다.
② ㉡ : 주어와의 호응을 고려하여 '공급되기'로 바꾼다.
③ ㉢ : 문맥을 고려하여 '달렸지만'으로 바꾼다.
④ ㉣ : 띄어쓰기가 잘못되어 있으므로 '입맛뿐'으로 고친다.

08.

㉠ ~ ㉣에 나타난 중세 국어의 특징으로 적절하지 않은 것은?

【훈민정음 언해】
㉠ ·내·이·롤爲·윙·ᄒᆞ·야:어엿·비너·겨·새·로·스·믈여·듧
㉡ 字·ᄍᆞ·롤밍·ᄀᆞ노·니:사ᄅᆞᆷ:마·다:ᄒᆡ·여 ㉢ :수·비니·겨
·날·로㉣·ᄡᅮ·메便뼌安한·킈ᄒᆞ·고·져 ᄒᆞᇙᄯᆞᄅᆞ·미니·라

– 『월인석보』 –

① ㉠ : 모음 뒤에서 주격 조사 'ㅣ'가 쓰였다.
② ㉡ : 모음 조화가 잘 지켜지고 있었다.
③ ㉢ : 현대 국어에 쓰이지 않는 'ㅸ'이 사용되었다.
④ ㉣ : 단어의 첫머리에 한 개의 자음만 올 수 있었다.

[09~11] 다음 글을 읽고 물음에 답하시오.

나는 이제 너에게도 슬픔을 주겠다.
사랑보다 소중한 슬픔을 주겠다.
겨울밤 거리에서 귤 몇 개 놓고
살아온 추위와 떨고 있는 ㉠ 할머니에게
귤값을 깎으면서 기뻐하던 너를 위하여
나는 슬픔의 평등한 얼굴을 보여 주겠다.
내가 어둠 속에서 너를 부를 때
단 한 번도 평등하게 웃어 주질 않은
가마니에 덮인 ㉡ 동사자가 다시 얼어 죽을 때
가마니 한 장조차 덮어 주지 않은
무관심한 ㉢ 너의 사랑을 위해
흘릴 줄 모르는 너의 눈물을 위해
나는 이제 너에게도 기다림을 주겠다.
이 세상에 내리던 함박눈을 멈추겠다.
보리밭에 내리던 봄눈들을 데리고
추워 떠는 ㉣ 사람들의 슬픔에게 다녀와서
눈 그친 눈길을 너와 함께 걷겠다.
슬픔의 힘에 대한 이야기를 하며
기다림의 슬픔까지 걸어가겠다.

  ‒ 정호승, 「슬픔이 기쁨에게」 ‒

09.

윗글에 대한 설명으로 가장 적절한 것은?

① 미각적 심상을 사용하여 대상을 표현하고 있다.
② 역설적 표현을 활용하여 주제를 드러내고 있다.
③ 이국적 소재를 나열하여 시상을 전개하고 있다.
④ 청유형 문장을 반복하여 운율을 형성하고 있다.

10.

윗글의 화자가 추구하는 삶의 모습과 가장 가까운 것은?

① 이웃과 더불어 사는 삶
② 자연을 동경하며 즐기는 삶
③ 현실에 만족하는 소박한 삶
④ 미래를 예측하여 대비하는 삶

11.

㉠ ~ ㉣ 중 시적 의미가 가장 이질적인 것은?

① ㉠   ② ㉡
③ ㉢   ④ ㉣

[12~14] 다음 글을 읽고 물음에 답하시오.

[앞부분 줄거리] '나'의 어머니는 다리 수술 후유증으로 6 · 25 전쟁 중 인민군에게 죽임을 당한 오빠에 관한 환각에 시달리고, 오랫동안 탈진 상태로 지낸다.

나는 어머니에게로 조심스럽게 다가갔다. 어머니의 손이 내 손을 잡았다. 알맞은 온기와 악력이 나를 놀라게도 서럽게도 했다.

"나 죽거든 행여 묘지 쓰지 말거라."

어머니의 목소리는 평상시처럼 잔잔하고 만만치 않았다.

"네? 다 들으셨군요?"

"그래, 마침 듣기 잘했다. 그렇잖아도 언제고 꼭 일러두려 했는데. 유언 삼아 일러두는 게니 잘 들어 뒀다 어김없이 시행토록 해라. 나 죽거든 내가 느 이 오래비한테 해 준 것처럼 해 다오. 누가 뭐래도 그렇게 해 다오. 누가 뭐라든 상관하지 않고 그럴 수 있는 건 너밖에 없기에 부탁하는 거다."

"오빠처럼요?"

"그래, 꼭 그대로, 그걸 설마 잊고 있진 않겠지?"

"잊다니요. 그걸 어떻게 잊을 수가……."

어머니의 손의 악력은 정정했을 때처럼 아니, 나를 끌고 농바위 고개를 넘을 때처럼 강한 줏대와 고집을 느끼게 했다.

오빠의 시신은 처음엔 무악재 고개 너머 벌판의 밭머리에 가매장했다. 행려병사자[1] 취급하듯이 형식과 절차 없는 매장이었지만 무정부 상태의 텅 빈 도시에서 우리 모녀의 가냘픈 힘만으로 그것 이상은 가능한 일이 아니었다.

서울이 수복(收復)되고 화장장이 정상화되자마자 어머니는 오빠를 화장할 것을 의논해 왔다. 그때 우리와 합하게 된 올케는 아비 없는 아들들에게 무덤이라도 남겨 줘야 한다고 공동묘지로라도 이장할 것을 주장했다. 어머니는 오빠를 죽게 한 것이 자기 죄처럼, 젊어 과부 된 며느리한테 기가 죽어 지냈었는데 그때만은 조금도 양보할 기세가 아니었다. 남편의 임종도 못 보고 과부가 된 것도 억울한데 그 무덤까지 말살하려는 시어머니의 모진 마음이 야속하고 정떨어졌으련만 그런 기세 속엔 거역할 수 없는 위엄과 비통한 의지가 담겨있어 종당엔 올케도 순종을 하고 말았다.

오빠의 살은 연기가 되고 뼈는 한 줌의 가루가 되었다. 어머니는 앞장서서 강화로 가는 시외버스 정류장으로 갔다. 우린 묵묵히 뒤따랐다. 강화도에서 내린 어머니는 사람들에게 묻고 물어서 멀리 개풍군 땅이 보이는 바닷가에 섰다. 그리고 지척으로 보이되 갈 수 없는 땅을 향해 그 한 줌의 먼지를 훨훨 날렸다. 개풍군 땅은 우리 가족의 선영2)이 있는 땅이었지만 선영에 못 묻히는 한을 그런 방법으로 풀고 있다곤 생각되지 않았다. 어머니의 모습엔 운명에 순종하고 한을 지그시 품고 삭이는 약하고 다소곳한 여자 티는 조금도 없었다. 방금 출전하려는 용사처럼 씩씩하고 도전적이었다.

어머니는 ㉠ 한 줌의 먼지와 바람으로써 너무도 엄청난 것과의 싸움을 시도하고 있었다. 어머니에게 그 한 줌의 먼지와 바람은 결코 미약한 게 아니었다. 그야말로 어머니를 짓밟고 모든 것을 빼앗아 간, 어머니가 도저히 이해할 수 없는 분단이란 괴물을 홀로 거역할 수 있는 유일한 수단이었다.

어머니는 나더러 그때 그 자리에서 또 그 짓을 하란다. 이젠 자기가 몸소 그 먼지와 바람이 될 테니 나더러 그 짓을 하란다. 그 후 30년이란 세월이 흘렀건만 그 괴물을 무화(無化) 시키는 길은 정녕 그 짓밖에 없는가?

"너한테 미안하구나, 그렇지만 부탁한다."

어머니도 그 짓밖에 물려줄 수 없는 게 진정으로 미안한 양 표정이 애달프게 이지러졌다.

아아, 나는 그 짓을 또 한 번 할 수밖에 없을 것 같다. 어머니는 아직도 투병 중이시다.

- 박완서, 「엄마의 말뚝 2」-

1) 행려병사자 : 떠돌아다니다가 타향에서 병들어 죽은 사람.
2) 선영 : 조상의 무덤.

12.

윗글에 대한 설명으로 가장 적절한 것은?
① 배경 묘사를 통해 인물의 심리를 암시하고 있다.
② 과거 회상을 통해 인물의 상황을 서술하고 있다.
③ 공간의 이동에 따라 인물 간 갈등이 심화되고 있다.
④ 다양한 인물의 경험을 삽화 형식으로 나열하고 있다.

13.

윗글을 통해 알 수 있는 내용으로 적절하지 <u>않은</u> 것은?
① '어머니'는 자신의 뼛가루를 개풍군 땅이 보이는 곳에 뿌려 달라고 한다.
② '어머니'는 자신의 유언을 지킬 수 있는 사람은 '나'밖에 없다고 생각한다.
③ '올케'는 자신의 아들들을 생각해서 '오빠'를 공동묘지로 이장하자고 주장했다.
④ '올케'는 '오빠'의 죽음을 자신의 탓이라고 생각해 '어머니'와 합하는 것을 반대했다.

14.

'어머니'에게 ㉠의 의미로 가장 적절한 것은?
① 자신의 운명에 대한 순종
② 분단의 비극에 맞서려는 의지
③ 자신의 질병 치유에 대한 염원
④ 가족의 선영에 묻히지 못하는 회한

[15~16] 다음 글을 읽고 물음에 답하시오.

동짓달 기나긴 밤을 한 허리를 베어 내어
춘풍(春風) 이블 아래 서리서리 넣었다가
어론 님[1] 오신 날 밤이어든 굽이굽이 펴리라

- 황진이 -

1) 어론 님 : 사랑하는 임.

15.

윗글에 대한 설명으로 가장 적절한 것은?

① 추상적 대상을 구체화하여 표현하고 있다.
② 우의적 표현을 통해 대상을 비판하고 있다.
③ 후렴구의 반복을 통해 운율을 형성하고 있다.
④ 자연과 인간을 대비하여 정서를 강조하고 있다.

16.

윗글의 화자에 대한 설명으로 가장 적절한 것은?

① 자신에게 돌아오지 않는 임을 원망하고 있다.
② 임과 이별했던 순간을 떠올리며 자책하고 있다.
③ 임과 함께 더 많은 시간을 보내기를 소망하고 있다.
④ 임과의 추억을 떠올리며 현재의 삶에 만족하고 있다.

[17~19] 다음 글을 읽고 물음에 답하시오.

　집에 오래 지탱할 수 없이 퇴락한 행랑채[1] 세 칸이 있어서 나는 부득이 그것을 모두 수리하게 되었다. 이때 그중 두 칸은 비가 샌 지 오래됐는데, 나는 ㉮ 그것을 알고도 어물어물하다가 미처 수리하지 못하였고, 다른 한 칸은 ㉠ 한 번밖에 비를 맞지 않았기에 급히 기와를 갈게 하였다.

　그런데 수리하고 보니, 비가 샌 지 오래된 것은 서까래[2] · 추녀[3] · 기둥 · 들보[4]가 모두 썩어서 못 쓰게 되었으므로 경비가 많이 들었고, 한 번밖에 비를 맞지 않은 것은 재목들이 모두 완전하여 다시 쓸 수 있었기 때문에 경비가 적게 들었다. 나는 여기에서 이렇게 생각한다. 사람의 몸도 마찬가지다. ㉡ 잘못을 알고도 곧 고치지 않으면 몸이 패망[5]하는 것이 나무가 썩어서 못 쓰게 되는 이상으로 될 것이고, ㉢ 잘못이 있더라도 고치기를 꺼려하지 않으면 다시 좋은 사람이 되는 것이 집 재목이 다시 쓰일 수 있는 이상으로 될 것이다.

　이뿐만 아니라, 나라의 정사[6]도 이와 마찬가지다. 모든 일에서, ㉣ 백성에게 심한 해가 될 것을 머뭇거리고 개혁하지 않다가, 백성이 못살게 되고 나라가 위태하게 된 뒤에 갑자기 변경하려 하면, 곧 붙잡아 일으키기가 어렵다. 삼가지 않을 수 있겠는가?

- 이규보, 「이옥설」-

1) 행랑채 : 대문간 곁에 있는 집채.
2) 서까래 : 마룻대에서 도리 또는 보에 걸쳐 지른 나무.
3) 추녀 : 네모지고 끝이 번쩍 들린, 처마의 네 귀에 있는 큰 서까래.
4) 들보 : 칸과 칸 사이의 두 기둥을 건너지른 나무.
5) 패망 : 싸움에 져서 망함.
6) 정사 : 정치 또는 행정상의 일.

17.

윗글에 대한 설명으로 가장 적절한 것은?

① 타인에게 들은 이야기를 전달하고 있다.
② 옛 문헌을 인용하여 신뢰성을 높이고 있다.
③ 구체적인 역사적 사건에 대한 견해를 제시하고 있다.
④ 글쓴이의 체험과 깨달음을 통해 교훈을 드러내고 있다.

18.

㉮와 의미가 유사한 것을 ㉠~㉣에서 고른 것은?

① ㉠, ㉡   ② ㉠, ㉢

③ ㉡, ㉣   ④ ㉢, ㉣

19.

윗글을 읽은 독자의 반응으로 적절하지 않은 것은?

① '쇠뿔도 단김에 빼라.'라는 말처럼 나쁜 습관을 발견하면 바로 고쳐야겠군.

② 나쁜 습관을 바로 고치지 않으면 '호미로 막을 것을 가래로 막는다.'라는 말처럼 되겠군.

③ '까마귀 날자 배 떨어진다.'라는 말처럼 나쁜 습관이 우연히 좋은 결과를 가져오기도 하는군.

④ 사소하더라도 나쁜 습관을 방치하면 '가랑비에 옷 젖는 줄 모른다.'라는 말처럼 상황이 점점 안 좋아지겠군.

[20~22] 다음 글을 읽고 물음에 답하시오.

마을은 지역 사회를 기반으로 사람들 사이의 관계가 형성되어 있어야 하고, 물리적으로는 개인의 공간과 공공의 공간 사이에 중간적 성격의 공간이 있어야 한다. 이러한 공간을 '사이 공간'이라 하는데, 이는 통행을 목적으로 하는 공간이라기보다 주민들 사이에 사적 관계를 형성하는 공동의 영역이라 할 수 있다.

과거에는 개인이 생활을 하는 집과 일을 하는 장소가 멀리 떨어져 있지 않았다. _____㉠_____ 사람들은 매일 두 공간 사이를 오가며 그곳에서 다양한 일을 경험했다. 개인의 집과 집 사이의 거리도 가까워서 이웃과 친밀한 사회적 관계를 형성할 수 있었다.

방에서 나오면 마당이 있고, 대문을 열면 골목길을 만나며, 길을 돌다 보면 굳이 의도하지 않더라도 사람들의 만남과 모임이 곳곳에서 발생하였다. 그래서 이웃과 친해질 기회가 많았다. 집의 형태는 독립적이지만 집 안팎을 살펴보면 모여 살 수 있는 구조였다.

아파트로 대표되는 오늘날의 주거 형태는 전통적 주거 형태와는 다른 특징을 보인다. 아파트는 하나의 건물 내에 수평적, 혹은 수직적으로 균일한 주거 공간이 밀집해 있고, 그곳에 거주자가 모여 사는데, 이는 현대의 한국식 공동주택이 지닌 특징이라 할 수 있다.

이러한 공동 주택의 등장은 공동체적 관계를 변화시켰다. 아파트에는 '사이 공간'이 없다. 아파트에 사는 사람들은 공동의 현관을 통과한 후 승강기나 복도를 거쳐 곧바로 각자의 공간으로 들어가 버린다. 자연스럽게 이웃과 친해질 기회가 사라진 것이다. 주택의 형태나 외관만 보면 모두 같은 공간에 사는 유사한 집단으로 보이지만, 그 안에서의 생활 모습은 공유할 만한 것이 거의 없다.

        - 전남일, 「공간이 달라지면 사는 풍경도 달라질까」 -

20.

윗글의 내용 전개 방식으로 가장 적절한 것은?

① 대조를 통해 대상 간의 차이를 드러내고 있다.

② 질문을 통해 독자의 호기심을 유발하고 있다.

③ 통계 자료를 제시하여 내용을 뒷받침하고 있다.

④ 문제 상황과 이에 대한 해결 방안을 제시하고 있다.

21.

윗글의 내용으로 적절하지 않은 것은?

① '사이 공간'은 통행보다 친분을 목적으로 한다.

② 과거에는 공동의 영역에서 사회적 관계를 형성했다.

③ 아파트는 '사이 공간'의 부재로 이웃과 친해지기 어렵다.

④ 아파트 주민들은 유사한 집단으로 생활 모습을 공유하고 있다.

22.

㉠에 들어갈 말로 가장 적절한 것은?

① 그래서   ② 그런데

③ 그러나   ④ 왜냐하면

[23~25] 다음 글을 읽고 물음에 답하시오.

인공지능은 컴퓨터 프로그램을 활용해 인간과 비슷한 인지적 능력을 구현한 기술을 말한다. 인공지능이 인간의 말을 알아듣고 명령을 실행하는 똑똑한 기계가 되는 것은 반길 일인가, 아니면 주인과 노예의 관계를 ㉠ 역전시키는 재앙이라고 경계해야 할 일인가? 세계적 물리학자 스티븐 호킹은 "인공지능은 결국 의식을 갖게 되어 인간의 자리를 대체할 것"이라고 말했다. '생각하는 기계'가 축복이 될지 재앙이 될지는 알 수 없으나, 분명한 것은 인류가 이제껏 고민해 본 적이 없는 문제와 마주 했다는 점이다. 인공지능 발달이 우리에게 던지는 새로운 과제는 두 갈래다.

첫째는, 인류를 위협할지도 모를 강력한 인공지능을 우리가 어떻게 ㉡ 통제할 것인가의 문제이다. 로봇에 대응하기 위해 입법적 차원에서 로봇이 지켜야 할 도덕적 기준을 만들어 준수하게 하는 것이 방법이 될 수 있다. 또한 기술적 차원에서 다양한 상황에 관한 사회적 합의를 담은 알고리즘을 만들어 사회적 규약을 벗어나지 않는 범위에서 로봇이 작동하게 하는 방법을 모색할 수 있다.

둘째는, 생각하는 기계가 ㉢ 모방할 수 없는 인간의 특징을 찾아 인간의 가치를 높이는 것이다. 인공지능이 마침내 인간의 의식 현상을 구현해 낸다고 하더라도 인간과 인공지능은 여전히 구분될 것이다. 인간에게는 감정과 의지가 있기 때문이다. 감정은 비이성적이고 비효율적이지만 인간됨을 ㉣ 규정하는 본능이며, 인류의 역사와 문명은 결핍과 고통에서 느낀 감정을 동력으로 발달해 온 고유의 생존 시스템이다. 처음 마주하는 위험과 결핍은 두렵고 고통스러웠지만, 인류는 놀라운 유연성과 창의성으로 대응해 왔다. 이것은 기계에 가르칠 수 없는 속성이다. 여기에 ㉮ 인공지능 시대 우리가 가야 할 사람의 길이 있다.

– 구본권, 「로봇 시대, 인간의 일」 –

23.

윗글의 내용으로 적절하지 않은 것은?

① 인공지능의 발달이 인간에게 축복이 될지 재앙이 될지는 알 수 없다.

② 입법적 차원과 기술적 차원에서 인공지능을 통제할 방법을 생각할 수 있다.

③ 인공지능이 인간의 의식 현상을 구현하면 인간과 인공지능은 구분될 수 없다.

④ 인류의 역사와 문명은 결핍과 고통에서 느낀 감정을 동력으로 발달해 왔다.

24.

㉠~㉣의 사전적 의미로 적절하지 않은 것은?

① ㉠ : 형세가 뒤집힘. 또는 형세를 뒤집음.

② ㉡ : 힘으로 으르고 협박함.

③ ㉢ : 다른 것을 본뜨거나 본받음.

④ ㉣ : 내용이나 성격, 의미 따위를 밝혀 정함.

25.

㉮에 해당하는 것으로 가장 적절한 것은?

① 인간을 위협하는 인공지능을 없앤다.

② 인간의 자리를 인공지능으로 대체한다.

③ 인간이 가진 감정을 인공지능에 부여할 방법을 찾는다.

④ 인간 고유의 속성을 발휘하여 인공지능 시대에 대응한다.

01.

다음에 대한 설명으로 가장 적절한 것은?

> '부추'를 강원, 경북, 충북에서는 '분추'라고 부르고 일부 경상, 전남에서는 '솔'이라고 한다. 일부 충청에서는 '졸'이라고 부르며 경상, 전북, 충청에서는 '정구지'라고 부르기도 한다.

① 세대에 따라 사용하는 어휘가 다르다.
② 성별에 따라 사용하는 어휘가 다르다.
③ 지역에 따라 같은 대상을 다르게 표현한다.
④ 직업에 따라 같은 대상을 다르게 표현한다.

02.

다음 속담에서 강조하는 우리말의 담화 관습으로 가장 적절한 것은?

> - 발 없는 말이 천 리 간다.
> - 화살은 쏘고 주워도, 말은 하고 못 줍는다.
> - 가루는 칠수록 고와지고, 말은 할수록 거칠어진다.

① 말은 신중하게 해야 한다.
② 하고 싶은 말은 참지 않아야 한다.
③ 상대방의 말은 귀 기울여 들어야 한다.
④ 질문에 답할 때에는 신속하게 해야 한다.

03.

피동 표현이 사용되지 않은 것은?

① 동생이 엄마에게 업혔다.
② 아이가 모기에게 물렸다.
③ 토끼가 사냥꾼에게 잡혔다.
④ 그가 친구에게 사실을 밝혔다.

04.

다음 규정에 맞게 발음하지 않은 것은?

> **■ 표준 발음법 ■**
>
> 【제14항】 겹받침이 모음으로 시작된 조사나 어미, 접미사와 결합되는 경우에는, 뒤엣것만을 뒤 음절 첫소리로 옮겨 발음한다.(이 경우, 'ㅅ'은 된소리로 발음함.)

① 값을 깎지 마세요. → [갑쓸]
② 넋이 나간 표정이다. → [넉씨]
③ 닭을 키운 적이 있다. → [다글]
④ 앉아 있기가 힘들다. → [안자]

05.

다음 높임법이 나타난 문장이 아닌 것은?

> 객체 높임법은 목적어나 부사어가 지시하는 대상 즉, 서술의 객체를 높이는 방법이다.

① 나는 어머니를 모시고 집에 갔다.
② 선생님께서는 우리를 사랑하신다.
③ 자세한 내용은 아버지께 여쭤 보세요.
④ 주말에는 할아버지를 찾아뵙고 싶습니다.

[06~07] (나)는 (가)를 토대로 작성한 글이다.
물음에 답하시오.

> **(가) 작문 상황**
> - 작문 과제 : ○○고등학교의 문제점을 찾아 해결 방안을 제안하는 건의문 쓰기
> - 예상 독자 : ○○고등학교 교장 선생님
>
> **(나) 글의 초고**
>   교장 선생님께
>   안녕하세요? 저는 1학년 김△△입니다.
>   우리 학교는 주변 상권과 거리가 먼 곳에 위치하고 있어 학생들의 학교 매점 이용률이 매우 높습니다. 그런데 최근 저를 비롯해 매점에서 식품을 사 ㉠먹을 학생들이 배탈 난 일이 있었습니다. ㉡저희 아버지께서도 위장염으로 오랫동안 고생을 하고 계십니다. 이러다 보니 매점에서 판매하는 식품의 안전이 염려되어 한 가지 건의를 ㉢들이려고 합니다.
>   학교 매점에서 유해 · 불량 식품을 판매하지 않도록 '교내 식품 안전 지킴이' 제도를 도입해 주세요. 어린이 식생활 안전 관리 특별법에 의하면 초 · 중 · 고교 매점은 학생들에게 안전하고 영양가 있는 식품을 공급하도록 노력해야 합니다. ㉣하지만 우리 학교 매점에서는 그러한 노력을 소홀히 하고 있습니다.
>   학부모와 학생으로 구성된 '교내 식품 안전 지킴이' 제도를 도입하여 학생들에게 식품 안전 기초 교육을 실시하고 매점에서 유해 · 불량 식품을 판매하지 않도록 감독한다면, 학생들이 안전한 먹거리를 섭취하고 바람직한 식습관을 형성할 수 있을 것입니다.
>   다시 한번 '교내 식품 안전 지킴이' 제도를 도입해 주시기를 당부 드립니다. 감사합니다.
>   1학년 김△△ 올림

06.

다음 중 (나)에 반영된 내용이 아닌 것은?

① 자신의 경험과 관련지어 문제 상황을 드러낸다.
② 예상 독자가 수행할 수 있는 해결 방안을 제시한다.
③ 건의 내용이 받아들여졌을 때 예상되는 효과를 제시한다.
④ 주장을 뒷받침하기 위해 구체적인 설문 조사 결과를 제시한다.

07.

㉠~㉣을 고쳐 쓰기 위한 방안으로 적절하지 않은 것은?

① ㉠ : 시간 표현이 잘못되었으므로 '먹은'으로 고친다.
② ㉡ : 글의 통일성을 해치는 문장이므로 삭제한다.
③ ㉢ : 맞춤법에 어긋나므로 '드리려고'로 수정한다.
④ ㉣ : 잘못된 접속어를 사용했으므로 '그래서'로 바꾼다.

08.

㉠~㉣에 나타난 중세 국어의 특징으로 적절하지 않은 것은?

> ㉠孔·공子ᄌᆞ·ㅣ曾증子ᄌᆞ·ᄃ·려닐·러ᄀᆞᄅᆞ·샤·ᄃᆡ·몸·이며 얼굴·이며머·리털·이·며·술·훈 ㉡父·부母:모·ᄭᅴ받ᄌ·온 거·시·라敢·감·히헐·위샹희·오·디아·니·홈·이효·도·의 비·르·소·미·오·몸·을셰·워道:도·ᄅᆞᆯ行혛·ᄒᆞ·야 ㉢일·홈·을 後:후世:세·예·베퍼·뻐 ㉣父·부母:모롤:현·뎌케·홈·이 :효·도·의ᄆᆞ·ᄎᆞ·미니·라
>
>   -『소학언해』 (1587) -

① ㉠ : 모음 뒤에서 주격 조사 'ㅣ'가 사용되었다.
② ㉡ : 어두 자음군이 사용되었다.
③ ㉢ : 이어 적기로 표기되었다.
④ ㉣ : 조사가 모음 조화에 따라 표기되었다.

⊙ 매운 계절(季節)의 채찍에 갈겨
마침내 ⓒ 북방(北方)으로 휩쓸려 오다.

하늘도 그만 지쳐 끝난 ⓒ 고원(高原)
서릿발 칼날진 그 위에 서다.

어데다 무릎을 꿇어야 하나?
한 발 재겨 디딜 곳조차 없다.

이러매 눈 감아 생각해 볼밖에
겨울은 강철로 된 ⓔ 무지개인가 보다.

- 이육사, 「절정」 -

09.

⊙ ~ ⓔ 중 시적 의미가 가장 이질적인 것은?

① ⊙   ② ⓒ
③ ⓒ   ④ ⓔ

10.

윗글의 표현상 특징으로 적절한 것은?

① 동일한 구절을 반복하여 주제를 강조하고 있다.
② 상징적 표현을 사용하여 화자의 상황을 부각하고 있다.
③ 의인법을 활용하여 시적 대상과의 친밀감을 드러내고 있다.
④ 수미 상관을 활용하여 화자의 암울한 처지를 강조하고 있다.

11.

다음을 참고할 때, 시인이 윗글을 통해 드러내려고 한 가치로 가장 적절한 것은?

① 편리성과 효율성을 중요시하는 자세
② 자연과 인간이 공존해야 한다는 신념
③ 운명에 순응하며 현실에 만족하는 태도
④ 극한의 상황에서도 꺾이지 않는 항일 의지

[앞부분의 줄거리] 1930년대의 어느 농촌, 스물여섯 살 '나'는 성례를 시켜 주겠다는 장인의 말에 데릴사위로 들어와 새경 한 푼 받지 못한 채 일을 한다. 하지만 장인은 성례를 계속 미루며, '나'를 머슴처럼 부려 먹기만 한다. 억울한 '나'는 장인과 함께 구장에게 가서 의견을 묻기로 한다.

구장님도 내 이야기를 자세히 듣더니 퍽 딱한 모양이었다. 하기야 구장님뿐만 아니라 누구든지 다 그럴 게다. ⊙ 길게 길러 둔 새끼손톱으로 코를 후벼서 저리 탁 튀기며

"그럼 봉필 씨! 얼른 성 시켜 주구려, 그렇게까지 제가 하구 싶다는 걸……."
하고 내 짐작대로 말했다. 그러나 이 말에 장인님이 삿대질로 눈을 부라리고

"아, 성례구 뭐구 기집애년이 미처 자라야 할 게 아닌가?"
하니까 고만 멀쑥해서 입맛만 쩝쩝 다실 뿐이 아닌가…….

"ⓒ 그것두 그래!"
"그래, 거진 사 년 동안에도 안 자랐다니 그 킨은 제 자라지유? 다 그만두구 사경[1] 내슈……."
"글쎄, 이 자식아! 내가 크질 말라구 그랬니, 왜 날 보구 떼냐?"
"ⓒ 빙모님은 참새만 한 것이 그럼 어떻게 앨 낳지유? (사실 장모님은 점순이보다도 귓배기 하나가 적다.)"

그러나 이 말에는 별반 신통한 귀정[2]을 얻지 못하고 도루 논으로 돌아와서 모를 부었다. 왜냐면, 장인님이 뭐라구 귓속말로 수군수군하고 간 뒤다. 구장님이 날 위해서 조용히 데리구 아래와 같이 일러 주었기 때문이다. (ⓔ 뭉태의 말은 구장님이 장인님에게 땅 두 마지기 얻어 부치니까 그래 꾀었다고 하지만 난 그렇게 생각 않는다.)

(가)

"자네 말두 하기야 옳지. 암, 나이 찼으니까 아들이 급하다는 게 잘못된 말은 아니야. 하지만 농사가 한창 바쁠 때 일을 안 한다든가 집으로 달아난다든가 하면 손해죄루 그것두 징역을 가거든! (여기에 그만 정신이 번쩍 났다.) 왜 요전에 삼포 말서 산에 불 좀 놓았다구 징역 간 거 못 봤나. 제 산에 불을 놓아두 징역을 가는 이땐데 남의 농사를 버려주니 죄가 얼마나 더 중한가. 그리고 자넨 정장³⁾을 (사경 받으러 정장 가겠다 했다.) 간대지만, 그러면 괜스레 죌 들쓰고 들어가는 걸세. 또, 결혼두 그렇지. 법률에 성년이란 게 있는데 스물하나가 돼야지 비로소 결혼을 할 수가 있는 걸세. 자넨 물론 아들이 늦을 걸 염려하지만, 점순이로 말하면 인제 겨우 열여섯이 아닌가. 그렇지만 아까 빙장님의 말씀이 올 갈에는 열 일을 제치고라두 성례를 시켜 주겠다 하시니 좀 고마울 겐가. 빨리 가서 모 붓든 거나 마저 붓게. 군소리 말구 어서 가."

– 김유정, 「봄 · 봄」 –

1) 사경 : 새경. 머슴이 주인에게서 일한 대가로 받는 돈이나 물건
2) 귀정 : 그릇되었던 일이 바른길로 돌아옴.
3) 정장 : 소송을 제기하기 위해 소장(訴狀)을 관청에 냄.

12.

윗글의 특징으로 적절하지 않은 것은?

① 주로 인물의 대화를 통해 사건이 전개되고 있다.
② 작품 밖의 서술자가 인물의 심리를 묘사하고 있다.
③ 어리숙한 인물의 언행을 통해 해학성을 드러내고 있다.
④ 농촌을 배경으로 설정해 당시의 생활상을 그리고 있다.

13.

(가)에 나타난 구장의 설득 방법으로 적절하지 않은 것은?

① '나'의 잘못을 언급하며 대화를 시작하고 있다.
② 징역 간다는 말로 '나'에게 겁을 주고 있다.
③ 결혼에 대한 법률적 근거를 제시하고 있다.
④ 성례의 가능성을 제시하며 '나'를 회유하고 있다.

14.

㉠ ~ ㉣에 대한 설명으로 적절하지 않은 것은?

① ㉠ : 무관심한 '구장'의 모습을 희화화하고 있다.
② ㉡ : '구장'의 우유부단한 성격을 드러내고 있다.
③ ㉢ : '나'는 장인의 말에 근거를 들어 대응하고 있다.
④ ㉣ : '나'는 '뭉태'의 말에 전적으로 동의하고 있다.

[15 ~ 16] 다음 글을 읽고 물음에 답하시오.

속세에 묻힌 분들, 이내 생애 어떠한가.
옛사람 풍류에 미칠까 못 미칠까.
이 세상 남자 몸이 나만 한 이 많건마는
자연에 묻혀 산다고 즐거움을 모르겠는가.
초가집 몇 칸을 푸른 시내 앞에 두고
송죽 울창한 곳에 풍월주인 되었구나.
엊그제 겨울 지나 새 봄이 돌아오니
복숭아꽃, 살구꽃은 석양에 피어 있고
푸른 버들, 향긋한 풀은 가랑비에 푸르도다.
칼로 재단했는가, 붓으로 그려 냈는가.
조물주의 솜씨가 사물마다 신비롭구나.
수풀에 우는 새는 봄 흥취에 겨워 소리마다 교태로다.
물아일체이니 흥이야 다를쏘냐.

– 정극인, 「상춘곡」 –

15.

윗글에서 확인할 수 있는 가사의 특징으로 알맞은
것은?

① 4음보의 율격이 주로 나타난다.
② 후렴구를 사용하여 연을 나눈다.
③ 4구체, 8구체, 10구체의 형식이 있다.
④ 초장, 중장, 종장의 3장으로 구성된다.

16.

윗글의 화자에 대한 설명으로 적절하지 <u>않은</u> 것은?

① 세속적 공간을 떠나 자연에 묻혀 살고 있다.
② 옛사람의 풍류와 비교하며 자부심을 드러내고 있다.
③ 큰 고을의 주인이 되어 임금의 은혜에 감사하고 있다.
④ 아름다운 봄의 풍경을 감상하며 흥취를 느끼고 있다.

[17~19] 다음 글을 읽고 물음에 답하시오.

(가)
좌수(座首) 별감(別監) 넋을 잃고 이방, 호방 혼
을 잃고 나졸들이 분주하네. 모든 수령 도망갈
제 거동 보소. 인궤[1] 잃고 강정 들고, 병부(兵
符)[2] 잃고 송편 들고, 탕건[3] 잃고 용수[4] 쓰고,
갓 잃고 소반 쓰고 칼집 쥐고 오줌 누기. 부서
지는 것은 거문고요 깨지는 것은 북과 장고라.
본관 사또가 똥을 싸고 멍석 구멍 생쥐 눈 뜨듯
하고, 안으로 들어가서,
"어, 추워라. 문 들어온다 바람 닫아라. 물 마르
다 목 들여라."

<중략>

어사또 분부하되,
"너 같은 년이 수절한다고 관장(官長)[5]에게 포악
하였으니 살기를 바랄쏘냐. 죽어 마땅하되 내 수
청도 거역할까?"
춘향이 기가 막혀,
"내려오는 관장마다 모두 명관(名官)이로구나. 어사
또 들으시오. 층암절벽(層巖絶壁) 높은 바위가 바람

분들 무너지며, 청송녹죽(靑松綠竹) 푸른 나무가
눈이 온들 변하리까. 그런 분부 마옵시고 어서 바삐
죽여 주오" 하며, "향단아, 서방님 어디 계신가 보아
라. 어젯밤에 옥 문간에 와 계실 제 천만당부 하였더
니 어디를 가셨는지 나 죽는 줄 모르는가."
어사또 분부하되, "얼굴 들어 나를 보라."
하시니 춘향이 고개 들어 위를 살펴보니, 걸인으
로 왔던 낭군이 분명히 어사또가 되어 앉았구나. 반
웃음 반울음에,
"얼씨구나, 좋을시고 어사 낭군 좋을시고. 남원 읍
내 가을이 들어 떨어지게 되었더니, 객사에 봄이
들어 이화춘풍(李花春風) 날 살린다. 꿈이냐 생시
냐? 꿈을 깰까 염려로다."

– 작자 미상, 「춘향전」 –

1) 인궤 : 관아에서 쓰는 각종 도장을 넣어 두던 상자
2) 병부(兵符) : 군대를 동원하는 표지로 쓰던 동글납작
  한 나무패
3) 탕건 : 벼슬아치가 갓 아래 받쳐 쓰던 관(冠)의 하나
4) 용수 : 죄수의 얼굴을 보지 못하도록 머리에 씌우는
  둥근 통 같은 기구
5) 관장(官長) : 관가의 장(長). 고을의 원을 높여 이르던 말

17.

윗글에 대한 설명으로 알맞은 것은?

① 판소리로 공연되기도 하였다.
② 궁중에서 발생하여 민간으로 유입되었다.
③ 조선 시대 양반 계층에 한하여 향유되었다.
④ 우리 문자가 없었던 시기라 한자로 기록되었다.

18.

(가)에 대한 설명으로 적절하지 <u>않은</u> 것은?

① 유사한 문장 구조를 반복하여 운율감을 드러내고 있다.
② 음성 상징어를 활용하여 긴박한 상황을 나타내고 있다.
③ 비유적 표현을 사용하여 인물의 행동을 보여 주고
  있다.
④ 단어의 위치를 의도적으로 뒤바꾸어 웃음을 유발하
  고 있다.

19.

윗글에서 확인할 수 있는 내용으로 알맞은 것은?

① '춘향'은 '어사또'의 수청 제안을 거절했다.
② '어사또'는 지난밤에 옥 문간에서 '걸인'을 만났다.
③ '춘향'은 내려오는 관장을 모두 긍정적으로 평가했다.
④ '향단'은 '어사또'의 정체를 알고 기쁨의 눈물을 흘렸다.

[20~22] 다음 글을 읽고 물음에 답하시오.

(가) 현대인의 삶의 질이 점차 향상됨에 따라 도시공원에 대한 관심도 함께 높아지고 있다. 도시공원은 자연 경관을 보호하고, 사람들의 건강과 휴양, 정서 생활을 위하여 도시나 근교에 만든 공원을 말한다. 또한 도시공원은 휴식을 취할 수 있는 공간인 동시에 여러 사람과 만날 수 있는 소통의 장이기도 하다.

(나) 도시공원은 사람들이 선호하는 도시 시설 가운데 하나 이지만 노인, 어린이, 장애인, 임산부 등 사회적 약자에게는 '그림의 떡'인 경우가 많다. 사회적 약자들은 그들의 신체적 제약으로 인해 도시공원에 접근하거나 이를 이용하기에 열악한 상황에 놓여 있기 때문이다.

(다) 우선, 도시공원이 대중교통을 이용해서 가기 어려운 위치에 있는 경우가 많다. 또한 공원에 간다 하더라도 사회적 약자를 미처 배려하지 못한 시설물이 대부분이다. 동선이 복잡하거나 안내 표시가 없어서 불편을 겪는 경우도 있다. 이런 물리적·사회적 문제점들로 인해 실제 공원을 ㉠ 찾는 사회적 약자는 처음 공원 설치 시 기대했던 인원보다 매우 적은 편이다.

(라) 도시공원은 일반인뿐 아니라 사회적 약자들도 동등하게 이용할 수 있는 공간이어야 한다. 이를 위해서는 ㉮ 사회적 약자를 배려한 도시공원 계획이 우선적으로 마련되어야 한다. 사회적 약자에게 필요한 것은 아무리 작은 쌈지 공원[1] 이라도 편안하게 접근하여 여러 사람과 소통하거나 쉴 수 있도록 조성된 공간이다.

　　　　　　　　　　　　　　　- 이훈길, 「도시를 걷다」 -

1) 쌈지 공원 : 빌딩 사이의 자투리땅에 조성한 공원

20.

(가) ~ (라)의 중심 내용으로 적절하지 <u>않은</u> 것은?

① (가) : 도시공원의 정의와 기능
② (나) : 사회적 약자가 선호하는 도시 시설
③ (다) : 사회적 약자의 도시공원 이용이 어려운 이유
④ (라) : 바람직한 도시공원의 요건

21.

밑줄 친 부분이 ㉠과 가장 유사한 의미로 쓰인 것은?

① 국산품을 찾는 손님이 많다.
② 산을 찾는 사람들이 늘고 있다.
③ 떨어진 바늘을 찾는 일은 어렵다.
④ 마음의 안정을 찾는 것이 좋겠다.

22.

윗글을 고려하여 떠올린 ㉮의 구체적인 방안으로 적절하지 <u>않은</u> 것은?

① 공원 내에서 이동하기 쉽도록 동선을 설계한다.
② 공원 내에 바닥 조명을 설치하여 방향 유도 체계를 만든다.
③ 공원 내에 사회적 약자와 일반인의 공간을 분리하여 설계한다.
④ 대중교통을 이용해서 접근하기 쉬운 곳에 공원을 배치한다.

[23~25] 다음 글을 읽고 물음에 답하시오.

니체는 '망각은 새로운 것을 ㉠ 수용하게 하는 적극적이고 능동적인 힘'이라고 말했다. 잊어버린다는 사실은 과거에 ㉡ 구속되지 않고 현재를 살아가게 하는 원동력이 된다는 것이다. 그런데 자연스레 잊혀야 할 일들이 도무지 잊히지 않아 괴로워하는 사람들이 있다. 그들은 인터넷에 남아 있는 잊고 싶은 과거의 흔적이나 뜻하지 않게 퍼진 사진 때문에 고통받고 있다.

이러한 현실을 고려하여 '잊힐 권리'의 법적 보장 문제가 논의될 필요가 있다. '잊힐 권리'란 인터넷에 공개된 이용자 정보에 대해 당사자가 검색되는 것을 원하지 않을 경우, 해당 포털 사이트에 검색 결과의 삭제를 요구할 수 있는 권리를 말한다. ㉢ 노출되길 원하지 않았던 정보가 인터넷에 유출되어 정신적 피해를 입고 있는 사람들에게는 자신의 정보가 올라간 사이트를 찾아다니며 일일이 삭제 요청을 하는 것 외에는 대응 수단이 없다. 그러나 이런 방식에는 분명 한계가 있으므로 법적으로 ㉣ 확실하게 잊힐 권리를 보장해야 한다. 해당 정보가 단순한 개인 정보라면 사생활을 보호하기 위해서라도 그 정보의 삭제를 요청할 수 있는 권리를 지켜 주어야 한다.

㉺ 잊힐 권리의 보장으로 '알 권리'라고 하는 또 다른 권리가 침해된다고 주장하는 사람들도 있다. 잊힐 권리를 보장하게 되면 법적인 권력이나 자본을 소유한 사람들에게 악용될 소지가 크다는 것이다. 그러나 더욱 바람직하고 건강한 사회를 만들기 위해 잊힐 권리의 법적 보장에 대해 꼭 한번 고민해 볼 필요가 있다.

– 윤용아, 「잊힐 권리와 알 권리」 –

23.

윗글을 읽은 후, 타인과 소통하며 이해를 확장하기 위해 한 활동으로 적절하지 <u>않은</u> 것은?

① 이 글에 나타난 '잊힐 권리'에 대한 핵심 내용을 요약한다.
② 친구들과 함께 '잊힐 권리'의 필요성을 주제로 토의를 진행한다.
③ 전문가를 대상으로 '잊힐 권리'의 법적 보장에 대한 인터뷰를 실시한다.
④ 인터넷 게시판에서 '잊힐 권리'의 법적 보장을 논제로 한 토론에 참여한다.

24.

㉺ 가 제시할 근거로 가장 적절한 것은?

① '알 권리'를 인정하면 사생활을 보호할 수 있기 때문이다.
② '알 권리'를 인정하면 망각이 쉽게 일어날 수 있기 때문이다.
③ '잊힐 권리'를 인정하면 정보 비공개로 인해 공익이 저해될 수 있기 때문이다.
④ '잊힐 권리'를 인정하면 정보 유출로 인한 고통이 늘어날 수 있기 때문이다.

25.

㉠ ~ ㉣을 고유어로 바꾸고자 할 때, 적절하지 <u>않은</u> 것은?

① ㉠ : 받아들이게   ② ㉡ : 얽매이지
③ ㉢ : 드러나길   ④ ㉣ : 올바르게

2023년 2회 기출문제

01.

다음 대화에 나타난 특징으로 가장 적절한 것은?

> 환자 머리에 이데마¹⁾가 있어 만니톨²⁾을 주사하고 있습니다.
>
> 환자가 많이 아파하는 것 같으면 엔시드³⁾를 주고 저에게 알려주세요.
>
>
>
> 전공의   신경외과장
>
> 1) 이데마(edema) : 부종, 몸이 붓는 증상
> 2) 만니톨(mannitol) : 부종의 치료에 이용되는 약제
> 3) 엔시드(ensid) : 진통제, 통증 완화제

① 신조어를 사용하고 있다.
② 전문어를 사용하고 있다.
③ 지역 방언을 사용하고 있다.
④ 관용 표현을 사용하고 있다.

02.

수정 후에 반영된 언어 예절에 대한 설명으로 가장 적절한 것은?

> [수정 전] 선생님께서 주신 자료가 너무 어려워서 그러는데, 혹시 쉬운 자료가 있을까요?
>
> ↓
>
> [수정 후] 선생님께서 주신 자료를 제가 잘 이해하지 못해서 그러는데, 혹시 쉬운 자료가 있을까요?

① 상대를 칭찬하며 말한다.
② 자신의 탓으로 돌려 말한다.
③ 상대의 의견에 동의하며 말한다.
④ 자신의 능력을 과시하며 말한다.

03.

다음을 참고할 때 음운 변동에 관한 설명으로 적절한 것은?

■자음 체계표(일부)■

조음 방법 \ 조음 위치	두 입술	윗잇몸	여린입천장
파열음	ㅂ	ㄷ	ㄱ
비음	ㅁ	ㄴ	ㅇ
유음		ㄹ	

① 심리[심니] : 앞 자음 'ㅁ'이 뒤 자음 'ㄹ'과 조음 방법이 같아짐.
② 종로[종노] : 앞 자음 'ㅇ'이 뒤 자음 'ㄹ'과 조음 위치가 같아짐.
③ 신라[실라] : 앞 자음 'ㄴ'이 뒤 자음 'ㄹ'과 조음 방법이 같아짐.
④ 국물[궁물] : 앞 자음 'ㄱ'이 뒤 자음 'ㅁ'과 조음 위치가 같아짐.

04.

다음 한글 맞춤법 규정을 잘못 적용한 것은?

> ■ 한글 맞춤법 ■
> 【 제15항 】 용언의 어간과 어미는 구별하여 적는다.
> [붙임 1] 두 개의 용언이 어울려 한 개의 용언이 될 적에, 앞말의 본뜻이 유지되고 있는 것은 그 원형을 밝히어 적고, 그 본뜻에서 멀어진 것은 밝히어 적지 아니한다.

① 인구가 <u>늘어나다</u>
② 갯벌이 <u>드러나다</u>
③ 집으로 <u>돌아가다</u>
④ 단추가 <u>떠러지다</u>

05.

다음을 참고할 때 <보기>의 ㉠에 들어갈 말로 가장 적절한 것은?

> 다른 사람의 말을 직접 인용할 때는 인용할 내용에 큰따옴표가 붙고 조사 '라고'가 사용된다. 간접 인용할 때는 인용할 내용에 조사 '고'가 붙고, 경우에 따라 인용문의 인칭 대명사, 종결 어미가 바뀐다.
>
> <보기>
>
> **직접 인용 표현** 친구가 나에게 "<u>너의 취미가 뭐야?</u>" 라고 물었다.
>
>
>
> **간접 인용 표현** 친구가 나에게 (㉠   ) 물었다.

① 나의 취미가 뭐냐고
② 그의 취미가 뭐냐고
③ 나의 취미가 뭐냐라고
④ 그의 취미가 뭐냐라고

06.

㉠에 들어갈 내용으로 가장 적절한 것은?

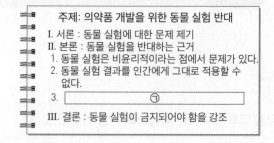

> 주제: 의약품 개발을 위한 동물 실험 반대
> I. 서론 : 동물 실험에 대한 문제 제기
> II. 본론 : 동물 실험을 반대하는 근거
>   1. 동물 실험은 비윤리적이라는 점에서 문제가 있다.
>   2. 동물 실험 결과를 인간에게 그대로 적용할 수 없다.
>   3.   ㉠
> III. 결론 : 동물 실험이 금지되어야 함을 강조

① 동물 실험을 대체할 실험 방안이 있다.
② 동물 실험이 인간에게 가져다주는 이익이 크다.
③ 동물 실험이 동물 학대를 의미하는 것은 아니다.
④ 동물 실험으로 의약품 개발 비용을 절감할 수 있다.

07.

㉠ ~ ㉣을 고쳐 쓴 것으로 적절하지 않은 것은?

> 메모는 기억을 ㉠ <u>유지되는</u> 가장 좋은 방법이다. ㉡ <u>충분한 수면은 기억력 향상에 도움을 준다.</u> 여러 가지 생각이 동시에 떠오르거나 기발한 생각이 스쳐 갈 때 이를 메모해 두면 유용하다. 과거에는 메모가 필요한 순간에 메모지나 필기구가 ㉢ <u>없더라도</u> 불편한 경우가 종종 있었다. ㉣ <u>그리고</u> 지금은 휴대 전화의 기능을 활용하여 전보다 쉽게 메모할 수 있게 되었다.

① ㉠ : '기억을'과 호응하도록 '유지하는'으로 수정한다.
② ㉡ : 통일성을 해치는 문장이므로 삭제한다.
③ ㉢ : 문맥을 고려하여 '없어서'로 고친다.
④ ㉣ : 잘못된 접속어를 사용했으므로 '따라서'로 바꾼다.

08.

㉠ ~ ㉣에 나타난 중세 국어의 특징으로 적절하지 않은 것은?

> 불·휘㉠기·픈남·ᄀᆞᆫ㉡ᄇᆞᄅ·매아·니:뮐·ᄊᆡ
> 곳·됴·코여·름·하ᄂᆞ·니
> :심·미기·픈㉢·므른·ᄀᆞ·래아·니그·츨·ᄊᆡ
> ㉣:내·히이·러바·ᄅᆞ·래·가ᄂᆞ·니
> – 「용비어천가」 제2장 –

① ㉠: 소리 나는 대로 표기하고 있다.
② ㉡: 현재 쓰이지 않는 모음이 있었다.
③ ㉢: 모음 조화를 지키고 있다.
④ ㉣: 주격 조사 '히'가 사용되었다.

[09~11] 다음 글을 읽고 물음에 답하시오.

> 나 보기가 역겨워
> 가실 때에는
> 말없이 고이 보내 드리우리다.
>
> 영변(寧邊)에 약산(藥山)
> 진달래꽃
> 아름 따다 가실 길에 뿌리우리다.
>
> 가시는 걸음걸음
> 놓인 그 꽃을
> ㉠사뿐히 즈려밟고 가시옵소서.
>
> 나 보기가 역겨워
> 가실 때에는
> 죽어도 아니 눈물 흘리우리다.
>
> – 김소월, 「진달래꽃」 –

09.

윗글의 표현상 특징으로 적절하지 않은 것은?

① 설의법을 사용하여 주제 의식을 강조하고 있다.
② 유사한 종결 어미를 반복해 리듬감을 형성하고 있다.
③ 반어적 표현을 활용하여 화자의 감정을 강조하고 있다.
④ 수미상관 구조를 통해 형태적 안정감을 형성하고 있다.

10.

㉠에 나타난 화자의 정서로 가장 적절한 것은?

① 고향에 대한 그리움
② 무기력한 삶에 대한 후회
③ 임을 향한 헌신적인 사랑
④ 정처 없이 떠도는 삶의 비애

11.

윗글과 <보기>에 공통으로 나타나는 우리나라 시가 문학의 특징으로 가장 적절한 것은?

> 아리랑 아리랑 아라리요 / 아리랑 고개로 넘어간다
> 나를 버리고 가시는 임은 / 십 리도 못 가서 발병 난다
> – 경기 민요 「아리랑」 –

① 3음보 율격을 지닌다.
② 자연 친화적 태도를 보인다.
③ 절기에 따른 풍속을 노래한다.
④ 마지막 구절 첫머리에 감탄사를 쓴다.

[12~13] 다음 글을 읽고 물음에 답하시오.

> 십 년을 경영하여 초려 삼간 지어 내니
> 나 한 간 달 한 간에 청풍 한 간 맛져 두고
> 강산 은 들일 듸 업스니 둘러 두고 보리라
> – 송순 –

12.

윗글의 화자에 대한 설명으로 가장 적절한 것은?

① 세속적 삶을 지향하고 있다.
② 멀리 있는 임금을 걱정하고 있다.
③ 자연 속에서 소박하게 살고 있다.
④ 후학 양성에 대한 포부를 밝히고 있다.

13.

㉠ ~ ㉣ 중 윗글의 강산 과 의미가 가장 유사한 것은?

> ㉠잔 들고 혼자 앉아 먼 ㉡뫼를 바라보니
> 그리던 ㉢님이 오다 반가움이 이러하랴
> ㉣말씀도 웃음도 아녀도 못내 좋아하노라
>   - 윤선도, 「만흥」-

① ㉠   ② ㉡
③ ㉢   ④ ㉣

[14~16] 다음 글을 읽고 물음에 답하시오.

"김병국 부친 되십니다."

중위가 나를 소개했다. 그리고 덧붙여, 내가 예편된 대위 출신으로 육이오 전쟁에 참전한 상이용사라고 말했다.

"그렇습니까. 반갑습니다. 저는 윤영구라 합니다. 앉으시지요."

윤 소령이 나를 회의용 책상으로 안내해 간이 철제 의자를 권했다. ㉠그는 호인다운 인상에 목소리가 시원시원하여, 중위의, 파견 대장은 인간적이란 말에 한결 신뢰감을 주었다.

"불비한 자식을 둬서 죄, 죄송합니다. 자식 놈과 얘기해 보셨다면 아, 알겠지만 천성이 착한 놈입니다." 의자에 앉으며 내가 말했다.

"어젯밤 마침 제가 부대에서 숙식할 일이 있어 장시간 ㉡그 친구와 얘기를 나눠 봤지요. 똑똑한 젊은이더군요."

"요즘 제 딴에는 뭐 조류와 환경 오염 실태를 여, 연구 한답시고…… 모르긴 하지만 그 일 때문에 시, 심려를 끼치지 않았나 하는데요?"

"그렇습니다. 그러나 자제분은 군 통제 구역 출입이 어떤 처벌을 받는지 알 텐데도 무모한 행동을 했어요. 설령 하는 일이 정당하다면 사전에 부대 양해나 협조부터 요청해야지요."

(중략)

[A]
> 윤 소령은 당번병을 불러 김병국 군을 데려오라고 말했다.
>
> 한참 뒤, 사병과 함께 병국이 파견 대장실로 들어왔다. 땟국 앉은 꾀죄죄한 그의 몰골이 중병 환자 같았다. 점퍼와 검정 바지도 펄투성이여서 하수도 공사를 하다 나온 듯했다. 병국은 움푹 꺼진 동태눈으로 나를 보았다.

"㉢이 녀석아, 넌 도대체 어, 어떻게 돼먹은 놈이냐! 통금 시간에 허가증 없이 해안 일대에 모, 못 다니는 줄 뻔히 알면서."

내가 노기를 띠고 아들에게 소리쳤다.

"본의는 아니었어요. 사흘 사이 동진강 하구 삼각주에서 갑자기 새들이 집단으로 죽기에 그 이유를 좀 알아보려던게……."

병국이 머리를 떨구었다.

"그래도 변명은!"

"고정하십시오. 자제분 의도나 진심은 충분히 파악했으니깐요."

윤 소령이 말했다.

병국은 간밤에 쓴 진술서에 손도장을 찍고, 각서 한 장을 썼다. 내가 그 각서에 연대 보증을 섬으로써 우리 부자가 파견대 정문을 나서기는 정오가 가까울 무렵이었다. 부대에서 나올 때 집으로 찾아왔던 중위가 병국이 사물을 인계했다. 닭털 침낭과 등산 배낭, 이인용 천막, 그리고 걸레 조각처럼 늘어진 바다오리와 꼬마물떼새 시신이 각 열 구씩이었다.

"죽은 새는 뭘 하게?"

웅포리 쪽으로 걸으며 내가 물었다.

"해부를 해서 사인을 캐 보려구요."

"폐, 폐수 탓일까?"

"글쎄요……."

"㉣너도 시장할 테니 아바이집으로 가서 저, 점심 요기나 하자."

나는 웅포리 정 마담을 만나 이잣돈을 받아 오라던 아내 말을 떠올렸다. 병국이는 식사 따위에 관심이 없어 보였다.

"아버지, 아무래도 새를 독살하는 치들이 있는 것 같아요."

"그걸 어떻게 아니?"

"갑자기 떼죽음당하는 게 이상하잖아요? 물론 전에도 새나 물고기가 떼죽음하는 경우가 있었지만, 이번은 뭔가 다른 것 같아요."

"물 탓이야. 이제 동진강은 강물이 아니고 도, 독물이야. 조만간 이곳에서 새떼가 자취를 감추고 말 게야."

- 김원일, 「도요새에 관한 명상」-

14.

윗글을 읽고 이해한 것으로 가장 적절한 것은?

① '나'는 '병국'의 일에 무관심하다.
② '병국'은 '윤 소령'의 입장을 동정한다.
③ '나'는 '윤 소령'의 행동에 실망감을 느낀다.
④ '병국'은 새들의 떼죽음에 의혹을 품고 있다.

15.

[A]에 대한 설명으로 가장 적절한 것은?

① 과거 회상을 통해 사건의 원인을 밝히고 있다.
② 외양 묘사를 통해 인물의 처지를 보여 주고 있다.
③ 이국적 소재를 활용하여 인물의 상황을 강조하고 있다.
④ 장면의 빈번한 전환으로 갈등의 심화를 보여 주고 있다.

16.

㉠ ~ ㉣ 중 가리키는 대상이 다른 것은?

① ㉠　　　　　　② ㉡
③ ㉢　　　　　　④ ㉣

[17~19] 다음 글을 읽고 물음에 답하시오.

[앞부분 줄거리] 명나라 때 홍무와 부인 양씨는 뒤늦게 계월을 낳아, 남자 옷을 입혀 기른다. 난을 피하다가 부모와 헤어진 계월을 여공이 구해 평국이라는 이름을 지어 주고, 아들 보국과 함께 곽 도사에게 수학하게 한다. 평국은 보국과 함께 과거에 급제하고, 서달의 난이 일어나자 출전하여 공을 세운다. 그 후 평국은 병이 들어 어의에게 진맥을 받고 난 뒤 여자임이 밝혀진다.

계월이 천자께 ㉠ 상소를 올리자 임금께서 보셨는데 상소의 내용은 다음과 같았다.

'한림학사 겸 대원수 좌승상 청주후 평국은 머리를 조아려 백 번 절하고 아뢰옵나이다. 신첩이 다섯 살이 되기 전에 장사랑의 난에 부모를 잃었사옵니다. 그리고 도적 맹길의 환을 만나 물속의 외로운 넋이 될 뻔한 것을 여공의 덕으로 살아났사옵니다. 오직 한 가지 생각을 했으니, 곧 여자의 행실을 해서는 규중에서 늙어 부모의 해골을 찾지 못할 것이라는 점입니다. 그래서 여자의 행실을 버리고 남자의 옷을 입어 황상을 속이옵고 조정에 들었사오니 신첩의 죄는 만 번을 죽어도 아깝지 않습니다. 이에 감히 아뢰어 죄를 기다리옵고 내려 주셨던 유지(諭旨)[1]와 인수(印綬)[2]를 올리옵나이다. 임금을 속인 죄를 물어 신첩을 속히 처참하옵소서.'

천자께서 글을 보시고 용상(龍床)을 치며 말씀하셨다.

"평국을 누가 여자로 보았으리오? 고금에 없는 일이로다. 천하가 비록 넓으나 문무(文武)를 다 갖추어 갈충보국 (竭忠報國)[3] 하고, 충성과 효도를 다하며 조정 밖으로 나가서는 장수가 되고 들어와서는 재상이 될 만한 재주를 가진 이는 남자 중에도 없을 것이로다. 평국이 비록 여자지만 그 벼슬을 어찌 거두겠는가?"

[중간 줄거리] 천자의 중매로 계월과 보국은 혼인을 하게 된다. 혼인 후 계월은 규중에서 지내다가 오랑캐를 진압하라는 천자의 명을 받는다.

평국이 엎드려 아뢰었다.

"신첩이 외람되게 폐하를 속이고 공후의 작록을 받아 영화로이 지낸 것도 황공했사온데 폐하께서는 죄를 용서해 주시고 신첩을 매우 사랑하셨사옵니다. 신첩이 비록 어리석으나 힘을 다해 성은을 만분의 일이나 갚으려 하오니 폐하께서는 근심하지 마옵소서."

천자께서 이에 크게 기뻐하시고 즉시 수많은 군사와 말을 징발해 주셨다. 그리고 벼슬을 높여 평국을 대원수로 삼으시니 원수가 사은숙배(謝恩肅拜)하고 위의를 갖추어 친히 붓을 잡아 보국에게 전령(傳令)을 내렸다.

"적병의 형세가 급하니 중군장은 급히 대령하여 군령을 어기지 마라."

보국이 전령을 보고 분함을 이기지 못해 부모에게 말했다.

"계월이 또 소자를 중군장으로 부리려 하오니 이런 일이 어디에 있사옵니까?"

여공이 말했다.

"전날 내가 너에게 무엇이라 일렀더냐? 계월이를 괄시하다가 이런 일을 당했으니 어찌 계월이가 그르다고 하겠느냐? 나랏일이 더할 수 없이 중요하니 어쩔 수 없구나."

작자 미상, 「홍계월전」-

1) 유지(諭旨): 임금이 신하에게 내리던 글
2) 인수(印綬): 벼슬에 임명될 때 임금에게 받는 도장을 몸에 차기 위한 끈
3) 갈충보국(竭忠報國): 충성을 다해 나라의 은혜를 갚음.

17.

윗글에 대한 설명으로 가장 적절한 것은?

① 인물의 말을 통해 대상을 평가하고 있다.
② 다른 사물에 빗대어 대상을 비판하고 있다.
③ 계절의 변화를 통해 비극적 상황을 강조하고 있다.
④ 꿈과 현실을 교차하여 인물의 과거를 보여 주고 있다.

18.

윗글의 인물에 대한 설명으로 가장 적절한 것은?

① 천자는 '여공'을 중군장으로 삼고자 한다.
② '평국'은 천자로부터 능력을 인정받고 있다.
③ '보국'은 대원수인 '계월'의 권위를 인정하고 있다.
④ '여공'은 '계월'이 아닌 '보국'의 편을 들어 주고 있다.

19.

㉠의 중심 내용으로 가장 적절한 것은?

① 자신의 혼인을 부탁하고 있다.
② 천자를 속인 죄에 대해 벌을 청하고 있다.
③ 벼슬을 거두지 말아 달라고 간청하고 있다.
④ 여성에 대한 차별을 없애 달라고 요구하고 있다.

[20 ~ 22] 다음 글을 읽고 물음에 답하시오.

부탄의 마을 치몽은 한눈에 봐도 가난한 마을이다. 전기가 들어오지 않는 마을답게 변변한 세간도 없다. 그러나 매 순간 몸과 마음을 다해 손님을 접대한다. 활쏘기를 구경하려고 걸음을 멈추면 집으로 뛰어 들어가 돗자리를 꺼내 온다. 논두렁 길을 걷다 보면 어린 소년이 뛰어와 옷 속에 품은 달걀을 수줍게 내민다. 이 동네 사람들은 행복해 보일 뿐만 아니라 우리를 행복하게 해 주기 위해서는 무엇이든 할 준비가 되어 있는 것 같았다. 가진 게 별로 없는데도 아무렇지 않아 보였으며 빈한한 살림마저도 기꺼이 나누며 살아가는 듯했다.

또한 치몽에서는 늘 몸을 움직여야만 한다. 집 바깥에 있는 화장실에 가기 위해서도, 공동 수돗가에서 물을 받기 위해서도 움직여야만 한다. 빨래는 당연히 손으로 해야 하고, 쌀도 키로 골라야 하며, 곡물은 맷돌을 돌려 갈아야 한다. 난방이 되지 않아 실내에서는 옷을 두껍게 입어야만 하며, 생활에 필요한 모든 것은 몸을 써야만 얻을 수 있다. 그런데 그 불편함이 이상하게도 살아 있음을 실감케 한다. 일상의

모든 자질 구레한 일에 몸을 써야만 하는 이 나라 사람들에게 부탄 정부가 2005년에 노골적으로 물었다. "당신은 행복합니까?" 라고. 그 질문에 단지 3.3퍼센트만이 행복하지 않다고 대답했다고 한다. 이들의 이러한 모습을 보면 몸이 편한 것과 행복은 별 상관이 없는 것 같다는 생각이 들곤 한다.

⊙ 이 나라에서의 삶은 그야말로 사는 것이다. 텔레비전으로 보고, 인터넷으로 검색하고, 카메라로 찍는 삶이 아니라 몸을 움직여 직접 만들고 경험하는 삶이다. 그러다 보니 부탄에서 일과 놀이는 ⓛ 으로 연결되어 있다. 그들은 노는 듯 일하고 일하듯 논다. 진정한 호모 루덴스[1]다. 이런 그들에게 놀이는 돈을 지불해야 얻을 수 있는 상품이 아니다. 이 나라 사람들은 아직 노동하기 위해 살지는 않는다.

　　　　　　　　 － 김남희, 「왜 당신의 시간을 즐기지 않으요」 -

1) 호모 루덴스(Homo ludens) : '노는 인간' 또는 '유희하는 인간'이라는 뜻으로 역사학자 하위징아 (Huizinga, J.)가 제창한 개념

20.

윗글의 서술상 특징으로 적절한 것을 <보기>에서 고른 것은?

　　　　　　　　　　<보기>

ㄱ. 구체적인 예를 들고 있다.
ㄴ. 비슷한 상황을 열거하고 있다.
ㄷ. 상대의 주장을 반박하고 있다.
ㄹ. 새로운 이론을 제시하고 있다.

① ㄱ, ㄴ　　　　　　　② ㄱ, ㄷ
③ ㄴ, ㄹ　　　　　　　④ ㄷ, ㄹ

21.

⊙과 가장 거리가 먼 것은?

① 불편해도 살아 있음을 느끼는 삶
② 대중 매체를 통해 놀이를 즐기는 삶
③ 몸을 움직여 직접 만들고 경험하는 삶
④ 가진 것이 별로 없어도 나누며 사는 삶

22.

ⓛ에 들어갈 말로 가장 적절한 것은?

① 대립적　　　　　　　② 일시적
③ 유기적　　　　　　　④ 수동적

[23~25] 다음 글을 읽고 물음에 답하시오.

라면이 국수나 우동과 다른 점은 면을 한 번 튀겨서 익혔다는 것이다. 그래서 끓이지 않고도 먹을 수 있고, 끓여서 먹더라도 금방 익혀 먹을 수 있다. 심지어 컵라면은 지속적으로 끓일 필요도 없고 단지 끓는 물을 붓기만 해도 먹을 수 있다. 그런데 왜 하필 3분을 기다려야 하는 걸까? 컵라면을 먹을 때마다 3분이 얼마나 긴 시간인지를 새삼 깨닫는다.

컵라면의 면발은 봉지 라면에 비해 더 가늘거나 납작하다. 면발의 표면적을 넓혀 뜨거운 물에 더 많이 닿게 하기 위해서다. 그리고 컵라면의 면을 꺼내 보면 ⊙ 위쪽은 면이 꽉 짜여 빽빽하지만, 아래쪽은 면이 성글게 엉켜 있다. 이는 중량을 줄이기 위해서가 아니고 따뜻한 물은 위로, 차가운 물은 아래로 내려가는 대류 현상 때문이다. 컵라면 용기에 물을 부으면 위쪽보다는 아래쪽이 덜 식는다. 따라서 뜨거운 물이 위로 올라가려고 하는데 이때 면이 아래쪽부터 빽빽하게 들어차 있으면 물의 대류 현상에 방해가 된다. 위아래의 밀집도가 다른 컵라면의 면발 형태는 뜨거운 물의 대류 현상을 원활하게 하여 물을 계속 끓이지 않아도 면이 고르게 익도록 하는 과학의 산물이다.

컵라면 면발에는 화학적 비밀도 있다. 봉지 라면과 비교했을 때 컵라면 면발에는 밀가루 그 자체보다 정제된 전분이 더 많이 들어가 있다. 라면은 밀가루로 만든 면을 기름에 튀겨 전분을 알파화[1]한 것이다. 하지만 밀가루에는 전분 외에 단백질을 포함한 다른 성분도 들어 있다. 면에 이런 성분을 빼고 순

수한 전분의 비율을 높이면 그만큼 알파화가 많이 일어나므로, 뜨거운 물을 부었을 때 복원되는 시간도 빨라진다. 전분을 많이 넣을수록 면이 불어나는 시간이 빨라져 더 빨리 먹을 수 있게 되는 것이다. 하지만 전분이 너무 많이 들어가면 면발이 익는 시간이 빨라지는 만큼 불어 터지는 속도도 빨라져 컵라면을 다 먹기도 전에 곤죽이 되고 만다.

- 이은희, 「라면의 과학」 -

1) 알파화 : 물과 열을 가해 전분을 익혀 먹기 쉽게 만드는 과정이나 상태

23.

윗글에 반영된 글쓰기 계획으로 적절하지 <u>않은</u> 것은?

① 과학 용어를 사용하여 설명해야지.
② 대상과 관련된 경험을 제시해야지.
③ 다른 대상과 대조하여 설명해야지.
④ 구체적인 통계 자료를 활용해야지.

24.

윗글을 통해 알 수 있는 내용으로 가장 적절한 것은?

① 컵라면의 면발은 단백질과 전분으로만 이루어져 있다.
② 국수나 우동의 면발은 모두 한 번 튀겨서 익힌 것이다.
③ 면발이 납작해지면 뜨거운 물에 닿는 표면적이 넓어진다.
④ 면에 전분 외에 다른 성분의 비율을 높이면 알파화가 많이 일어난다.

25.

㉠의 이유로 가장 적절한 것은?

① 대류 현상을 방해하기 위해서
② 전분의 비율을 낮추기 위해서
③ 컵라면의 중량을 줄이기 위해서
④ 면이 고르게 익도록 하기 위해서

2024년 1회 기출문제

01.

⊙에 들어갈 내용으로 가장 적절한 것은?

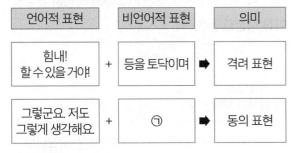

① 고개를 끄덕이며
② 무섭게 인상 쓰며
③ 양손을 내저으며
④ 차갑게 등을 돌리며

02.

다음 대화에서 직원의 말하기에 나타난 문제점으로 적절한 것은?

> 손님 : 두 명 자리 있나요?
> 직원 : 죄송합니다. 30분 정도 웨이팅하셔야 해요. 오늘 메뉴가 저희 셰프님 시그니처 메뉴라서요. 괜찮으시면 왼쪽 웨이팅 룸으로 에스코트해 드릴까요?

① 외국어를 지나치게 많이 사용했다.
② 이해하기 어려운 줄임말을 사용했다.
③ 기분을 상하게 하는 비속어를 사용했다.
④ 상황에 맞지 않는 관용 표현을 사용했다.

03.

다음 '표준 발음법' 규정이 적용되지 <u>않는</u> 것은?

> **■ 표준 발음법 ■**
>
> 【제23항】받침 'ㄱ(ㄲ, ㅋ, ㄳ, ㄺ), ㄷ(ㅅ, ㅆ, ㅈ, ㅊ, ㅌ), ㅂ(ㅍ, ㄼ, ㄿ, ㅄ)' 뒤에 연결되는 'ㄱ, ㄷ, ㅂ, ㅅ, ㅈ'은 된소리로 발음한다.

① 굳다   ② 낙지
③ 답사   ④ 볶음

04.

다음을 참고하여 예문의 밑줄 친 부분에 사용된 상대 높임을 바르게 연결한 것은?

> 말하는 이가 듣는 이를 높이거나 낮추어 표현하는 방식을 상대 높임법이라고 한다. 상대 높임법은 대체로 문장을 끝맺는 종결 어미로 높임을 실현한다. 종결 어미에는 격식체와 비격식체가 있으며 다음과 같이 나누어진다.

격식체	하십시오체 / 하오체 / 하게체 / 해라체
비격식체	해요체 / 해체

예문	상대 높임
① 할머니께서 진지를 <u>드셨어요.</u>	하십시오체
② 어머니께서도 공원에 <u>가신대.</u>	하오체
③ 선생님께 먼저 과일을 <u>드리시게</u>	하게체
④ 아버지를 모시고 큰댁에 <u>다녀왔습니다.</u>	해요체

05.

⊙ ~ ㉣을 '한글 맞춤법'에 맞게 고친 것은?

> ⊙<u>며칠</u> 뒤에 공장 문이 ⓒ<u>닫힐</u> 것이라는 소문이 ⓒ<u>금세</u> ㉣<u>붉어져</u> 나왔다.

① ⊙ : 몇일
② ⓒ : 닷힐
③ ⓒ : 금새
④ ㉣ : 불거져

[06 ~ 07] (나)는 (가)를 토대로 작성한 글이다. 물음에 답하시오.

> **(가) 초대 글 개요**
> Ⅰ. 서두 : ⊙<u>계절을 소재로 글을 시작함.</u>
> Ⅱ. 본문
> 　1. 축제 안내
> 　　가. ⓒ<u>축제 날짜 및 장소를 밝힘.</u>
> 　　나. ⓒ<u>다채로운 행사가 준비되어 있음을 강조함.</u>
> 　2. 초대의 말
> 　　가. 축제에 초대하는 내용을 정중하게 표현함.
> 　　나. ㉣<u>방문객에게는 작은 기념품을 증정함을 알림.</u>
> Ⅲ. 맺음말 : 축제에 참여하여 즐거운 시간을 보내기를 바라는 내용을 강조함.
>
> **(나) 모시는 글**
>
> 　따사로운 햇볕이 반가운 듯 나무들도 꽃망울을 터뜨리며 완연한 봄이 되었음을 알립니다. 더불어 설레는 마음으로 시작했던 새 학기도 어느덧 한 달이 지났습니다.
> 　○○고등학교는 개교 50주년을 맞이하였습니다. 이를 기념하기 위하여 공연과 전시, 체험 활동 등 다채로운 행사가 가득한 축제를 정성껏 준비하였습니다.
> 　여러 가지 일로 바쁘시겠지만 학교 축제에 참석하셔서 자리를 빛내 주시기 바랍니다. 잠시나마 일상의 스트레스를 날려 버릴 수 있는 즐거운 시간을 보내실 수 있도록 노력 하겠습니다. 참석하시는 분들께는 작은 기념품도 증정할 예정입니다.
> 　(　　　　㉮　　　　) 감사합니다.

06.

(가)의 ⊙ ~ ㉣ 중 (나)에 반영되지 <u>않은</u> 것은?

① ⊙
② ⓒ
③ ⓒ
④ ㉣

07.

㉮에 들어갈 내용을 <조건>에 따라 작성한 것으로 가장 적절한 것은?

> <조건>
> - 비유법을 활용할 것
> - 청유형 문장을 통해 참여를 촉구할 것

① 이번 축제가 우리 사이의 오작교가 되길 바랍니다.
② 이번 축제에서 친구와 행복한 추억을 만들어 봅시다.
③ 활짝 핀 봄꽃처럼 환한 미소가 가득한 축제를 함께 즐겨봅시다.
④ 봄바람이 꽃망울을 열 듯 여러분의 마음을 열 수 있는 축제를 만들겠습니다.

08.

⊙ ~ ㉣에 나타난 중세 국어의 특징으로 적절하지 <u>않은</u> 것은?

> **[훈민정음 언해]**
>
> ⊙ 나·랏:말ㅆ·미中듕國·귁·에달·아文문字·ㆆ·와·로서르ᄉᆞᄆᆞᆺ·디아·니ᄒᆞᆯ·ㅆㅣ·이런젼·ᄎᆞ·로어·린百·ᄇᆡᆨ姓·셩·이 ⓒ니르·고·져·ᄒᆞᇙ·배이·셔·도 ⓒ무·ᄎᆞᆷ:내제 ㉣·ᄠᅳ·들시·러펴·디:몯ᄒᆞᇙ·노·미하·니·라
> 　　　　- 「월인석보(月印釋譜)」 -

① ⊙ : '·(아래 아)'가 사용되었다.
② ⓒ : 두음 법칙을 지켜서 표기하였다.
③ ⓒ : 소리의 높낮이를 방점으로 표시하였다.
④ ㉣ : 이어 적기로 표기하였다.

[09~10] 다음 글을 읽고 물음에 답하시오.

이화(梨花)[1]에 월백(月白)하고 은한(銀漢)[2]이 삼경(三更)[3]인 제일지[4]춘심(一枝春心)을 자규(子規)[5]야 알랴마는
다정(多情)도 병인 양하여 잠 못 들어 하노라.

- 이조년 -

1) 이화 : 배꽃.
2) 은한 : 은하수.
3) 삼경 : 밤 열한 시에서 새벽 한 시 사이.
4) 일지 : 하나의 나뭇가지.
5) 자규 : 두견새.

09.

윗글에 대한 설명으로 적절하지 <u>않은</u> 것은?

① 4음보의 율격이 드러나고 있다.
② 후렴구가 반복적으로 나타나고 있다.
③ 색채 이미지를 사용하여 표현하고 있다.
④ 초장, 중장, 종장의 형태로 이루어져 있다.

10.

윗글의 화자에 대한 설명으로 가장 적절한 것은?

① 봄밤에 느끼는 애상적인 정서를 드러내고 있다.
② 자신의 운명을 거부하려는 태도를 나타내고 있다.
③ 이상적인 세계를 동경하는 마음을 나타내고 있다.
④ 과거를 회상하며 후회하는 감정을 드러내고 있다.

[11~13] 다음 글을 읽고 물음에 답하시오.

이장은 민 씨를 흘기듯 노려보았다.

"왜, 농민보고 농민 궐기 대회[1] 꼭 나오라 캤는데, 뭐가 잘못됐나."

민 씨는 자신도 모르게 따지는 어조가 되었다.

"군 전체가 모두 모여도 몇 명 안 되었다면서요. 그런 자리에 황만근 씨가 꼭 가야 합니까. 아니, 황만근 씨만 가야 할 이유라도 있습니까. 따로 황만근 씨한테 부탁을 할 정도로."

"이 사람이 뭐라 카는 기라. 이장이 동민한테 농가 부채[2] 탕감[3] 촉구 전국 농민 총궐기 대회가 있다, 꼭 참석해서 우리의 입장을 밝히자 카는데 뭐가 잘못됐단 말이라."

"잘못이라는 게 아니고요, 다른 사람들은 다 돌아왔는데 왜 황만근 씨만 못 오고 있나 하는 겁니다."

"내가 아나. 읍에 가 보이 장날이더라고. 보나 마나 어데서 술 처먹고 주질러 앉았을 끼라. 백 리 길을 깅운기를 끌고 갔으이 시간도 마이 걸릴 끼고."

다른 사람들은 말이 없었고 민 씨와 이장만이 공을 주고 받는 꼴이 되어 버렸다.

"글세, 그 자리에 꼭 황만근 씨만 경운기를 끌고 갔어야 했느냐 이 말입니다. 그것도 고장 난 경운기를."

"깅운기를 끌고 오라는 기 내 말이라? 투쟁 방침이 그렇다카이. 깅운기도 그렇지, 고장은 무신 고장, ㉠ <u>만그이</u>가 그걸 하루 이틀 몰았나. 남들이 못 몬 다 뿌이지."

"그럼 이장님은 왜 경운기를 안 타고 가고 트럭을 타고 가셨나요. 이장님부터 솔선수범을 해야 다른 동민들이 따라 할 텐데, 지금 거꾸로 되었잖습니까."

"내사 민사무소[4]에서 인원 점검하고 다른 이장들하고 의논도 해야 되고 울매나 ㉡ <u>바쁜</u> 사람인데 깅운기를 타고 언제 가고 말고 자빠졌나. 다른 동네 이장들도 민소 앞에서 모이 가이고 트럭 타고 갔는 거를. 진짜로 깅운기를 끌고 갔으마 군 대회는 늦어도 한참 늦었지. 군청에 갔는데 비가 와 가이고 온 사람도 및 없더마. 소리마 및 분 지르고 왔지. 군청까지 깅운기를 타고 갈 수나 있던가.

국도에 차들이 미치괘이맨구로 쌩쌩 달리는데 받
히만 우얘라고. 다른 동네서는 자가용으로 간 사
람도 썼어."

"그러니까 국도를 갈 때는 여러 사람이 한꺼번에
경운기를 여러 대 끌고 가자는 거였잖습니까. 시
위도 하고 의지도 보여 준다면서요. 허허, 나 참."

"아침부터 바쁜 사람 불러내 놓더이, 사람 말을 알
아듣도 못하고 엉뚱한 소리만 해 싸. 누구맨구로
반동가리가 났나."

기어이 민 씨는 버럭 소리를 지르고야 말았다.

"반편은 누가 반편입니까. 이장이니 지도자니 하
는 사람들이 모여서 방침을 정했으면 그대로 해야
지, 양복 입고 자가용 타고 간 사람은 오고, 방침대
로 ⓒ 경운기 타고 간 사람은 오지도 않고, 이게 무
슨 경우냐구요."

"이 자슥이 뉘 앞에서 눈까리를 똑바로 뜨고 소리
를 뻑뻑 질러 쌓노. 도시에서 쫄딱 망해 가이고 귀
농을 했시모 얌전하게 납작 엎드려 있어도 동네
사람 시키 줄까 말까 한데, 뭐라꼬? 내가 만그이
이미냐, 애비냐. ② 나이 오십 다 된 기 어데를 가
든동 오든동 지가 알아서 해야지, 목사리 끌고 따
라다니까?"

– 성석제, 「황만근은 이렇게 말했다」 –

1) 궐기 대회 : 어떤 문제의 해결책을 촉구하기 위하여
  뜻있는 사람들이 함께 일어나 행동하는 모임.
2) 부채 : 남에게 빚을 짐. 또는 그 빚.
3) 탕감 : 빚이나 요금, 세금 따위의 물어야 할 것을 덜어 줌.
4) 민사무소 : '면사무소'의 방언(경상).

11.

윗글에 대한 설명으로 가장 적절한 것은?

① 대화를 통해 인물 간의 갈등을 드러내고 있다.
② 서술자가 직접 경험한 사실을 객관적으로 제시하고
  있다.
③ 자연물에 인격을 부여하여 인물의 심리를 보여주고
  있다.
④ 과거와 현재를 교차하며 인물의 성격 변화를 보여주
  고 있다.

12.

윗글에서 알 수 있는 내용을 <보기>에서 골라 바르게 묶은 것은?

<보기>

ㄱ. 대규모 토지 거래가 활발하게 이루어졌다.
ㄴ. 도시에서 농촌으로 귀농하는 사람이 있었다.
ㄷ. 산업화로 인해 농촌의 상권이 급격히 발달하였다.
ㄹ. 농촌 사회의 부채 문제 때문에 궐기 대회가 열렸다.

① ㄱ, ㄴ   ② ㄴ, ㄷ
③ ㄴ, ㄹ   ④ ㄷ, ㄹ

13.

⊙ ~ ② 중 지칭하는 대상이 나머지와 다른 것은?

① ⊙   ② ⓛ
③ ⓒ   ④ ②

[14~16] 다음 글을 읽고 물음에 답하시오.

"백탑(白塔)이 현신함을 아뢰옵니다."

태복은 정 진사의 마두[1]다. 산모롱이에 가려 백탑
은 아직 보이지 않는다. 재빨리 말을 채찍질했다. 수
십 걸음도 못 가서 모롱이를 막 벗어나자 눈앞이 어
른어른하면서 갑자기 한 무더기의 검은 공들이 오르
락내리락한다. 나는 오늘에야 알았다. 인생이란 본
시 어디에도 의탁할 곳 없이 다만 하늘을 이고 땅을
밟은 채 떠도는 존재일 뿐이라는 사실을. 말을 세우
고 사방을 돌아보다가, 나도 모르는 사이에 손을 들
어 이마에 얹고 이렇게 외쳤다.

"훌륭한 울음터로다! 크게 한번 통곡할 만한 곳이
로구나!"

정 진사가 묻는다.

"하늘과 땅 사이의 툭 트인 경계를 보고 별안간 통
곡을 생각하시다니, 무슨 말씀이신지?"

"그렇지, 그렇고말고! 아니지, 아니고말고. 천고의 영웅은 울기를 잘했고, 천하의 미인은 눈물이 많았다네. 하지만 그들은 몇 줄기 소리 없는 눈물을 옷깃에 떨굴 정도였기에, 그들의 울음소리가 천지에 가득 차서 쇠나 돌에서 나오는 듯했다는 말은 들어 본 적이 없다네. 사람들은 다만 칠정(七情) 가운데서 오직 슬플 때만 우는 줄로 알 뿐, 칠정 모두가 울음을 자아낸다는 것은 모르지. 기쁨[喜]이 사무쳐도 울게 되고, 노여움[怒]이 사무쳐도 울게 되고, 즐거움[樂]이 사무쳐도 울게 되고, 사랑함[愛]이 사무쳐도 울게 되고, 욕심[欲]이 사무쳐도 울게 되는 것이야. 근심으로 답답한 걸 풀어 버리는 데에는 소리보다 더 효과가 빠른 게 없지. 울음이란 천지간에서 우레와도 같은 것일세.

㉮ 지극한 정(情)이 발현되어 나오는 것이 저절로 이치에 딱 맞는다면 울음이나 웃음이나 무에 다르겠는가. ㉠ 사람의 감정이 이러한 극치를 겪지 못하다 보니 교묘하게 칠정을 늘어놓고는 슬픔에다 울음을 짝지은 것일 뿐이야. 이 때문에 상을 당했을 때 ㉡ 처음엔 억지로 '아이고' 따위의 소리를 울부짖지. 그러면서 ㉢ 참된 칠정에서 우러나오는 지극한 소리는 억눌러 버리니 그것이 저 천지 사이에 서리고 엉기어 꽉 뭉쳐 있게 되는 것일세. 일찍이 가생(賈生)[2]은 울 곳을 얻지 못하고, ㉣ 결국 참다못해 별안간 선실(宣室)[3]을 향하여 한마디 길게 울부짖었다네. 그러니 이를 듣는 사람들이 어찌 놀라고 괴이하게 여기지 않았겠는가."

– 박지원, 「아, 참 좋은 울음터로구나!」 –

1) 마두(馬頭) : 역마(驛馬)에 관한 일을 맡아보던 사람.
2) 가생 : 가의(賈誼). 한나라 문제에게 등용되었으나 뜻을 이루지 못하고 쫓겨났다. 장사왕과 양왕의 대부로 있으면서 당시 정치적 폐단에 대한 상소문을 올린 것으로 유명하다.
3) 선실 : 임금이 제사 지내기 위해 목욕재계를 하는 곳.

14.

윗글에 대한 설명으로 적절하지 않은 것은?

① 특정 행동에 대한 통념을 반박하고 있다.
② 특정 행동과 관련한 내용을 나열하여 설명하고 있다.
③ 특정 장소에서 글쓴이가 깨달은 바를 드러내고 있다.
④ 특정 계절에 대한 글쓴이의 인식 변화를 보여주고 있다.

15.

㉠ ~ ㉣ 중 ㉮의 의미와 가장 유사한 것은?

① ㉠   ② ㉡
③ ㉢   ④ ㉣

16.

윗글에 드러난 글쓴이의 생각으로 가장 적절한 것은?

① 근심을 풀기 위해 울수록 근심은 더 커진다.
② 인간의 칠정이 사무치면 울음과 연결될 수 있다.
③ 웃음과 울음은 원인이 되는 감정이 같을 수 없다.
④ 감정의 극치를 경험한 사람은 울음을 참아낼 수 있다.

[17~19] 다음 글을 읽고 물음에 답하시오.

내가 ㉠ 그의 이름을 불러 주기 전에는
그는 다만
하나의 ㉡ 몸짓에 지나지 않았다.

[A]

내가 그의 이름을 ㉢ 불러 주었을 때
그는 나에게로 와서
㉣ 꽃이 되었다.

내가 그의 이름을 불러 준 것처럼
나의 이 빛깔과 향기에 알맞은
누가 나의 이름을 불러다오.
그에게로 가서 나도
그의 꽃이 되고 싶다.

우리들은 모두
무엇이 되고 싶다.
너는 나에게 나는 너에게
잊혀지지 않는 하나의 눈짓이 되고 싶다.

― 김춘수, 「꽃」 ―

17.

윗글의 표현상 특징으로 가장 적절한 것은?

① 유사한 시구를 반복하여 운율을 형성하고 있다.
② 반어적 표현을 사용하여 화자의 소망을 드러내고 있다.
③ 명사형으로 종결하여 화자의 단호한 의지를 강조하고 있다.
④ 촉각적 이미지를 활용하여 시적 대상을 생생하게 표현하고 있다.

18.

윗글의 화자가 추구하는 삶의 모습과 가장 가까운 것은?

① 외부 세계와 단절된 삶
② 미래를 예측하여 대비하는 삶
③ 타인과 진정한 관계를 맺는 삶
④ 타인에게 의지하지 않는 독립적인 삶

19.

<보기>는 [A]를 재구성한 것이다. [A]의 ㉠ ~ ㉣과 <보기>의 밑줄 친 부분을 대응시켰을 때, 적절하지 않은 것은?

<보기>

내가 구슬을 꿰기 전에는
그것은 다만
하나의 돌멩이에 지나지 않았다.

내가 구슬을 엮어 주었을 때
그것은 나에게로 와서
보배가 되었다.

	[A]		<보기>
①	㉠	....	꿰기 전
②	㉡	....	돌멩이
③	㉢	....	엮어 주었을 때
④	㉣	....	보배

[20~22] 다음 글을 읽고 물음에 답하시오.

주어진 자료들을 대표하는 값으로 가장 유명하고 많이 활용되는 것이 평균이다. 한 집단을 평가할 때 또는 다른 집단과 비교할 때 평균은 유용한 수단이 된다. 그러나 평균이 대상을 잘 반영하는 대푯값이라고 판단하기 위해서는 전체 자료의 다양한 변수와 ㉠ 양상을 먼저 검토하는 것이 필요하다. 이런 점을 고려하지 않고 평균을 대푯값으로 삼으면 사실을 잘못 이해할 수 있다.

우리나라는 사계절이 뚜렷한 나라이다. 겨울에는 영하 10도 이하가 되기도 하고, 여름에는 30도 이상의 고온이 여러 날 ㉡ 지속되기도 한다. 이 때문에 우리나라 사람들은 계절별로 많은 옷을 가지고 있어야 한다. 그에 반해 미국의 하와이 지역은 월별 평균 기온이 연간 거의 변동 없이 유지된다. 그래서 보통의 경우는 반팔 옷으로 대부분의 시간을 지낼 수 있다. 만일 미국 하와이 지역의 사람이 우리나라의 연평균 기온이 12.5도라는 말만을 들었다면 어떤 생각을 할까? 자신이 사는 지역에 비해 일 년 내내 추운 곳이라고 생각하지는 않을까?

그렇다면 월별 평균 기온만으로 충분할까? 그렇지 않을 수 있다. 우리나라에서는 환절기에 감기 환자가 많아진다. 그 이유는 낮과 밤의 기온 차인 일교차가 심하기 때문이다. 그래서 우리가 보통 여행을 갈 때도 해당 지역, 해당 기간의 평균 기온만이 아니라 하루의 최고와 최저 기온을 알아야 한다. 즉 자료의 범위를 정해 다양한 요소를 © 고려할 수 있어야 하는 것이다.

평균은 편리한 방법으로 다양하게 사용될 수 있지만, 대푯값으로 잘못 사용되면 사실을 정확하게 판단하지 못하게 만들 가능성이 매우 높다. 현대 사회는 점점 더 많은 변수들에 의해 ② 다변화되는 양상을 보이고 있다. ㉮ 이는 평균의 시대가 가고 있음을 나타낸다. 따라서 평균값을 이용하기에 적절한 상황과 적절하지 않은 상황을 파악하고, 전체 자료를 세분화하여 이해하고 분석하려는 태도를 지니는 것이 매우 중요하다.

－ 최제호, 「'평균'의 시대가 가고 있다」 －

20.

윗글의 내용 전개 방식으로 가장 적절한 것은?

① 구체적인 사례를 제시하고 있다.
② 다양한 해결 방안을 비교하고 있다.
③ 전문가들의 서로 다른 견해를 인용하고 있다.
④ 문제가 해결된 이후의 상황을 가정하여 설명하고 있다.

21.

㉮의 이유로 가장 적절한 것은?

① 평균이 집단 간의 비교에 가장 유용해서
② 평균이 편리하고 다양하게 사용되는 경우가 있어서
③ 평균이 전체 자료를 세분화하여 이해하는 데 유용해서
④ 평균이 다양한 특성을 반영하지 못하는 경우가 있어서

22.

㉠ ～ ㉣의 사전적 의미로 적절하지 않은 것은?

① ㉠ : 사물이나 현상의 모양이나 상태
② ㉡ : 어떤 상태가 오래 계속됨.
③ ㉢ : 생각하고 헤아려 봄.
④ ㉣ : 하나로 됨. 또는 그렇게 만듦.

[23 ～ 25] 다음 글을 읽고 물음에 답하시오.

도서관에서 책을 쉽게 찾으려면 먼저 컴퓨터로 책을 검색해야 한다. (㉠) 컴퓨터는 청구 기호를 알려줄 뿐 책을 직접 찾아 주지는 않는다. 청구 기호를 들고 책을 찾는 것은 사람의 몫이다.

청구 기호가 '410.912 ㅈ 794ㅅ'인 책이 필요하다면 먼저 410번대의 책이 있는 책장을 찾아야 한다. 옆면에 400 ～ 413.8이라고 적힌 책장을 발견했다면 410.912에 해당하는 책은 이 책장의 오른쪽에 있을 가능성이 높다. 왜냐하면 분류 기호가 낮은 책부터 왼쪽에서 오른쪽 방향으로 책을 꽂기 때문이다. 또 맨 위층에 있는 책일수록 분류 기호가 낮고 아래로 갈수록 커진다.

어410.8 ㄱ391ㅅ-1=2
어 ——————— 별치 기호
410.8 ——————— 분류 기호
ㄱ391ㅅ ——————— 도서 기호
-1=2 ——————— 부가 기호
▲ 도서 청구 기호의 구성

분류 기호가 비슷한 책 사이에서는 숫자의 크기를 비교하자. 410.9가 있다면 그 오른쪽에 410.911이 있고, 410.912는 더 오른쪽에 있다. 모든 숫자가 같다면 도서 기호의 문자는 국어사전에서처럼 'ㄱ, ㄴ, ㄷ……' 또는 'ㅏ, ㅐ, ㅑ, ㅒ……' 순으로 비교하면 된다.

청구 기호 앞에 한글이나 영어 알파벳이 붙어 있는 경우가 있는데 이것을 '별치 기호'라고 한다. 이는 책의 특성이나 이용 목적에 따라 별도의 장소에 책을 보관한다는 뜻이다. 예를 들어, '어'라고 적힌 책은 일반 자료실이 아닌 어린이 자료실에 가야 찾을 수 있다.

한 명의 저자가 같은 제목의 책을 연속물로 내는 경우는 '-' 기호를, 도서관에서 같은 책을 여러 권 보관한다면 '=' 기호를 써서 분류하기도 한다. '-1=2'라는 표시는 연속물의 제1권이며, 같은 책을 적어도 두 권을 보관하고 있는데 그중 둘째 책이라는 뜻이다. 때로는 책이 나온 해를 표현하기 위해 '2011' 같은 연도를 붙이기도 한다.

- 이재웅, 「도서 분류의 원리」 -

23.

⊙에 들어갈 말로 가장 적절한 것은?

① 그래서　　　　　② 그런데

③ 이처럼　　　　　④ 왜냐하면

24.

윗글을 읽고 이해한 내용으로 적절하지 <u>않은</u> 것은?

① 책이 나온 연도를 청구 기호에 붙이기도 하는구나.

② 별치 기호가 있으면 별도의 장소에서 찾아야 하는구나.

③ 같은 책장의 아래층에 있는 책은 위층에 있는 책보다 분류 기호가 낮겠구나.

④ 도서 기호는 국어사전에서처럼 자음 또는 모음 순으로 비교하면 되는구나.

25.

윗글의 내용을 바탕으로 <보기>의 책을 아래 책장에 꽂으려고 할 때 적절한 위치는?

< 보기 >

<청구 기호> 315.741 ㅂ123ㅌ

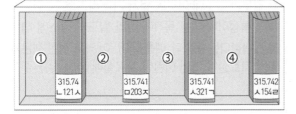

01.

[수정 후]에 반영된 언어 예절에 대한 설명으로 가장 적절한 것은?

[수정 전]		[수정 후]
은수야, 네 축구공 줘!	➡	은수야, 네 축구공 좀 빌려줄 수 있겠니?

① 자신의 탓으로 돌려서 말한다.
② 자신을 낮추어 겸손하게 말한다.
③ 상대방의 부담을 덜어 주며 말한다.
④ 상대방과의 친밀도를 강조하며 말한다.

02.

다음 발표에서 확인할 수 있는 말하기 방법으로 가장 적절한 것은?

> 발표자 : 여러분, 판다를 아시나요? (대답을 들은 후) 역시 이 자리에도 판다를 아시는 분들이 많군요. 오늘은 알고 보면 부지런한 동물인 판다에 관해 발표하려고 합니다.

① 발표의 근거 자료를 신뢰하는지 청중에게 묻고 있다.
② 발표 내용을 청중이 정확히 이해하도록 예를 들고 있다.
③ 발표의 중심 화제를 청중이 알고 있는지 확인하고 있다.
④ 발표 내용의 순서를 제시하여 청중의 이해를 돕고 있다.

03.

다음 '한글 맞춤법' 규정을 잘못 적용한 것은?

> ■ 한글 맞춤법 ■
>
> 【제5항】 한 단어 안에서 뚜렷한 까닭 없이 나는 된소리는 다음 음절의 첫소리를 된소리로 적는다.
> 다만 'ㄱ, ㅂ' 받침 뒤에서 나는 된소리는, 같은 음절이나 비슷한 음절이 겹쳐 나는 경우가 아니면 된소리로 적지 아니한다.

① 그릇에 밥을 담뿍 담았다.
② 벌레를 보고 법석을 떨었다.
③ 상대 팀은 예상보다 훨씬 강했다.
④ 얼마 전 다친 상처에 딱찌가 앉았다.

04.

다음 피동 표현이 사용되지 않은 것은?

> 피동 표현은 일부 능동사의 어간에 피동 접미사 '-이-, -히-, -리-, -기-'를 붙여서 만들 수 있다.

① 들판이 눈으로 덮였다.
② 눈가에 눈물이 맺혔다.
③ 오빠가 구슬을 굴렸다.
④ 과일이 그릇에 담겼다.

05.

⊙ ~ ㉣에 나타난 중세 국어의 특징으로 적절하지 <u>않은</u> 것은?

> ㉠孔·공子·ㅣ曾증子·ㄷ려닐·러ㄹ으샤·디·몸·이며
> ㉡얼굴·이며머·리털·이·며·술·ㅎ父·부母·모·쯰받ㅈ
> ·온거·시·라敢·감·히헐·워샹희·오·디아·니·홈·이
> 효·도·인비·르·소미·오 ㉢·몸·을셰·워道·도·를行힝
> ·ㅎ·야일·홈·을後·후世·셰·예㉣·베퍼·뻐父·부母·모롤
> :현·뎌케·홈·이·효·도·인ㅁ·ᄎ·이니·라
>
> — 『소학언해』 —

① ㉠ : 주격 조사 'ㅣ'가 쓰였다.
② ㉡ : 이어 적기로 표기되었다.
③ ㉢ : 방점으로 성조를 나타내었다.
④ ㉣ : 어두 자음군이 사용되었다.

[06 ~ 07] 다음 개요를 읽고 물음에 답하시오.

> **제목 : 인터넷에 지나치게 연결된 삶, 과잉 연결 시대**
>
> I. 서론 : 과잉 연결 시대의 의미와 문제 제기
> II. 본론 : 과잉 연결의 문제점과 일상에서의 대응 방안
>
> | 문제점 | | 대응 방안 |
> |---|---|---|
> | 사이버 범죄에 쉽게 노출될 수 있음. | ➡ | ㉠ |
> | 인간과 인간의 진정한 소통을 가로막음. | ➡ | 가족이나 친구들과 함께 있는 순간만큼은 인터넷 연결 끊기 |
>
> III. 결론 : ㉡과잉 연결 해소를 위한 적절한 대응 권유

06.

㉠에 들어갈 내용으로 가장 적절한 것은?

① 개인 정보 보호에 힘쓰기
② 자료의 가공을 자유롭게 허용하기
③ 인터넷 접속 환경을 편리하게 개선하기
④ 학습 형태를 대면에서 비대면으로 전환하기

07.

다음은 ㉡을 구체화한 결과이다. ⓐ ~ ⓓ의 고쳐쓰기 방안으로 적절하지 <u>않은</u> 것은?

> 인터넷 과잉 연결 시대를 살아가는 우리는 범죄 노출과 소통 부재 등의 문제에 직면해 있다. 이렇게 많은 문제점이 있음에도 모든 ⓐ 연결과 끊는 것은 어렵다. ⓑ 운동 능력은 연습량에 비례하여 향상된다. ⓒ 다다익선(多多益善)이란 말처럼 과도한 연결이 오히려 해가 될 수 있음을 깨닫고, '위험한 편리'보다 '안전한 불편'을 선택해 보는 것은 ⓓ 어떻까?

① ⓐ : 조사를 잘못 사용했으므로 '연결이'로 바꾼다.
② ⓑ : 중심 내용과 어울리지 않으므로 삭제한다.
③ ⓒ : 문맥상 '과유불급(過猶不及)'으로 고친다.
④ ⓓ : 맞춤법에 어긋난 표현이므로 '어떨까'로 수정한다.

08.

다음에서 설명하고 있는 음운 변동이 적용된 것은?

> 'ㄱ, ㄷ, ㅂ'이 뒤에 오는 비음 'ㄴ, ㅁ'의 영향을 받아 각각 비음 'ㅇ, ㄴ, ㅁ'으로 교체되어 발음되는 현상

① 축하[추카]　　② 밥집[밥찝]
③ 굳이[구지]　　④ 국물[궁물]

[09~11] 다음 글을 읽고 물음에 답하시오.

까마득한 날에
하늘이 처음 열리고
어데 닭 우는 소리 들렸으랴

모든 산맥들이
바다를 연모(戀慕)해 휘달릴 때도
차마 이곳을 범하던 못하였으리라

끊임없는 광음(光陰)¹⁾을
부지런한 계절이 피어선 지고
큰 강물이 비로소 길을 열었다

지금 눈 나리고
매화 향기 홀로 아득하니   [A]
내 여기 가난한 노래의 씨를 뿌려라

다시 천고(千古)²⁾의 뒤에
백마 타고 오는 초인(超人)³⁾이 있어
이 광야에서 목 놓아 부르게 하리라

　　　　　　　　　　- 이육사, 「광야」 -

1) 광음(光陰) : 햇빛과 그늘, 즉 낮과 밤이라는 뜻으로
　 시간이나 세월을 이르는 말.
2) 천고(千古) : 아주 오랜 세월.
3) 초인(超人) : 보통 사람으로는 생각할 수 없을 만큼
　 뛰어난 능력을 가진 사람.

09.

윗글에 대한 설명으로 가장 적절한 것은?

① 시간의 흐름에 따라 시상을 전개하고 있다.
② 음성 상징어를 활용해 리듬감을 형성하고 있다.
③ 반어적 표현을 통해 시적 상황을 부각하고 있다.
④ 미완의 문장 종결을 통해 시적 여운을 주고 있다.

10.

각 연의 내용으로 적절하지 않은 것은?

① 1연에서는 새로운 세상이 열리는 모습을 그리고 있다.
② 2연에서는 외부 세력에 대한 호감을 드러내고 있다.
③ 3연에서는 끊이지 않는 세월의 흐름을 보여 주고 있다.
④ 5연에서는 미래에 출현할 존재를 제시하고 있다.

11.

[A]에서 알 수 있는 화자의 태도로 가장 적절한 것은?

① 인간이 자연에 순응하는 세계를 지향하고자 한다.
② 고독한 상황에서 부정적 현실을 극복하고자 한다.
③ 타인의 삶에 비추어 자신의 과거를 성찰하고자 한다.
④ 주어진 환경 속에서 자신의 운명을 회피하고자 한다.

[12~14] 다음 글을 읽고 물음에 답하시오.

　박 씨가 구슬발을 드리우고 부채를 쥐고 불을 붙이니, 불길이 오랑캐 진영을 덮쳐 오랑캐 장졸이 대열을 잃고 타 죽고 밟혀 죽으며 남은 군사는 살기를 도모하여 다 도망하는지라. 용골대가 할 수 없어,
　"이미 화친을 받았으니 대공을 세웠거늘, 부질없이 ⊙ 조그만 계집을 시험하다가 공연히 장졸만 다 죽였으니, 어찌 분하고 한스럽지 않으리오."
하고 회군하여 나설 제, ⓒ 왕대비와 세자, 대군이며 장안 미색을 데리고 가는지라.
　박 씨가 시비 계화를 시켜 외치기를,
　"무지한 오랑캐야, 너희 왕 놈이 무식하여 은혜지국(恩惠之國)¹⁾을 침범하였거니와, 우리 왕대비는 데려가지 못하리라. 만일 그런 뜻을 두면 너희들은 본국에 돌아가지 못하리라."

　　　　　　　　(중략)

　박 씨가 또 계화를 시켜 외치기를,
　"너희가 일양 그리하려거든 내 재주를 구경하라."
　하더니, 이윽고 공중으로 두 줄기 무지개가 일어나며, 모진 비가 천지를 뒤덮게 오며, 음풍이 일어나며, 백설이 날리며, 얼음이 얼어 오랑캐 군중의 말 발이 땅에 붙어 한 걸음도 옮기지 못하는지라. 그제야 오랑캐 장수들이 황겁하여 아무리 생각하여도 모두 함몰할지라. 마지못하여 오랑캐 장수들이 투구를 벗고 창을 버려, 피화당 앞에 나아가 꿇어 애걸하기를,
　"오늘날 이미 화친(和親)²⁾을 받았으나 왕대비는 아니 모셔 갈 것이니, ⓒ 박 부인 덕택에 살려 주옵소서."

하고 여러 가지로 사정을 말하여 애걸하거늘, 박 씨가 주렴 안에서 꾸짖기를,

"너희들을 씨 없이 죽일 것이로되, 천시(天時)³⁾를 생각하고 용서하거니와, 너희 놈이 본디 간사하여 넘치는 죄를 지었으나 이번은 아는 일이 있어 살려 보내나니, 조심하여 들어가며, 우리 세자, 대군을 부디 태평히 모셔 가라. 만일 그렇지 아니하면 ㉣ 내 오랑캐를 씨도 없이 멸하리라."

- 작자 미상, 「박씨전」 -

1) 은혜지국(恩惠之國) : 은혜나 혜택을 베푼 나라.
2) 화친(和親) : 나라와 나라 사이에 다툼 없이 가까이 지냄.
3) 천시(天時) : 하늘의 도움이 있는 시기.

12.

윗글에 대한 설명으로 가장 적절한 것은?

① 1인칭 주인공 시점에서 사건을 서술한다.
② 속담을 활용하여 인물의 심리를 묘사한다.
③ 인간을 위기에서 구하는 동물이 나타난다.
④ 초월적 능력을 발휘하는 인물이 등장한다.

13.

㉠ ~ ㉣ 중 가리키는 대상이 나머지와 다른 것은?

① ㉠
② ㉡
③ ㉢
④ ㉣

14.

윗글에서 알 수 있는 내용으로 적절하지 않은 것은?

① '박 씨'는 오랑캐의 용맹함을 두려워하고 있다.
② '박 씨'는 오랑캐가 큰 죄를 지었다고 말하고 있다.
③ '박 씨'는 '계화'를 통해 자신의 의사를 전달하고 있다.
④ '박 씨'는 오랑캐에게 세자와 대군을 잘 모셔 가라고 말하고 있다.

[15~16] 다음 글을 읽고 물음에 답하시오.

> 두터비 파리를 물고 두험¹⁾ 우희 치다라 안자
>   것넌산 바라보니 백송골(白松骨)²⁾이 떠 잇거늘
> 가슴이 금즉하여 풀덕 뛰여 내닷다가 두험 아래 잣바지거고
>   모쳐라³⁾ 날낸 낼식만정⁴⁾ 에헐질 번 하괘라⁵⁾
>
> - 작자 미상 -
>
> 1) 두험 : 풀, 짚 또는 가축의 배설물 따위를 썩힌 거름.
> 2) 백송골(白松骨) : 흰 송골매.
> 3) 모쳐라 : 마침.
> 4) 낼식만정 : 나이기에 망정이지.
> 5) 에헐질 번 하괘라 : 멍이 들 뻔하였구나.

15.

윗글에 대한 설명으로 가장 적절한 것은?

① 10구체 형식을 갖추고 있다.
② 중장이 다른 장에 비해 길다.
③ 동일한 후렴구가 반복되고 있다.
④ 수미상관 구조로 이루어져 있다.

16.

윗글의 표현상 특징에 대한 설명으로 가장 적절한 것은?

① 공감각적 심상을 통해 주제를 부각하고 있다.
② 해학적인 표현을 통해 대상을 희화화하고 있다.
③ 색채 이미지의 대비를 통해 계절감을 드러내고 있다.
④ 명령형 종결 표현을 통해 화자의 의지를 강조하고 있다.

[17~19] 다음 글을 읽고 물음에 답하시오.

[앞부분 줄거리] 실제 나이는 열여섯 살이지만 선천성 조로증으로 신체 나이가 여든 살이 넘은 소년 '아름'은 이제 서른세 살이 된 젊은 부모 '대수', '미라'와 함께 살아가고 있다. 이들은 '아름'의 치료비를 마련하려고, '아름'의 사연을 소개하는 텔레비전 방송에 출연한다.

S#17 아름이의 방(낮 ~ 해 질 녘)

아빠의 과거를 생각하며 글을 쓰던 아름이. 갑자기 얼굴이 일그러진다. 밀려오는 심장의 통증. 대수가 눈치챌까 봐 힘겹게 걸어가 방문을 닫고는, 약통에서 진통제를 꺼내 먹고 진정하려 한다. 식은땀이 흐르고, 그렇게 괴로워하다가 약에 취해 꾸부린 채 까무룩 잠이 드는 아름이.

컷 투(cut to).[1] 시간 경과.

바닥에 엎드린 채 잠든 아름이의 주름진 손가락이 보인다. 어느새 불그스레 희미해진 햇살이 작은 창으로 길게 스며들고 있다. 그때 '띵' 전자 우편 수신을 알리는 소리. 잠에서 깨는 아름이.

접속해 보면 편지함에 ⊙ 편지 한 통이 와 있다. 보낸 사람 이름은 '이서하', 제목은 '아름에게'. 아름이, 고개를 갸웃거리며 편지를 열어 보면 편지 내용이 화면에 채워진다.

안녕? 나는 이서하라고 해. 열여섯 살, 너랑 같은 나이야.
네 전자 우편 주소는 방송국을 통해 겨우 받아 냈어. 아마 나도 아픈 아이란 걸 알고 알려 준 것 같아.
방송을 본 후 너와 친구가 될 수 있을 것 같다는 생각이 들었어.
물론 아름이 너만큼은 아니겠지만, 일 분이 영원처럼 느껴지는
시간에 대해, 나도 조금은 알고 있거든. 행운을 빌어.

아름 이서하?

두근두근, 갑자기 가슴이 뛰고, 목이 바짝바짝 타면서, 온몸에 열기가 느껴지는 아름이.

S#18 아름이의 방, 집 앞 골목길(낮 ~ 밤)

서하(소리) (귀여운 말투로) 안녕? 나는 이서하라고 해. 너랑 같은 나이야.

환청으로 아름이의 귓가에 자꾸만 반복되는 서하의 목소리. 아름이, 책상 앞에 앉았지만 집중이 되질 않는다. 그렇게 날이 바뀌어도 떠나질 않는 환청.

컷 투(cut to). 침대에 누워 있는 아름이. 밤이 되어도 귓가에서 떠나질 않는 서하의 목소리.

서하(소리) (농염한 말투로) 안녕? 나는 이서하라고 해. 너랑 같은 나이야.

침대에서 벌떡 일어나는 아름이. 눈 밑에 눈 그늘이 내려와 있고 좀처럼 잠이 올 것 같지 않다.

컷 투(cut to). 집 앞 골목길의 아름이. 계속해서 귓가에 맴도는 목소리.

서하(소리) (청순한 말투로) 안녕? 나는 이서하라고 해. 너랑 같은 나이야.

– 김애란 원작, 최민석 외 각본, 「두근두근 내 인생」 –

1) 컷 투(cut to) : 한 장면에서 다른 장면으로 전환할 때 컷으로 바꾸는 촬영 기법.

17.

윗글에 대한 설명으로 가장 적절한 것은?
① 무대 위에서 사건이 전개되고 있다.
② 장과 막을 구성단위로 사용하고 있다.
③ 등장인물이 관객과 직접 소통하고 있다.
④ 촬영을 고려한 전문 용어를 사용하고 있다.

18.

⊙의 기능으로 가장 적절한 것은?
① '아름'에게 경제적 어려움을 느끼게 한다.
② '아름'에게 투병 생활의 고통을 느끼게 한다.
③ '아름'에게 죽음에 대한 두려움을 느끼게 한다.
④ '아름'에게 또래 아이에 대한 설렘을 느끼게 한다.

19.

윗글에서 알 수 있는 내용으로 적절하지 <u>않은</u> 것은?

① '아름'은 심장 통증으로 고통받고 있다.

② '서하'는 '아름'이 출연한 방송을 보았다.

③ '서하'는 집에 직접 찾아와서 '아름'을 만났다.

④ '아름'은 '대수'에게 걱정을 끼치지 않으려고 한다.

[20~22] 다음 글을 읽고 물음에 답하시오.

생명 과학이나 생명 공학 연구 활동에 종사하는 대부분의 과학자들은 인간 배아[1] 복제를 포함한 배아 연구를 정부가 규제하는 것은 과학자들의 연구 자유를 ㉠ 침해하는 행위라고 주장한다. 과학의 발전은 인위적으로 막아서는 안 되며, 과학자의 자유로운 연구를 보장해야 한다는 논리이다. ㉮ 이와 같은 입장에서는 인간 배아 복제를 지속적으로 연구해 그 기술을 발전시키고 응용하면 암과 같은 난치병을 치료할 수 있으며, 우리나라의 과학 기술 경쟁력을 높일 수 있다고 주장한다. 그런데 이러한 주장을 비판하는 입장에서는 인간 배아 복제를 ㉡ 초래할 수 있는 연구에 엄격한 사회적 규제를 가해야 한다고 주장한다. 이들은 인간 배아 복제가 엄연한 생명체인 배아를 조작하고 실험하고 죽이는 일련의 비도덕적 행위를 수반하므로 연구의 자유라는 ㉢ 미명하에 허용될 수 없는 일이라고 본다. 아울러 이들은 만약 인간 배아 복제를 허용하게 된다면 이는 곧 인간 개체 복제, 즉 인간 복제로 나아가게 되는 길을 열어 주게 될 것이므로 사전에 강력하게 규제할 필요가 있다고 주장한다.

이상에서 살펴본 바와 같이 생명 복제를 둘러싼 논쟁의 이면에는 연구의 자유를 어떻게 볼 것인가 하는 ㉣ 쟁점이 자리하고 있다. 이처럼 과학 연구의 자유와 한계를 어디까지로 설정할 것인가 하는 문제는 과학 연구에서 매우 중요한 논란거리가 되어 왔다.

- 이영희, 「과학 연구의 자유와 규제」 -

1) 배아 : 단세포인 수정란이 다세포가 되기 위하여 연속적으로 분열하는 체세포 분열의 과정을 시작한 이후의 개체.

20.

윗글에 대한 설명으로 가장 적절한 것은?

① 구체적인 통계 자료를 활용하고 있다.

② 화제에 대한 상반된 입장을 제시하고 있다.

③ 질문을 통해 독자의 호기심을 유발하고 있다.

④ 대상과 관련한 개인적인 경험을 제시하고 있다.

21.

㉮에 해당하는 내용으로 가장 적절한 것은?

① 과학 발전을 인위적으로 막아서는 안 된다.

② 과학자의 연구 자유는 과학 발전과 관련이 없다.

③ 배아 복제 연구는 엄격한 사회적 규제가 필요하다.

④ 배아 복제 연구는 난치병 치료에 도움이 되지 않는다.

22.

㉠ ~ ㉣의 사전적 의미로 적절하지 <u>않은</u> 것은?

① ㉠ : 침범하여 해를 끼침.

② ㉡ : 일의 결과로서 어떤 현상을 생겨나게 함.

③ ㉢ : 그럴듯하게 내세운 명목이나 명칭.

④ ㉣ : 어떤 일을 서로 양보하여 협의함.

[23~25] 다음 글을 읽고 물음에 답하시오.

실학자들은 천주교와 함께 유입된 서양화를 대상의 '참다운 형상'을 묘사하는 데 적합한 화법으로 여겨 적극적으로 받아들였다. 그런데 서양화법에 매료되었던 실학자들의 태도를 보면, 한 가지 특이한 사실이 발견된다.

박지원, 박제가, 홍대용과 같은 이용후생 학파(북학파)는 주로 서양화의 회화적 표현에 관심이 많았다. 이에 반해 이익이나 정약용 같은 경세치용 학파는 회화의 원리나 그림을 그릴 때 사용되는 기구에 더 많은 주의를 기울였다. 그들의 학문적 지향이 다르듯, 서양화법에 대한 인식 또한 특정 방면으로 나타나는 것이 흥미롭다.

조선 후기 실학자들의 관심을 받으며 유입된 서양화법은 다양한 분야의 그림에 영향을 끼쳤다. (㉠) 서양화법의 유행은 그리 오래 지속되지 않았다. 그 까닭은 무엇일까? 아마도 '눈'에 보이는 현상보다 '정신'을 중요시한 동양화의 전통이 강하게 작용했기 때문이라고 여겨진다.

[A] 예로부터 동양에서는 눈에 보이는 사실을 그대로 옮겨 그리기보다 '마음'으로 해석하여 표현하고자 했다. 그 결과 동양의 화가들은 먹과 선을 위주로 대상의 의미와 느낌을 전달하는 데 주력했다. 반면 서양에서는 눈에 보이는 것을 그대로 화폭에 담으려고 원근법과 화려한 색을 사용하여 사실적인 표현을 추구했다. 동양화와 서양화에 나타나는 이 같은 차이는 정신적인 것을 추구하는 동양인과 눈에 보이는 현상에 집중하는 서양인의 삶에 대한 태도의 차이에서 비롯된 것으로 보인다. 세상을 바라보는 인식과 태도의 차이가 결과적으로 그만큼 다른 회화적 표현을 낳았던 듯하다.

- 김정숙 외, 「실학, 조선의 르네상스를 열다」-

23.

윗글의 내용과 일치하는 것은?

① 서양화법의 유행은 조선 시대 전반에 걸쳐 지속되었다.

② 이용후생 학파는 회화에 사용되는 기구에 관심이 많았다.

③ 이용후생 학파와 경세치용 학파는 학문적 지향이 달랐다.

④ 서양의 화가들은 먹과 선을 통해 대상의 의미를 드러내고자 했다.

24.

㉠에 들어갈 말로 가장 적절한 것은?

① 그러면　　　　② 따라서

③ 이처럼　　　　④ 하지만

25.

[A]에 대한 설명으로 가장 적절한 것은?

① 동양화와 서양화의 개념을 정의하고 있다.

② 동양화와 서양화의 공통점을 분석하고 있다.

③ 동양화와 서양화의 회화적 표현이 서로 다른 이유를 제시하고 있다.

④ 동양화와 서양화의 작가에 대한 잘못된 통념을 반박하고 있다.

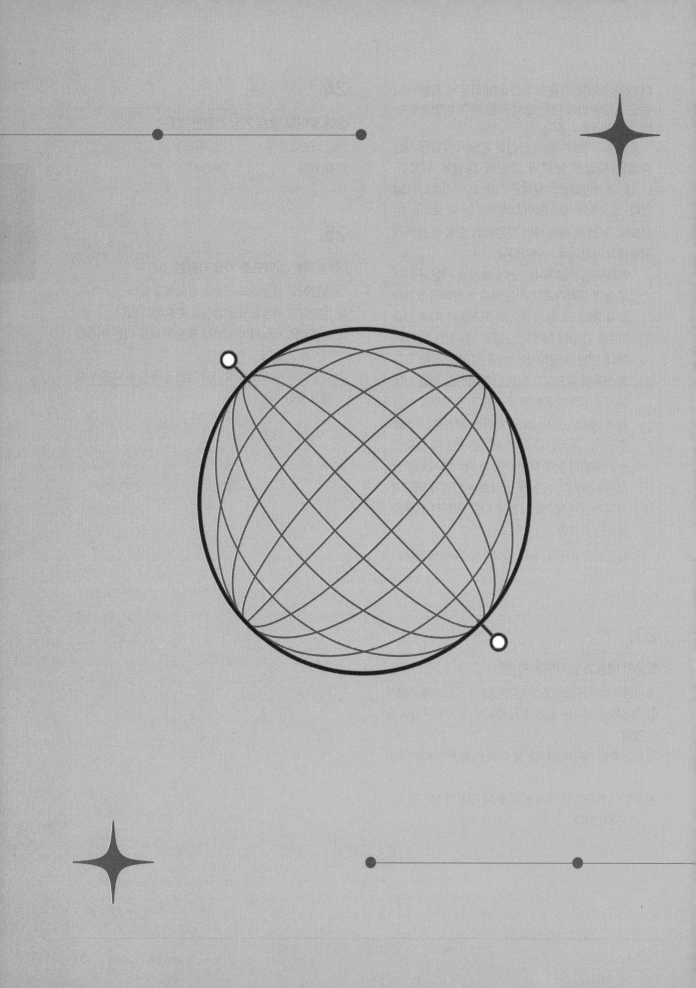

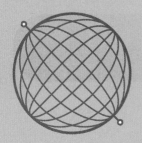

고등학교 졸업학력
검정고시

수학 기출문제

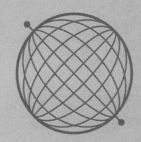

01.

두 다항식 $A = x^2 + 1$, $B = x + 2$에 대하여 $A+B$는?

① $x^2 + 2$
② $x^2 + x$
③ $x^2 - x - 1$
④ $x^2 + x + 3$

02.

등식 $x^2 + ax + 2 = x^2 + 3x + b$ 가 x에 대한 항등식일 때, 두 상수 a, b에 대하여 $a+b$의 값은?

① 3
② 5
③ 7
④ 9

03.

다항식 $2x^2 + 4x - 3$ 을 $x-1$로 나누었을 때, 나머지는?

① 1
② 3
③ 5
④ 7

04.

다항식 $x^3 - 2^3$을 인수분해한 식이 $(x-a)(x^2 + 2x + 4)$일 때, 상수 a의 값은?

① 2
② 4
③ 6
④ 8

05.

다음 등식을 만족시키는 실수 x, y의 값은? (단, $i = \sqrt{-1}$)

$$(x - 2) + yi = 1 + 4i$$

① $x=1$, $y=1$
② $x=1$, $y=4$
③ $x=3$, $y=1$
④ $x=3$, $y=4$

06.

이차방정식 $x^2 - 3x + 2 = 0$ 의 두 근을 α, β 라고 할 때, $\alpha\beta$ 의 값은?

① -2
② -1
③ 1
④ 2

07.

$-1 \leq x \leq 2$일 때, 이차함수 $y = -x^2 + 5$의 최댓값은?

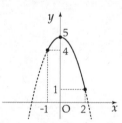

① 1
② 3
③ 5
④ 7

08.

삼차방정식 $x^3 - 2x^2 + ax + 4 = 0$의 한 근이 2일 때, 상수 a의 값은?

① -2 ② 0
③ 2 ④ 4

09.

연립부등식 $\begin{cases} 3x > 6 \\ x < 10 - x \end{cases}$ 의 해가 $2 < x < a$ 일 때, 상수 a의 값은?

① 5 ② 6
③ 7 ④ 8

10.

부등식 $|x+1| \leq 2$의 해를 수직선 위에 나타낸 것이 그림과 같을 때, 상수 a의 값은?

① 1 ② 2
③ 3 ④ 4

11.

좌표평면 위의 두 점 $A(-1, 2)$, $B(1, 4)$ 사이의 거리는?

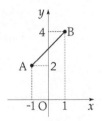

① $\sqrt{5}$ ② $\sqrt{6}$
③ $\sqrt{7}$ ④ $2\sqrt{2}$

12.

직선 $y = x + 1$에 수직이고, 점 $(0, 2)$를 지나는 직선의 방정식은?

① $y = -x + 1$ ② $y = -x + 2$
③ $y = \dfrac{1}{2}x + 1$ ④ $y = \dfrac{1}{2}x + 2$

13.

중심이 $(-2, 1)$이고 원점을 지나는 원의 방정식은?

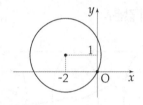

① $(x-1)^2 + (y-2)^2 = 5$
② $(x-1)^2 + (y+2)^2 = 5$
③ $(x+2)^2 + (y-1)^2 = 5$
④ $(x+2)^2 + (y+1)^2 = 5$

14.

좌표평면 위의 점 $(2, 1)$을 x축의 방향으로 -2만큼, y축의 방향으로 2만큼 평행이동한 점의 좌표는?

① $(0, 1)$ ② $(0, 3)$
③ $(2, 1)$ ④ $(2, 3)$

15.

두 집합 $A = \{1, 3, 4\}$, $B = \{2, 4, 5\}$에 대하여 $n(A \cup B)$의 값은?

① 3 ② 4
③ 5 ④ 6

16.

명제 '$x = 2$이면, $x^2 = 4$이다.'의 대우는?

① $x = 2$이면 $x^2 \neq 4$이다.

② $x \neq 2$이면 $x^2 = 4$이다.

③ $x^2 \neq 4$이면 $x = 2$이다.

④ $x^2 \neq 4$이면 $x \neq 2$이다.

17.

두 함수 $f : X \to Y$, $g : Y \to Z$ 가 그림과 같을 때, $(g \circ f)(2)$의 값은?

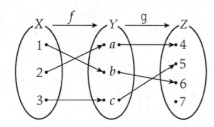

① 4

② 5

③ 6

④ 7

18.

무리함수 $y = \sqrt{x-1} + a$ 의 그래프가 그림과 같을 때, 상수 a의 값은?

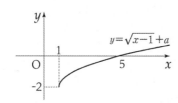

① -2

② 0

③ 2

④ 4

19.

그림과 같이 3장의 글자 카드가 있다. 이 중에서 서로 다른 2장의 카드를 택하여 일렬로 나열하는 경우의 수는?

① 4

② 6

③ 8

④ 10

20.

그림과 같이 4개의 민속놀이가 있다. 이 중에서 서로 다른 2개의 민속놀이를 선택하는 경우의 수는?

① 2

② 4

③ 6

④ 8

2021년 2회 기출문제

01.

두 다항식 $A = 2x^2 + x$, $B = x^2 - x$ 에 대하여 $A - B$는?

① $x^2 - 2x$ ② $x^2 - x$

③ $x^2 + x$ ④ $x^2 + 2x$

02.

등식 $x^2 + 3x - 7 = x^2 + ax + b$ 가 x에 대한 항등식일 때, 두 상수 a, b 에 대하여 $a + b$의 값은?

① -5   ② -4

③ -3   ④ -2

03.

다항식 $x^3 - 2x + a$가 $x - 1$로 나누어떨어질 때, 상수 a의 값은?

① 1   ② 2

③ 3   ④ 4

04.

다항식 $x^3 + 3^3$을 인수분해한 식이 $(x + 3)(x^2 - 3x + a)$ 일 때, 상수 a의 값은?

① 1   ② 3

③ 6   ④ 9

05.

$i(1 + 2i) = a + i$일 때, 실수 a의 값은? (단, $i = \sqrt{-1}$)

① -2   ② -1

③ 1   ④ 2

06.

이차방정식 $x^2 - 4x - 5 = 0$의 두 근을 α, β 라고 할 때, $\alpha + \beta$ 의 값은?

① 2   ② 3

③ 4   ④ 5

07.

$-1 \leq x \leq 2$일 때, 이차함수 $y = x^2 - 3$의 최솟값은?

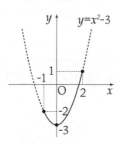

① -3   ② -2

③ -1   ④ 0

08.

삼차방정식 $x^3 + ax^2 - 2x - 1 = 0$ 의 한 근이 1일 때, 상수 a의 값은?

① 1   ② 2

③ 3   ④ 4

09.

연립부등식 $\begin{cases} 3x < 2x + 5 \\ 4x > 3x - 1 \end{cases}$ 의 해가 $-1 < x < a$ 일 때, 상수 a의 값은?

① 5   ② 6

③ 7   ④ 8

10.

그림은 부등식 $|x - 2| \leq 2$의 해를 수직선 위에 나타낸 것이다. 상수 a의 값은?

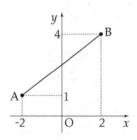

① 4   ② 5

③ 6   ④ 7

11.

좌표평면 위의 두 점 $A(-2, 1)$, $B(2, 4)$ 사이의 거리는?

① 3   ② 4

③ 5   ④ 6

12.

직선 $y = 2x + 3$에 평행하고 점 $(0, 6)$을 지나는 직선의 방정식은?

① $y = \dfrac{1}{2}x + 1$ ② $y = \dfrac{1}{2}x + 6$

③ $y = 2x + 1$ ④ $y = 2x + 6$

13.

두 점 $A(-1, -1)$, $B(3, 3)$을 지름의 양 끝 점으로 하는 원의 방정식은?

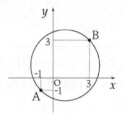

① $(x + 1)^2 + (y + 1)^2 = 8$

② $(x + 1)^2 + (y - 1)^2 = 8$

③ $(x - 1)^2 + (y + 1)^2 = 8$

④ $(x - 1)^2 + (y - 1)^2 = 8$

14.

좌표평면 위의 점 $(2, 5)$를 x축에 대하여 대칭이동한 점의 좌표는?

① $(-2, -5)$ ② $(-2, 5)$

③ $(2, -5)$ ④ $(5, 2)$

15.

두 집합 $A = \{1, 2, 3, 6\}$, $B = \{1, 2, 4, 8\}$에 대하여 $n(A \cap B)$의 값은?

① 2   ② 4

③ 6   ④ 8

16.

명제 '$x=1$이면 $x^3=1$이다.'의 역은?

① $x=1$이면 $x^3 \neq 1$이다.

② $x \neq 1$이면 $x^3=1$이다.

③ $x^3=1$이면 $x=1$이다.

④ $x^3 \neq 1$이면 $x \neq 1$이다.

17.

함수 $f:X \rightarrow Y$가 그림과 같을 때, $(f \circ f)(2)$의 값은?

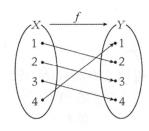

① 1

② 2

③ 3

④ 4

18.

유리함수 $y=\dfrac{1}{x-a}+4$ 의 그래프의 점근선은 두 직선 $x=3$, $y=4$이다. 상수 a의 값은?

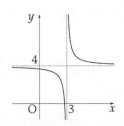

① 1

② 3

③ 5

④ 7

19.

그림은 어느 하계 올림픽 경기 종목 중 4개의 종목을 나타낸 것이다. 이 4개의 종목에서 서로 다른 2개의 종목을 택하여 일렬로 나열하는 경우의 수는?

농구　　배구　　축구　　탁구

① 12

② 15

③ 18

④ 21

20.

그림과 같이 5개의 정다면체가 있다. 이 5개의 정다면체에서 서로 다른 2개의 정다면체를 선택하는 경우의 수는?

정사면체　정육면체　정팔면체　정십이면체　정이십면체

① 8

② 10

③ 12

④ 14

2022년 1회 기출문제

01.

두 다항식 $A = x^2 + 2x$, $B = 2x^2 - 1$에 대하여 $A+B$는?

① $x-1$
② x^2+2
③ x^2+x-3
④ $3x^2+2x-1$

02.

등식 $(x+1)(x-1) = x^2 + a$ 가 x에 대한 항등식일 때, 상수 a의 값은?

① -2
② -1
③ 0
④ 1

03.

다음은 조립제법을 이용하여 다항식 $x^3 - 2x^2 - x + 5$를 일차식 $x-1$로 나누어 몫과 나머지를 구하는 과정이다. 이때 몫은?

$$
\begin{array}{r|rrrr}
1 & 1 & -2 & -1 & 5 \\
  &   & 1 & -1 & -2 \\
\hline
  & 1 & -1 & -2 & 3 \\
\end{array}
$$

① $x+2$
② $2x+1$
③ x^2-x-2
④ $2x+x+1$

04.

다항식 $x^3 - 9x^2 + 27x - 27$을 인수분해한 식이 $(x-a)^3$일 때, 상수 a의 값은?

① 1
② 2
③ 3
④ 4

05.

$2 - i + i^2 = a - i$ 일 때, 실수 a의 값은? (단, $i = \sqrt{-1}$)

① -2
② -1
③ 0
④ 1

06.

이차방정식 $x^2 + 3x - 4 = 0$의 두 근을 α, β 라고 할 때, $\alpha + \beta$ 의 값은?

① -3
② -1
③ 1
④ 3

07.

$0 \leq x \leq 2$일 때, 이차함수 $y = x^2 + 2x - 3$의 최댓값은?

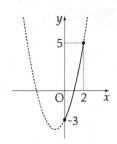

① 1   ② 3

③ 5   ④ 7

08.

삼차방정식 $x^3 - 2x + a = 0$의 한 근이 2일 때, 상수 a의 값은?

① -4   ② -3

③ -2   ④ -1

09.

연립방정식 $\begin{cases} x + y = 3 \\ x^2 - y^2 = a \end{cases}$ 의 해가 $x = 2$, $y = b$일 때, 두 상수 a, b에 대하여 $a + b$의 값은?

① 2   ② 4

③ 6   ④ 8

10.

이차부등식 $(x + 3)(x - 1) \leq 0$의 해는?

① $x \leq -3$ ② $x \geq 1$

③ $-3 \leq x \leq 1$ ④ $x \leq -3$ 또는 $x \geq 1$

11.

좌표평면 위의 두 점 $A(1, 2)$, $B(3, -4)$에 대하여 선분 AB의 중점의 좌표는?

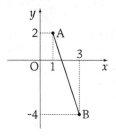

① $(-2, 1)$ ② $(-1, 2)$

③ $(1, -2)$ ④ $(2, -1)$

12.

직선 $y = -2x + 5$에 평행하고 점 $(0, 1)$을 지나는 직선의 방정식은?

① $y = -2x - 3$ ② $y = -2x + 1$

③ $y = \frac{1}{2}x - 3$ ④ $y = \frac{1}{2}x + 1$

13.

중심의 좌표가 $(2, 1)$이고 반지름의 길이가 3인 원의 방정식은?

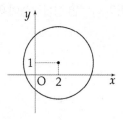

① $(x + 2)^2 + (y + 1)^2 = 9$

② $(x + 2)^2 + (y - 1)^2 = 9$

③ $(x - 2)^2 + (y + 1)^2 = 9$

④ $(x - 2)^2 + (y - 1)^2 = 9$

14.

좌표평면 위의 점 $(-2, 1)$을 원점에 대하여 대칭이동한 점의 좌표는?

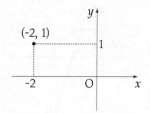

① $(-2, -1)$ ② $(-1, -2)$
③ $(1, -2)$ ④ $(2, -1)$

15.

두 집합 $A = \{1, 3, 4, 5\}$, $B = \{2, 4\}$ 에 대하여 $A - B$는?

① $\{1\}$ ② $\{3, 4\}$
③ $\{1, 3, 5\}$ ④ $\{1, 3, 4, 5\}$

16.

명제 '정삼각형이면 이등변삼각형이다.' 의 역은?
① 이등변삼각형이면 정삼각형이다.
② 정삼각형이면 이등변삼각형이 아니다.
③ 정삼각형이 아니면 이등변삼각형이다.
④ 이등변삼각형이 아니면 정심각형이 아니다.

17.

함수 $f : X \to Y$ 가 그림과 같을 때, $f^{-1}(4)$의 값은? (단, f^{-1}는 f의 역함수이다.)

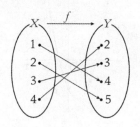

① 1   ② 2
③ 3   ④ 4

18.

무리함수 $y = \sqrt{x - a} + b$ 의 그래프는 무리함수 $y = \sqrt{x}$의 그래프를 x축의 방향으로 2만큼, y축의 방향으로 3만큼 평행이동한 것이다. 두 상수 a, b에 대하여 $a + b$의 값은?

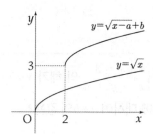

① 1   ② 3
③ 5   ④ 7

19.

그림과 같이 3곳을 모두 여행하는 계획을 세우려고
한다. 여행 순서를 정하는 경우의 수는? (단, 한 번 여
행한 곳은 다시 여행하지 않는다.)

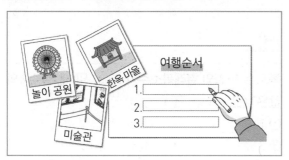

① 4   ② 6
③ 8   ④ 10

20.

그림과 같이 4종류의 꽃이 있다. 이 중에서 서로 다
른 3종류의 꽃을 선택하는 경우의 수는?

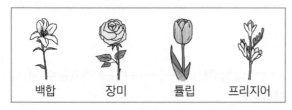

① 4   ② 5
③ 6   ④ 7

01.

두 다항식 $A = 2x^2 + x$, $B = x + 1$에 대하여 $A - B$는?

① $x^2 + 1$ ② $x^2 - x$

③ $2x^2 - 1$ ④ $2x^2 + x$

02.

등식 $x^2 + ax - 2 = x^2 + 5x + b$ 가 x에 대한 항등식일 때, 두 상수 a, b에 대하여 $a + b$의 값은?

① 1 ② 2

③ 3 ④ 4

03.

다항식 $x^3 + 3x + 4$를 $x - 1$로 나누었을 때, 나머지는?

① 2 ② 4

③ 6 ④ 8

04.

다항식 $x^3 + 6x^2 + 12x + 8$을 인수분해한 식이 $(x + a)^3$일 때, 상수 a의 값은?

① 2 ② 4

③ 6 ④ 8

05.

복소수 $3 - 2i$의 켤레복소수가 $3 + ai$ 일 때, 실수 a의 값은? (단, $i = \sqrt{-1}$)

① 1 ② 2

③ 3 ④ 4

06.

이차방정식 $x^2 + 5x + 4 = 0$의 두 근을 α, β 라고 할 때, $\alpha\beta$ 의 값은?

① -2 ② 0

③ 2 ④ 4

07.

$-1 \le x \le 2$일 때, $y = -(x - 1)^2 + 3$ 이차함수 의 최댓값은?

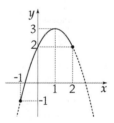

① 1 ② 2

③ 3 ④ 4

08.

삼차방정식 $x^3 + ax^2 - 3x - 2 = 0$ 의 한 근이 1일 때, 상수 a의 값은?

① 3   ② 4
③ 5   ④ 6

09.

연립방정식 $\begin{cases} x + y = 4 \\ x^2 - y^2 = a \end{cases}$ 의 해가 $x = 3$, $y = b$일 때, 두 상수 a, b에 대하여 $a + b$의 값은?

① 3   ② 5
③ 7   ④ 9

10.

그림은 부등식 $|x - 3| \le 3$의 해를 수직선 위에 나타낸 것이다. 상수 a의 값은?

① 0   ② 1
③ 2   ④ 3

11.

좌표평면 위의 두 점 $A(-3, -2)$, $B(1, 4)$에 대하여 선분 AB의 중점의 좌표는?

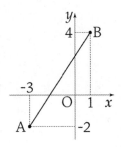

① $(-2, 1)$ ② $(-1, 1)$
③ $(1, -1)$ ④ $(2, -1)$

12.

직선 $y = x - 1$ 에 수직이고, 점 $(0, 3)$을 지나는 직선의 방정식은?

① $y = -x + 1$ ② $y = -x + 3$
③ $y = x + 1$ ④ $y = x + 3$

13.

중심이 $(3, -1)$이고 원점을 지나는 원의 방정식은?

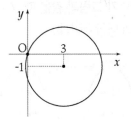

① $(x + 3)^2 + (y + 1)^2 = 10$
② $(x + 3)^2 + (y - 1)^2 = 10$
③ $(x - 3)^2 + (y + 1)^2 = 10$
④ $(x - 3)^2 + (y - 1)^2 = 10$

14.

좌표평면 위의 점 $(3, 4)$를 x축의 방향으로 -1만큼, y축의 방향으로 -3만큼 평행이동한 점의 좌표는?

① $(2, 1)$ ② $(2, 7)$
③ $(4, 1)$ ④ $(4, 7)$

15.

두 집합 $A = \{1, 2, 3, 4\}$, $B = \{3, 4, 6\}$에 대하여 $n(A - B)$의 값은?

① 1   ② 2
③ 3   ④ 4

16.

명제 '$x = 2$이면 $x^3 = 8$이다.'의 대우는?

① $x = 2$이면 $x^3 \neq 8$이다.

② $x \neq 2$이면 $x^3 = 8$이다.

③ $x^3 = 8$이면 $x = 2$이다.

④ $x^3 \neq 8$이면 $x \neq 2$이다.

17.

함수 $f : X \to Y$ 가 그림과 같을 때, $f^{-1}(5)$의 값은?
(단, f^{-1}는 f의 역함수이다.)

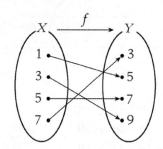

① 1

② 3

③ 5

④ 7

18.

유리함수 $y = \dfrac{1}{x-1}$ 의 그래프는 유리함수 $y = \dfrac{1}{x}$의 그래프를 x축의 방향으로 a만큼 평행이동한 것이다.

상수 a의 값은?

① -1

② 0

③ 1

④ 2

19.

그림과 같이 4점의 작품이 있다. 이 중에서 서로 다른 3점의 작품을 택하여 일렬로 나열하는 경우의 수는?

① 15

② 18

③ 21

④ 24

20.

그림과 같이 5개의 방과 후 프로그램이 있다. 이 중에서 서로 다른 3개의 프로그램을 선택하는 경우의 수는?

| 기타 | 댄스 | 드럼 | 바둑 | 태권도 |

① 8

② 10

③ 12

④ 14

2023년 1회 기출문제

01.

두 다항식 $A = x^2 + 2x$, $B = 2x^2 - x$ 에 대하여 $A + B$는?

① $x^2 - x$
② $x^2 + x$
③ $3x^2 - x$
④ $3x^2 + x$

02.

등식 $x^2 + ax + 3 = x^2 + 5x + b$ 가 x에 대한 항등식일 때, 두 상수 a, b에 대하여 $a - b$의 값은?

① 2
② 4
③ 6
④ 8

03.

다항식 $2x^3 + 3x^2 - 1$ 을 $x - 1$로 나누었을 때, 나머지는?

① 2
② 3
③ 4
④ 5

04.

다항식 $x^3 - 6x^2 + 12x - 8$을 인수분해한 식이 $(x - a)^3$일 때, 상수 a의 값은?

① 1
② 2
③ 3
④ 4

05.

복소수 $5 + 4i$의 켤레복소수가 $a + bi$일 때, 두 실수 a, b에 대하여 $a + b$의 값은? (단, $i = \sqrt{-1}$)

① 1
② 3
③ 5
④ 7

06.

두 수 3, 4를 근으로 하고 x^2의 계수가 1인 이차방정식이 $x^2 - 7x + a = 0$일 때, 상수 a의 값은?

① 3
② 6
③ 9
④ 12

07.

$-3 \leq x \leq 0$일 때, 이차함수 $y = x^2 + 2x - 1$의 최솟값은?

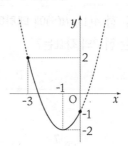

① -2
② -1
③ 1
④ 2

08.

사차방정식 $x^4 + 2x^2 + a = 0$ 의 한 근이 1일 때, 상수 a의 값은?

① -3   ② -1

③ 1   ④ 3

09.

연립방정식 $\begin{cases} x + y = 6 \\ xy = a \end{cases}$ 의 해가 $x = 4$, $y = b$일 때, 두 상수 a, b에 대하여 $a + b$의 값은?

① 9   ② 10

③ 11   ④ 12

10.

이차부등식 $(x+3)(x-2) \geq 0$ 의 해는?

① $x \geq -3$ ② $-3 \leq x \leq 2$

③ $x \geq 2$ ④ $x \leq -3$ 또는 $x \geq 2$

11.

수직선 위의 두 점 $A(1)$, $B(5)$에 대하여 선분 AB를 $3:1$로 내분하는 점 P의 좌표는?

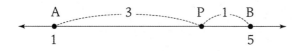

① 3   ② $\dfrac{7}{2}$

③ 4   ④ $\dfrac{9}{2}$

12.

점 $(-2, 1)$을 지나고 기울기가 3인 직선의 방정식은?

① $y = -3x + 1$ ② $y = -3x + 7$

③ $y = 3x + 1$ ④ $y = 3x + 7$

13.

중심의 좌표가 $(2, 1)$이고 y축에 접하는 원의 방정식은?

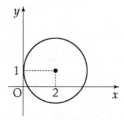

① $(x-2)^2 + (y-1)^2 = 1$

② $(x-2)^2 + (y-1)^2 = 4$

③ $(x-1)^2 + (y-2)^2 = 1$

④ $(x-1)^2 + (y-2)^2 = 4$

14.

좌표평면 위의 점 $(2, 4)$를 y축에 대하여 대칭이동한 점의 좌표는?

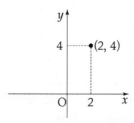

① $(-2, -4)$ ② $(-2, 4)$

③ $(4, -2)$ ④ $(4, 2)$

15.

두 집합 $A=\{1, a-1, 5\}$, $b=\{1, 3, a+1\}$에 대하여 $A=B$일 때, 상수 a의 값은?

① 3   ② 4

③ 5   ④ 6

16.

명제 '평행사변형이면 사다리꼴이다.'의 대우는?

① 사다리꼴이면 평행사변형이다.

② 평행사변형이면 사다리꼴이 아니다.

③ 사다리꼴이 아니면 평행사변형이 아니다.

④ 평행사변형이 아니면 사다리꼴이 아니다.

17.

두 함수 $f : X \to Y$, $g : Y \to Z$ 가 그림과 같을 때, $(g \circ f)(3)$의 값은?

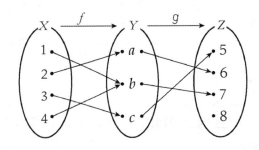

① 5   ② 6

③ 7   ④ 8

18.

유리함수 $y = \dfrac{1}{x-2} - 1$의 그래프는 유리함수 $y = \dfrac{1}{x}$ 의 그래프를 x축의 방향으로 a만큼, y축의 방향으로 b만큼 평행이동한 것이다. 두 상수 a, b에 대하여 $a+b$의 값은?

① -1   ② 1

③ 3   ④ 5

19.

그림과 같이 3명의 수학자 사진이 있다. 이 중에서 서로 다른 2명의 사진을 택하여 수학 신문의 1면과 2면에 각각 싣는 경우의 수는?

① 4   ② 5

③ 6   ④ 7

20.

그림과 같이 수학 진로 선택 과목이 있다. 이 중에서 서로 다른 2과목을 선택하는 경우의 수는?

① 3   ② 4

③ 5   ④ 6

01.

두 다항식 $A = 2x^2 + x$, $B = x^2 - 1$에 대하여 $A + 2B$는?

① $4x^2 + x + 2$　　② $4x^2 - x + 2$

③ $4x^2 + x - 2$　　④ $4x^2 - x - 2$

02.

등식 $(x - 2)^2 = x^2 - 4x + a$ 가 x에 대한 항등식일 때, 상수 a의 값은?

① 2　　　　　② 4

③ 6　　　　　④ 8

03.

다항식 $x^3 - 3x + 7$을 $x - 1$로 나누었을 때, 나머지는?

① 5　　　　　② 6

③ 7　　　　　④ 8

04.

다항식 $x^3 + 9x^2 + 27x + 27$을 인수분해한 식이 $(x + a)^3$일 때, 상수 a의 값은?

① 1　　　　　② 2

③ 3　　　　　④ 4

05.

$i(2 + i) = a + 2i$ 일 때, 실수 a의 값은? (단, $i = \sqrt{-1}$)

① -3　　　　② -1

③ 1　　　　　④ 3

06.

두 수 2, 4를 근으로 하고 x^2의 계수가 1인 이차방정식이 $x^2 - 6x + a = 0$ 일 때, 상수 a의 값은?

① 2　　　　　② 4

③ 6　　　　　④ 8

07.

$0 \leq x \leq 3$일 때, 이차함수 $y = -x^2 + 4x + 1$의 최댓값은?

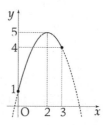

① 2　　　　　② 3

③ 4　　　　　④ 5

08.

사차방정식 $x^4 - 3x^2 + a = 0$의 한 근이 2일 때, 상수 a의 값은?

① -4 ② -1

③ 2 ④ 5

09.

연립방정식 $\begin{cases} x + 2y = 10 \\ x^2 + y^2 = a \end{cases}$의 해가 $x = 2$, $y = b$일 때, 두 상수 a, b에 대하여 $a + b$의 값은?

① 15 ② 18

③ 21 ④ 24

10.

이차부등식 $(x+1)(x-4) \leq 0$의 해는?

① $x \geq -1$ ② $x \leq 4$

③ $-1 \leq x \leq 4$ ④ $x \leq -1$ 또는 $x \geq 4$

11.

좌표평면 위의 두 점 $A(-1, 1)$, $B(2, 4)$에 대하여 선분 AB를 $1:2$로 내분하는 점의 좌표는?

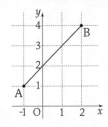

① $(-2, 0)$ ② $(0, -2)$

③ $(0, 2)$ ④ $(2, 0)$

12.

직선 $y = x + 2$에 수직이고, 점 $(4, 0)$을 지나는 직선의 방정식은?

① $y = -x + 3$ ② $y = -x + 4$

③ $y = x - 3$ ④ $y = x - 4$

13.

중심의 좌표가 $(3, 1)$이고 x축에 접하는 원의 방정식은?

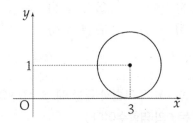

① $(x-3)^2 + (y-1)^2 = 1$
② $(x-3)^2 + (y-1)^2 = 9$
③ $(x-1)^2 + (y-3)^2 = 1$
④ $(x-1)^2 + (y-3)^2 = 9$

14.

좌표평면 위의 점 $(2, 3)$을 직선 $y = x$에 대하여 대칭이동한 점의 좌표는?

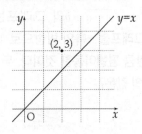

① $(-2, -3)$ ② $(-2, 3)$

③ $(3, -2)$ ④ $(3, 2)$

15.

두 집합 $A=\{1, 3, 6\}$, $B=\{3, 5, 6\}$에 대하여 $A \cap B$ 는?

① $\{1, 3\}$　　　　　② $\{1, 5\}$
③ $\{3, 6\}$　　　　　④ $\{5, 6\}$

16.

전제집합이 $U=\{1, 2, 3, 4, 5, 6\}$일 때, 다음 조건의 진리집합은?

x는 짝수이다.

① $\{1, 3, 5\}$　　　　② $\{2, 4, 6\}$
③ $\{3, 4, 5\}$　　　　④ $\{4, 5, 6\}$

17.

함수 $f : X \to Y$ 가 그림과 같을 때, $f^{-1}(c)$ 의 값은? (단, f^{-1} 는 f 의 역함수이다.)

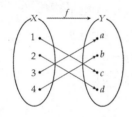

① 1　　　　　② 2
③ 3　　　　　④ 4

18.

무리함수 $y = \sqrt{x-a}+b$의 그래프는 무리함수 $y = \sqrt{x}$의 그래프를 x축의 방향으로 1만큼, y축의 방향으로 4만큼 평행이동한 것이다. 두 상수 a, b에 대하여 $a+b$의 값은?

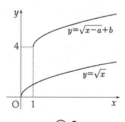

① 4　　　　　② 5
③ 6　　　　　④ 7

19.

그림과 같이 등산로의 입구에서 쉼터까지 가는 길은 4가지, 쉼터에서 전망대까지 가는 길은 2가지가 있다. 입구에서 쉼터를 거쳐 전망대까지 길을 따라 가는 경우의 수는? (단, 같은 지점은 두 번 이상 지나지 않는다.)

① 5　　　　　② 6
③ 7　　　　　④ 8

20.

그림과 같이 6종류의 과일이 있다. 이 중에서 서로 다른 2종류의 과일을 선택하는 경우의 수는?

① 15　　　　　② 18
③ 21　　　　　④ 24

2024년 1회 기출문제

01.

두 다항식 $A = 3x^2 + x$, $B = x^2 + 3x$에 대하여 $A+B$는?

① $4x^2 - 4x$ ② $4x^2 - 2x$

③ $4x^2 + 2x$ ④ $4x^2 + 4x$

02.

등식 $x^2 + x + 3 = x^2 + ax + b$ 가 x에 대한 항등식일 때, 두 상수 a, b에 대하여 $a+b$의 값은?

① 2   ② 4

③ 6   ④ 8

03.

다항식 $x^3 + 2x^2 + 2$ 를 $x-1$로 나누었을 때, 나머지는?

① 1   ② 3

③ 5   ④ 7

04.

다항식 $x^3 + 3x^2 + 3x + 1$을 인수분해한 식이 $(x+a)^3$일 때, 상수 a의 값은?

① -2   ② -1

③ 1   ④ 2

05.

복소수 $4+3i$의 켤레복소수가 $a+bi$일 때, 두 실수 a, b에 대하여 $a+b$의 값은? (단, $i = \sqrt{-1}$)

① 1   ② 2

③ 3   ④ 4

06.

두 수 1, 3을 근으로 하고 x^2의 계수가 1인 이차방정식이 $x^2 - ax + 3 = 0$ 일 때, 상수 a의 값은?

① 1   ② 2

③ 3   ④ 4

07.

$-1 \le x \le 1$일 때, 이차함수 $y = x^2 + 4x + 1$의 최솟값은?

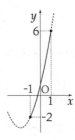

① -2   ② -1

③ 0   ④ 1

08.

사차방정식 $x^4 + 2x - a = 0$의 한 근이 1일 때, 상수 a의 값은?

① -1   ② 1

③ 3   ④ 5

09.

연립방정식 $\begin{cases} 2x + y = 8 \\ x^2 - y^2 = a \end{cases}$ 의 해가 $x = 3$, $y = b$일 때, 두 상수 a, b에 대하여 $a + b$의 값은?

① 5   ② 7

③ 9   ④ 11

10.

이차부등식 $(x-2)(x-4) \le 0$의 해는?

① $x \le 2$ ② $x \ge 4$

③ $2 \le x \le 4$ ④ $x \le 2$ 또는 $x \ge 4$

11.

수직선 위의 두 점 $A(1)$, $B(6)$에 대하여 선분 AB를 $2:3$으로 내분하는 점 P의 좌표는?

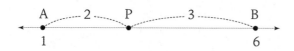

① 3   ② $\dfrac{7}{2}$

③ 4   ④ $\dfrac{9}{2}$

12.

직선 $y = x - 3$에 평행하고, 점 $(0, 4)$를 지나는 직선의 방정식은?

① $y = -x + 2$ ② $y = -x + 4$

③ $y = x + 2$ ④ $y = x + 4$

13.

중심의 좌표가 $(-2, 2)$이고 x 축과 y 축에 동시에 접하는 원의 방정식은?

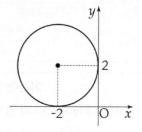

① $(x - 2)^2 + (y - 2)^2 = 4$
② $(x + 2)^2 + (y - 2)^2 = 4$
③ $(x - 2)^2 + (y + 2)^2 = 4$
④ $(x + 2)^2 + (y + 2)^2 = 4$

14.

좌표평면 위의 점 $(3, -2)$를 원점에 대하여 대칭이동한 점의 좌표는?

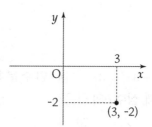

① $(-3, 2)$ ② $(-2, 3)$

③ $(2, -3)$ ④ $(3, 2)$

15.

두 집합 $A = \{1, 2, 3, 4\}$, $B = \{3, 4\}$ 에 대하여 $A - B$는?

① $\{1\}$
② $\{1, 2\}$
③ $\{3, 4\}$
④ $\{1, 2, 3\}$

16.

전체집합이 $U = \{x \mid x$는 9 이하의 자연수$\}$일 때, 다음 조건의 진리집합은?

x는 3의 배수이다.

① $\{1, 3, 5\}$
② $\{3, 6, 9\}$
③ $\{1, 3, 5, 7\}$
④ $\{2, 4, 6, 8\}$

17.

두 함수 $f : X \to Y$, $g : Y \to Z$ 가 그림과 같을 때, $(g \circ f)(2)$의 값은?

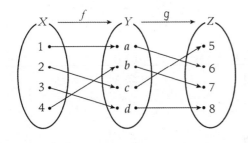

① 5
② 6
③ 7
④ 8

18.

유리함수 $y = \dfrac{1}{x-2} + 3$의 그래프는 유리함수 $y = \dfrac{1}{x}$의 그래프를 x축의 방향으로 a만큼, y축의 방향으로 b만큼 평행이동한 것이다. 두 상수 a, b에 대하여 $a + b$의 값은?

① 3
② 4
③ 5
④ 6

19.

그림과 같이 입체도형을 그린 4개의 포스터가 있다. 이 중에서 서로 다른 2개의 포스터를 택하여 출입문의 상단과 하단에 각각 붙이는 경우의 수는?

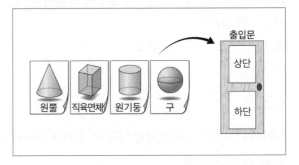

① 12
② 13
③ 14
④ 15

20.

그림과 같이 4종류의 수학 수행 과제가 있다. 이 중에서 서로 다른 3종류의 수학 수행 과제를 선택하는 경우의 수는?

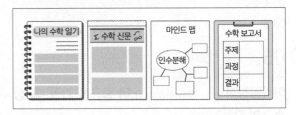

① 1
② 2
③ 3
④ 4

01.

두 다항식 $A = 2x^3 + 3x$, $B = 3x + 2$ 에 대하여 $A - B$는?

① $2x^3 - 2$　　　② $2x^3 + 2$
③ $2x^3 - x$　　　④ $2x^3 + x$

02.

다항식 $x^3 - 3x^2 + a$ 가 $x - 2$ 로 나누어떨어질 때, 상수 a 의 값은?

① 1　　　② 2
③ 3　　　④ 4

03.

다항식 $x^3 - 3^3$ 을 인수분해한 식이 $(x-3)(x^2 + ax + 9)$ 일 때, 상수 a의 값은?

① 1　　　② 3
③ 5　　　④ 7

04.

복소수 $5 - 3i$ 의 켤레복소수가 $5 + ai$ 일 때, 실수 a의 값은? (단, $i = \sqrt{-1}$)

① 1　　　② 3
③ 5　　　④ 7

05.

이차방정식 $x^2 - 2x + a = 0$ 이 중근을 가질 때, 상수 a 의 값은?

① 1　　　② 2
③ 3　　　④ 4

06.

이차방정식 $x^2 - x - 6 = 0$ 의 서로 다른 두 실근을 α, β 라고 할 때, $\alpha + \beta$ 의 값은?

① -6　　　② -1
③ 1　　　④ 6

07.

$0 \le x \le 3$일 때, 이차함수 $y = -(x-2)^2 + 3$ 의 최댓값은?

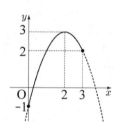

① -1　　　② 0
③ 2　　　④ 3

08.

그림은 부등식 $|x + 1| \ge 5$ 의 해를 수직선 위에 나타낸 것이다. 상수 a 의 값은?

① -8　　　② -7
③ -6　　　④ -5

09.

좌표평면 위의 두 점 $A(-2, -1)$, $B(2, 3)$에 대하여 선분 AB 를 $3:1$로 내분하는 점의 좌표는?

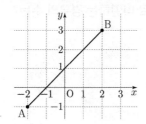

① $(-1, 0)$　　　　② $(1, 2)$
③ $(1, 3)$　　　　④ $(2, 1)$

10.

원점과 직선 $x+y-2=0$사이의 거리는?

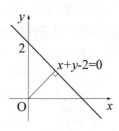

① 1　　　　② $\sqrt{2}$
③ $\sqrt{3}$　　　　④ 2

11.

자연수 a 에 대하여 직선 $y=a$ 와 원 $x^2+y^2=4$ 가 서로 다른 두 점에서 만날 때, a 의 값은?

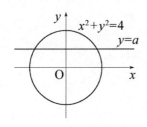

① 1　　　　② 2
③ 3　　　　④ 4

12.

좌표평면 위의 점 $(1, 3)$ 을 직선 $y=x$ 에 대하여 대칭이동한 점의 좌표는?

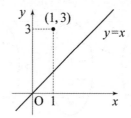

① $(-1, -3)$　　　　② $(-1, 3)$
③ $(3, -1)$　　　　④ $(3, 1)$

13.

다음 중 집합인 것은?
① 작은 동물의 모임
② 유명한 가수의 모임
③ 키가 큰 사람의 모임
④ 7 이하의 자연수의 모임

14.

두 집합 $A=\{2, 4, 6, 8\}$, $B=\{6, 7, 8\}$에 대하여 $A-B$ 는?

① $\{2, 4\}$　　　　② $\{2, 6\}$
③ $\{4, 8\}$　　　　④ $\{6, 8\}$

15.

두 조건 '$p: x-2=0$', '$q: x^2-a=0$' 에 대하여 p 가 q 이기 위한 충분조건이 되도록 하는 상수 a 의 값은?

① 1　　　　② 2
③ 3　　　　④ 4

16.

두 함수 $f:X \to Y$, $g:Y \to Z$ 가 그림과 같을 때, $(g \circ f)(1)$ 의 값은?

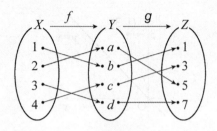

① 1   ② 3

③ 5   ④ 7

17.

함수 $f(x) = 2x + 1$ 에 대하여 $f^{-1}(5)$ 의 값은?
(단, f^{-1} 는 f 의 역함수이다.)

① 1   ② 2

③ 3   ④ 4

18.

무리함수 $y = \sqrt{x-2} + 4$ 의 그래프는 무리함수 의 $y = \sqrt{x}$ 의 그래프를 x축의 방향으로 a만큼, y축 의 방향으로 b만큼 평행이동한 것이다. 두 상수 a, b 에 대하여 $a+b$ 의 값은?

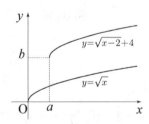

① 2   ② 4

③ 6   ④ 8

19.

그림과 같이 한국 문화를 알리는 4종류의 카드가 각 각 한 장씩 있다. 이 중에서 서로 다른 3장의 카드를 택하여 일렬로 나열하는 경우의 수는?

① 12   ② 16

③ 20   ④ 24

20.

그림은 유네스코에 등재된 우리나라 세계 기록 유산 중 5개를 나타낸 것이다. 이 중에서 서로 다른 2개의 세계 기록 유산을 선택하는 경우의 수는?

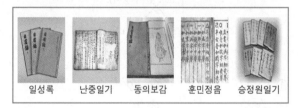

① 6   ② 8

③ 10   ④ 12

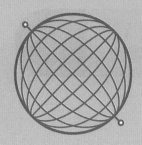

고등학교 졸업학력
검정고시

영어 기출문제

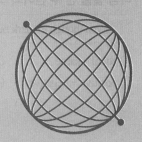

[01~03] 다음 밑줄 친 부분의 뜻으로 가장 적절한 것을 고르시오.

01.

I can help you <u>decorate</u> the house with flowers.

① 구하다　　　　② 꾸미다
③ 나누다 ④　　　옮기다

02.

It is so kind of you to <u>take care of</u> my cat.

① 돌보다　　　　② 미루다
③ 여행하다　　　④ 의지하다

03.

<u>In fact</u>, the smartphone has replaced the computer in many ways.

① 갑자기　　　　② 다행히
③ 사실상　　　　④ 처음에

04.

다음 밑줄 친 두 단어의 의미 관계와 다른 것은?

Even though it's <u>dark</u> outside, our house is <u>bright</u>.

① equal - same　　② hard - soft
③ positive - negative　④ wide - narrow

05.

다음 전시회 안내문에서 언급되지 <u>않은</u> 것은?

Art Exhibition
Date : November 12th-25th
Time : 10 a.m. -6 p.m.
place : Central Art Museum
Tickets : Adults $ 15, Students $ 10
　　　We are closed on Tuesdays.

① 전시 기간　　　② 환불 규정
③ 티켓 가격　　　④ 휴관일

[06~08] 다음 빈칸에 공통으로 들어갈 말로 가장 적절한 것을 고르시오.

06.

- I go for a _____ every morning.
- His parents _____ a small coffee shop.

① carry　　　　② have
③ matter　　　　④ run

07.

- I have a friend _____ lives in America.
- Dad, _____ won the tennis match last night?

① how　　　　② what
③ when　　　　④ who

08.

- There are large trees _____ front of the house.
- Many people are interested _____ South Korea.

① at   ② for
③ in   ④ to

09.

다음 대화에서 밑줄 친 표현의 의미로 가장 적절한 것은?

A : Did you know that today is Children's Day?
B : Yeah. I can't believe that it's May already.
A : It seems like just yesterday that we celebrated New Year's Day.
B : I know. My mom says to value every moment because time flies like an arrow.

① 세 살 버릇 여든까지 간다.
② 시간은 쏜살같이 지나간다.
③ 뜻이 있는 곳에 길이 있다.
④ 욕심이 지나치면 화가 된다.

10.

다음 대화에서 알 수 있는 B의 심정으로 가장 적절한 것은?

A : How are you feeling today?
B : I'm so happy. I feel on top of the world!
A : That's great. What happened?
B : I just saw my favorite singer in person!

① 섭섭하다   ② 속상하다
③ 외롭다   ④ 행복하다

11.

다음 대화가 이루어지는 장소로 가장 적절한 것은?

A : Hello. I'd like to check out these books.
B : Okay. Are you going to borrow all three of them?
A : Well, now that I think about it, I only need these two.
B : No problem.

① 도서관   ② 세탁소
③ 약국   ④ 은행

12.

다음 글에서 밑줄 친 It이 가리키는 것으로 가장 적절한 것은?

All animals and plants depend on water to live. Our body is about 60 to 70 percent water. We can go weeks without food. But without water, we would die in a few days. It is very important for our lives.

① animal   ② body
③ plant   ④ water

13.

A : Everything on the menu looks so delicious!
B : Yeah. This is one of my favorite restaurants.
A : Great! _____ ?
B : How about the spaghetti with cream sauce? It's one of their best dishes.

① Can you recommend a dish for me
② What is your favorite restaurant
③ Why do you like Italian fashion
④ Have you ever been to Italy

14.

A : _____ ?
B : It's because we have to save the environment.

① Why do we have to recycle
② How long have you lived here
③ What does your luggage look like
④ When was the best moment of your life

15.

다음 대화의 주제로 가장 적절한 것은?

A : I think writing by hand has many advantages.
B : Really? Like what?
A : For one, it helps us memorize things.
B : I can see that. What else?
A : It can also add a personal touch to a letter.

① 암기의 중요성
② 손으로 쓰기의 장점
③ 편지지 고르는 방법
④ 논리적 사고의 필요성

16.

다음 글을 쓴 목적으로 가장 적절한 것은?

I'm writing this email to say sorry to you because of what I did the last couple of days. I thought you and Jessica were ignoring me on purpose, so I treated you unkindly. Now I know I have misunderstood you. I want to say I'm really sorry.

① 거절하려고   ② 문의하려고
③ 사과하려고   ④ 소개하려고

17.

다음 관광 안내문의 내용과 일치하지 <u>않는</u> 것은?

Saturday Tour to Tongyeong

What you will do :
· ride a cable car on Mireuksan
· visit the undersea tunnel and Jungang Market
Lunch is provided.
   You must reserve the tour by Thursday.

① 케이블카를 탄다.
② 해저 터널과 시장을 방문한다.
③ 점심은 각자 준비한다.
④ 목요일까지 관광 예약을 해야 한다.

18.

다음 Lascaux 동굴에 대한 설명과 일치하지 않는 것은?

The Lascaux cave is located in southwestern France. It contains ancient paintings of large animals. No one knew about the cave until 1940. Four teenagers accidentally discovered it while running after their dog. In 1963, in order to preserve the paintings, the cave was closed to the public.

① 프랑스 남서부에 있다.
② 커다란 동물의 그림이 있다.
③ 십대 청소년 네 명이 발견하였다.
④ 1963년에 대중에게 개방되었다.

19.

다음 글의 주제로 가장 적절한 것은?

Walking can be just as beneficial to your health as more intense exercise. A physical benefit of walking is that it can reduce body fat. It also has a mental health benefit because it can help reduce stress. So get up and walk!

① 걷기의 장점
② 부상 예방 방법
③ 스트레스의 위험
④ 운동 시 주의 사항

20.

Cars should be able to endure the strong impact that they receive when they crash into another car or object. Thus, the bodies of cars are designed to absorb heavy shocks. The goal is to _____ drivers and passengers in case of serious car accidents.

① describe
② encourage
③ increase
④ protect

21.

Soft drink companies attract consumers by adding bright colors to their products. Most of these colors, however, are not _____ . They are man-made. For example, the artificial color Yellow No. 6, used in some pineapple juices, adds nothing to the taste. It is just there to make the drink look pretty.

① convenient
② frightened
③ innovative
④ natural

22.

글의 흐름으로 보아 다음 문장이 들어가기에 가장 적절한 곳은?

> However, I think science does us more good than harm.

> Some people argue that science can be dangerous. (①) They say the atomic bomb is the perfect example of the dangers of science. (②) For instance, science helps make better medicine. (③) It definitely improves the quality of our lives. (④) I believe that science will continue to make a better world for us.

23.

다음 글의 바로 뒤에 이어질 내용으로 가장 적절한 것은?

> If you go to South Africa or Madagascar, you can see huge and strange-looking trees, called baobobs. Known as "upside-down trees," their branches look like their roots are spreading towards the sky. Why do you think the baobob tree has this unique shape? Let's find out.

① 바오바브나무의 유익한 성분
② 바오바브나무를 재배하는 방법
③ 바오바브나무의 모습이 특이한 이유
④ 바오바브나무가 생태계에 미치는 영향

[24~25] 다음 글을 읽고 물음에 답하시오.

> Do you know how to invent new things? A good method is inventing by addition. This means inventing something by adding a new element to something that already exists. _____, Hyman Lipman became a great U.S. inventor by attaching an eraser to the top of a pencil. Now that you know how to invent something, try to make an invention.

24.

윗글의 빈칸에 들어갈 말로 가장 적절한 것은?

① For example
② Instead
③ In contrast
④ Nevertheless

25.

윗글의 주제로 가장 적절한 것은?

① 전기 자동차의 미래
② 체중 조절에 대한 조언
③ 새로운 것을 발명하는 방법
④ 좋은 학용품을 사용하는 이유

[01~03] 다음 밑줄 친 부분의 뜻으로 가장 적절한 것을 고르시오.

01.

> Science has brought many benefits to the world.

① 규칙   ② 목표
③ 의미   ④ 혜택

02.

> I will get along with my classmates better this year.

① 감탄하다   ② 어울리다
③ 실망하다   ④ 경쟁하다

03.

> After all, the news turned out to be true.

① 결국   ② 만약에
③ 적어도   ④ 예를 들면

04.

다음 밑줄 친 두 단어의 의미 관계와 다른 것은?

> When people ask me about my favorite food, I always answer that it is pizza.

① animal - horse
② danger - safety
③ vegetable - onion
④ emotion - happiness

05.

다음 자선 달리기 행사 안내문에서 언급되지 <u>않은</u> 것은?

> ### CHARITY RUN
> Come out and show your support for cancer patients!
> · Date : September 24th
> · Time : 9 a.m. - 4 p.m.
> · place : Asia Stadium
>   * Free T-shirts for participants

① 행사 날짜   ② 행사 시간
③ 행사 장소   ④ 행사 참가비

[06~08] 다음 빈칸에 공통으로 들어갈 말로 가장 적절한 것을 고르시오.

06.

> - She has a big smile on her _____ .
> - You should learn to _____ your problem.

① face   ② heat
③ meet   ④ walk

07.

> - Tom, _____ are you planning to go?
> - There is a safe place _____ we can stay.

① who   ② what
③ where   ④ which

08.

- Please calm _____ and listen to me.
- Could you turn _____ the volume?

① down   ② for
③ into   ④ with

09.

다음 대화에서 밑줄 친 표현의 의미로 가장 적절한 것은?

A : I'm going to Germany next week. Any advice?
B : Remember to cut your potato with a fork, not a knife.
A : Why is that?
B : That's a German dining custom. <u>When in Rome, do as the Romans do.</u>

① 기회가 왔을 때 잡아야 한다.
② 진정한 배움에는 지름길이 없다.
③ 사귀는 친구를 보면 그 사람을 알 수 있다.
④ 다른 나라에 가면 그 나라의 풍습을 따라야 한다.

10.

다음 대화에서 알 수 있는 B의 심정으로 가장 적절한 것은?

A : How do you like your new job?
B : It's a lot of work, but I like it very much.
A : Really? That's great.
B : Thanks. I'm very satisfied with it.

① 불안하다   ② 실망하다
③ 만족하다   ④ 지루하다

11.

다음 대화가 이루어지는 장소로 가장 적절한 것은?

A : I'd like to get a refund for this jacket.
B : May I ask you what the problem is?
A : It's too big for me.
B : Would you like to exchange it for a smaller size?
A : No, thank you.

① 옷 가게   ② 경찰서
③ 은행   ④ 가구점

12.

다음 글에서 밑줄 친 <u>it</u>이 가리키는 것으로 가장 적절한 것은?

One day in math class, Mary volunteered to solve a problem. When she got to the front of the class, she realized that <u>it</u> was very difficult. But she remained calm and began to write the answer on the blackboard.

① blackboard   ② classroom
③ problem   ④ school

[13~14] 다음 대화의 빈칸에 들어갈 말로 가장 적절한 것을 고르시오.

13.

A : _____ ?
B : Sure, Mom. What is it?
A : Can you pick up some eggs from the supermarket?
B : Okay. I'll stop by on my way home.

① Why are you so upset
② Will you teach me how
③ Can you do me a favor
④ How far is the bus stop

14.

A : How long have you been skating?
B : _____ .

① I went skiing last month
② I have been skating since I was 10
③ I will learn how to skate this winter
④ I want to go skating with my parents

15.

다음 대화의 주제로 가장 적절한 것은?

A : What can we do to save electricity?
B : We can switch off the lights when we leave rooms.
A : I see. Anything else?
B : It's also a good idea to use the stairs instead of the elevator.

① 조명의 중요성　　　② 전기 절약 방법
③ 대체 에너지의 종류　④ 엘리베이터 이용 수칙

16.

다음 글을 쓴 목적으로 가장 적절한 것은?

I want to express my thanks for writing a recommendation letter for me. Thanks to you, I now have a chance to study in my dream university. I will never forget your help and kindness.

① 감사하려고　　　② 거절하려고
③ 사과하려고　　　④ 추천하려고

17.

다음 수영장 이용 규칙에 대한 안내문의 내용과 일치하지 <u>않는</u> 것은?

SWIMMING POOL RULES
You must :
· take a shower before entering the pool.
· always wear a swimming cap.
· follow the instruction of the lifeguard.
　*Driving is not permitted.

① 수영 후에는 샤워를 해야 한다.
② 항상 수영모를 착용해야 한다.
③ 안전 요원의 지시를 따라야 한다.
④ 다이빙은 허용되지 않는다.

18.

다음 International Mango Festival에 대한 설명과 일치하지 <u>않는</u> 것은?

The International Mango Festival, which started in 1987, celebrates everything about mangoes. It is held in India in summer every year. It has many events such as a mango eating competition and a quiz show. The festival provides an opportunity to taste more than 550 kinds of mangoes for free.

① 1987년에 시작되었다.
② 매년 여름 인도에서 열린다.
③ 망고 먹기 대회가 있다.
④ 망고를 맛보려면 돈을 내야 한다.

19.

다음 글의 주제로 가장 적절한 것은?

The increasing amount of food trash is becoming a serious environmental problem. Here are some easy ways to decrease the amount of food trash. First, make a list of the food you need before shopping. Second, make sure not to prepare too much food for each meal. Third, save the food that is left for later use.

① 분리수거 시 유의 사항
② 장보기 목록 작성 요령
③ 음식물 쓰레기를 줄이는 방법
④ 올바른 식습관 형성의 필요성

[20~21] 다음 글의 빈칸에 들어갈 말로 가장 적절한 것을 고르시오.

20.

The students at my high school have _____ backgrounds. They are from different countries such as Russia, Thailand, and Chile. I am quite happy to be in a multicultural environment with my international classmates.

① close
② diverse
③ negative
④ single

21.

Tate Modern is a museum located in London. It used to be a power station. After the station closed down in 1981, the British government decided to _____ it into a museum instead of destroying it. Now this museum holds the national collection of modern British artwork.

① balance
② forbid
③ prevent
④ transform

22.

글의 흐름으로 보아 다음 문장이 들어가기에 가장 적절한 곳은?

What if your favorite flavor is strawberry?

Do you love ice cream? (①) Like most people, I love ice cream very much. (②) According to a newspaper article, your favorite ice cream flavor could show what kind of person you are. (③) For example, if your favorite flavor is chocolate, it means that you are very creative and enthusiastic. (④) It means you are logical and thoughtful.

23.

다음 글의 바로 뒤에 이어질 내용으로 가장 적절한 것은?

As you know, many young people these days suffer from neck pain. This is because they spend many hours per day leaning over a desk while studying or using smartphones. But don't worry. We have some exercises that can help prevent and reduce neck pain. This is how you do them.

① 현대인들의 목 통증의 원인
② 목 통증을 유발하기 쉬운 자세
③ 목 통증을 예방하고 줄일 수 있는 운동법
④ 스마트폰 사용 시간과 목 통증의 상관관계

[24~25] 다음 글을 읽고 물음에 답하시오.

When comparing tennis with table tennis, there are some similarities and differences. First, they are both racket sports. Also, both players hit a ball back and forth across a net. _____ , there are differences, too. While tennis is played on a court, table tennis is played on a table. Another difference is that a much bigger racket is used in tennis compared to table tennis.

24.

윗글의 빈칸에 들어갈 말로 가장 적절한 것은?

① Finally   ② However

③ Therefore   ④ For example

25.

윗글의 주제로 가장 적절한 것은?

① 탁구와 테니스의 경기 방법

② 탁구와 테니스의 운동 효과

③ 탁구와 테니스의 라켓 사용법

④ 탁구와 테니스의 유사점과 차이점

[01~03] 다음 밑줄 친 부분의 뜻으로 가장 적절한 것을 고르시오.

01.

For children, it is important to encourage good behavior.

① 행동   ② 규칙
③ 감정   ④ 신념

02.

She had to put off the trip because of heavy rain.

① 계획하다   ② 연기하다
③ 기록하다   ④ 시작하다

03.

Many online lessons are free of charge. Besides, you can watch them anytime and anywhere.

① 마침내   ② 게다가
③ 그러나   ④ 예를 들면

04.

다음 밑줄 친 두 단어의 의미 관계와 다른 것은?

While some people say that a glass is half full, others say that it's half empty.

① high - low   ② hot - cold
③ tiny - small   ④ fast - slow

05.

다음 포스터에서 언급되지 않은 것은?

Happy Earth Day Event

When : April 22, 2022
Where : Community Center
What to do : · Exchange used things
　　　　　　　· Make 100% natural shampoo

① 참가 자격   ② 행사 날짜
③ 행사 장소   ④ 행사 내용

[06~08] 다음 빈칸에 공통으로 들어갈 말로 가장 적절한 것을 고르시오.

06.

- When you _____ the train, make sure you take all your belongings.
- Please _____ the book on the table after reading it.

① open   ② learn
③ leave   ④ believe

07.

- Minsu, _____ are you going to do this weekend?
- No one knows exactly _____ happened.

① what   ② that
③ who   ④ if

08.

- Dad's heart is filled _____ love for me.
- Alice was satisfied _____ her performance.

① at   ② in
③ for   ④ with

09.

다음 대화에서 밑줄 친 표현의 의미로 가장 적절한 것은?

A : What are you doing, Junho?
B : I'm trying to solve this math problem, but it's too difficult for me.
A : Let's try to figure it out together.
B : That's a good idea. Two heads are better than one.

① 수고 없이 얻는 것은 없다.
② 사공이 많으면 배가 산으로 간다.
③ 겉모습만으로 사람을 판단해서는 안 된다.
④ 혼자보다 두 명이 함께 생각하는 것이 낫다.

10.

다음 대화에서 알 수 있는 B의 심정으로 가장 적절한 것은?

A : Did you get the results for the English speech contest?
B : Yeah, I just got them.
A : So, how did you do?
B : I won first prize. It's the happiest day of my life.

① 행복   ② 실망
③ 분노   ④ 불안

11.

다음 대화가 이루어지는 장소로 가장 적절한 것은?

A : Good morning. How may I help you?
B : Hi, I'd like to open a bank account.
A : All right. Please fill out this form.
B : Thanks. I'll do it now.

① 은행   ② 경찰서
③ 미용실   ④ 체육관

12.

다음 글에서 밑줄 친 It이 가리키는 것으로 가장 적절한 것은?

One day, Michael saw an advertisement for a reporter in the local newspaper. It was a job he'd always dreamed of. So he made up his mind to apply for the job.

① actor   ② teacher
③ reporter   ④ designer

[13~14] 다음 대화의 빈칸에 들어갈 말로 가장 적절한 것을 고르시오.

13.

A : _____ ?
B : I'm going to teach Korean to foreigners.
A : Great. Remember you should volunteer with a good heart.
B : I'll keep that in mind.

① When is your birthday

② What did you do last Friday

③ What do you think about Korean food

④ What kind of volunteer work are you going to do

14.

A: Have you decided which club you're going to join this year?

B: _____ .

① I left Korea for Canada

② I went to see a doctor yesterday

③ I've decided to join the dance club

④ I had spaghetti for dinner last night

15.

다음 대화의 주제로 가장 적절한 것은?

A: Doctor, my eyes are tired from working on the computer all day. What can I do to look after my eyes?

B: Make sure you have enough sleep to rest your eyes.

A: Okay. Then what else can you recommend?

B: Eat fruits and vegetables that have lots of vitamins.

① 비타민의 부작용

② 눈 건강을 돌보는 방법

③ 수면 부족의 원인

④ 시력 회복에 도움 되는 운동

16.

다음 글을 쓴 목적으로 가장 적절한 것은?

This is an announcement from the management office. As you were informed yesterday, the electricity will be cut this afternoon from 1 p.m. to 2 p.m. We're sorry for any inconvenience. Thank you for your understanding.

① 공지하려고   ② 불평하려고

③ 거절하려고   ④ 문의하려고

17.

다음 박물관에 대한 안내문의 내용과 일치하지 않는 것은?

Shakespeare Museum

Hours
· Open daily : 9:00 a.m.-6:00 p.m.

Admmission
· Adults : $12
· Students and children : $8
· 10% discount for groups of ten or more

Photography
· Visitors can take photograhs.

① 오전 9시부터 오후 6시까지 개방한다.

② 어른은 입장료가 12달러이다.

③ 10명 이상의 단체는 입장료가 10% 할인된다.

④ 모든 사진 촬영은 금지된다.

18.

다음 2022 Science Presentation Contest에 대한 설명과 일치하지 않는 것은?

The 2022 Science Presentation Contest will be held on May 20, 2022. The topic is global warming. Contestants can participate in the contest only as individuals. Presentations should not be longer than 10 minutes. For more information, see Mr. Lee at the teachers' office.

① 5월 20일에 개최된다.

② 발표 주제는 지구 온난화이다.

③ 그룹 참가가 가능하다.

④ 발표 시간은 10분을 넘지 않아야 한다.

19.

다음 글의 주제로 가장 적절한 것은?

I'd like to tell you about appropriate actions to take in emergency situations. First, when there is a fire, use the stairs instead of taking the elevator. Second, in the case of an earthquake, go to an open area and stay away from tall buildings because they may fall on you.

① 지진 발생 원인
② 에너지 절약의 필요성
③ 환경 보호 실천 방안
④ 비상사태 발생 시 대처 방법

[20~21] 다음 글의 빈칸에 들어갈 말로 가장 적절한 것을 고르시오.

20.

These days, many people make reservations at restaurants and never show up. Here are some tips for restaurants to reduce no-show customers. First, ask for a deposit. If the customers don't show up, they'll lose their money. Second, call the customer the day before to _____ the reservation.

① cook   ② forget
③ confirm   ④ imagine

21.

Weather forecasters _____ the amount of rain, wind speeds, and paths of storms. In order to do so, they observe the weather conditions and use their knowledge of weather patterns. Based on current evidence and past experience, they decide what the weather will be like.

① ignore   ② predict
③ violate   ④ negotiate

22.

글의 흐름으로 보아 다음 문장이 들어가기에 가장 적절한 곳은?

To overcome this problem, soap can be made by volunteer groups and donated to the countries that need it.

(①) Washing your hands with soap helps prevent the spread of disease. (②) In fact, in West and Central Africa alone, washing hands with soap could save about half a million lives each year. (③) However, the problem is that soap is expensive in this region. (④) This way, we can help save more lives.

23.

다음 글의 바로 뒤에 이어질 내용으로 가장 적절한 것은?

In the future, many countries will have the problem of aging populations. We will have more and more old people. This means jobs related to the aging population will be in demand. So when you're thinking of a job, you should consider this change. Now, I'll recommend some job choices for a time of aging populations.

① 노령화와 기술 발전
② 성인병을 관리하는 방법
③ 노화 예방 운동법 소개
④ 노령화 시대를 위한 직업 추천

[24~25] 다음 글을 읽고 물음에 답하시오.

Do you know flowers provide us with many health benefits? For example, the smell of roses can help _____ stress levels. Another example is lavender. Lavender is known to be helpful if you have trouble sleeping. These are just two examples of how flowers help with our health.

24.

윗글의 빈칸에 들어갈 말로 가장 적절한 것은?

① insist　　　　② reduce
③ trust　　　　④ admire

25.

윗글의 주제로 가장 적절한 것은?

① 고혈압에 좋은 식품
② 충분한 수면의 필요성
③ 꽃이 건강에 주는 이점
④ 아름다운 꽃을 고르는 방법

[01~03] 다음 밑줄 친 부분의 뜻으로 가장 적절한 것을 고르시오.

01.

To speak English well, you need to have confidence.

① 논리력   ② 자신감
③ 의구심   ④ 창의력

02.

The country had to deal with its food shortage problems.

① 생산하다   ② 연기하다
③ 처리하다   ④ 확대하다

03.

Sunlight comes in through the windows and, as a result, the house becomes warm.

① 그 결과   ② 사실은
③ 예를 들면   ④ 불행하게도

04.

다음 밑줄 친 두 단어의 의미 관계와 다른 것은?

Patience is bitter, but its fruit is sweet.

① new - old   ② clean - dirty
③ fine - good   ④ easy - difficult

05.

다음 축제 안내문에서 언급되지 않은 것은?

Gimchi Festival

Place : Gimchi Museum
Events :
 - Learning to make gimchi
 - Tasting various gimchi
Entrance Fee : 5,000 won

Come and taste traditional Korean food!

① 날짜   ② 장소
③ 행사 내용   ④ 입장료

06.

- Let's _____ in front of the restaurant at 2 o'clock.
- The hotel manager did his best to _____ guests' needs.

① dive   ② meet
③ wear   ④ happen

07.

- Jim, _____ are you going to come home?
- Listening to music can be helpful _____ you feel bad.

① how   ② who
③ what   ④ when

08.

- Welcome. What can I do _____ you, today?
- I've spent almost an hour waiting _____ the bus.

① up   ② for
③ out   ④ with

09.

다음 대화에서 밑줄 친 표현의 의미로 가장 적절한 것은?

A : I want to do something to help children in need.
B : That's great. Do you have any ideas?
A : I will sell my old clothes and use the money for the children. But it's not going to be easy.
B : Don't worry. A journey of a thousand miles starts with a single step.

① 모든 일에는 원인이 있다.
② 몸이 건강해야 마음도 건강하다.
③ 친구를 보면 그 사람을 알 수 있다.
④ 어려운 일도 일단 시작해야 이룰 수 있다.

10.

다음 대화에서 알 수 있는 B의 심정으로 가장 적절한 것은?

A : Is this your first time to do bungee jumping?
B : Yes, it is. And I'm really nervous.
A : Bungee jumping is perfectly safe. You'll be fine.
B : That's what I've heard, but I'm still not sure if I want to do it.

① 만족   ② 불안
③ 실망   ④ 행복

11.

다음 대화가 이루어지는 장소로 가장 적절한 것은?

A : Hello, I'm looking for a dinner table for my house.
B : Come this way, please. What type would you like?
A : I'd like a round one.
B : Okay. I'll show you two different models.

① 세탁소   ② 가구점
③ 도서관   ④ 체육관

12.

다음 글에서 밑줄 친 It(it)이 가리키는 것으로 가장 적절한 것은?

A donation is usually done for kind and good-hearted purposes. It can take many different forms. For example, it may be money, food or medical care given to people suffering from natural disasters.

① donation   ② nature
③ people   ④ suffering

[13~14] 다음 대화의 빈칸에 들어갈 말로 가장 적절한 것을 고르시오.

13.

> A : Mary's birthday is coming. _____ ?
> B : Good idea. What about giving her a phone case?
> A : She just got a new one. How about a coffee mug?
> B : Perfect! She likes to drink coffee.

① What is it for
② Where did you get it
③ Why don't we buy her a gift
④ What do you usually do after school

14.

> A : What do you do for a living?
> B : _____ .

① I prefer winter to summer
② That wasn't what I wanted
③ I teach high school students
④ It'll take an hour to get to the beach

15.

다음 대화의 주제로 가장 적절한 것은?

> A : I don't know what career I'd like to have in the future.
> B : Why don't you get experience in different areas?
> A : Hmm... how can I do that?
> B : How about participating in job experience programs? I'm sure it will help.

① 자원 개발의 필요성
② 진로 선택을 위한 조언
③ 자존감을 높이는 방법
④ 자원봉사 활동의 어려움

16.

다음 글을 쓴 목적으로 가장 적절한 것은?

> We would like to ask you to put trash in the trash cans in the park. We are having difficulty keeping the park clean because of the careless behavior of some visitors. We need your cooperation. Thank you.

① 요청하려고
② 사과하려고
③ 거절하려고
④ 칭찬하려고

17.

다음 캠프 안내문의 내용과 일치하지 <u>않는</u> 것은?

>
> **Summer Sports Camp**
> - Fun and safe sports programs for children aged 7-12
> - From August 1st to August 7th
> - What you will do :
>   Badminton, Basketball, Soccer, Swimming
> * Every child should bring a swim suit and lunch each day

① 7세부터 12세까지 어린이들을 대상으로 한다.
② 기간은 8월 1일부터 8월 7일까지이다.
③ 네 가지 스포츠 활동을 할 수 있다.
④ 매일 점심이 제공된다.

18.

다음 학교 신문 기자 모집에 대한 설명과 일치하지 <u>않는</u> 것은?

> We're looking for reporters for our school newspaper. If you're interested, please submit three articles about school life. Each article should be more than 500 words. Our student reporters will evaluate your articles. The deadline is September 5th.

① 학교생활에 관한 기사를 세 편 제출해야 한다.
② 각 기사는 500단어 이상이어야 한다.
③ 담당 교사가 기사를 평가한다.
④ 마감일은 9월 5일이다.

19.

다음 글의 주제로 가장 적절한 것은?

Gestures can have different meanings in different countries. For example, the OK sign means "okay" or "all right" in many countries. The same gesture, however, means "zero" in France. French people use it when they want to say there is nothing.

① 세계의 음식 문화
② 예술의 교육적 효과
③ 다문화 사회의 특징
④ 국가별 제스처의 의미 차이

[20~21] 다음 글의 빈칸에 들어갈 말로 가장 적절한 것을 고르시오.

20.

Many power plants produce energy by burning fossil fuels, such as coal or gas. This causes air pollution and influences the _____ . Therefore, try to use less energy by choosing energy-efficient products. It can help save the earth.

① environment   ② material
③ product   ④ weight

21.

The Internet makes our lives more convenient. We can pay bills and shop on the Internet. However, personal information can be easily stolen online. There are ways to _____ your information. First, set a strong password. Second, never click on unknown links.

① cancel   ② destroy
③ protect   ④ refund

22.

글의 흐름으로 보아 다음 문장이 들어가기에 가장 적절한 곳은?

But nowadays maps are more accurate because they are made from photographs.

(①) Thousands of years ago, people made maps when they went to new places. (②) They drew mapson the ground or on the walls of caves, which often had incorrect information. (③) These photographs are taken from airplanes or satellites. (④)

23.

다음 글의 바로 뒤에 이어질 내용으로 가장 적절한 것은?

Sometimes we hurt others' feelings, even if we don't mean to. When that happens, we need to apologize. Then, how do we properly apologize? Here are three things you should consider when you say that you are sorry.

① 규칙 준수의 중요성
② 대화를 시작하는 방법
③ 효과적인 암기 전략의 종류
④ 사과할 때 고려해야 할 것들

[24~25] 다음 글을 읽고 물음에 답하시오.

Many people have trouble falling asleep, thus not getting enough sleep. It can have _____ effects on health like high blood pressure. You can prevent sleeping problems if you follow these rules. First, do not have drinks with caffeine at night. Second, try not to use your smartphone before going to bed. These will help you go to sleep easily.

24.

윗글의 빈칸에 들어갈 말로 가장 적절한 것은?

① harmful　　② helpful
③ positive　　④ calming

25.

윗글의 주제로 가장 적절한 것은?

① 스마트폰의 변천사
② 운동 부족의 위험성
③ 카페인 중독의 심각성
④ 수면 문제를 예방하는 방법

2023년 1회 기출문제

[01~03] 다음 밑줄 친 부분의 뜻으로 가장 적절한 것을 고르시오.

01.

It is my <u>duty</u> to take out the trash at home on Sundays.

① 갈등 ② 노력
③ 의무 ④ 자유

02.

People need to <u>depend on</u> each other when working as a team.

① 찾다 ② 내리다
③ 의존하다 ④ 비난하다

03.

I have met a lot of nice people, <u>thanks to</u> you.

① 덕분에 ② 대신에
③ 불구하고 ④ 제외하고

04.

다음 밑줄 친 두 단어의 의미 관계와 다른 것은?

A <u>polite</u> gesture in one country may be a <u>rude</u> one in another.

① smart - wise ② right - wrong
③ safe - dangerous ④ same - different

05.

다음 행사 광고문에서 언급되지 <u>않은</u> 것은?

K-POP CONCERT 2023

Eight World-famous K-Pop Groups Are Performing!

Date : June 8th (Thursday), 2023
Location : World Cup Stadium
Time : 7:30 p.m. - 9:30 p.m.

① 날짜 ② 장소
③ 시간 ④ 입장료

[06~08] 다음 빈칸에 공통으로 들어갈 말로 가장 적절한 것을 고르시오.

06.

- We had to _____ up in order to get a better view.
- I can't _____ people who don't follow rules in public.

① fail ② begin
③ stand ④ remind

07.

- Jinsu, _____ museum will you visit tomorrow?
- A dictionary is a book _____ has explanations of words.

① how ② which
③ when ④ where

08.

- My tastes are different _____ yours.
- English words come _____ a wide variety of sources.

① for
② off
③ from
④ about

09.

다음 대화에서 밑줄 친 표현의 의미로 가장 적절한 것은?

A : Look, Junho. I finally got an A on my math exam!
B : You really did well on your exam. What's your secret?
A : I've been studying math everyday, staying up late even on weekends.
B : You are a good example of 'no pain, no gain.'

① 철이 뜨거울 때 내려쳐라.
② 수고 없이 얻는 것은 없다.
③ 시간은 화살처럼 빨리 지나간다.
④ 필요할 때 친구가 진정한 친구이다.

10.

다음 대화에서 알 수 있는 B의 심정으로 가장 적절한 것은?

A : It's raining cats and dogs.
B : Raining cats and dogs? Can you tell me what it means?
A : It means it's raining very heavily.
B : Really? I'm interested in the origin of the expression.

① 불안
② 슬픔
③ 흥미
④ 실망

11.

다음 대화가 이루어지는 장소로 가장 적절한 것은?

A : Good morning, how may I help you?
B : Wow, it smells really good in here.
A : Yes, the bread just came out of the oven.
B : I'll take this freshly baked one.

① 제과점
② 세탁소
③ 수영장
④ 미용실

12.

다음 글에서 밑줄 친 It이 가리키는 것으로 가장 적절한 것은?

Smiling reduces stress and lowers blood pressure, contributing to our physical well-being. It also increases the amount of feel-good hormones in the same way that good exercise does. And most of all, a smile influences how other people relate to us.

① friend
② smiling
③ country
④ exercising

13.

A : Matt, _____?
B : How about the N Seoul Tower? We can see the whole city from the tower.
A : After that, let's walk along the Seoul City Wall.
B : Perfect! Now, let's go explore Seoul.

① where shall we go first
② what do you do for a living
③ how often do you come here
④ why do you want to be an actor

14.

A : What should I do to make more friends?
B : It's important to _____.

① get angry easily
② cancel your order now
③ check your reservation
④ be nice to people around you

15.

나음 대화의 주제로 가장 적절한 것은?

A : Can you share any shopping tips?
B : Sure. First of all, always keep your budget in mind.
A : That's a good point. What else?
B : Also, don't buy things just because they're on sale.
A : Thanks! Those are great tips.

① 현명하게 쇼핑하는 방법
② 일기를 써야 하는 이유
③ 건축 시 기둥의 중요성
④ 계단을 이용할 때의 장점

16.

다음 글을 쓴 목적으로 가장 적절한 것은?

Many people have difficulty finding someone for advice. You may have some personal problems and don't want to talk to your parents or friends about them. Why don't you join our online support group? We are here to help you.

① 거절하려고　　　② 권유하려고
③ 비판하려고　　　④ 사과하려고

17.

다음 기타 판매 광고문의 내용과 일치하지 않는 것은?

For Sale
Features : It's a guitar with six strings.
Condition : It's used but in good condition.
Price : $150 (original price : $350)
Contact : If you have any questions, call me at 014 - 4365 - 8704.

① 줄이 여섯 개 있는 기타이다.
② 새것이라 완벽한 상태이다.
③ 150달러에 판매된다.
④ 전화로 문의 가능하다.

18.

다음 Earth Hour campaign에 대한 설명과 일치하지 않는 것은?

Why don't we join the Earth Hour campaign? It started in Sydney, Australia, in 2007. These days, more than 7,000 cities around the world are participating. Earth Hour takes place on the last Saturday of March. On that day people turn off the lights from 8 : 30 p.m. to 9 : 30 p.m.

① 호주 시드니에서 시작했다.
② 칠천 개 이상의 도시가 참여한다.
③ 3월 마지막 주 토요일에 열린다.
④ 사람들은 그날 하루 종일 전등을 끈다.

19.

다음 글의 주제로 가장 적절한 것은?

Recent research shows how successful people spend time in the morning. They wake up early and enjoy some quiet time. They exercise regularly. In addition, they make a list of things they should do that day. Little habits can make a big difference towards being successful.

① 인간의 기본적인 욕구와 특성
② 운동 전 스트레칭이 중요한 이유
③ 합창에서 반드시 지켜야 할 규칙
④ 성공한 사람들의 아침 시간 활용 방법

[20~21] 다음 글의 빈칸에 들어갈 말로 가장 적절한 것을 고르시오.

20.

People who improve themselves try to understand what they did wrong, so they can do better the next time. The process of learning from mistakes makes them smarter. For them, every _____ is a step towards getting better.

① love   ② nation
③ village   ④ mistake

21.

I'd like to have a parrot as a _____ . Let me tell you why. First, a parrot can repeat my words. If I say "Hello" to it, it will say "Hello" to me. Next, it has gorgeous, colorful feathers, so just looking at it will make me happy. Last, parrots live longer than most other animals kept at home.

① pet   ② word
③ color   ④ plant

22.

글의 흐름으로 보아 다음 문장이 들어가기에 가장 적절한 곳은?

However, despite its usefulness, plastic pollutes the environment severely.

Plastic is a very useful material. (①) Its usefulness comes from the fact that plastic is cheap, lightweight, and strong. (②) For example, plastic remains in landfills for hundreds or even thousands of years, resulting in soil pollution. (③) The best solution to this problem is to create eco-friendly alternatives to plastic. (④)

23.

다음 글의 바로 뒤에 이어질 내용으로 가장 적절한 것은?

Beans have been with us for thousands of years. They are easy to grow everywhere. More importantly, they are high in protein and low in fat. These factors make beans one of the world's greatest superfoods. Now, let's learn how beans are cooked in a variety of ways around the world.

① 콩 재배의 역사
② 콩의 수확 시기
③ 콩 섭취의 부작용
④ 콩의 다양한 요리법

Volunteering gives you a healthy mind. According to one survey, 96 % of volunteers report feeling happier after doing it. If you help others in the community, you will feel better about yourself. It can also motivate you to live with more energy that can help you in your ordinary daily life. Therefore, you will have a more _____ view of life.

24.

윗글의 빈칸에 들어갈 말로 가장 적절한 것은?

① shy   ② useless
③ unhappy   ④ positive

25.

윗글의 주제로 가장 적절한 것은?

① 외로움의 유용함
② 달 연구의 어려움
③ 자원봉사가 주는 이점
④ 온라인 수업 도구의 다양성

[01~03] 다음 밑줄 친 부분의 뜻으로 가장 적절한 것을 고르시오.

01.

| Reading books is a great way to gain <u>knowledge</u>. |

① 균형　　　　　② 목표
③ 우정　　　　　④ 지식

02.

| She is never going to <u>give up</u> her dream even if she meets difficulties. |

① 서두르다　　　② 자랑하다
③ 포기하다　　　④ 화해하다

03.

| Many animals like to play with toys. <u>For example</u>, dogs enjoy playing with balls. |

① 갑자기　　　　② 반면에
③ 예를 들면　　　④ 결론적으로

04.

다음 밑줄 친 두 단어의 의미 관계와 다른 것은?

| <u>Spring</u> is my favorite <u>season</u> because of the beautiful flowers and warm weather. |

① apple - fruit　　　② nurse - job
③ triangle - shape　　④ shoulder - country

05.

다음 광고문에서 언급되지 <u>않은</u> 것은?

| ***Cheese Fair***
· **Date**: September 10th(Sunday), 2023
· **Activities** :
　- Tasting various kinds of cheese
　- Baking cheese cakes
· **Entrance Fee** : 10,000 won |

① 날짜　　　　　② 장소
③ 활동 내용　　　④ 입장료

[06~08] 다음 빈칸에 공통으로 들어갈 말로 가장 적절한 것을 고르시오.

06.

| - Are you ready to ＿＿＿ your project to the class?
- Stop worrying about the past and live in the ＿＿＿ . |

① grow　　　　　② lose
③ forget　　　　④ present

07.

| - John, ＿＿＿ many countries are there in Asia?
- He doesn't know ＿＿＿ far it is from here. |

① how　　　　　② when
③ where　　　　④ which

08.

- He needs to focus _____ studying instead of playing games.
- Bring a jacket which is easy to put _____ and take off.

① as   ② of
③ on   ④ like

09.

다음 대화에서 밑줄 친 표현의 의미로 가장 적절한 것은?

A : How would you describe your personality, Sumi?
B : I tend to be cautious. I try to follow the saying, "Look before you leap."
A : Oh, you think carefully before you do something.

① 많으면 많을수록 좋다.
② 남이 가진 것이 더 좋아 보인다.
③ 행동하기 전에 신중하게 생각해라.
④ 오늘 할 일을 내일로 미루지 마라.

10.

다음 대화에서 알 수 있는 A의 심정으로 가장 적절한 것은?

A : I'd like to return these headphones.
B : Why? Is there a problem?
A : I'm not satisfied with the sound. It's not loud enough.

① 감사   ② 불만
③ 안도   ④ 행복

11.

다음 대화가 이루어지는 장소로 가장 적절한 것은?

A : There are so many people in this restaurant!
B : Right. This place is well known for its pizza.
A : Yeah. Let's order some.

① 식당   ② 은행
③ 문구점   ④ 소방서

12.

다음 글에서 밑줄 친 it이 가리키는 것으로 가장 적절한 것은?

These days I'm reading a book, *Greek and Roman Myths*. The book is so interesting and encourages imagination. Moreover, it gives me more understanding about western arts because the myths are a source of western culture.

① book   ② pencil
③ language   ④ password

[13~14] 다음 대화의 빈칸에 들어갈 말로 가장 적절한 것을 고르시오.

13.

A : _____ , cycling or walking?
B : I like cycling rather than walking.
A : Why do you like it?
B : Because I think cycling burns more calories.

① Where can I rent a car
② When does the show start
③ Why do you want to learn English
④ Which type of exercise do you prefer

14.

> A : How can we show respect to others?
> B : I believe we should _____ .
> A : That's why you are a good listener.

① watch a movie

② exchange this bag

③ turn left at the next street

④ listen carefully when others speak

15.

다음 대화의 주제로 가장 적절한 것은?

> A : Whenever I see koalas in trees, I wonder why they hug trees like that.
> B : Koalas hug trees to cool themselves down.
> A : Oh, that makes sense. Australia has a very hot climate.

① 코알라의 사회성

② 코알라 연구의 어려움

③ 코알라가 나무를 껴안고 있는 이유

④ 코알라처럼 나뭇잎을 먹는 동물들의 종류

16.

다음 글을 쓴 목적으로 가장 적절한 것은?

> I'm writing this e-mail to confirm my reservation. I booked a family room at your hotel for two nights. We're two adults and one child. We will arrive in the afternoon on December 22nd. I look forward to your reply.

① 확인하려고　　② 안내하려고

③ 소개하려고　　④ 홍보하려고

17.

다음 경기 안내문의 내용과 일치하지 <u>않는</u> 것은?

> ***Tennis Competition***
> · Only beginners can participate.
> · We will start at 10:00 a.m. and finish at 5:00 p.m.
> · Lunch will not be served.
> · If it rains, the competition will be canceled.

① 초보자만 참여할 수 있다.

② 오전 10시에 시작해서 오후 5시에 끝난다.

③ 점심은 제공되지 않는다.

④ 비가 와도 경기는 진행된다.

18.

다음 Santa Fun Run에 대한 설명과 일치하지 <u>않는</u> 것은?

> The Santa Fun Run is held every December. Participants wear Santa costumes and run 5 ㎞. They run to raise money for sick children. You can see Santas of all ages walking and running around.

① 매년 12월에 열린다.

② 참가자들은 산타 복장을 입는다.

③ 멸종 위기 동물을 돕기 위해 모금을 한다.

④ 모든 연령대의 산타를 볼 수 있다.

19.

다음 글의 주제로 가장 적절한 것은?

> Do you suffer from feelings of loneliness? In such cases, it may be helpful to share your feelings with a parent, a teacher or a counselor. It is also important for you to take positive actions to overcome your negative feelings.

① 인터넷의 역할

② 여름 피서지 추천

③ 외로움에 대처하는 방법

④ 청소년의 다양한 취미 활동 소개

20.

For most people, the best ____ for sleeping is on your back. If you sleep on your back, you will have less neck and back pain. That's because your neck and spine will be straight when you are sleeping.

① letter
② position
③ emotion
④ population

21.

Here are several steps to ____ your problems. First, you need to find various solutions by gathering all the necessary information. Second, choose the best possible solution and then put it into action. At the end, evaluate the result. I'm sure these steps will help you.

① solve
② dance
③ donate
④ promise

22.

글의 흐름으로 보아 다음 문장이 들어가기에 가장 적절한 곳은?

Instead, we start with a casual conversation about less serious things like the weather or traffic.

When you first meet someone, how do you start a conversation? (①) We don't usually tell each other our life stories at the beginning. (②) This casual conversation is referred to as small talk. (③) It helps us feel comfortable and get to know ea ch other better. (④) It's a good way to break the ice.

23.

다음 글의 바로 뒤에 이어질 내용으로 가장 적절한 것은?

English proverbs may seem strange to non-native speakers and can be very hard for them to learn and remember. One strategy for remembering English proverbs more easily is to learn about their origins. Let's look at some examples.

① 꽃말의 어원에 관한 예시
② 영어 속담의 기원에 관한 예시
③ 긍정적인 마음가짐에 대한 예시
④ 친환경적인 생활 습관에 대한 예시

[24~25] 다음 글을 읽고 물음에 답하시오.

A book review is a reader's opinion about a book. When you write a review, begin with a brief summary or description of the book. Then state your ____ of it, whether you liked it or not and why.

24.

윗글의 빈칸에 들어갈 말로 가장 적절한 것은?

① flight
② opinion
③ gesture
④ architecture

25.

윗글의 주제로 가장 적절한 것은?

① 창의력의 중요성
② 진로 탐색의 필요성
③ 온라인 수업의 장점
④ 독서 감상문 쓰는 법

[01~03] 다음 밑줄 친 부분의 뜻으로 가장 적절한 것을 고르시오.

01.

> I will call the restaurant and make a reservation.

① 변경　　　　　② 예약
③ 취소　　　　　④ 칭찬

02.

> You need to keep in mind, "Slow and steady wins the race."

① 명심하다　　　② 사용하다
③ 정돈하다　　　④ 참여하다

03.

> Do not use your cellphone while you are driving.

① 대신에　　　　② 동안에
③ 만약에　　　　④ 처음에

04.

다음 밑줄 친 두 단어의 의미 관계와 다른 것은?

> It's easy to say you'll do something, but difficult to actually do it.

① heavy - light　　② noisy - silent
③ painful - painless　④ rapid - quick

05.

다음 콘서트 안내문에서 언급되지 <u>않은</u> 것은?

> **Fundraising Concert**
> · When : April 17th, 6-9 p.m.
> · Where : Lobby of Childern's Hospital
> · Light snacks will be offered
> *All funds will be donated to Children's Hospital.*

① 날짜　　　　　② 장소
③ 출연진　　　　④ 기금 용도

[06~08] 다음 빈칸에 공통으로 들어갈 말로 가장 적절한 것을 고르시오.

06.

> - Could you _____ my bag for me?
> - My school will _____ a music festival next month.

① hold　　　　　② like
③ meet　　　　　④ walk

07.

> - I don't know _____ he is honest or not.
> - You will miss the bus _____ you don't leave now.

① if　　　　　　② that
③ what　　　　　④ which

08.

- About 60 to 70 % of your body consists _____ water.
- The garden is full _____ beautiful flowers.

① for
② in
③ of
④ to

09.

다음 대화에서 밑줄 친 표현의 의미로 가장 적절한 것은?

A : I'm having a hard time right now.
B : Don't worry. I'm here for you, no matter what.
A : Thank you. Your support means everything to me.
B : Anytime. <u>A friend in need is a friend indeed.</u>

① 진정한 배움에는 지름길이 없다.
② 몸이 건강해야 마음도 건강하다.
③ 필요할 때 있는 친구가 진정한 친구다.
④ 사귀는 친구를 보면 그 사람을 알 수 있다.

10.

다음 대화에서 알 수 있는 B의 심정으로 가장 적절한 것은?

A : I've been waiting for 30 minutes. What happened?
B : Sorry, but I thought we were meeting at 2 o'clock.
A : No, that's the time the baseball game starts, so we were supposed to meet 30 minutes earlier.
B : Oh, I totally forgot. I'm sorry for keeping you waiting.

① 미안하다
② 안심하다
③ 지루하다
④ 행복하다

11.

다음 대화가 이루어지는 장소로 가장 적절한 것은?

A : Did you get our tickets? Where are our seats?
B : Let me see. J11 and J12.
A : Great. Let's buy some snacks before we go in.
B : That sounds good.

① 병원
② 약국
③ 은행
④ 영화관

12.

다음 글에서 밑줄 친 <u>them</u>이 가리키는 것으로 가장 적절한 것은?

Studies have shown that flowers have positive effects on our moods. Participants reported feeling less depressed and anxious after receiving <u>them</u>. In addition, they showed a higher sense of enjoyment and overall satisfaction.

① flowers
② moods
③ participants
④ studies

[13~14] 다음 대화의 빈칸에 들어갈 말로 가장 적절한 것을 고르시오.

13.

A : The speech contest is tomorrow. I have cold feet.
B : Sorry, _____ ?
A : I have cold feet. I'm nervous about tomorrow.
B : Oh, I see. Don't worry. I'm sure that you will do well.

① how would you like it
② would you say that again
③ what is the weather like today
④ where should I go for the contest

14.

A : What do you like most about Korea?
B : _____ .

① That is what lots of people think
② That's because I prefer tea to coffee
③ I like the food delivery service most
④ I'm not satisfied with the monitor you chose

15.

다음 대화의 주제로 가장 적절한 것은?

A : My lower back hurts a lot these days.
B : I think you should do something before it gets worse.
A : Do you have any tips to reduce the pain?
B : Well, sit in a chair, not on the floor. And try to walk and stretch gently often.

① 의자를 고르는 방법
② 바닥을 청소하는 방법
③ 바른 자세로 걷는 방법
④ 허리 통증을 줄이는 방법

16.

다음 글을 쓴 목적으로 가장 적절한 것은?

I'm worried about not having confidence in myself. My friends always seem to know what they're doing, but I'm never sure I'm doing the right thing. I want to build my confidence. I wonder whether you could give me some solutions to my problem. I hope you can help.

① 책을 추천하려고
② 방송을 홍보하려고
③ 조언을 구하려고
④ 초대를 수락하려고

17.

다음 배드민턴장에 대한 안내문의 내용과 일치하지 않는 것은?

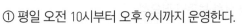

Central Badminton Center
Open Times :
· Monday to Friday, 10 a.m. to 9 p.m.
We provide :
· lessons for beginners only
· free parking for up to 4 hours a day
Proper shoes and clothes are required.

① 평일 오전 10시부터 오후 9시까지 운영한다.
② 상급자를 위한 수업이 준비되어 있다.
③ 하루 4시간까지 무료 주차가 가능하다.
④ 적절한 신발과 옷이 필요하다.

18.

다음 rice에 대한 설명과 일치하지 않는 것은?

Rice is one of the major crops in the world. Since its introduction and cultivation, rice has been the main food for most Asians. In fact, Asian countries produce and consume the most rice worldwide. These days, countries in Africa have also increased their rice consumption.

① 세계의 주요 작물 중 하나이다.
② 대부분의 아시아 사람들의 주식이다.
③ 아시아 국가에서 가장 많이 생산한다.
④ 아프리카 국가에서 소비가 감소하고 있다.

19.

다음 글의 주제로 가장 적절한 것은?

When you go abroad, you may find yourself in a place where the people, language, and customs are different from your own. Learning about cultural differences can be a useful experience. It can help you understand the local people better. It could also help you understand yourself and your own culture more.

① 사람들과 소통하는 방법
② 지역 문화 보존의 필요성
③ 해외여행을 할 때 주의할 점
④ 문화적 차이를 배우는 것의 유용성

[20~21] 다음 글의 빈칸에 들어갈 말로 가장 적절한 것을 고르시오.

20.

Eating dinner lasts a long time in France because it is meant to be enjoyed with family and friends. French people don't _____ this process. Trying to finish dinner quickly can be interpreted as a sign of being impolite.

① enjoy   ② rush
③ serve   ④ warn

21.

In life, it's important to take _____ for any choices that you make. If the result of your choice isn't what you wanted, don't blame others for it. Being in charge of your choices will help you learn from the results.

① conflict   ② desire
③ help   ④ responsibility

22.

글의 흐름으로 보아 다음 문장이 들어가기에 가장 적절한 곳은?

On the other hand, there is a big advantage to it.

Taking online classes can be good and bad. (①) If you take classes online, you may worry about the lack of face-to-face communication. (②) Taking courses online makes it difficult to create strong relationships with your teachers and classmates. (③) You are free to take online classes anywhere, anytime. (④) By simply turning on your computer, you can start studying.

23.

다음 글의 바로 뒤에 이어질 내용으로 가장 적절한 것은?

Walking dogs is a common activity in the park. But with more people doing this, problems are arising in the park. To avoid these issues, please follow these guidelines when you walk your dog.

① 반려견을 키우면 좋은 점
② 반려견 산책 시 지켜야 할 사항
③ 반려견 관련 산업의 발전 가능성
④ 반려견이 아이들 정서에 미치는 영향

[24~25] 다음 글을 읽고 물음에 답하시오.

> Have you noticed that shoes and socks are displayed together? They are items strategically placed with each other. Once you've already decided to buy a pair of shoes, why not buy a pair of socks, too? Remember that the placement of items in a store is not _____ . It seems that arranging items gives suggestions to customers, in a way that is not obvious, while they shop.

24.

윗글의 빈칸에 들어갈 말로 가장 적절한 것은?

① accurate   ② enough

③ positive   ④ random

25.

윗글의 주제로 가장 적절한 것은?

① 소비자 교육의 효과

② 상품 가격 결정의 원리

③ 전략적 상품 진열 방식

④ 매체 속 다양한 광고의 유형

2024년 2회 기출문제

[01~03] 다음 밑줄 친 부분의 뜻으로 가장 적절한 것을 고르시오.

01.

I am lucky to have the opportunity to learn from him.

① 갈등　　　　　② 기회
③ 법칙　　　　　④ 인기

02.

Many people are aware of the health risks of energy drinks.

① 걷다　　　　　② 놓다
③ 묻다　　　　　④ 알다

03.

Our trip to the beach was canceled due to the storm.

① 게다가　　　　② 대신에
③ 때문에　　　　④ 반면에

04.

다음 밑줄 친 두 단어의 의미 관계와 다른 것은?

Every flower in the garden is beautiful, but I really love this red rose.

① color - gray　　　② sport - basketball
③ north - south　　④ language - English

05.

다음 마술 공연 안내문에서 언급되지 않은 것은?

The Great Magic Show
Come and be amazed!

○ **Date**: August 17th, 2 p.m.-5 p.m.
○ **Location**: The Grand Hotel
○ **Tickets**: 20,000 won
　* *There is a parking area behind the hotel.*

① 관람 장소　　　② 관람 연령
③ 티켓 가격　　　④ 주차 정보

[06~08] 다음 빈칸에 공통으로 들어갈 말로 가장 적절한 것을 고르시오.

06.

- We will _____ ice cream for dessert.
- Please put the books in alphabetical _____ .

① drive ② order
③ respect ④ work

07.

- She believes _____ she can pass the exam.
- He bought a car _____ is quiet and fast.

① that　　　　　② what
③ where　　　　④ why

08.

- France is famous _____ the Eiffel Tower.
- He called his friends and asked _____ help.

① for
② of
③ on
④ out

09.

다음 대화에서 밑줄 친 표현의 의미로 가장 적절한 것은?

A : Ah! There's a spider as big as my hand!
B : As big as your hand? Really?
A : Yes, it's huge!
B : Let me check. Seeing is believing.

① 남의 것이 더 좋아 보인다.
② 눈으로 확인해야 믿을 수 있다.
③ 겉모습만으로 판단해서는 안 된다.
④ 눈에서 멀어지면 마음도 멀어진다.

10.

다음 대화에서 알 수 있는 A의 심정으로 가장 적절한 것은?

A : Finally, I booked tickets to see my favorite band!
B : That's awesome! When is the concert?
A : It's on Friday. I can't wait to see them perform live.
B : You're so lucky. Enjoy it!

① 미안하다
② 속상하다
③ 창피하다
④ 행복하다

11.

다음 대화가 이루어지는 장소로 가장 적절한 것은?

A : Can you show me some short hairstyles?
B : Sure. Here are some pictures. Do you like any of them?
A : I like this one. Can you cut my hair like this?
B : Absolutely, we can start right away.

① 식당
② 약국
③ 미용실
④ 세탁소

12.

다음 글에서 밑줄 친 It이 가리키는 것으로 가장 적절한 것은?

Exercise can help you maintain a healthy weight. It burns calories and builds muscle, which is important for overall health. It will also help you feel more energetic and productive so you can focus on your work. By staying active, you can prevent many health problems.

① exercise
② heart
③ problem
④ stay

[13~14] 다음 대화의 빈칸에 들어갈 말로 가장 적절한 것을 고르시오.

13.

A : _____ ?
B : Not too often, maybe once a week. How about you?
A : I eat out almost every day. It's easier with my schedule.
B : Yes, I understand.

① Are there any restaurants around here
② What kind of food do you eat
③ Where can I get easy recipes
④ How often do you eat out

14.

A : How can I improve my communication skills?
B : One way is to _____.

① eat more fruit and vegetables
② buy baking soda for your mom
③ wear gloves to keep your hands warm
④ practice speaking with people regularly

15.

다음 대화의 주제로 가장 적절한 것은?

A : Do you know the benefits of drinking tea?
B : Sure. It can help you relax and reduce stress. Do you like to drink tea?
A : Yes, I do. I heard it can also help with digestion.

① 차 재배의 어려움
② 차를 우려내는 방법
③ 차를 마시는 것의 장점
④ 국가별 차의 종류와 특징

16.

다음 글을 쓴 목적으로 가장 적절한 것은?

I live downstairs and have been hearing a lot of noise from your apartment lately. I can't sleep at night. Please keep the noise levels down, especially during the late hours. This would be greatly appreciated.

① 거절하려고   ② 동의하려고
③ 사과하려고   ④ 요청하려고

17.

다음 동아리 안내문의 내용과 일치하지 <u>않는</u> 것은?

BREAKDANCING CLUB
Join us to learn some moves!
○ Tuesdays at 5:00 p.m. in Margaret Hall
○ No dance experience is required.
○ Bring your sneakers.
○ For more infomation, email us at dancer@email.com

① 매주 화요일에 참여할 수 있다.
② 댄스 경험이 없어도 참여 가능하다.
③ 동아리 가입 시 운동화가 제공된다.
④ 이메일로 추가 문의를 할 수 있다.

18.

다음 Paradise Resort에 대한 설명과 일치하지 <u>않는</u> 것은?

Paradise Resort is located in Thailand. The resort is next to the ocean, so you can enjoy swimming and fishing. Also, there are many diving spots where you can observe colorful marine life. The resort has restaurants where you can enjoy various dishes from around the world. Come visit us in paradise!

① 태국에 위치해 있다.
② 수영과 낚시를 즐길 수 있다.
③ 다이빙은 안전상의 이유로 금지된다.
④ 세계 여러 나라의 음식을 먹을 수 있다.

19.

다음 글의 주제로 가장 적절한 것은?

Let me give you some tips that could make you look taller. First, avoid loose clothes. Many of you might prefer big and oversized clothes, but they can make you appear short. Second, wear similar colors. Wearing different colors divides your body and can cause you to look shorter.

① 옷을 저렴하게 구입하는 방법
② 키가 커 보이게 옷을 입는 방법
③ 신체 치수를 정확히 측정하는 방법
④ 나에게 어울리는 색상을 찾는 방법

[20~21] 다음 글의 빈칸에 들어갈 말로 가장 적절한 것을 고르시오.

20.

Film-making can be _____ because it requires careful planning and teamwork. Finding the right locations, making schedules with actors, and managing a budget are all difficult tasks. Weather and technical issues during filming can also cause delays.

① challenging   ② selfish
③ independent   ④ wearable

21.

What is a 3D printer? It's like a normal printer but a little _____ . First, we don't put in ink but other materials like plastic or metal. Next, using software, we don't print out paper but real-life products like toys and even houses. Isn't that amazing?

① common   ② different
③ frequent   ④ wrong

22.

글의 흐름으로 보아 다음 문장이 들어가기에 가장 적절한 곳은?

However, heavy snow fell unexpectedly.

On New Year's Day, my friend and I planned to climb a mountain near my town. (①) It stopped us from going up the mountain because it could have been dangerous. (②) As a result, we stayed indoors. (③) We were very disappointed but we hope to try again. (④)

23.

다음 글의 바로 뒤에 이어질 내용으로 가장 적절한 것은?

Today, pets such as dogs, cats, and rabbits hold a special place in their owners' hearts. Many people spend a lot of time with their pets. Some people spend much money on them. Pets can mean a lot to their owners. Here are some reasons why.

① 반려동물을 입양할 때 유의할 점
② 반려동물이 주인들에게 중요한 이유
③ 가정에서 키울 수 있는 반려동물의 종류
④ 반려동물을 건강하게 키울 수 있는 방법

[24~25] 다음 글을 읽고 물음에 답하시오.

> Humans are social beings. We cannot live alone and need support from others. We should try to do things in cooperation. When we work as a team, we can be more successful. Helen Keller once said, "Alone we can do so little ; together we can do so much." None of us is as smart as all of us. When we keep this in mind, I'm sure that we will ＿＿＿ a better society.

24.

윗글의 빈칸에 들어갈 말로 가장 적절한 것은?

① build　　　　　② forget
③ submit　　　　④ trick

25.

윗글의 주제로 가장 적절한 것은?

① 협력의 중요성
② 사회적 약자의 의미
③ 목표 설정의 필요성
④ 계획적인 생활의 장점

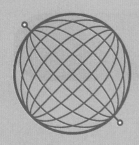

고등학교 졸업학력
검정고시

사회 기출문제

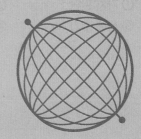

01.

다음에서 설명하는 것은?

> - 공정한 분배의 기준이 되며 옳음, 공정성, 공평성 등과 유사한 의미를 가지고 있다.
> - '같은 것은 같게, 다른 것은 다르게 대우하는 것', '각자에게 각자의 몫을 주는 것' 등으로 표현된다.

① 소비　　　　　　② 정의
③ 종교　　　　　　④ 통일

02.

행복한 삶을 위한 조건으로 적절하지 <u>않은</u> 것은?

① 질 높은 정주 환경
② 시민 참여가 제한된 사회
③ 삶의 질을 유지할 수 있는 경제적 안정
④ 바람직한 삶에 대한 성찰을 바탕으로 한 도덕적 실천

03.

다음에서 설명하는 것은?

> 시간의 흐름에 따라 변해 가는 삶의 모습을 단계별로 나타낸 것으로, 각 단계에는 달성해야 할 과업이 있다.

① 가치 판단　　　　② 비교 우위
③ 생애 주기　　　　④ 매몰 비용

04.

퀴즈에 대한 정답으로 옳은 것은?

> 경제 골든벨
>
> 기업 간 자유로운 경쟁을 보장하고 독점 및 불공정 거래에 관한 사안을 심의 · 의결하기 위해 설립된 우리나라 정부 기관은 무엇일까요?

① 국제 사면 위원회
② 국가 인권 위원회
③ 공정 거래 위원회
④ 선거 관리 위원회

05.

다음에서 설명하는 것으로 가장 적절한 것은?

> - 한 국가나 사회 안에 서로 다른 문화를 가진 인종이나 민족 등이 함께 살고 있는 사회를 의미한다.
> - 국가 간 인구 이동이 활발해지면서 더욱 심화되어 나타난다.

① 감시 사회　　　　② 생태 도시
③ 사회 계약설　　　④ 다문화 사회

06.

우리나라의 사회 복지 제도에 해당하지 <u>않는</u> 것은?

① 담합　　　　　　② 공공 부조
③ 사회 보험　　　　④ 사회 서비스

07.

다음에서 설명하는 국제 사회의 행위 주체는?

> 일정한 영역과 국민을 바탕으로 주권을 가진 국제 사회의 가장 기본적이고 대표적인 행위 주체이다.

① 개인
② 국가
③ 이익 집단
④ 비정부 기구

08.

㉠ ~ ㉢에 들어갈 문화 변동의 요인을 알맞게 짝지은 것은?(단, ㉠ ~ ㉢은 각각 발명, 발견, 문화 전파 중 하나이다.)

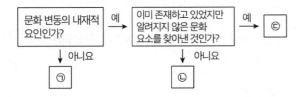

	㉠	㉡	㉢
①	발견	발명	문화 전파
②	발견	문화 전파	발명
③	문화 전파	발견	발명
④	문화 전파	발명	발견

09.

다음 중 금융 자산은?

① 건물
② 예금
③ 토지
④ 자동차

10.

대화를 통해 알 수 있는 개념으로 가장 적절한 것은?

조선소에서는 선박 생산 규모를 늘리면 선박 1대당 평균 생산 비용이 하락한다고 해.

맞아. 선박이나 자동차와 같은 대규모 생산 시설이 필요한 산업에서 자주 나타나는 현상이야.

① 시장 실패
② 소득 재분배
③ 규모의 경제
④ 스태그플레이션

11.

㉠에 들어갈 것은?

> **헌법 제37조 제2항**
> 국민의 모든 자유와 권리는 국가 안전 보장 · 질서 유지 또는 공공복리를 위하여 필요한 경우에 한하여 [㉠](으)로써 제한할 수 있으며, ……

① 관습
② 규칙
③ 법률
④ 조례

12.

신자유주의에 대한 설명으로 적절한 것을 <보기>에서 고른 것은?

> <보기>
>
> ㄱ. 케인스(Keynes, J. M.)가 지지하였다.
> ㄴ. 1930년대 대공황이 발생하면서 등장하였다.
> ㄷ. 대표적인 정책으로 복지 축소, 공기업 민영화 등이 있다.
> ㄹ. 정부의 지나친 시장 개입을 비판하고 민간의 자유로운 경제 활동을 옹호한다.

① ㄱ, ㄴ
② ㄱ, ㄷ
③ ㄴ, ㄹ
④ ㄷ, ㄹ

13.

인권에 대한 설명으로 적절하지 <u>않은</u> 것은?

① 보편성, 항구성, 불가침성 등의 특성이 있다.
② 인간으로서 마땅히 누려야 할 기본적 권리이다.
③ 현대 사회에서는 과거에 비해 인권의 영역이 축소되고 있다.
④ 국가의 법으로 보장되기 이전부터 자연적으로 주어진 권리이다.

14.

다음과 같은 전통적 생활양식을 볼 수 있는 지역의 기후는?

- 열기와 습기를 피하기 위해 집을 지면에서 띄워 짓는다.
- 토양이 척박하여 주기적으로 이동하며 불을 질러 밭을 만든 후 작물을 재배한다.

① 열대 기후
② 건조 기후
③ 온대 기후
④ 한대 기후

15.

열섬 현상의 원인으로 옳지 <u>않은</u> 것은?

① 녹지 면적의 증가
② 아스팔트 도로의 증가
③ 콘크리트 건물의 증가
④ 자동차의 배기가스 배출 증가

16.

㉠에 들어갈 것은?

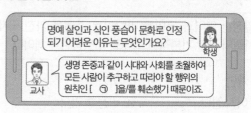

명예 살인과 식인 풍습이 문화로 인정되기 어려운 이유는 무엇인가요? 학생

교사 생명 존중과 같이 시대와 사회를 초월하여 모든 사람이 추구하고 따라야 할 행위의 원칙인 [㉠]을/를 훼손했기 때문이죠.

① 공정 무역
② 보편 윤리
③ 권력 분립
④ 외부 효과

17.

다음에서 설명하는 것으로 가장 적절한 것은?

산업화로 생산 과정의 자동화가 이루어졌지만 이로 인해 인간을 마치 기계의 부속품처럼 여기게 되어 노동에서 얻는 만족감이나 성취감이 약화되는 현상을 의미한다.

① 연고주의
② 인간 소외
③ 공간 불평등
④ 계층의 양극화

18.

㉠에 들어갈 것으로 적절하지 <u>않은</u> 것은?

세계화에 따라 지역 간 교류와 협력이 강화되면서 뉴욕, 런던, 도쿄, 파리 등과 같이 전 세계적으로 중심지 역할을 하는 세계 도시들이 등장하였다. 이들 세계 도시는 [㉠] 등이 집중되어 있다.

① 플랜테이션 농장
② 다국적 기업의 본사
③ 생산자 서비스 기능
④ 국제 금융 업무 기능

19.

다음에서 설명하는 자원은?

- 자동차 보급이 확산되면서 수요가 급증하였다.
- 현재 세계에서 가장 소비량이 많은 에너지 자원이다.

① 풍력
② 석탄
③ 석유
④ 천연가스

20.

지도에 표시된 (가) 문화권에 대한 설명으로 옳은 것은?

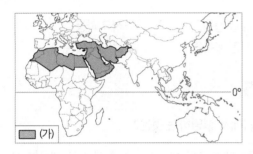

① 한자를 주로 사용한다.
② 크리스트교의 비율이 높다.
③ 계절풍의 영향으로 벼농사가 발달하였다.
④ 전통적으로 유목과 오아시스 농업이 발달하였다.

21.

㉠에 들어갈 것으로 가장 적절한 것은?

[㉠]문제 해결 정책

- 정년 연장   - 노인 복지 시설 확충   - 노인 연금 제도

① 고령화
② 성차별
③ 동물 복지
④ 환경 오염

22.

정보화로 인한 문제점으로 적절하지 않은 것은?

① 사생활 침해
② 인터넷 중독
③ 개인 정보 유출
④ 공간적 제약의 완화

23.

다음 글에 나타나는 자연에 대한 관점은?

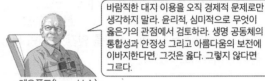

바람직한 대지 이용을 오직 경제적 문제로만 생각하지 말라. 윤리적, 심미적으로 무엇이 옳은가의 관점에서 검토하라. 생명 공동체의 통합성과 안정성 그리고 아름다움의 보전에 이바지한다면, 그것은 옳다. 그렇지 않다면 그르다.

- 레오폴드(Leppold, A.) -

① 물질 만능주의
② 생태 중심주의
③ 수정 자본주의
④ 인간 중심주의

24.

다음에서 설명하는 국제 환경 협약은?

- 2015년 12월에 195개국이 참여하여 2050년까지 온실 가스 배출량을 '0'으로 하겠다는 목표를 설정함.
- 기후 변화에 따른 피해에 취약한 국가를 돕고자 함.

① 런던 협약
② 바젤 협약
③ 람사르 협약
④ 파리 기후 협약

25.

세계 시민 의식을 갖춘 사람의 자세로 적절하지 않은 것은?

① 인류의 보편적 가치를 중시한다.
② 세계의 공존과 공익을 추구한다.
③ 문화의 차이를 인정하고 다양성을 존중한다.
④ 이산화 탄소 배출을 증가시켜 탄소 발자국을 늘린다.

01.

⊙에 들어갈 것은?

> - 모든 국민은 인간으로서의 존엄과 가치를 가지며,
>   [⊙]을/를 추구할 권리를 가진다. …….
>   - 헌법 제10조 -
> - 아리스토텔레스는 [⊙]을/를 인간 존재의 목
>   적이고 이유라고 하였다.

① 복지   ② 봉사
③ 준법   ④ 행복

02.

(가) ~ (다)는 인권 보장과 관련된 사건이다. 발생 시

기가 이른 순서대로 나열한 것은?

> (가) 영국의 권리 장전 승인
> (나) 독일의 바이마르 헌법 제정
> (다) 국제 연합 [UN]의 세계 인권 선언 채택

① (가) - (나) - (다)   ② (가) - (다) - (나)
③ (나) - (가) - (다)   ④ (나) - (다) - (가)

03.

다음에서 설명하는 것은?

> - 의미 : 비슷한 상품을 생산하는 기업들끼리 생산량
>   과 가격을 사전에 협의하여 결정하는 것
> - 영향 : 시장의 자유로운 경쟁 제한, 소비자의 선택
>   권 침해

① 신용   ② 예금
③ 담합   ④ 채권

04.

⊙에 들어갈 것은?

> | 경제신문 | ○○○○년 ○월 ○일 |
> | --- | --- |
> | **대공황 극복의 길을 열다!** | |
>
> 1933년 미국의 루스벨트 대통령은 [⊙]으로 대공황 극복에 나섰다.
> [⊙]은 실업 구제 사업과 대규모 공공사업 등을 통해 유효 수요를
> 늘리려는 의도로 시작되었다.

① 뉴딜 정책   ② 석유 파동
③ 시민 불복종   ④ 보이지 않는 손

05.

다음에서 설명하는 것은?

> 국가가 보유한 생산 요소를 특정 상품 생산에 집중
> 투입하여 전문성과 생산성을 높이는 생산 방식이다.

① 화폐   ② 펀드
③ 편익   ④ 특화

06.

다음은 권력 분립 제도와 관련된 헌법 조항이다. ⊙,

ⓒ에 들어갈 말을 알맞게 짝지은 것은?

> 제40조 입법권은 [⊙]에 속한다.
> 제66조 제4항 [ⓒ]은 대통령을 수반으로 하는
> 정부에 속한다.

	⊙	ⓒ		⊙	ⓒ
①	법원	사법권	②	법원	행정권
③	국회	사법권	④	국회	행정권

07.

바람직한 생애 주기별 금융 설계에 대한 설명으로 적절한 것을 <보기>에서 고른 것은?

<보기>

ㄱ. 생애 주기 전체를 고려하여 설계한다.
ㄴ. 생애 주기별 과업을 바탕으로 재무 목표를 설정한다.
ㄷ. 중 · 장년기에는 저축하지 않고 수입 전액을 지출한다.
ㄹ. 미래 소득은 제외하고 현재 소득만을 고려하여 설계한다.

① ㄱ, ㄴ　　　　② ㄱ, ㄷ
③ ㄴ, ㄹ　　　　④ ㄷ, ㄹ

08.

다음에서 설명하는 문화 변동의 양상은?

- 의미 : 한 사회 내에 기존의 문화 요소와 전파된 다른 사회의 문화 요소가 각각 나란히 존재하는 것
- 사례 : 필리핀 사람들은 미국에서 전파된 영어와 자국의 필리핀어를 공용어로 사용함.

① 문화 갈등　　　　② 문화 융합
③ 문화 성찰　　　　④ 문화 병존

09.

퀴즈에 대한 정답으로 옳은 것은?

 자격과 능력을 갖추었음에도 불구하고 여성이라는 이유로 고위직 승진을 가로막는 조직 내의 보이지 않는 장벽을 의미하는 말은 무엇일까요?

① 가상 현실　　　　② 유리 천장
③ 사이버 범죄　　　　④ 소비자 주권

10.

문화 사대주의에 대한 설명으로 옳은 것은?

① 문화의 우열을 평가하지 않는다.
② 자기 문화를 가장 우수한 것으로 생각한다.
③ 자기 문화를 기준으로 다른 문화를 부정적으로 본다.
④ 다른 문화를 자기 문화보다 우월한 것으로 믿고 동경한다.

11.

㉠에 들어갈 것으로 가장 적절한 것은?

[㉠]의 사례

- ○○기업은 오염 물질을 배출하여 사람들에게 피해를 주지만 어떠한 보상도 해 주지 않는다.
- 양봉업자가 과수원 주변에 꿀벌을 쳐서 과수원 주인은 더 많은 과일을 수확할 수 있게 되었지만 양봉업자에게 그 대가를 지급하지 않는다.

① 외부 효과　　　　② 공정 무역
③ 규모의 경제　　　　④ 윤리적 소비

12.

다음에서 설명하는 것은?

여러 민족의 다양한 문화를 하나로 녹여 그 사회의 주류 문화에 동화시키고자 하는 다문화 정책이다.

① 용광로 정책　　　　② 셧다운제 정책
③ 고용 보험 정책　　　　④ 샐러드 볼 정책

13.

자유주의적 정의관에 대한 설명으로 옳은 것은?

① 개인보다 국가나 사회가 우선한다.
② 개인의 자유에 최고의 가치를 부여한다.
③ 개인의 이익 추구보다 공동선의 달성을 중시한다.
④ 인간의 삶에서 개인보다 공동체가 가지는 의미를 중시한다.

14.

다음과 같은 특징이 나타나는 기후 지역은?

- 기후 : 강수량이 적음.
- 농업 : 오아시스나 외래 하천 부근에서 관개 시설을 이용해 밀, 대추야자 등을 재배함.
- 전통 가옥 : 지붕이 평평한 흙벽돌집

① 열대 기후 지역   ② 건조 기후 지역
③ 온대 기후 지역   ④ 한대 기후 지역

15.

다음에서 설명하는 자연재해는?

- 저위도의 열대 해상에서 발생하여 우리나라에 영향을 미치는 열대 저기압
- 강한 바람에 많은 비를 동반하여 큰 피해를 유발함.

① 가뭄   ② 지진
③ 태풍   ④ 폭설

16.

㉠에 들어갈 내용으로 적절하지 않은 것은?

도시에서는 인공 구조물과 아스팔트, 콘크리트 등의 포장 면적이 증가하여 [㉠   ].

① 녹지 면적이 감소한다
② 농경지 확보가 유리해진다
③ 도심에 열섬 현상이 나타난다
④ 빗물이 토양에 잘 흡수되지 않는다

17.

다음에서 설명하는 에너지 자원은?

- 화석 연료이며, 연소 시 대기 오염 물질의 배출이 적음.
- 냉동 액화 기술의 발달과 수송선이 개발되면서 소비량이 증가함.

① 석유   ② 석탄
③ 원자력   ④ 천연가스

18.

다음에서 설명하는 것은?

- 의미 : 온라인 상에서 사람과 사람을 연결해 주어 정보를 공유할 수 있는 서비스
- 영향 : 인간관계 방식의 다양화와 정치 참여 기회의 확대

① 브렉시트(Brexit)
② 누리 소통망(SNS)
③ 인플레이션(Inflation)
④ 배리어 프리(Barrier free)

19.

다음에서 설명하는 종교는?

- 모스크에서 예배하며, 돼지고기와 술을 금기시한다.
- 라마단 기간에 단식을 한다.

① 불교   ② 힌두교
③ 이슬람교   ④ 크리스트교

20.

다음에서 설명하는 문화권은?

- 역사 : 에스파냐와 포르투갈의 진출로 유럽 문화가 전파됨.
- 언어 및 종교 : 에스파냐어와 포르투갈어, 가톨릭교
- 인종(민족) : 원주민(인디오), 백인, 흑인, 혼혈인

① 북극 문화권
② 동아시아 문화권
③ 오세아니아 문화권
④ 라틴 아메리카 문화권

21.

다음에서 설명하는 도시는?

다국적 기업의 본사, 생산자 서비스 기능, 금융 업무 기능 등이 집중되어 있고, 뉴욕, 런던, 도쿄 등이 대 표적인 도시이다.

① 공업 도시　　　　② 생태 도시
③ 세계 도시　　　　④ 슬로 시티

22.

㉠에 들어갈 것으로 가장 적절한 것은?

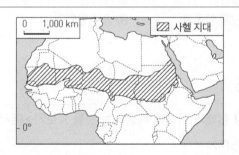

[㉠]는 극심한 가뭄이나 인간의 과도한 농경 및 목축 으로 인해 토지가 황폐화되는 현상으로, 사헬 지대에서 대표적으로 나타난다.

① 사막화　　　　② 산성비
③ 열대림 파괴　　　④ 폐기물 해양 투기

23.

다음에 해당하는 갈등 지역은?

- 갈등 당사국 : 중국, 필리핀, 브루나이, 말레이시아, 베트남 등
- 내용 : 원유 및 천연가스 매장지 영유권 분쟁

① 기니만　　　　② 카슈미르
③ 난사 군도　　　④ 쿠릴 열도

24.

다음에 해당하는 인구 문제는?

- 원인 : 결혼 및 자녀에 대한 가치관 변화와 여성의 사회 진출 증가
- 영향 : 향후 노동력 부족 및 인구 감소

① 저출산　　　　② 성차별
③ 인구 과잉　　　④ 인종 갈등

25.

다음에서 설명하는 것은?

- 두 개 이상의 주권 국가로 구성되어 국제법상 독자 적인 지위를 갖는 조직이다.
- 유럽 연합[EU], 국제 통화 기금[IMF] 등이 해당한다.

① 정당　　　　② 국제기구
③ 이익 집단　　　④ 비정부 기구

01.

다음에서 강조하는 행복한 삶을 실현하기 위한 조건으로 가장 적절한 것은?

> 민주주의가 성숙한 나라일수록 국민의 인권이 존중되어 국민 각자가 원하는 삶의 방식을 자유롭게 추구할 수 있다. 독재 국가나 권위주의적 정치 체제에서는 국민의 의사가 자유롭게 표출되거나 정책으로 산출되기 어렵기 때문이다.

① 과밀화된 주거 환경
② 참여 중심의 정치 문화
③ 타인을 위한 무조건적인 희생
④ 분배를 지양한 경제적 효율성

02.

참정권에 대한 설명으로 옳은 것은?

① 국가 권력의 간섭을 받지 않을 권리이다.
② 국가의 의사 결정 과정에 참여할 권리이다.
③ 기본권을 침해당했을 때, 이를 구제하기 위한 권리이다.
④ 차별 받지 않고 동등한 인격체로서 대우 받을 권리이다.

03.

다음에서 설명하는 제도는?

> - 의미: 국가 권력을 서로 다른 국가 기관이 나누어 행사하도록 함.
> - 목적: 국가 기관 간의 견제와 균형을 통한 권력 남용 방지

① 권력 분립 제도
② 계획 경제 제도
③ 시장 경제 제도
④ 헌법 소원 심판 제도

04.

다음 내용에 해당하는 것은?

> - 양심적이고 비폭력적이며 공공성을 가진 행위이다.
> - 잘못된 법이나 정책을 바로잡기 위해 의도적으로 법을 위반하는 행위이다.

① 선거
② 국민 투표
③ 민원 제기
④ 시민 불복종

05.

다음에서 설명하는 근로자의 권리는?

> 사용자와 분쟁이 발생한 경우 근로자들이 주장을 관철하기 위해 업무의 정상적인 운영을 저해할 수 있는 권리이다.

① 청원권
② 재판권
③ 단체 행동권
④ 공무 담임권

06.

시장 실패의 사례에 해당하는 것을 <보기>에서 고른 것은?

> <보기>
> ㄱ. 기회비용의 발생
> ㄴ. 규모의 경제 발생
> ㄷ. 독과점 문제 발생
> ㄹ. 공공재의 공급 부족 발생

① ㄱ, ㄴ
② ㄱ, ㄷ
③ ㄴ, ㄹ
④ ㄷ, ㄹ

07.

다음에서 설명하는 자산 관리의 원칙은?

> 돈이 필요할 때 금융 자산을 현금으로 쉽게 바꿀 수 있는 정도를 의미하며 '환금성'이라고도 한다.

① 유동성   ② 안전성
③ 수익성   ④ 보장성

08.

수정 자본주의에 대한 옳은 설명을 <보기>에서 고른 것은?

> <보기>
> ㄱ. 정부의 시장 개입을 강조한다.
> ㄴ. 대공황을 계기로 1930년대에 등장하였다.
> ㄷ. 절대 왕정의 중상주의로 인해 발달하였다.
> ㄹ. 개인의 경제적 자유를 최대한 보장해야 한다고 본다.

① ㄱ, ㄴ   ② ㄱ, ㄷ
③ ㄴ, ㄹ   ④ ㄷ, ㄹ

09.

퀴즈에 대한 정답으로 옳은 것은?

> 도움이 필요한 국민에게 노인 돌봄, 장애인 활동 지원, 가사 · 간병 방문 지원 등 비금전적인 서비스를 제공하는 사회 복지 제도는 무엇일까요?

① 공공 부조   ② 사회 보험
③ 사회 서비스   ④ 적극적 우대 조치

10.

㉠에 들어갈 정의의 실질적 기준은?

> 타고난 신체적 조건에 따라 능력과 업적에 차이가 나타날 수 있으므로 기본적 [㉠]에 따른 분배를 위하여 사회적 약자에 대한 다양한 지원 정책을 확대해야 한다.

① 신뢰   ② 필요
③ 종교   ④ 관습

11.

㉠에 들어갈 것으로 가장 적절한 것은?

> [㉠]의 사례
> - 우리나라에 전래된 불교와 전통 토착 신앙이 결합하여 만들어진 새로운 산신각
> - 아프리카 흑인의 고유 음악과 서양의 악기가 결합하여 만들어진 새로운 재즈 음악

① 발명   ② 발견
③ 문화 소멸   ④ 문화 융합

12.

다음에서 설명하는 것으로 가장 적절한 것은?

> 인류의 보편적 가치에 어긋나는 식인 풍습, 명예 살인 등의 문화까지도 해당 사회에서 고유한 의미와 가치가 있다는 이유로 인정하는 태도

① 문화 절대주의
② 문화 사대주의
③ 자문화 중심주의
④ 극단적 문화 상대주의

13.

다음에서 설명하는 국제 사회의 행위 주체는?

- 의미 : 개인이나 민간단체를 회원으로 하는 국제 사회의 행위 주체
- 역할 : 국제 사회의 보편적 가치와 관련된 다양한 활동을 함.

① 정당
② 국가 원수
③ 국제 비정부 기구
④ 정부 간 국제기구

14.

다음 사례에 나타난 자연관은?

- 인간이 만든 시설물 때문에 야생 동물의 서식지가 파괴 되는 것을 막기 위해 조성한 길
- 인간과 자연환경이 조화를 이루며 공생할 수 있는 지속 가능한 체계를 갖춘 도시 설계

① 인간 중심주의
② 생태 중심주의
③ 개인주의 가치관
④ 이분법적 세계관

15.

도시화가 가져온 변화로 옳지 <u>않은</u> 것은?

① 상업 시설 증가
② 인공 구조물 증가
③ 직업의 다양성 증가
④ 1차 산업 종사자 비율 증가

16.

다음과 같은 생활 모습이 나타나게 된 원인은?

- 전자 상거래와 원격 근무의 활성화
- 누리 소통망(SNS)의 보편화로 인한 정치 참여 기회 확대

① 정보화
② 공정 무역
③ 윤리적 소비
④ 공간적 분업

17.

다음에서 설명하는 지역을 지도에서 고르면?

- 자연 환경 : 겨울이 길고 몹시 추운 날씨
- 전통 생활양식 : 순록 유목, 털가죽 의복, 폐쇄적 가옥 구조

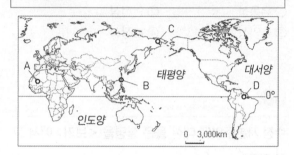

① A
② B
③ C
④ D

18.

㉠에 들어갈 검색어로 적절한 것은?

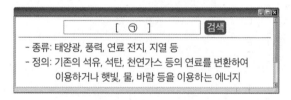

- 종류 : 태양광, 풍력, 연료 전지, 지열 등
- 정의 : 기존의 석유, 석탄, 천연가스 등의 연료를 변환하여 이용하거나 햇빛, 물, 바람 등을 이용하는 에너지

① 사물 인터넷
② 브렉시트(Brexit)
③ 신 · 재생 에너지
④ 시리 정보 시스템(GIS)

19.

다음 설명에 해당하는 자연재해는?

- 분포 : 판과 판의 경계에서 자주 발생됨.
- 피해 사례 : 건물이 무너지고, 땅이 흔들림.

① 가뭄
② 지진
③ 황사
④ 산성비

20.

다음 내용에 해당하는 종교는?

- 수많은 신들이 새겨진 사원
- 소를 신성시하여 소고기 식용을 금기시 함.
- 죄를 씻기 위해 갠지스 강에 모여든 사람들

① 유대교　　　　　② 힌두교
③ 이슬람교　　　　④ 크리스트교

21.

㉠, ㉡에 들어갈 내용으로 옳은 것은?

- [　㉠　] : 자원이 지구상에 고르게 분포하지 않고
특정한 지역에 치우쳐 분포한다.
- [　㉡　] : 자민족이나 자국의 이익을 위해 보유하
고 있는 자원을 전략적으로 사용하는 것이다.

	㉠	㉡
①	편재성	자원 민족주의
②	희소성	연고주의
③	유한성	지역 이기주의
④	가변성	다원주의

22.

㉠에 들어갈 용어로 가장 적절한 것은?

[　㉠　]
- 정의 : 특정 지역이 그 지역의 고유한 전통이나 특성을
살려 세계적인 경쟁력을 갖추려고 노력함.
- 사례 : 지리적 표시제, 장소 마케팅, 지역 브랜드화

① 교외화　　　　　② 도시화
③ 지역화　　　　　④ 산업화

23.

다음 내용에 해당하는 지역은?

이스라엘과 주변 이슬람교 국가들 간의 민족 · 종
교 · 영토 등의 문제가 얽힌 분쟁 지역

① 난사 군도　　　　② 쿠릴 열도
③ 카슈미르　　　　④ 팔레스타인

24.

㉠, ㉡에 들어갈 인구 문제는?

- [　㉠　]을/를 해결하기 위해 정년 연장, 노인 복
지 시설 확충, 노인 연금 제도 등이 필요하다.
- [　㉡　]을/를 해결하기 위해 출산과 양육 지원,
양성평등을 위한 고용 문화 확산 등이 필요하다.

	㉠	㉡		㉠	㉡
①	고령화	노인 빈곤	②	저출산	노인 빈곤
③	남초 현상	이촌향도	④	고령화	저출산

25.

다음 조약의 체결 목적으로 가장 적절한 것은?

- 몬트리올 의정서
- 파리 기후 변화 협약

① 난민 문제 해결
② 국제 테러 방지
③ 국제 환경 문제 해결
④ 생산자 서비스 기능 확대

01.

질 높은 정주 환경을 위한 조건으로 가장 적절한 것은?

① 빈곤의 심화
② 불평등의 증가
③ 안락한 주거 환경
④ 생활 시설의 부족

02.

인권에 대한 설명으로 적절하지 <u>않은</u> 것은?

① 영구히 보장되어야 할 권리이다.
② 타인에게 양도할 수 있는 권리이다.
③ 인간으로서 당연히 누려야 할 권리이다.
④ 모든 사람이 차별 없이 누려야 할 권리이다.

03.

㉠에 들어갈 용어로 옳은 것은?

> **1. 문화를 이해하는 태도**
> 가. [㉠]
> - 개념: 합리적인 이유 없이 자기 사회의 문화는 우월하고 다른 사회의 문화는 열등하다고 여기는 태도
> - 장점: 자기 문화에 대한 자부심이 높아져 사회 통합에 기여함.
> - 단점: 다른 사회의 문화를 배척하는 태도로 이어질 수 있음.

① 문화 사대주의
② 문화 상대주의
③ 자문화 중심주의
④ 극단적 문화 상대주의

04.

㉠에 들어갈 용어로 가장 적절한 것은?

> 인종, 성별, 장애, 종교, 사회적 출신 등을 이유로 다른 사회 구성원으로부터 소외와 차별을 받는 사람들을 [㉠](이)라고 한다.

① 소호
② 바우처
③ 사회적 소수자
④ 사물인터넷

05.

다음에서 설명하는 기관은?

> 법원의 제청에 의한 법률의 위헌 여부 심판과 법률이 정하는 헌법 소원에 관한 심판 등을 관장한다.

① 정당
② 행정부
③ 지방 법원
④ 헌법 재판소

06.

다음 설명에 해당하는 것은?

> 어떤 것을 선택함으로써 포기하게 되는 대안 중 가장 가치가 큰 것으로 명시적 비용과 암묵적 비용으로 구성됨.

① 편익
② 기회비용
③ 매몰비용
④ 물가 지수

07.

㉠에 해당하는 것은?

[㉠]은/는 모든 사람이 대가를 지불하지 않고 공동으로 이용할 수 있는 재화나 서비스를 의미한다.

① 공공재   ② 비교 우위
③ 외부 효과   ④ 기업가 정신

08.

다음에서 설명하는 금융 자산은?

- 주식회사가 사업 자금 조달을 위해 발행한다.
- 시세차익과 배당수익을 통해 이익을 실현할 수 있다.

① 대출   ② 주식
③ 국민연금   ④ 정기예금

09.

다음에서 설명하는 사회 복지 제도로 옳은 것은?

- 의미: 국가가 국민에게 발생하는 사회적 위험을 사전에 대비하여 건강과 소득을 보장하는 제도로, 일정액의 보험료를 개인과 정부, 기업이 분담함.
- 종류: 국민 건강 보험, 고용 보험, 국민연금 등

① 개인 보험   ② 공공 부조
③ 기초 연금   ④ 사회 보험

10.

다음 설명에 해당하는 것은?

문화 변동의 내재적 요인 중 하나로, 기존에 없던 새로운 문화 요소를 만들어 내는 것이다.

① 발견   ② 발명
③ 간접 전파   ④ 직접 전파

11.

㉠, ㉡에 들어갈 용어로 가장 적절한 것은?

일부 재화 및 서비스 생산의 경우에는 생산량이 [㉠] 할수록 평균비용이 [㉡]하는 현상이 나타나는데 이를 규모의 경제라고 한다.

	㉠	㉡		㉠	㉡
①	증가	감소	②	증가	증가
③	감소	감소	④	감소	증가

12.

퀴즈에 대한 정답으로 옳은 것은?

다문화 정책 퀴즈

서로 다른 문화가 각각의 정체성을 유지하면서 조화를 이루도록 하는 정책은 무엇인가요?

① 뉴딜 정책   ② 셧다운 정책
③ 용광로 정책   ④ 샐러드 볼 정책

13.

자유주의적 정의관에 관한 설명으로 적절하지 <u>않은</u> 것은?

① 국가와 사회보다 개인이 우선한다.
② 개인은 독립적이고 자율적인 존재이다.
③ 개인의 자유를 가장 소중한 가치로 본다.
④ 국가가 개인의 삶의 목적과 방식을 결정한다.

14.

다음에 해당하는 지역을 지도의 A ~ D에서 고른 것은?

- '지구의 허파'라 불리는 열대림 지역
- 무분별한 열대림 개발로 동식물의 서식지가 파괴되어 생물 종 다양성이 감소

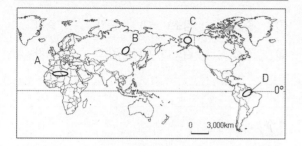

① A
② B
③ C
④ D

15.

다음 현상의 사례로 적절하지 <u>않은</u> 것은?

도시에 거주하는 사람들과 도시 수가 빠르게 증가하면서 도시적 생활 양식과 도시 경관이 확대되는 현상

① 농경지 증가
② 상업 시설 증가
③ 인공 건축물 증가
④ 지표의 포장 면적 증가

16.

㉠에 들어갈 종교로 옳은 것은?

종교의 특징을 반영하는 무역 전략 수립

- 제품 판매 전략 : [㉠]와 관련된 상품
- 제품 기능 : 종교 성지인 메카 방향과 모스크의 위치를 알려주는 기능

① 불교
② 힌두교
③ 이슬람교
④ 크리스트교

17.

열대 기후 지역의 전통 생활 모습으로 옳은 것을 <보기>에서 고른 것은?

<보기>

ㄱ. 순록 유목
ㄴ. 오아시스 농업
ㄷ. 얇고 간편한 의복
ㄹ. 개방적인 가옥 구조

① ㄱ, ㄴ
② ㄱ, ㄷ
③ ㄴ, ㄷ
④ ㄷ, ㄹ

18.

다음에서 설명하는 지역은?

- 미국, 캐나다, 러시아, 덴마크, 노르웨이에 접해 있어 영유권 갈등이 있음.
- 기후 변화로 빙하가 녹으면서 접근이 용이해져 석유, 천연가스 등의 자원 개발 가능성이 커짐.

① 기니만
② 북극해
③ 남중국해
④ 카슈미르

19.

다음 설명에 해당하는 것은?

- 의미 : 미래 세대가 필요로 하는 자원과 환경을 훼손하지 않으면서 현재를 살아가는 우리의 욕구를 동시에 충족시키는 것
- 채택 : 1992년 국제연합 환경 개발 회의의 '의제 21'

① 유비쿼터스
② 플랜테이션
③ 성장 거점 개발
④ 지속 가능한 발전

20.

다음에서 설명하는 것은?

- 의미 : 인간과 자연환경이 조화를 이루며 공생할 수 있는 체계를 지향하는 도시
- 사례 : 브라질의 쿠리치바, 스웨덴의 예테보리 등

① 슬럼   ② 생태 도시
③ 성곽 도시   ④ 고산 도시

21.

㉠, ㉡에 들어갈 자연관으로 옳은 것은?

- [㉠]자연관 : 자연은 영혼이 없는 물질로, 인간이 마음대로 이용하고 지배할 수 있는 대상이다.
- [㉡]자연관 : 모든 생명체가 자연의 일부이며, 인간도 자연을 구성하는 일부이다.

	㉠	㉡
①	생태 중심주의	자원 민족주의
②	자원 민족주의	인간 중심주의
③	인간 중심주의	생태 중심주의
④	생태 중심주의	인간 중심주의

22.

밑줄 친 ㉠, ㉡에 대한 설명으로 옳은 것은?

에너지 자원은 각종 산업의 원료이며 일상생활과 경제 활동에 필요한 에너지를 생산하는 데 이용된다. 에너지 자원에는 ㉠ 석유, ㉡ 태양광 등이 있다.

① ㉠은 화석 에너지 자원이다.
② ㉡은 18세기 산업 혁명의 원동력이 되었다.
③ ㉠은 ㉡에 비해 고갈 위험이 낮다.
④ ㉡은 ㉠보다 세계 에너지 소비 비중이 높다.

23.

㉠에 해당하는 내용으로 가장 적절한 것은?

[㉠] 문제 해결 정책
- 양육 및 보육 시설 확충
- 육아 비용 지원 및 가족 친화적 문화 확산

① 열섬   ② 저출산
③ 사생활 침해   ④ 개인 정보 유출

24.

㉠, ㉡에 해당하는 자연 재해로 옳은 것은?

- [㉠] : 강한 바람과 많은 비를 동반하여 피해를 주는 열대 저기압
- [㉡] : 지각판의 경계에서 주로 발생하고, 땅이 갈라지고 흔들리면서 도로 등이 붕괴됨.

	㉠	㉡		㉠	㉡
①	태풍	지진	②	화산	한파
③	황사	태풍	④	황사	지진

25.

다음 설명에 해당하는 사례는?

주권 국가들을 구성원으로 하고 있으며, 다양한 국제사회의 문제를 조정하는 역할을 하는 정부 간 국제기구

① 국제연합   ② 그린피스
③ 다국적 기업   ④ 국경 없는 의사회

01.

⊙에 들어갈 내용으로 옳은 것은?

> 우리나라 법 체계에서 [⊙]은/는 국가의 통치 조직과 운영 원리 및 국민의 기본적 인권을 규정한 최고의 법이다.

① 명령
② 법률
③ 조례
④ 헌법

02.

다음 설명에 해당하는 기본권은?

> 다른 기본권이 침해되었을 때, 이를 구제하도록 요구할 수 있는 권리이다. 청원권 등이 이에 해당한다.

① 자유권
② 참정권
③ 청구권
④ 평등권

03.

⊙에 들어갈 용어로 옳은 것은?

> [⊙]은/는 인간이라면 누구나 누릴 수 있는 기본적인 권리이다. 모든 사람이 차별 없이 누리는 보편성, 사람이라면 누구나 태어나면서부터 가지는 천부성, 박탈당하지 않고 영구히 보장되는 항구성, 누구도 침범할 수 없는 불가침성을 특성으로 한다.

① 능력
② 의무
③ 인권
④ 정의

04.

다음 설명에 해당하는 것은?

> - 선택을 통해 얻게 되는 이익이다.
> - 물질적이고 금전적인 이익뿐 아니라 즐거움이나 성취감 같은 비금전적인 것도 포함한다.

① 편익
② 희소성
③ 금융 자산
④ 암묵적 비용

05.

다음 설명에 해당하지 않는 것은?

> - 정부를 구성 단위로 하는 국제 사회의 행위 주체이다.
> - 국가들 사이의 이해관계를 조정하거나 국가 간 분쟁을 중재한다.

① 유럽 연합(EU)
② 다문화 사회
③ 세계 무역 기구(WTO)
④ 경제 협력 개발 기구(OECD)

06.

⊙에 들어갈 용어로 가장 적절한 것은?

> **탐구 활동 보고서**
>
> 주제: [⊙]
> - 정의: 시장에서 자원의 배분이 효율적으로 이루어지지 못하는 상태
> - 사례: 독과점 문제 발생, 외부 효과의 발생, 공공재의 공급 부족

① 남초 현상
② 시장 실패
③ 규모의 경제
④ 소비자 주권

07.

다음 헌법 조항에 나타난 제도로 가장 적절한 것은?

> 제40조 입법권은 국회에 속한다.
> 제66조 ④ 행정권은 대통령을 수반으로 하는 정부에 속한다.
> 제101조 ① 사법권은 법관으로 구성된 법원에 속한다.

① 권력 분립 제도　　② 사회 보장 제도
③ 위헌 법률 심판　　④ 헌법 소원 심판

08.

다음에서 설명하는 것은?

> - 의미 : 국가가 생활 유지 능력이 없거나 생활이 어려운 국민의 최저 생활을 보장하고 자립을 지원하는 제도
> - 종류 : 국민 기초 생활 보장 제도 등

① 공공 부조　　② 재무 설계
③ 정주 환경　　④ 지리적 표시제

09.

다음에서 설명하는 자산 관리의 원칙은?

> - 원금에 비해 얻을 수 있는 이익의 정도
> - 금융 상품의 가격 상승이나 이자 수익을 기대할 수 있는 정도

① 다양성　　② 수익성
③ 유동성　　④ 편재성

10.

문화를 우열 관계로 인식하는 태도로 옳은 것을 <보기>에서 고른 것은?

> <보기>
> ㄱ. 문화 상대주의　　ㄴ. 자유 방임주의
> ㄷ. 문화 사대주의　　ㄹ. 자문화 중심주의

① ㄱ, ㄴ　　② ㄱ, ㄹ
③ ㄴ, ㄷ　　④ ㄷ, ㄹ

11.

㉠에 들어갈 내용으로 가장 적절한 것은?

> **학습 주제 : [㉠]의 사례 조사하기**
> - 사례1 : 이산화탄소 배출을 줄이기 위해 지역 농산물을 구매한다.
> - 사례2 : 생산자들에게 정당한 몫을 주는 공정 무역 커피를 구매한다.

① 뉴딜 정책　　② 유리 천장
③ 윤리적 소비　　④ 샐러드 볼 이론

12.

다음에서 설명하는 것은?

> 두 차례의 세계 대전을 겪은 뒤, 국제 연합(UN) 총회에서 인류가 당연히 누려야 할 권리를 규정하고 인권 보장의 국제적 기준을 제시한 선언이다.

① 권리 장전　　② 바이마르 헌법
③ 세계 인권 선언　　④ 미국 독립 선언

13.

다음에 해당하는 문화 변동 양상은?

> 한 문화가 다른 문화에 흡수되어 소멸하는 현상

① 문화 갈등   ② 문화 성찰

③ 문화 병존   ④ 문화 동화

14.

한대 기후의 특성에 따른 생활 모습으로 옳은 것을 <보기>에서 고른 것은?

> <보기>
>
> ㄱ. 순록 유목
> ㄴ. 이동식 화전 농업
> ㄷ. 가축의 털로 만든 옷
> ㄹ. 통풍을 위한 큰 창문

① ㄱ, ㄴ   ② ㄱ, ㄷ

③ ㄴ, ㄹ   ④ ㄷ, ㄹ

15.

다음에서 설명하는 자연재해는?

> - 분류 : 지형적 요인에 의한 자연재해
> - 원인 : 급격한 지각 변동
> - 현상 : 높은 파도가 빠른 속도로 해안으로 밀려옴.

① 가뭄   ② 폭설

③ 지진 해일   ④ 열대 저기압

16.

㉠, ㉡에 해당하는 화석 연료로 옳은 것은?

> - [㉠] : 18세기 산업 혁명기에 증기기관의 연료로 사용
> - [㉡] : 현재 세계에서 가장 소비량이 많은 에너지 자원

	㉠	㉡		㉠	㉡
①	석유	천연가스	②	석유	석탄
③	석탄	천연가스	④	석탄	석유

17.

㉠에 들어갈 내용으로 가장 적절한 것은?

> **이슬람교 문화의 특징**
> - 금기 음식: 돼지고기, 술
> - 전통 의상: [㉠]

① 게르   ② 판초

③ 부르카   ④ 마타도르

18.

다음에서 설명하는 것은?

> - 대도시의 기능과 영향력이 주변 지역으로 확대되면서 형성되는 생활권이다.
> - 집과 직장의 거리가 멀어지는 사람들이 많아진다.

① 대도시권   ② 누리 소통망(SNS)

③ 커뮤니티 매핑   ④ 지리 정보 시스템(GIS)

19.

㉠에 들어갈 내용으로 옳은 것은?

> [㉠]의 원인
> - 도시의 아스팔트 도로와 콘크리트 구조물의 증가
> - 도시 내부의 인공 열 발생

① 슬럼   ② 열섬 현상

③ 빨대 효과   ④ 제노포비아

20.

인구 분포에 영향을 미치는 사회적 요인으로 옳은 것은?

① 사막　　　　　② 온화한 기후
③ 험준한 산지　　④ 풍부한 일자리

21.

다음에 해당하는 분쟁 지역을 지도의 A ~ D에서 고른 것은?

> 카슈미르 지역에서 발생한 인도와 파키스탄의 분쟁

① A　　　　　② B
③ C　　　　　④ D

22.

정보화로 인한 생활 양식의 변화로 적절하지 <u>않은</u> 것은?

① 시공간의 제약이 완전히 사라졌다.
② 원격 진료나 원격 교육이 가능해졌다.
③ 전자 상거래를 통해 물건을 구매할 수 있게 되었다.
④ 가상공간을 통해 개인의 정치적 의견을 토론할 수 있게 되었다.

23.

산업화가 가져온 변화로 옳은 것을 <보기>에서 고른 것은?

> <보기>
>
> ㄱ. 녹지 면적 증가　　ㄴ. 농업 중심 사회 형성
> ㄷ. 직업의 다양성 증가　ㄹ. 도시화의 촉진

① ㄱ, ㄴ　　　　② ㄱ, ㄷ
③ ㄴ, ㄹ　　　　④ ㄷ, ㄹ

24.

다음에서 설명하는 것은?

> 각종 개발 사업이 시행되기 전에 환경에 미치게 될 영향을 예측하고 평가하여 환경 오염을 줄이려는 방안을 마련하는 제도이다.

① 용광로 정책　　② 공적 개발 원조
③ 환경 영향 평가　④ 핵 확산 금지 조약

25.

㉠에 들어갈 내용으로 옳은 것은?

> < 환경 문제 해결을 위한 노력 >
> 1. 환경 보호를 위한 국제 비정부 기구의 노력
> - 주요활동: 환경 오염 유발 행위 감시 활동
> - 단체: [　　㉠　　]

① 그린피스(Greenpeace)
② 브렉시트(Brexit)
③ 국제통화기금(IMF)
④ 세계 보건 기구(WHO)

01.

다음에서 강조하는 행복한 삶을 실현하기 위한 조건으로 가장 적절한 것은?

> 남을 돕고 남과 더불어 살아가려는 노력은 다른 사람을 행복하게 만들 뿐만 아니라 자신에게도 진정한 행복감을 가져다준다. 내적으로 성찰하고 옳은 일을 실천하는 것을 통해 개인은 만족감과 행복감을 얻을 수 있다.

① 경제 성장
② 기업가 정신
③ 도덕적 실천
④ 낙후된 주거 환경

02.

㉠에 들어갈 내용으로 옳은 것은?

> 우리나라가 시행하고 있는 [㉠]로 사회 보험과 공공 부조, 사회 서비스를 들 수 있다. 이러한 제도의 시행을 통해 사회 계층의 양극화를 완화하고 인간의 존엄성을 보장할 수 있다.

① 선거 제도
② 권력 분립 제도
③ 사회 복지 제도
④ 헌법 소원 심판 제도

03.

㉠에 들어갈 내용으로 가장 적절한 것은?

> 학습 주제: [㉠]의 의미와 목적
> - 의미: 국민의 기본권을 제한하거나 국민에게 의무를 부과할 때에는 의회에서 제정된 법률에 근거해야 함.
> - 목적: 통치자의 자의적 지배 방지, 국민의 자유와 권리 보장

① 법치주의
② 인권 침해
③ 준법 의식
④ 시민 불복종

04.

다음에서 설명하는 자산 관리의 원칙은?

> 모든 금융 상품은 정도의 차이가 있을 뿐 원금을 보전 하는 데 위험이 따른다. 따라서 금융 상품을 선택할 때에는 투자한 자산의 가치가 온전하게 보전될 수 있는 가능성의 정도를 고려해야 한다.

① 공익성
② 안전성
③ 접근성
④ 정당성

05.

문화 변동의 내재적 요인으로 옳은 것을 <보기>에서 고른 것은?

```
<보기>
ㄱ. 발견              ㄴ. 발명
ㄷ. 문화 동화         ㄹ. 문화 전파
```

① ㄱ, ㄴ
② ㄱ, ㄹ
③ ㄴ, ㄷ
④ ㄷ, ㄹ

06.

사회적 소수자에 대한 설명으로 가장 적절한 것은?

① 사회에서 항상 평등하게 대우받는다.
② 인종이라는 단일 기준에 의해 규정된다.
③ 우리 사회에서 장애인, 이주 외국인만 해당된다.
④ 자신들이 차별받는 집단의 구성원이라는 인식이 존재한다.

07.

다음에서 설명하는 근로자의 권리는?

근로자들이 근로 조건의 향상을 위하여 자주적으로 노동조합이나 그 밖의 단결체를 조직 · 운영하거나 그에 가입하여 활동할 수 있는 권리이다.

① 단결권
② 선거권
③ 청구권
④ 환경권

08.

시장 실패의 사례로 적절하지 <u>않은</u> 것은?

① 불완전 경쟁
② 보편 윤리 확산
③ 외부 효과 발생
④ 공공재의 공급 부족

09.

㉠에 들어갈 내용으로 가장 적절한 것은?

자문화 중심주의는 자기 문화를 기준으로 다른 문화를 부정적으로 평가하고, 문화 사대주의는 다른 문화를 우월한 것으로 믿고 자기 문화를 낮게 평가한다. 즉, 자문화 중심주의와 문화 사대주의는 문화의 상대성을 인정하지 않고 [㉠]는 공통점이 있다.

① 다양한 문화의 공존을 추구한다
② 문화의 우열을 가릴 수 없다고 본다
③ 특정 문화를 기준으로 다른 문화를 평가한다
④ 각 문화가 해당 사회의 맥락에서 갖는 고유한 의미를 존중한다

10.

다음 헌법 조항의 의의로 가장 적절한 것은?

헌법 제37조 ② 국민의 모든 자유와 권리는 국가 안전 보장 · 질서 유지 또는 공공복리를 위하여 필요한 경우에 한하여 법률로써 제한할 수 있으며, 제한하는 경우에도 자유와 권리의 본질적인 내용을 침해할 수 없다.

① 대도시권 형성
② 직업 분화 촉진
③ 윤리적 소비 실천
④ 국민의 기본권 보장

11.

⊙에 들어갈 내용으로 가장 적절한 것은?

> □□신문 ○○○○년 ○월 ○일
> **세계화, 어떻게 바라보아야 할까**
> 세계화에 따라 자유 무역이 확대되면서 높은 기술력과 자본을 가진 선진국과 상대적으로 경쟁력을 갖추지 못한 개발 도상국 간의 경제적 차이로 국가 간 [⊙]이/가 초래될 수 있다.

① 사생활 침해　　　　② 인터넷 중독
③ 빈부 격차 심화　　　④ 문화 다양성 보장

12.

다음 설명에 해당하는 것은?

> - 국제 사회의 행위 주체에 해당함.
> - 대표적인 예로 주권 국가들을 구성원으로 하는 국제 연합(UN), 세계 무역 기구(WTO)가 있음.

① 국가　　　　　　　② 다국적 기업
③ 자유 무역 협정　　　④ 정부 간 국제기구

13.

다음 설명에 해당하는 것은?

> - 의미: 새로운 정보 기술에 접근할 수 있는 능력을 보유한 자와 그렇지 못한 자 사이에 발생하는 경제적·사회직 격차
> - 해결방안: 정보 소외 계층에게 장비와 소프트웨어 제공 및 정보 활용 교육 실시

① 정보 격차　　　　　② 규모의 경제
③ 문화의 획일화　　　④ 지역 이기주의

14.

건조 기후 지역의 전통 생활 모습으로 옳은 것을 <보기>에서 고른 것은?

> <보기>
> ㄱ. 순록 유목
> ㄴ. 고상식 가옥
> ㄷ. 오아시스 농업
> ㄹ. 지붕이 평평한 흙벽돌집

① ㄱ, ㄴ　　　　　　② ㄱ, ㄷ
③ ㄴ, ㄹ　　　　　　④ ㄷ, ㄹ

15.

다음에서 설명하는 자연재해는?

> 주로 여름철 장마와 태풍의 영향으로 집중 호우 시 발생한다. 피해를 줄이기 위해서 제방 건설, 댐과 저수지 건설, 삼림 조성 등의 대책을 수립하고 시행해야 한다. 또한 예보와 경보 체계를 구축하고 지속적인 하천 관리가 필요하다.

① 가뭄　　　　　　　② 지진
③ 홍수　　　　　　　④ 화산

16.

다음 설명에 해당하는 용어로 가장 적절한 것은?

> - 한 국가 내에서 도시에 거주하는 사람들과 도시 수가 증가하면서 도시적 생활 양식과 도시 경관이 확대되는 현상
> - 영향: 인공 건축물 증가, 지표의 포장 면적 증가

① 도시화　　　　　　② 남초 현상
③ 유리 천장　　　　　④ 지리적 표시제

17.

다음에서 설명하는 용어로 가장 적절한 것은?

> 인간이 만든 시설물에 의해 야생 동물들의 서식지가 분리되는 것을 막기 위해 인공적으로 만든 길

① 열섬
② 생태 통로
③ 외래 하천
④ 업사이클링

18.

힌두교에 대한 설명으로 옳은 것을 <보기>에서 고른 것은?

> <보기>
> ㄱ. 메카를 성지로 한다.
> ㄴ. 인도의 주요 종교이다.
> ㄷ. 무함마드를 유일신으로 믿는다.
> ㄹ. 소를 신성시하여 소고기 식용을 금기시한다.

① ㄱ, ㄷ
② ㄱ, ㄹ
③ ㄴ, ㄷ
④ ㄴ, ㄹ

19.

다음 설명에 해당하는 것은?

> 석유 자원의 수출을 통하여 자국의 경제적 이익을 추구하기 위해 결성된 것으로, 원유의 생산량과 공급량을 조절함으로써 세계 경제에 큰 영향을 끼치고 있다.

① 브렉시트(Brexit)
② 공적 개발 원조(ODA)
③ 국제 통화 기금(IMF)
④ 석유 수출국 기구(OPEC)

20.

다음 설명에 해당하는 지역으로 옳은 것은?

> 중국의 남쪽에 위치한 바다로, 중국, 타이완, 베트남, 필리핀, 말레이시아 및 브루나이 등 여섯 나라로 둘러싸인 해역을 말한다. 다량의 원유와 천연가스가 매장되어 있는 것으로 추정되고 있어 영유권 갈등이 발생하고 있다.

① 북극해
② 남중국해
③ 카스피해
④ 쿠릴 열도

21.

다음에서 설명하는 문화권을 지도의 A ~ D에서 고른 것은?

> 사하라 사막 이남의 중·남부 아프리카 일대로, 열대 기후 지역이 넓게 분포한다. 토속 종교의 영향이 남아 있으며, 부족 단위의 공동체 생활을 하는 주민이 많다.

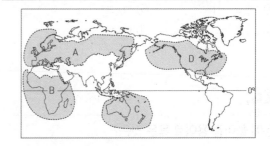

① A
② B
③ C
④ D

22.

다음에서 설명하는 용어로 가장 적절한 것은?

- 의미 : 느림의 삶을 추구하는 국제 도시 브랜드
- 지정 조건 : 지역의 정체성을 드러낼 수 있는 유·무형의 자산 필요

① 슬로시티　　　② 플랜테이션
③ 환경 파시즘　　④ 차티스트 운동

23.

고령화에 대한 대책으로 적절한 것을 <보기>에서 고른 것은?

<보기>

ㄱ. 의무 투표제 시행
ㄴ. 노인 복지 시설 확충
ㄷ. 노인 연금 제도 확대
ㄹ. 산아 제한 정책 시행

① ㄱ, ㄴ　　　② ㄱ, ㄹ
③ ㄴ, ㄷ　　　④ ㄷ, ㄹ

24.

㉠에 들어갈 용어로 옳은 것은?

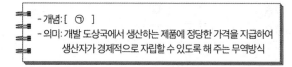

- 개념 : [　㉠　]
- 의미 : 개발 도상국에서 생산하는 제품에 정당한 가격을 지급하여 생산자가 경제적으로 자립할 수 있도록 해 주는 무역방식

① 과점　　　② 독점
③ 공정 무역　④ 거점 개발

25.

다음 설명에 해당하는 것은?

정부가 사업장을 대상으로 온실가스 배출 허용량을 정해 주고, 할당 범위 내에서 여분 또는 부족분에 대한 사업장 간 거래를 허용하는 제도이다.

① 전자 상거래
② 쓰레기 종량제
③ 빈 병 보증금제
④ 온실가스 배출권 거래제

2024년 1회 기출문제

01.

질 높은 정주 환경을 조성하기 위한 조건으로 적절한 것을 <보기>에서 고른 것은?

<보기>

ㄱ. 깨끗한 자연환경
ㄴ. 안락한 주거 환경
ㄷ. 생활 시설의 부족
ㄹ. 빈부 격차의 심화

① ㄱ, ㄴ　　　　　② ㄱ, ㄷ
③ ㄴ, ㄷ　　　　　④ ㄷ, ㄹ

02.

인권의 특성에 대한 설명으로 적절한 것을 <보기>에서 고른 것은?

<보기>

ㄱ. 누구나 침범할 수 있는 권리이다.
ㄴ. 타인에게 양도할 수 있는 권리이다.
ㄷ. 인간이 태어나면서부터 가지는 천부적 권리이다.
ㄹ. 인간이라면 누구나 누릴 수 있는 기본적 권리이다.

① ㄱ, ㄴ　　　　　② ㄱ, ㄷ
③ ㄴ, ㄷ　　　　　④ ㄷ, ㄹ

03.

다음에서 설명하는 기본권은?

- 국가의 의사 결정 과정에 참여할 수 있는 권리이다.
- 선거권, 공무 담임권, 국민 투표권 등이 있다.

① 사회권　　　　　② 평등권
③ 청구권　　　　　④ 참정권

04.

다음에서 설명하는 경제 체제로 적절한 것은?

- 시장에서의 자유로운 경쟁을 통해 상품의 생산, 교환, 분배, 소비가 이루어진다.
- 개인이 재산을 자유롭게 획득하고 사용할 수 있는 사유 재산 제도를 바탕으로 한다.

① 법치주의　　　　② 자본주의
③ 공동체주의　　　④ 자문화 중심주의

05.

㉠에 들어갈 내용으로 알맞은 것은?

헌법 제37조 ② 국민의 모든 자유와 권리는 국가 안전 보장 · 질서 유지 또는 [㉠]을/를 위하여 필요한 경우에 한하여 법률로써 제한할 수 있으며, 제한하는 경우에도 자유와 권리의 본질적인 내용을 침해할 수 없다.

① 기후 변화　　　　② 공공복리
③ 문화 동화　　　　④ 비폭력성

06.

⊙, ⓒ에 들어갈 사회 복지 제도는?

- [⊙]은/는 일정 수준의 소득이 있는 개인과 정부, 기업이 보험료를 분담하여 구성원의 사회적 위험에 대비하는 제도이다. 그 예로 국민 건강 보험이 있다.
- [ⓒ]은/는 저소득 계층이 최소한의 삶을 꾸릴 수 있도록 국가가 전액 지원하여 돕는 제도이다. 그 예로 국민 기초 생활 보장 제도가 있다.

	⊙	ⓒ		⊙	ⓒ
①	사회 보험	공공 부조	②	공공 부조	사회 보험
③	개인 보험	공공 부조	④	공공 부조	개인 보험

07.

시장 실패에 대한 사례로 가장 적절한 것은?

① 자원이 효율적으로 배분된다.
② 공공재의 공급 부족 문제가 발생한다.
③ 생산량이 증가할수록 단위당 생산 비용이 감소한다.
④ 소비자가 윤리적인 가치 판단을 하고 상품을 소비한다.

08.

편익에 대한 설명으로 적절한 것을 <보기>에서 고른 것은?

<보기>

ㄱ. 선택을 통해 얻게 되는 이익이다.
ㄴ. 경기 침체와 동시에 물가가 상승하는 현상이다.
ㄷ. 대가를 지급하고 난 뒤 회수할 수 없는 비용이다.
ㄹ. 금전적인 이익뿐 아니라 비금전적인 것도 포함한다.

---

① ㄱ, ㄴ
② ㄱ, ㄹ
③ ㄴ, ㄷ
④ ㄷ, ㄹ

09.

⊙에 들어갈 내용으로 옳은 것은?

- 노동조합을 통해 사용자와 자주적으로 교섭할 수 있는 권리이다.
- **헌법 제33조** ① 근로자는 근로 조건의 향상을 위하여 자주적인 단결권 · [⊙] 및 단체 행동권을 가진다.

---

① 문화권
② 자유권
③ 행복 추구권
④ 단체 교섭권

10.

바람직한 생애 주기별 금융 설계에 대한 설명으로 가장 적절한 것은?

① 현재의 소득만을 고려한다.
② 생애 주기 전체를 고려하여 설계한다.
③ 중 · 장년기에는 저축하지 않고 소득의 전액을 지출한다.
④ 생애 주기의 각 단계에 따라 필요한 자금의 크기는 같다고 본다.

11.

다음에서 설명하는 문화 변동의 요인은?

- 문화 변동의 내재적 변동 요인이다.
- 이미 존재하고 있었지만 알려지지 않은 문화 요소를 찾아낸 것이다.

---

① 발견
② 전파
③ 비교 우위
④ 절대 우위

12.

다음 퀴즈에 대한 정답으로 옳은 것은?

 한 사회에서 부, 권력, 명예 등의 사회적 자원이 개인이나 집단에 차등적으로 분배되어 사회 구성원들이 차지하는 위치가 서열화되어 있는 상태를 무엇이라 하나요?

① 사회 불평등
② 소비자 주권
③ 문화 상대주의
④ 스태그플레이션

13.

㉠에 들어갈 내용으로 적절한 것은?

■ 수업 주제: 분배적 정의의 실질적 기준 ■

- 분배적 정의의 실질적 기준 : [㉠], 업적, 능력
- [㉠]에 따른 분배의 의미 : 인간다운 삶을 보장하기 위해 기본적인 욕구를 충족할 수 있도록 분배하는 것이다. 사회적 약자를 위해 더 많은 재화를 사용할 수 있다.

① 담합
② 독점
③ 필요
④ 특화

14.

다음에 해당하는 기후 지역으로 옳은 것은?

- 분포 지역 : 북극해 연안
- 전통 산업 : 사냥 · 어로 · 순록 유목
- 전통 의복 : 동물의 가죽이나 털로 만든 두꺼운 옷

① 열대 기후 지역
② 건조 기후 지역
③ 온대 기후 지역
④ 한대 기후 지역

15.

㉠에 들어갈 내용으로 가장 적절한 것은?

■ 사막화 ■

- 의미 : 사막 주변 지역이 사막으로 변화하는 현상
- 사례 지역 : 사하라 사막 이남의 사헬 지대
- 원인 : [㉠]

① 녹지 확대
② 인구 감소
③ 과도한 목축
④ 일조량 부족

16.

다음에서 설명하는 자연관은?

- 인간을 자연보다 우월한 존재로 여기고, 인간의 이익이나 행복을 먼저 고려하는 관점이다.
- 산업화 · 도시화 과정에서 발생한 환경 파괴의 주된 요인으로 지적받기도 한다.

① 문화 사대주의
② 생태 중심주의
③ 인간 중심주의
④ 직접 민주주의

17.

㉠, ㉡에 해당하는 종교는?

- [㉠] : 주로 인도에서 신봉하는 다신교로, 소를 신성시한다.
- [㉡] : 성지인 메카를 향해 기도하며, 돼지고기와 술을 금기시한다.

	㉠	㉡		㉠	㉡
①	불교	힌두교	②	이슬람교	힌두교
③	불교	이슬람교	④	힌두교	이슬람교

18.

저출산 문제 해결 방안으로 적절한 것을 <보기>에서 고른 것은?

<보기>

ㄱ. 보육 시설 확충
ㄴ. 산아 제한 정책 실시
ㄷ. 출산 장려금 지원
ㄹ. 개발 제한 구역 확대

① ㄱ, ㄷ
② ㄱ, ㄹ
③ ㄴ, ㄷ
④ ㄴ, ㄹ

19.

교통·통신의 발달이 가져온 변화로 가장 적절한 것은?

① 시공간의 제약이 크게 줄었다.
② 지역 간의 교류가 단절되었다.
③ 경제 활동의 범위가 축소되었다.
④ 다른 지역과의 접근성이 낮아졌다.

20.

다음에서 설명하는 용어는?

기업의 규모가 커지면, 일반적으로 본사나 연구소는 자본과 기술 확보가 유리한 대도시에, 제품을 생산하는 공장은 저임금 노동력이 풍부한 지역에 각각 설립하게 된다.

① 공정 무역
② 공간적 분업
③ 탄소 발자국
④ 지리적 표시제

21.

㉠에 들어갈 내용으로 옳은 것은?

■ 학습 주제: [㉠]의 문제점 ■
- 개인 정보 유출로 인한 사생활 침해
- 프로그램 불법 복제 같은 사이버 범죄 증가

① 교외화
② 정보화
③ 님비 현상
④ 열섬 현상

22.

다음에서 설명하는 문화권을 지도의 A ~ D에서 고른 것은?

리오그란데강 이남 지역으로, 남부 유럽의 문화가 전파되어 주로 에스파냐어와 포르투갈어를 사용하고 가톨릭을 믿는다. 원주민(인디오)과 아프리카인, 유럽인의 문화가 혼재되어 나타난다.

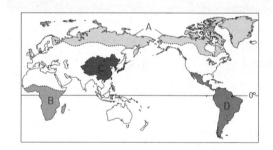

① A
② B
③ C
④ D

23.

다음에서 설명하는 용어는?

> 일정한 지역 안의 인구를 성별, 연령별 등의 기준으로 나누어 본 것으로, 해당 지역의 사회·경제적 특성을 파악하는 데 유용하다.

① 인구 절벽   ② 인구 과잉
③ 인구 구조   ④ 인구 이동

24.

다음에 대해 설명한 내용으로 가장 적절한 것은?

> - 그린피스(Greenpeace)
> - 국경 없는 의사회(MSF)

① 국제 비정부 기구이다.
② 자국의 이익 실현을 최우선으로 한다.
③ 국제 분쟁 지역에 평화 유지군을 파견한다.
④ 국가를 회원으로 하는 정부 간 국제기구이다.

25.

㉠에 들어갈 내용으로 옳은 것은?

> 자원의 특징 중 하나로 언젠가는 고갈된다는 성질을 자원의 [　㉠　]이라고 한다.

① 도시성   ② 동질성
③ 유한성   ④ 편리성

01.

⊙에 들어갈 내용으로 가장 적절한 것은?

> 학습 주제: ⊙ 의 필요성과 사례
>
> ○ 필요성: 시민의 권리를 능동적으로 행사하여 민주주의를 실현함으로써 시민으로서의 행복감을 높이기 위함.
> ○ 사례: 민원 제기, 청원 운동, 집회 참가 등

① 편익　　　　　　② 시민 참여
③ 규모의 경제　　　④ 불완전 경쟁

02.

⊙에 들어갈 용어로 옳은 것은?

> 근대에 들어와 인간이라면 누구나 기본적 권리를 누릴 수 있다는 사상이 확산되었다. 이를 바탕으로 프랑스에서도 시민 혁명이 일어나 '인간과 시민의 권리 선언(1789)'을 통해 천부 ⊙ 을 명시적으로 언급함으로써 ⊙ 확립의 계기를 마련하였다.

① 억압　　　　　　② 인권
③ 종전　　　　　　④ 채권

03.

⊙, ⓒ에 들어갈 내용으로 옳은 것은?

> 우리나라 헌법에서는 권력 분립의 원리를 실현하기 위해 ⊙ 은 국회에, ⓒ 은 정부에, 사법권은 법원에 속한다고 규정하고 있다.

	⊙	ⓒ		⊙	ⓒ
①	건강권	주거권	②	입법권	행정권
③	참정권	사회권	④	청구권	단결권

04.

⊙에 들어갈 내용으로 가장 적절한 것은?

> 시민 스스로 법을 지키려는 자세인 ⊙ 은 사회적 측면에서도 매우 중요하다. 구성원들의 ⊙ 이 잘 확립 되어야 정의 실현 및 사회 질서 유지가 가능하기 때문이다.

① 유동성　　　　　② 기회비용
③ 준법 의식　　　　④ 인플레이션

05.

다음에서 설명하는 경제 주체는?

> - 조세 정책을 세워 소득 불평등을 완화한다.
> - 공정 거래 위원회를 통해 불공정 거래 행위를 규제한다.

① 정부　　　　　　② 기업가
③ 노동자　　　　　④ 소비자

06.

다음에서 설명하는 것은?

> 특정 국가 간에 무역 특혜를 부여하기 위해 관세나 무역 장벽을 완화하거나 제거하기로 맺은 약정

① 브렉시트(Brexit)　　② 님비(NIMBY) 현상
③ 누리 소통망(SNS)　　④ 자유 무역 협정(FTA)

07.

다음 주장이 반영된 자본주의 체제는?

> 대공황을 극복하기 위해서는 정부가 지출을 확대하여 실업자를 구제하는 등 적극적으로 시장에 개입해야 한다.

① 연고주의
② 상업 자본주의
③ 수정 자본주의
④ 자유 방임주의

08.

㉠에 들어갈 용어로 가장 적절한 것은?

> "계란을 한 바구니에 담지 말라."라는 격언은 투자의 위험을 줄이기 위해 다양한 금융 자산으로 ㉠ 을/를 구성해 분산 투자를 해야 함을 의미한다.

① 빨대 효과
② 외부 효과
③ 포트폴리오
④ 사이버 불링

09.

다음에서 설명하는 용어는?

> 사회 구성원 전체의 이익이 개인의 이익과 조화를 이룸으로써 공동체 모두에게 유익한 것

① 공동선
② 희소성
③ 무임승차
④ 인간 소외

10.

사회 복지 제도 중 사회 보험의 사례를 <보기>에서 고른 것은?

> <보기>
>
> ㄱ. 국민연금   ㄷ. 돌봄 서비스
> ㄴ. 고용 보험   ㄹ. 재개발 사업

① ㄱ, ㄴ
② ㄱ, ㄹ
③ ㄴ, ㄷ
④ ㄷ, ㄹ

11.

다음에서 설명하는 문화 변동 양상은?

> 기존의 문화 요소와 다른 사회로부터 전파된 문화 요소가 함께 공존하는 현상

① 발견
② 소멸
③ 문화 동화
④ 문화 병존

12.

㉠, ㉡에 들어갈 문화 이해 태도로 옳은 것은?

> - ㉠ 는 다른 문화를 더 우월한 것으로 믿고 자신의 문화를 무시하거나 낮게 평가하는 태도이다.
> - ㉡ 는 문화의 우열을 가릴 수 없다고 보며, 해당 사회의 환경과 역사적 맥락 속에서 문화를 바라보는 태도이다.

	㉠	㉡
①	문화 사대주의	문화 상대주의
②	문화 사대주의	자문화 중심주의
③	자문화 중심주의	문화 사대주의
④	자문화 중심주의	문화 상대주의

13.

㉠에 들어갈 내용으로 옳은 것은?

> ○○국 △△신문 ○○○○년 ○월 ○일
> **다문화 정책이 나아갈 방향**
> 현재 다문화 정책은 다양한 문화를 우리 사회의 주류 문화에 동화시키려는 ㉠ 이론을 바탕으로 하고 있다. 앞으로는 다양한 인종과 문화가 어울릴 수 있는 샐러드 볼 이론을 바탕으로 하는 정책이 필요할 것이다.

① 효용
② 용광로
③ 유리 천장
④ 로컬 푸드

14.

한대 기후 지역의 전통 생활 모습으로 옳지 <u>않은</u> 것은?

① 순록 유목을 한다.
② 오아시스 주변에서 농업을 한다.
③ 폐쇄적인 가옥 구조가 나타난다.
④ 동물의 털가죽으로 의복을 만든다.

15.

다음에서 설명하는 자연재해로 옳은 것은?

> - 분류 : 기후적 요인에 의한 자연재해
> - 영향 : 교통 혼란, 비닐하우스나 축사 등의 붕괴
> - 대책 : 자가용 이용 자제, 신속한 제설 작업

① 가뭄
② 지진
③ 폭설
④ 화산

16.

국제 환경 문제 해결을 위한 협약으로 옳지 <u>않은</u> 것은?

① 교토 의정서
② 차티스트 운동
③ 몬트리올 의정서
④ 사막화 방지 협약

17.

도시화가 가져온 변화로 옳은 것은?

① 열섬 현상이 사라졌다.
② 직업의 다양성이 증가하였다.
③ 도시의 인공 건축물이 감소하였다.
④ 공업 중심의 사회에서 농업 중심의 사회로 변화하였다.

18.

다음에서 설명하는 용어는?

> 한 여성이 가임 기간(15 ~ 49세) 동안 낳을 것으로 예상되는 평균 출생아 수를 말한다.

① 고령화
② 인구 구조
③ 인구 이동
④ 합계 출산율

19.

지도에 표시된 (가) 문화권에 대한 설명으로 옳은 것은?

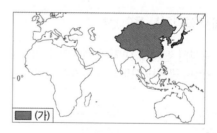

① 불교 문화가 나타난다.
② 고대 유럽 문명의 발원지이다.
③ 대표적인 원주민은 마오리족이다.
④ 사하라 사막 이남의 아프리카 지역이다.

20.

이슬람교에 대한 설명으로 옳은 것은?

① 다신교이다.
② 소를 신성한 동물로 여긴다.
③ 돼지고기 먹는 것을 금기시한다.
④ 갠지스강에서 종교 의식으로 목욕을 한다.

21.

인간과 자연의 공존을 위한 노력으로 옳지 <u>않은</u> 것은?

① 지속 가능한 발전을 추구한다.
② 생태 통로를 만들어 동물을 보호한다.
③ 인간의 이익을 위해 자연을 훼손한다.
④ 생태계 구성원으로서 환경친화적 가치관을 가진다.

22.

다음에서 강조하는 세계화의 문제점으로 가장 적절한 것은?

> 세계화가 진행되면서 각 사회가 가지고 있는 고유한 문화가 사라질 수 있습니다. 예컨대 영어 사용이 확산되면서 영어를 제외한 다른 언어들이 소멸될 위기에 처해 있습니다.

① 저출산
② 플랜테이션
③ 공간적 분업
④ 문화의 획일화

23.

다음에서 설명하는 국제기구에 해당하는 것은?

> - 국제 비정부 기구이다.
> - 전쟁 · 기아 · 질병 · 자연재해 등으로 고통받는 세계 각 지역의 주민들을 구호하기 위해 설립한 단체이다.

① 국제 통화 기금(IMF)
② 세계 무역 기구(WTO)
③ 국경 없는 의사회(MSF)
④ 경제 협력 개발 기구(OECD)

24.

㉠에 들어갈 내용으로 가장 적절한 것은?

> 정보화에 따른 문제점: ㉠
> - 개인의 행동이나 기록이 정보화 기기에 노출되는 빈도가 늘어남.
> - 폐회로 텔레비전(CCTV)의 발전으로 개인이 감시나 통제를 받을 수 있음.

① 환경 난민
③ 자원 민족주의

② 사생활 침해
④ 산아 제한 정책

25.

밑줄 친 ㉠, ㉡에 대한 설명으로 옳은 것은?

> 오늘날 주로 사용되는 에너지 자원에는 ㉠ <u>석유</u>, ㉡ <u>천연가스</u> 등이 있다.

① ㉠은 고생대 지층에만 매장되어 있다.
② ㉠은 연소하면서 오염 물질을 배출하지 않는다.
③ ㉡은 18세기 산업 혁명의 주요 동력원이 되었다.
④ ㉠은 ㉡보다 현재 세계에서 소비량이 더 많다.

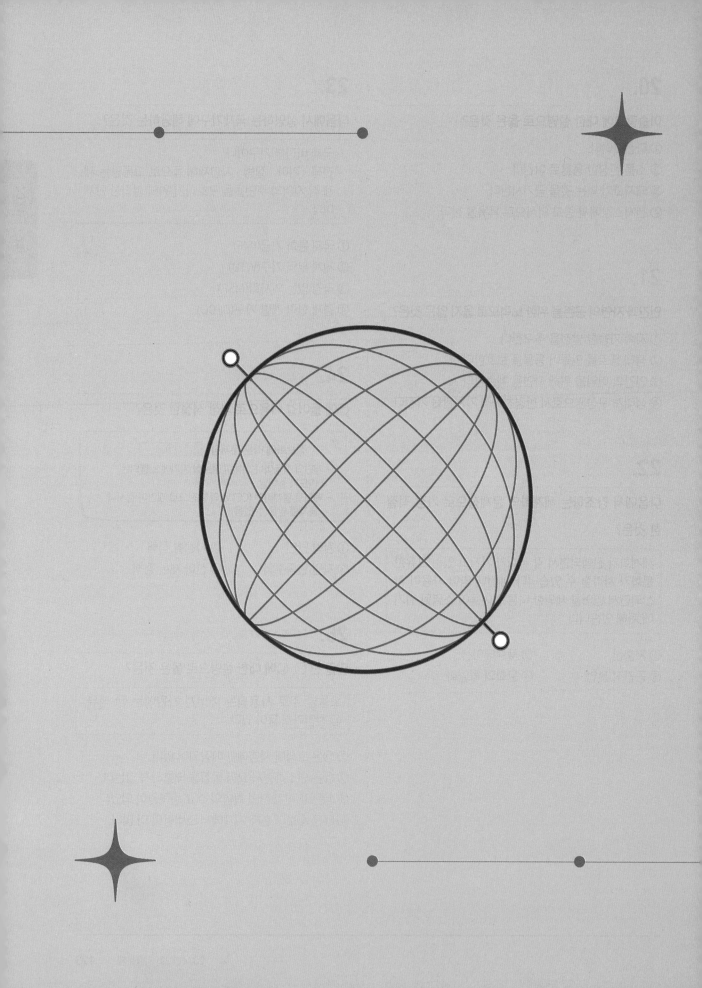

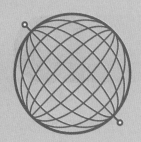

고등학교 졸업학력
검정고시

과학 기출문제

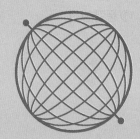

01.

다음 설명에 해당하는 신소재는?

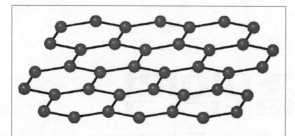

- 탄소 원자가 육각형 벌집 모양의 구조를 이루고 있다.
- 휘어지는 투명한 디스플레이의 소재로 사용되고 있다.

① 그래핀
② 초전도체
③ 네오디뮴 자석
④ 형상 기억 합금

02.

그림과 같이 핵분열로 발생한 열에너지로 터빈을 돌려 전기에너지를 생산하는 발전 방식은?

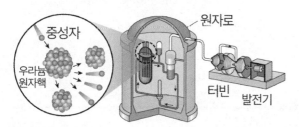

① 핵발전
② 파력 발전
③ 풍력 발전
④ 태양광 발전

03.

표는 같은 직선상에서 운동하는 물체 A ~ C의 처음과 나중 운동량을 나타낸 것이다. 물체 A ~ C가 모두 같은 크기의 충격량을 받아 운동량이 증가하였을 때 ㉠의 값은?

물체	운동량 (kg · m/s) 처음 운동량	나중 운동량
A	3	6
B	4	7
C	5	㉠

① 6
② 7
③ 8
④ 9

04.

그림과 같이 코일에 자석을 가까이 가져갈 때 검류계의 바늘이 왼쪽으로 움직였다. 다음 중 검류계의 바늘이 오른쪽으로 움직이는 경우는?
(단, 다른 조건은 모두 같다.)

① 더 강한 자석을 사용한다.
② 코일의 감은 수를 늘린다.
③ 자석을 더 빠르게 가까이 한다.
④ 자석을 코일에서 멀어지게 한다.

05.

그림은 주기율표의 일부를 나타낸 것이다. 임의의 원소 A ~ D 중 2주기 2족 원소는?

주기＼족	1	2		17	18
1	A				
2		B		C	
3					D

① A
② B
③ C
④ D

06.

다음 화학 반응식에서 산소와 결합하여 산화되는 물질은?

$$2CuO + C \rightarrow 2Cu + CO_2$$

① CuO
② C
③ Cu
④ CO_2

07.

다음 중 전기가 잘 통하며 광택이 있는 금속 원소는?

① 구리
② 염소
③ 헬륨
④ 브로민

08.

그림은 탄소 원자(C)의 전자 배치를 나타낸 것이다. 가장 바깥 전자 껍질에 들어 있는 전자의 개수는?

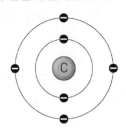

① 1개
② 2개
③ 3개
④ 4개

09.

다음은 염산(HCl)과 수산화 나트륨(NaOH) 수용액의 중화 반응을 나타낸 화학 반응식이다. ㉠에 해당하는 물질은?

$$HCl + NaOH \rightarrow \boxed{㉠} + NaCl$$

① H_2O
② KCl
③ KOH
④ HNO_3

10.

다음 설명에 해당하는 물질은?

- 같은 원자 2개가 공유 결합을 이루고 있다.
- 동물과 식물의 호흡에 이용되는 기체이다.

① 산소(O_2)
② 암모니아(NH_3)
③ 염화 칼슘($CaCl_2$)
④ 질산 칼륨(KNO_3)

11.

일정한 지역 내에 살고 있는 생물종의 다양한 정도를 나타낸 것은?

① 개체 수
② 소비자
③ 영양 단계
④ 종 다양성

12.

그림은 식물 세포의 구조를 나타낸 것이다. A ~ D 중 작은 알갱이 모양이며 단백질을 합성하는 세포 소기관은?

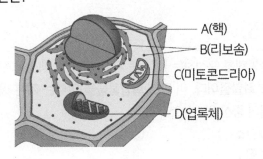

① A
② B
③ C
④ D

13.

다음 설명의 ㉠에 해당하는 것은?

> 생태계를 구성하는 생물의 종류와 개체 수, 에너지의 흐름이 급격히 변하지 않아 생태계가 안정적으로 유지되는 상태를 ㉠ (이)라고 한다.

① 생산자   ② 서식지
③ 생태계 평형   ④ 유전적 다양성

14.

그림은 세포막의 구조와 세포막을 통한 물질의 이동을 나타낸 것이다. 이에 대한 설명으로 옳은 것만을 <보기>에서 모두 고른 것은?

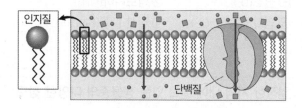

<보기>

> ㄱ. 인지질이 2중층으로 배열되어 있다
> ㄴ. 모든 물질은 단백질을 통해 이동한다.
> ㄷ. 세포막의 주성분은 단백질과 인지질이다.

① ㄱ   ② ㄴ
③ ㄱ, ㄷ   ④ ㄴ, ㄷ

15.

생명체를 구성하는 물질 중 지질, 단백질, 핵산은 탄소 화합물이다. 이 탄소 화합물들을 이루는 기본 골격의 중심 원소는?

① 산소   ② 수소
③ 질소   ④ 탄소

16.

그림은 DNA의 염기 서열 중 일부를 나타낸 것이다. ㉠에 해당하는 염기는?(단, 돌연변이는 없다.)

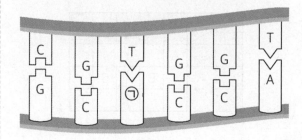

① A   ② C
③ G   ④ T

17.

다음 설명에 해당하는 지질 시대는?

> - 삼엽충이 번성하였다.
> - 초대륙인 판게아가 형성되었다.

① 선캄브리아 시대   ② 고생대
③ 중생대   ④ 신생대

18.

다음 중 탄소의 순환 과정에서 화석 연료가 연소되어 기체가 발생할 때 상호 작용하는 지구 시스템의 권역은?

① 기권과 수권   ② 지권과 기권
③ 수권과 생물권   ④ 외권과 생물권

19.

다음은 별의 진화 과정에서 발생하는 어떤 현상을 설명한 것이다. ㉠에 해당하는 것은?

> 태양과 질량이 비슷한 별의 내부에서 중심부의 온도가 충분히 높아지면 수소 원자핵이 융합하여 헬륨 원자핵으로 바뀌는 [㉠] 이/가 발생한다.

① 빅뱅　　　　　　② 핵분열
③ 핵융합　　　　　④ 우주 배경 복사

20.

그림은 단층이 존재하는 판의 경계를 모식적으로 나타낸 것이다. 이 경계에서 발달하는 지형은?

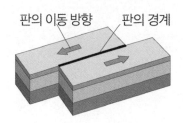

① 해구　　　　　　② 변환 단층
③ 습곡 산맥　　　　④ 호상 열도

21.

다음 설명에 해당하는 지구 시스템의 에너지원은?

화산 폭발

- 화산 활동을 일으킨다.
- 지구 내부의 물질로부터 나오는 에너지이다.

① 조력 에너지　　　② 풍력 에너지
③ 바이오 에너지　　④ 지구 내부 에너지

22.

다음 설명에 해당하는 현상은?

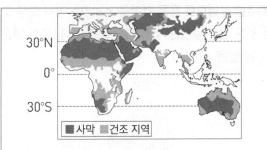

- 건조한 지역일수록 발생하기 쉽다.
- 무분별한 삼림 벌채 등과 같은 인위적 원인에 의해 심화되고 있다.

① 장마　　　　　　② 라니냐
③ 사막화　　　　　④ 엘니뇨

23.

그림은 규산염 광물의 기본 구조인 규산염 사면체를 나타낸 것이다. 규산염 사면체가 독립적으로 존재할 때 규소(Si) 원자 1개와 결합된 산소(O) 원자의 개수는?

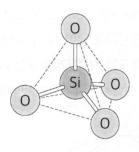

① 1개　　　　　　② 2개
③ 3개　　　　　　④ 4개

24.

그림은 열기관의 1회 순환 과정을 나타낸 것이다. 이에 대한 설명으로 옳은 것만을 <보기>에서 모두 고른 것은?(단, 열기관이 흡수한 열은 Q_1, 방출한 열은 Q_2, 한 일은 W이다.)

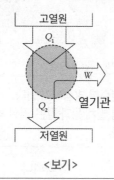

<보기>

ㄱ. $Q_1 > Q_2$
ㄴ. $W = Q_1 + Q_2$
ㄷ. W가 클수록 열효율이 크다.

① ㄱ   ② ㄴ
③ ㄱ, ㄷ   ④ ㄴ, ㄷ

25.

그림은 수평 방향으로 10m/s의 속도로 던져진 공의 운동을 나타낸 것이다. 공이 2초 후 지면에 도달할 때 A ~ D 중 공의 도달 지점은?(단, 모든 마찰은 무시하고, 인접한 두 점선 사이의 거리는 10m이다.)

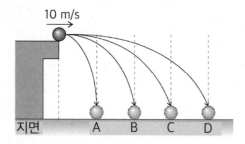

① A   ② B
③ C   ④ D

01.

다음 중 질량이 있는 물체 사이에서 항상 당기는 방향으로 작용하는 힘은?

① 중력　　　　　　② 마찰력
③ 자기력　　　　　④ 전기력

02.

다음 중 바람의 운동 에너지를 전기 에너지로 전환하는 발전 방식은?

① 수력 발전　　　　② 풍력 발전
③ 화력 발전　　　　④ 태양광 발전

03.

다음 물체 A ~ D 중 운동량이 가장 큰 것은?

물체	질량(kg)	속도(m/s)
A	2	1
B	2	2
C	3	1
D	3	2

① A　　　　　　　② B
③ C　　　　　　　④ D

04.

그림과 같이 코일에 자석을 가까이 할 때 발생하는 유도 전류의 세기를 크게 하는 방법으로 옳은 것만을 <보기>에서 모두 고른 것은?

<보기>

ㄱ. 더 강한 자석을 사용한다.
ㄴ. 자석의 움직임을 더 빠르게 한다.
ㄷ. 단위 길이당 코일의 감은 수를 적게 한다.

① ㄱ　　　　　　　② ㄷ
③ ㄱ, ㄴ　　　　　④ ㄴ, ㄷ

05.

그림은 변압기의 구조를 나타낸 것이다. 1차 코일과 2차 코일에 걸리는 전압 크기의 비 $V_1 : V_2$ 는?
(단, 도선과 변압기에서 에너지 손실은 무시한다.)

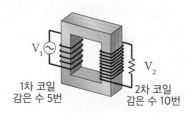

	V_1	V_2			V_1	V_2
①	1 :	1		②	1 :	2
③	2 :	1		④	3 :	1

06.

그림은 자유 낙하 하는 물체 A의 운동을 1초 간격으로 촬영한 것이다. ㉠ 구간의 거리는?(단, 공기 저항은 무시하고, 중력 가속도는 10m/s² 으로 한다.)

① 30 m   ② 35 m
③ 40 m   ④ 45 m

07.

그림은 탄소의 원자 모형을 나타낸 것이다. 이에 대한 설명으로 옳은 것만을 <보기>에서 모두 고른 것은?

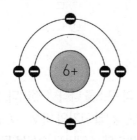

<보기>

ㄱ. 전기적으로 중성이다.
ㄴ. 원자 번호는 6번이다.
ㄷ. 원자가 전자는 5개이다.

① ㄱ   ② ㄷ
③ ㄱ, ㄴ   ④ ㄴ, ㄷ

08.

표는 몇 가지 원소의 가장 바깥쪽 전자 껍질에 배치되어 있는 전자 수를 나타낸 것이다. 이 중 주기율표에서 같은 족에 속하는 원소를 고른 것은?

원소	가장 바깥쪽 전자 껍질의 전자 수
He	2개
Li	1개
Na	1개
Cl	7개

① Li, Cl   ② He, Cl
③ Li, Na   ④ He, Na

09.

다음 중 인체의 약 70 %를 차지하며, 수소 원자 2개와 산소 원자 1개가 공유 결합하여 생성된 물질은?

① 물(H_2O)   ② 암모니아(NH_3)
③ 염화 나트륨(NaCl)   ④ 수산화 나트륨(NaOH)

10.

다음 신소재의 공통적인 구성 원소는?

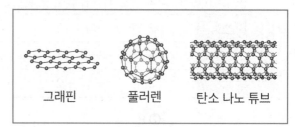

| 그래핀 | 풀러렌 | 탄소 나노 튜브 |

① 수소   ② 염소
③ 질소   ④ 탄소

11.

다음은 몇 가지 염기의 이온화를 나타낸 것이다. 염기의 공통적 성질을 나타내는 이온은?

- KOH → K^+ + OH^-
- NaOH → Na^+ + OH^-
- $Ca(OH)_2$ → Ca^{2+} + $2OH^-$

① 칼륨 이온(K^+)
② 칼슘 이온(Ca^{2+})
③ 나트륨 이온(Na^+)
④ 수산화 이온(OH^-)

12.

다음 중 산과 염기의 중화 반응 사례가 <u>아닌</u> 것은?

① 속이 쓰릴 때 제산제를 먹는다.
② 철이 공기 중의 산소와 만나 녹슨다.
③ 생선 요리에 레몬이나 식초를 뿌린다.
④ 산성화된 토양에 석회 가루를 뿌린다.

13.

다음 설명에 해당하는 물질은?

- 기본 단위체인 아미노산의 다양한 조합으로 형성된 고분자 물질이다.
- 근육과 항체의 구성 물질이다.

① 핵산
② 단백질
③ 지방산
④ 셀룰로스

14.

그림과 같이 물질을 종류에 따라 선택적으로 이동시키는 세포막의 특성은?

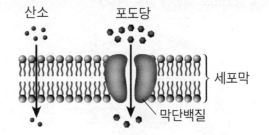

① 내성
② 주기성
③ 종 다양성
④ 선택적 투과성

15.

다음 중 생명체 내에서 물질이 분해되거나 합성되는 모든 화학 반응은?

① 물질대사
② 부영양화
③ 먹이 그물
④ 유전적 다양성

16.

그림은 세포 내 유전 정보의 흐름을 나타낸 것이다. 물질 ㉠은?

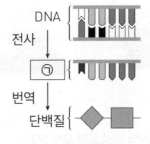

① RNA
② 인지질
③ 글리코젠
④ 중성 지방

17.

그림은 식물 세포의 구조를 나타낸 것이다. A ~ D 중 세포막 바깥쪽에 있는 단단한 구조물로서 세포의 형태를 유지하는 역할을 하는 것은?

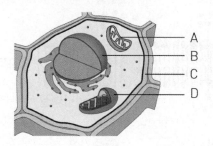

① A   ② B
③ C   ④ D

18.

다음 중 벼, 메뚜기, 개구리 세 개체군이 살고 있는 지역의 안정된 생태계 평형 상태를 나타낸 것은? (단, 각 영양 단계의 면적은 생물량을 나타낸다.)

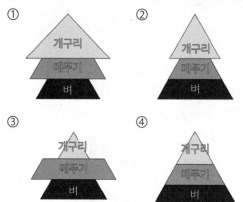

19.

다음 중 생태계의 비생물적 요인은?

① 세균   ② 온도
③ 곰팡이   ④ 식물 플랑크톤

20.

그림은 태양과 비슷한 질량을 가진 어느 별의 내부 구조이다. 다음 중 이 별에서 핵융합 반응으로 만들어진 원소는?

① 납   ② 철
③ 구리   ④ 헬륨

21.

다음 중 밑줄 친 ㉠에서 상호 작용 하는 지구 시스템의 구성 요소는?

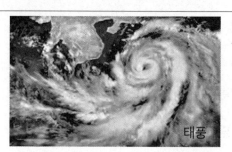

수온이 따뜻한 열대 해상에서 ㉠ 해수가 활발히 증발해 대기로 공급된 수증기가 응결하여 태풍이 발생한다.

① 수권과 기권   ② 수권과 지권
③ 외권과 지권   ④ 기권과 생물권

22.

그림은 남아메리카판과 아프리카판의 경계와 두 판의 이동 방향을 화살표로 나타낸 것이다. 다음 중 발산형 경계 A에서 나타나는 지형은?

① 해구　　　　　　② 해령

③ 습곡 산맥　　　　④ 호상 열도

23.

그림은 물의 순환을 나타낸 것이다. 다음 중 이 현상을 일으키는 지구 시스템의 주된 에너지원은?

① 전기 에너지　　　② 조력 에너지

③ 태양 에너지　　　④ 지구 내부 에너지

24.

그림은 높이에 따른 기권의 기온 분포를 나타낸 것이다. A ~ D 중 자외선을 흡수하는 오존층이 있으며 대류가 일어나지 않는 안정된 층은?

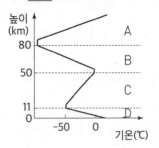

① A　　　　　　　② B

③ C　　　　　　　④ D

25.

다음 설명에 해당하는 표준 화석은?

- 신생대에 번성하였다.
- 육지에 살았던 생물이다.

① 매머드　　　　　② 삼엽충

③ 화폐석　　　　　④ 암모나이트

01.

다음 설명에 해당하는 것은?

- 특정 온도 이하에서 전기 저항이 0이 된다.
- 초전도 현상이 나타날 때 자석 위에 뜰 수 있다.

① 고무
② 나무
③ 유리
④ 초전도체

02.

태양광 발전의 특징으로 옳은 것만을 <보기>에서 모두 고른 것은?

<보기>

ㄱ. 태양 전지를 이용한다.
ㄴ. 날씨의 영향을 받는다.
ㄷ. 우라늄을 연료로 사용한다.

① ㄱ
② ㄷ
③ ㄱ, ㄴ
④ ㄴ, ㄷ

03.

표는 수평 방향으로 던진 물체의 수평 방향 속도와 연직 방향 속도를 시간에 따라 나타낸 것이다. ㉠ + ㉡의 값은?(단, 중력 가속도는 10m/s²이고, 공기 저항은 무시한다.)

시간(s)	속도(m/s)	
	수평 방향	연직 방향
1	5	10
2	㉠	20
3	5	㉡
4	5	40

① 35
② 40
③ 45
④ 50

04.

그림과 같이 자석을 코일 속에 넣었다 뺐다 하면 검류계의 바늘이 움직인다. 이 현상에 대한 설명으로 옳은 것만을 <보기>에서 모두 고른 것은?

<보기>

ㄱ. 코일에 유도 전류가 흐른다.
ㄴ. 검류계의 바늘은 한 방향으로만 움직인다.
ㄷ. 발전기는 이러한 현상을 이용한다.

① ㄱ
② ㄴ
③ ㄱ, ㄷ
④ ㄴ, ㄷ

05.

그림과 같이 수평면에서 질량이 3kg인 물체가 4m/s의 일정한 속도로 운동하다가 벽에 충돌하여 정지했다. 물체가 벽으로부터 받은 충격량의 크기는 몇 N·s인가?(단, 모든 마찰은 무시한다.)

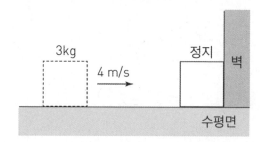

① 11
② 12
③ 13
④ 14

06.

다음 중 수소와 산소의 화학 반응을 이용한 연료 전지에서의 에너지 전환은?

① 소리 에너지 → 열에너지
② 운동 에너지 → 핵에너지
③ 파동 에너지 → 빛에너지
④ 화학 에너지 → 전기 에너지

07.

다음 중 소금을 구성하는 알칼리 금속 원소는?

① 수소   ② 질소
③ 나트륨   ④ 아르곤

08.

다음 화학 반응식에서 산화되는 반응 물질은?

$$2Ag^+ + Cu \rightarrow 2Ag + Cu^{2+}$$

① Ag^+ ② Cu
③ Ag ④ Cu^{2+}

09.

다음은 몇 가지 산의 이온화를 나타낸 것이다. 산의 공통적인 성질을 나타내는 이온은?

- $HCl \rightarrow H^+ + Cl^-$
- $H_2SO^4 \rightarrow 2H^+ + SO_4^{2-}$
- $CH_3COOH \rightarrow H^+ + CH_3COO^-$

① 수소 이온(H^+)
② 염화 이온(Cl^-)
③ 황산 이온(SO_4^{2-})
④ 아세트산 이온(CH_3COO^-)

10.

그림은 플루오린 원자(F)의 전자 배치를 나타낸 것이다. 가장 바깥 전자 껍질에 들어 있는 전자의 개수는?

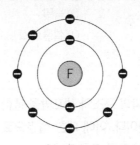

① 5개   ② 6개
③ 7개   ④ 8개

11.

다음은 수소(H_2)의 연소 반응을 나타낸 화학 반응식이다. ㉠에 해당하는 것은?

$$2H_2 + \boxed{㉠} \rightarrow 2H_2O$$

① O_2 ② F_2
③ Cl_2 ④ N_2

12.

그림은 주기율표의 일부를 나타낸 것이다. 임의의 원소 A ~ D 중 화학적 성질이 비슷한 원소끼리 짝지은 것은?

족\주기	1	2		17	18
1	A				
2				B	
3		C		D	

① A, C   ② A, D
③ B, C   ④ B, D

13.

다음 중 생명체 내에서 화학 반응에 관여하는 생체 촉매는?

① 물
② 녹말
③ 효소
④ 셀룰로스

14.

그림은 세포막의 구조와 세포막을 통한 물질의 이동을 나타낸 것이다. 이에 대한 설명으로 옳은 것만을 <보기> 에서 모두 고른 것은?

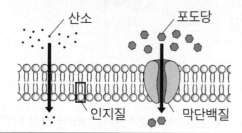

<보기>

ㄱ. 세포막은 인지질로만 구성되어 있다.
ㄴ. 산소는 인지질 2중층을 직접 통과한다.
ㄷ. 포도당은 막단백질을 통해 이동한다.

① ㄱ
② ㄷ
③ ㄱ, ㄴ
④ ㄴ, ㄷ

15.

그림은 어떤 동물 세포의 구조를 나타낸 것이다. A ~ D 중 유전 물질인 DNA가 들어 있는 것은?

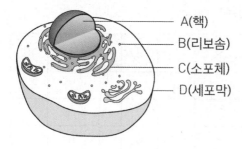

① A
② B
③ C
④ D

16.

그림은 지각을 구성하는 규산염 광물의 기본 구조 (SiO_4)를 나타낸 것이다. ㉠에 해당하는 원소는?

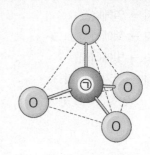

① Mg
② Si
③ Ca
④ Fe

17.

다음은 지구 시스템 각 권의 상호 작용에 의한 자연 현상이다. 이와 관련된 지구 시스템의 구성 요소는?

- 지하수의 용해 작용으로 석회 동굴이 형성되었다.
- 파도의 침식 작용으로 해안선의 모양이 변하였다.

① 기권, 외권
② 수권, 지권
③ 외권, 생물권
④ 지권, 생물권

18.

그림은 어느 해양 생태계의 에너지 피라미드를 나타낸 것이다. 다음 중 ㉠에 해당하는 생물은?

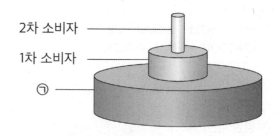

① 멸치
② 상어
③ 오징어
④ 식물 플랑크톤

19.

다음 중 생물 다양성 보전을 위한 노력으로 적절한 것은?

① 폐수 방류 ② 서식지 파괴
③ 무분별한 벌목 ④ 멸종 위기종 보호

20.

그림은 모든 핵융합 반응을 마친 어느 별의 내부 구조를 나타낸 것이다. 다음 중 중심부 ㉠에 생성된 금속 원소는?(단, 별의 질량은 태양의 10배이다.)

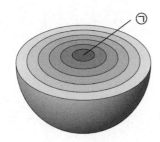

① 철 ② 산소
③ 염소 ④ 질소

21.

다음 설명에 해당하는 지질 시대는?

- 판게아가 분리되었다.
- 다양한 공룡이 번성하였다.

① 선캄브리아 시대 ② 고생대
③ 중생대 ④ 신생대

22.

다음 설명에 해당하는 물질은?

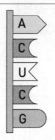

- 핵산의 한 종류이다.
- 염기로 아데닌(A), 구아닌(G),사이토신(C), 유라실(U)을 가진다.

① RNA ② 지방
③ 단백질 ④ 탄수화물

23.

다음 설명에 해당하는 것은?

- 특정한 지역 또는 지구 전체에 존재하는 생태계의 다양한 정도를 뜻한다.
- 사막, 숲, 갯벌, 습지, 바다 등 생물이 살아가는 서식 환경의 다양함을 뜻한다.

① 내성 ② 개체군
③ 분해자 ④ 생태계 다양성

24.

그림은 지권의 층상 구조를 나타낸 것이다. A ~ D 중 다음 설명에 해당하는 것은?

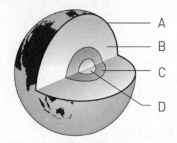

- 맨틀 대류가 일어난다.
- 지권 전체 부피의 대부분을 차지한다

① A   ② B

③ C   ④ D

25.

그림은 수소 핵융합 반응을 나타낸 것이다. 헬륨 원자핵 1개가 생성될 때 융합하는 수소 원자핵의 개수는?

① 2개   ② 4개

③ 8개   ④ 16개

2022년 2회 기출문제

01.

그림은 수평 방향으로 던져진 공의 위치를 같은 시간 간격으로 나타낸 것이다. 공의 운동에 대한 설명으로 옳지 <u>않은</u> 것은? (단, 공기 저항은 무시한다.)

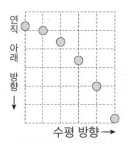

① 수평 방향의 속력은 일정하다.
② 수평 방향으로 힘이 계속 작용한다.
③ 연직 아래 방향의 속력은 증가한다.
④ 연직 아래 방향으로 힘이 계속 작용한다.

02.

표는 어떤 물체가 운동 방향으로 힘을 받았을 때 처음 운동량과 나중 운동량을 나타낸 것이다. 이 물체가 받은 충격량(N · s)은?

처음 운동량(kg · m/s)	1
나중 운동량(kg · m/s)	4

① 1   ② 2
③ 3   ④ 4

03.

어떤 열기관에 공급된 열이 200J이고 이 열기관이 외부에 한 일이 40J일 때, 이 열기관의 열효율(%)은?

① 20   ② 40
③ 60   ④ 80

04.

전력 수송 과정에 대한 설명으로 옳은 것만을 <보기>에서 모두 고른 것은?

<보기>

ㄱ. 변전소에서 전압을 변화시킨다.
ㄴ. 송전 전압을 낮추면 전력 손실을 줄일 수 있다.
ㄷ. 송전선에서 열이 발생하여 전기 에너지의 일부가 손실된다.

① ㄱ   ② ㄴ
③ ㄱ, ㄷ   ④ ㄴ, ㄷ

05.

그림과 같은 원자로를 사용하는 핵발전에 대한 설명으로 옳은 것만을 <보기>에서 모두 고른 것은?

<보기>

ㄱ. 발전 과정에서 방사성 폐기물이 발생한다.
ㄴ. 핵분열에서 발생하는 열에너지를 이용하여 발전한다.
ㄷ. 발전 과정에서 배출되는 이산화탄소의 양이 화력 발전 보다 많다.

① ㄱ   ② ㄷ
③ ㄱ, ㄴ   ④ ㄴ, ㄷ

06.

다음 중 태양 전지를 이용하여 태양의 빛에너지를 전기 에너지로 직접 전환하는 발전 방식은?

① 수력 발전
② 풍력 발전
③ 화력 발전
④ 태양광 발전

07.

그림은 주기율표의 일부를 나타낸 것이다. 원소 (가), (나)에 대한 설명으로 옳은 것은?

족 주기	1	2		17	18
1					
2	(가)			(나)	

① (가)와 (나)는 같은 족이다.
② (가)와 (나)는 같은 주기이다.
③ 원자 번호는 (가)가 (나)보다 크다.
④ (가)는 비금속 원소, (나)는 금속 원소이다.

08.

소금의 주성분인 염화 나트륨($NaCl$)에 대한 설명으로 옳은 것만을 <보기>에서 모두 고른 것은?

<보기>

ㄱ. 공유 결합 물질이다.
ㄴ. 고체 상태에서 전기가 잘 흐른다.
ㄷ. 물에 녹으면 양이온과 음이온으로 나누어진다.

① ㄱ
② ㄷ
③ ㄱ, ㄴ
④ ㄴ, ㄷ

09.

그래핀에 대한 설명으로 옳은 것만을 <보기>에서 모두 고른 것은?

<보기>

ㄱ. 규소(Si) 원자로 이루어져 있다.
ㄴ. 한 층으로 이루어진 평면 구조이다.
ㄷ. 전기 전도성이 있다.

① ㄱ
② ㄷ
③ ㄱ, ㄴ
④ ㄴ, ㄷ

10.

다음 화학 반응식은 마그네슘(Mg)과 산소(O_2)의 반응을 나타낸 것이다.

$$2Mg + O_2 \rightarrow 2MgO$$

이 반응에 대한 설명으로 옳은 것은?

① MgO은 생성물이다.
② 반응물의 종류는 1가지이다.
③ Mg은 환원된다.
④ O_2는 전자를 잃는다.

11.

다음 중 물에 녹아 산성을 나타내는 물질은?

① HCl
② KOH
③ $NaOH$
④ $Ca(OH)_2$

12.

단백질에 대한 설명으로 옳지 <u>않은</u> 것은?

① 항체의 주성분이다.
② 단위체는 포도당이다.
③ 세포막의 구성 성분이다.
④ 단위체가 펩타이드 결합으로 연결된 물질이다.

13.

그림은 식물 세포의 구조를 나타낸 것이다. A ~ D 중 빛에너지를 흡수하여 포도당을 합성하는 것은?

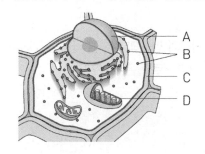

① A　　　　　　② B
③ C　　　　　　④ D

14.

물질대사에 대한 설명으로 옳은 것만을 <보기>에서 모두 고른 것은?

<보기>

ㄱ. 세포 호흡은 물질대사에 속한다.
ㄴ. 에너지의 출입이 일어나지 않는다.
ㄷ. 효소는 물질대사에서 반응 속도를 변화시킨다.

① ㄱ　　　　　　② ㄴ
③ ㄱ, ㄷ　　　　④ ㄴ, ㄷ

15.

그림은 두 가닥으로 구성된 DNA와 이 DNA에서 전사된 RNA를 나타낸 것이다. ㉠과 ㉡에 해당하는 염기는?

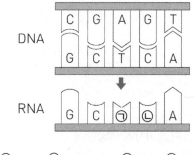

	㉠	㉡		㉠	㉡
①	T	A	②	T	C
③	U	A	④	U	C

16.

생물 다양성에 대한 설명 중 옳은 것만을 <보기>에서 모두 고른 것은?

<보기>

ㄱ. 종 다양성은 동물에서만 나타난다.
ㄴ. 생태계 다양성은 종 다양성에 영향을 주지 않는다.
ㄷ. 유전적 다양성은 개체군 내에 존재하는 유전자의 변이가 다양한 정도를 말한다.

① ㄱ　　　　　　② ㄷ
③ ㄱ, ㄴ　　　　④ ㄴ, ㄷ

17.

다음은 어떤 환경 요인에 대한 생물의 적응 현상이다. 이 환경 요인은?

사막여우는 북극여우에 비해 몸집은 작고, 몸의 말단 부위인 귀가 크다.

① 물　　　　　　② 공기
③ 온도　　　　　④ 토양

18.

그림은 안정된 생태계의 생태 피라미드를 나타낸 것이다. 이에 대한 설명으로 옳은 것은?

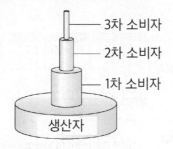

① 식물은 1차 소비자에 해당한다.
② 생물량은 2차 소비자가 가장 많다.
③ 초식동물은 3차 소비자에 해당한다.
④ 상위 영양 단계로 갈수록 에너지양은 줄어든다.

19.

별의 진화 과정에서 원소의 생성에 대한 설명으로 옳은 것만을 <보기>에서 모두 고른 것은?

<보기>

ㄱ. 헬륨의 핵융합 반응으로 탄소가 생성된다.
ㄴ. 초신성 폭발로 철보다 무거운 원소가 생성된다.
ㄷ. 질량이 태양과 비슷한 별의 중심에서 철이 생성된다.

① ㄱ
② ㄷ
③ ㄱ, ㄴ
④ ㄴ, ㄷ

20.

식물이 이산화 탄소를 대기로부터 흡수하는 과정에서 상호 작용하는 지구 시스템의 구성 요소는?

① 수권과 기권
② 수권과 지권
③ 생물권과 기권
④ 생물권과 지권

21.

그림은 지질 시대 A ~ D의 길이를 상대적으로 나타낸 것이다. A ~ D 중 삼엽충이 번성한 시기는?

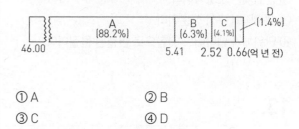

① A
② B
③ C
④ D

22.

그림은 지각과 맨틀의 일부를 나타낸 것이다. A ~ D에 대한 설명으로 옳은 것은?

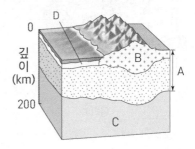

① A는 암석권이다.
② B는 맨틀이다.
③ C는 유동성이 없다.
④ D는 대륙 지각이다.

23.

그림은 어떤 지역의 해수 깊이에 따른 수온 분포를 나타낸 것이다. 이에 대한 설명으로 옳은 것만을 <보기>에서 모두 고른 것은?

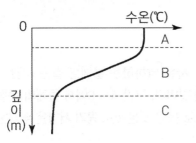

<보기>

ㄱ. A에서는 바람에 의해 해수가 잘 섞인다.
ㄴ. B는 수온약층이다.
ㄷ. 수온은 A에서가 C에서보다 낮다.

① ㄱ
② ㄷ
③ ㄱ, ㄴ
④ ㄴ, ㄷ

24.

빅뱅 우주론에 따른 우주의 생성 과정에 대한 설명으로 옳은 것만을 <보기>에서 모두 고른 것은?

<보기>

ㄱ. 우주가 팽창하면서 우주의 온도가 낮아진다.
ㄴ. 수소 원자가 수소 원자핵보다 먼저 만들어졌다.
ㄷ. 헬륨 원자핵이 수소 원자핵보다 먼저 만들어졌다.

① ㄱ
② ㄴ
③ ㄱ, ㄷ
④ ㄴ, ㄷ

25.

지구 온난화로 인한 최근의 지구 환경 변화로 옳은 것만을 <보기>에서 모두 고른 것은?

<보기>

ㄱ. 지구의 평균 기온 하강
ㄴ. 해수면의 평균 높이 상승
ㄷ. 대륙 빙하의 분포 면적 증가

① ㄱ
② ㄴ
③ ㄱ, ㄷ
④ ㄴ, ㄷ

01.

그림은 핵분열 반응을 나타낸 것이다. 다음 중 이 반응을 이용하는 핵발전의 연료에 해당하는 것은?

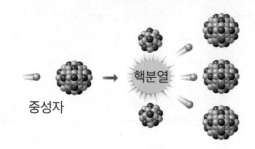

중성자

① 바람
② 석탄
③ 수소
④ 우라늄

02.

열효율이 20%인 열기관에 공급된 열에너지가 100J일 때 이 열기관이 한 일은?

① 10J
② 20J
③ 30J
④ 40J

03.

그림은 자유 낙하하는 물체를 같은 시간 간격으로 나타낸 것이다. 구간 A ~ C에서 물체의 운동에 대한 설명으로 옳은 것은?(단, 공기 저항은 무시한다.)

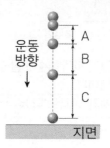

① A에서 가속도는 0이다.
② B에서 속도는 일정하다.
③ C에서 물체에 작용하는 힘은 0이다.
④ A와 B에서 물체에 작용하는 힘의 방향은 같다.

04.

그림은 질량이 다른 두 물체 A, B가 수평면에서 각각 일정한 속도로 운동하고 있는 모습을 나타낸 것이다. 두 물체의 운동량의 크기가 같을 때 B의 속도 v는?

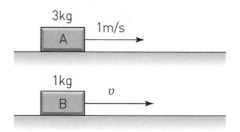

① 3m/s
② 5m/s
③ 7m/s
④ 9m/s

05.

다음 설명에 해당하는 신소재는?

- 그래핀이 튜브 형태로 결합된 구조이다.
- 구리보다 열전도율이 뛰어나다.

① 고무   ② 유리
③ 나무   ④ 탄소 나노 튜브

06.

설탕과 염화 나트륨($NaCl$)에 대한 설명으로 옳은 것만을 <보기>에서 모두 고른 것은?

<보기>

ㄱ. 설탕은 이온 결합 물질이다.
ㄴ. 설탕을 물에 녹이면 대부분 이온이 된다.
ㄷ. $NaCl$은 수용액 상태에서 전기가 통한다.

① ㄱ   ② ㄷ
③ ㄱ, ㄴ   ④ ㄴ, ㄷ

07.

그림은 전기 에너지의 생산과 수송 과정을 나타낸 것이다. 이에 대한 설명으로 옳지 않은 것은?

① 발전소는 전기 에너지를 생산하는 곳이다.
② 변전소는 전압을 바꾸는 역할을 한다.
③ 전력 수송 과정에서 전력 손실은 발생하지 않는다.
④ 주상 변압기는 전압을 220V로 낮춰 가정으로 전기 에너지를 공급한다.

08.

그림은 산소와 네온 원자의 전자 배치를 나타낸 것이다. 산소원자가 안정한 원소인 네온과 같은 전자 배치를 하기 위해 얻어야 하는 전자의 개수는?

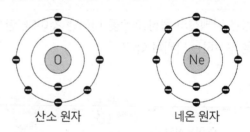

① 1개   ② 2개
③ 3개   ④ 4개

09.

다음 설명의 ㉠에 해당하는 것은?

질산 은($AgNO_3$) 수용액에 구리(Cu) 선을 넣어두면 구리는 전자를 잃어 구리 이온(Cu^{2+})으로 산화되고, 은 이온(Ag^+)은 전자를 얻어 은(Ag)으로 ㉠ 된다.

① 산화   ② 연소
③ 중화   ④ 환원

10.

수산화 나트륨(NaOH) 수용액은 붉은색 리트머스 종이를 푸른색으로 변하게 하는 성질이 있다. 다음 물질의 수용액 중 이와 같은 성질을 나타내는 것은?

① HCl

② KOH

③ HNO₃

④ H₂SO₄

11.

다음 화학 반응식에서 수소 이온(H⁺)과 수산화 이온(OH⁻)이 반응하는 개수비는?

$$H^+ + OH^- \rightarrow H_2O$$

	H⁺	OH⁻		H⁺	OH⁻
①	1 : 1		②	1 : 2	
③	2 : 1		④	3 : 2	

12.

그림은 단백질의 형성 과정을 나타낸 것이다. 단백질을 구성하는 단위체 A는?

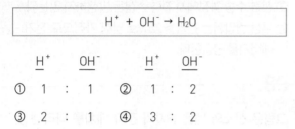

A → 아미노산의 펩타이드 결합 → 폴리펩타이드 → 단백질

① 녹말

② 핵산

③ 포도당

④ 아미노산

13.

다음 설명의 ㉠에 해당하는 것은?

한 생물종 내에서도 개체마다 유전자가 달라 다양한 형질이 나타난다. 하나의 종에서 나타나는 유전자의 다양한 정도를 ㉠ 이라고 한다.

① 군집

② 개체군

③ 유전적 다양성

④ 생태계 다양성

14.

다음 중 생물이 생명 유지를 위해 생명체 내에서 물질을 분해하거나 합성하는 모든 화학 반응을 무엇이라고 하는가?

① 삼투

② 연소

③ 확산

④ 물질대사

15.

그림과 같이 광합성이 일어나는 식물의 세포 소기관은?

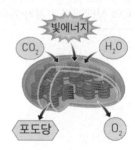

① 핵

② 엽록체

③ 세포막

④ 미토콘드리아

16.

그림은 세포 내 유전 정보의 흐름을 나타낸 것이다. ㉠과 ㉡에 해당하는 물질은?

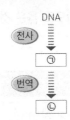

	㉠	㉡		㉠	㉡
①	단백질	단백질	②	단백질	RNA
③	RNA	단백질	④	RNA	RNA

17.

다음 설명에 해당하는 것은?

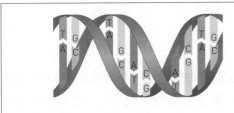

- 이중 나선 구조이다.
- A, G, C, T의 염기 서열로유전 정보를 저장한다

① 지방　　　　　② 효소
③ 단백질　　　　④ DNA

18.

그림은 생태계의 구성 요소 중 생물적 요인을 나타낸 것이다. A에 해당하는 생물은?

① 벼　　　　　② 토끼
③ 독수리　　　④ 곰팡이

19.

그림은 어느 지질 시대의 표준 화석을 나타낸 것이다. 이 생물이 번성하였던 지질 시대는?

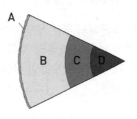

공룡

① 신생대　　　　② 중생대
③ 고생대　　　　④ 선캄브리아 시대

20.

그림은 지구 내부의 층상 구조를 나타낸 것이다. A ~ D는 각각 지각, 맨틀, 외핵, 내핵 중 하나이다. 액체 상태인 층은?

① A　　　　　② B
③ C　　　　　④ D

21.

다음 판의 경계에 발달하는 지형은?

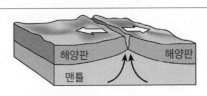

- 발산형 경계이다.
- 맨틀 대류 상승부이다.
- 판이 생성되는 곳이다.

① 해령　　　　　② 해구
③ 호상 열도　　　④ 변환 단층

22.

그림은 지구 시스템을 이루는 각 권의 상호 작용을 나타낸 것이다. A ~ D 중 화산 활동에 의한 화산 가스가 대기 중에 방출되는 것에 해당하는 상호 작용은?

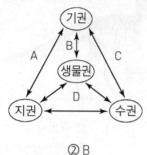

① A   ② B

③ C   ④ D

23.

다음 설명의 ㉠에 해당하는 것은?

> 태평양의 적도 부근에서 부는 무역풍이 몇 년에 한 번씩 약해지면서 남적도 해류의 흐름이 느려져서, 동태평양 적도 해역의 표층 수온이 평상시보다 높아진다. 이러한 현상을 [㉠]라고 한다.

① 사막화   ② 산사태

③ 엘니뇨   ④ 한파

24.

그림은 수소 기체 방전관에서 나온 빛의 방출 스펙트럼을 분광기를 이용하여 맨눈으로 관찰한 것을 나타낸 것이다. 이에 대한 설명으로 옳은 것만을 <보기>에서 모두 고른 것은?

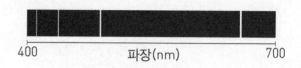

> <보기>
>
> ㄱ. 선 스펙트럼이다.
> ㄴ. 가시광선 영역에 속한다.
> ㄷ. 헬륨의 스펙트럼도 같은 위치에 선이 나타난다.

① ㄱ   ② ㄷ

③ ㄱ, ㄴ   ④ ㄴ, ㄷ

25.

그림은 질량이 태양 정도인 별의 중심부에서 핵융합 반응이 모두 끝났을 때의 내부 구조를 나타낸 것이다. ㉠에 해당하는 원소는?

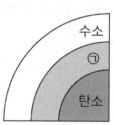

① 헬륨   ② 산소

③ 철   ④ 우라늄

01.

다음 중 밀물과 썰물에 의한 해수면의 높이차인 조차를 이용하여 전기 에너지를 생산하는 발전 방식은?

① 핵발전
② 조력 발전
③ 풍력 발전
④ 화력 발전

02.

그림과 같이 물체에 한 방향으로 10N의 힘이 5초 동안 작용했을 때 이 힘에 의해 물체가 받은 충격량의 크기는?

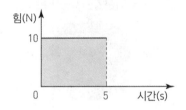

① 12N·s
② 30N·s
③ 50N·s
④ 80N·s

03.

그림과 같이 막대자석을 코일 속에 넣었다 뺐다 하면 코일의 도선에 전류가 유도되어 검류계의 바늘이 움직인다. 이 현상은?

① 대류
② 삼투
③ 초전도
④ 전자기 유도

04.

그림과 같이 공이 자유 낙하 하는 동안 시간에 따른 속력의 그래프로 옳은 것은?(단, 공기 저항은 무시한다.)

①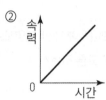
②
③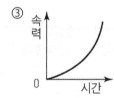
④

05.

그림은 고열원에서 1000J의 열에너지를 흡수하여 일 W를 하고 저열원으로 600J의 열에너지를 방출하는 열기관의 1회 순환 과정을 나타낸 것이다. 이 열기관의 열효율은?

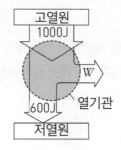

① 20%
② 40%
③ 80%
④ 100%

06.

신재생 에너지에 대한 설명으로 옳은 것만을 <보기>에서 모두 고른 것은?

```
            <보기>
ㄱ. 화석 연료보다 친환경적이다.
ㄴ. 태양광 에너지는 신재생 에너지의 한 종류이다.
ㄷ. 인류 문명의 지속 가능한 발전을 위해 신재생 에
    너지개발이 필요하다.
```

① ㄱ, ㄴ
② ㄱ, ㄷ
③ ㄴ, ㄷ
④ ㄱ, ㄴ, ㄷ

07.

다음 원자의 전자 배치 중 원자가 전자가 4개인 것은?

①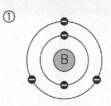
②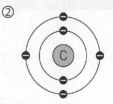
③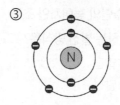
④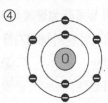

08.

다음 중 그림과 같이 양이온과 음이온의 정전기적 인력에 의해 형성된 이온 결합 물질은?

① 철(Fe)
② 구리(Cu)
③ 마그네슘(Mg)
④ 염화 나트륨(NaCl)

09.

그림은 주기율표의 일부를 나타낸 것이다. 임의의 원소 A ~ D 중 원자 번호가 가장 큰 것은?

주기 \ 족	1	2		17	18
1	A				
2		B		C	
3					D

① A
② B
③ C
④ D

10.

그림은 메테인(CH₄)의 분자 구조 모형을 나타낸 것이다. 메테인을 구성하는 탄소(C) 원자와 수소(H) 원자의 개수비는?

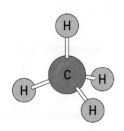

	C		H		C		H
①	1	:	2	②	1	:	3
③	1	:	4	④	2	:	3

11.

다음은 철의 제련 과정에서 일어나는 산화 환원 반응의 화학 반응식이다. 이 반응에서 산소를 잃어 환원되는 반응 물질은?

$$Fe_2O_3 + 3CO \longrightarrow 2Fe + 3CO_2$$

산화 철(Ⅲ)　일산화 탄소　　철　이산화 탄소

① Fe_2O_3
② CO
③ Fe
④ CO_2

12.

그림은 묽은 염산(HCl)과 수산화 나트륨(NaOH) 수용액의 중화 반응 모형을 나타낸 것이다. 이온 ㉠은?

묽은 염산　　수산화 나트륨 수용액　　혼합 용액

① OH^-
② Br^-
③ Cl^-
④ F^-

13.

다음 중 세포에서 유전 정보를 저장하거나 전달하는 물질은?

① 물
② 지질
③ 핵산
④ 탄수화물

14.

그림은 어떤 동물 세포의 구조를 나타낸 것이다. A ~ D 중 세포 호흡이 일어나 생명 활동에 필요한 에너지를 생산하는 세포 소기관은?

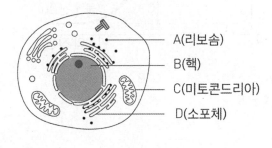

A(리보솜)
B(핵)
C(미토콘드리아)
D(소포체)

① A
② B
③ C
④ D

15.

다음은 세포막을 경계로 물질이 이동하는 방법을 설명한 것이다. ㉠에 해당하는 것은?

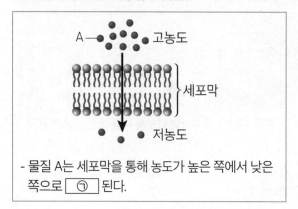

- 물질 A는 세포막을 통해 농도가 높은 쪽에서 낮은 쪽으로 ㉠ 된다.

① 확산　　　　　　② 합성
③ 이화　　　　　　④ 복제

16.

그림은 과산화 수소의 분해 반응에서 효소인 카탈레이스가 있을 때와 없을 때의 에너지 변화를 나타낸 것이다. 이 반응에서 효소가 있을 때의 활성화 에너지는?

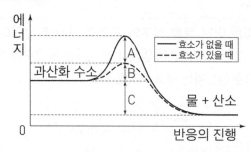

① A　　　　　　② B
③ A + B　　　　　④ B + C

17.

그림은 세포 내 유전 정보의 흐름 중 일부를 나타낸 것이다. 과정 (가)와 염기 ㉠은?

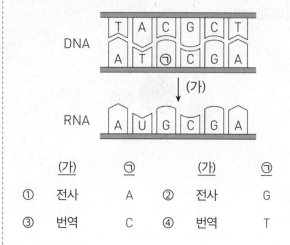

	(가)	㉠		(가)	㉠
①	전사	A	②	전사	G
③	번역	C	④	번역	T

18.

그림은 생태계 평형이 유지되고 있는 생태계에서의 먹이 그물을 나타낸 것이다. 이 먹이 그물에서 개체 수가 가장 많은 생물은?

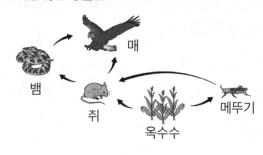

① 뱀　　　　　　② 쥐
③ 메뚜기　　　　　④ 옥수수

19.

다음 설명의 ㉠에 해당하는 것은?

　㉠ 은 생태계 내에 존재하는 생물의 다양한 정도를 의미하며 유전적 다양성, 종 다양성, 생태계 다양성을 포함한다.

① 초원　　　　　　② 개체군
③ 외래종　　　　　④ 생물 다양성

20.

그림은 빅뱅 우주론을 모형으로 나타낸 것이다. 빅뱅 이후 시간의 흐름에 따라 증가하는 물리량으로 옳은 것만을 <보기>에서 모두 고른 것은?

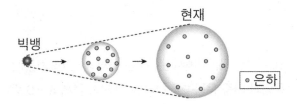

<보기>
ㄱ. 우주의 크기   ㄴ. 우주의 평균 밀도 ㄷ. 우주의 평균 온도

① ㄱ
② ㄷ
③ ㄱ, ㄴ
④ ㄴ, ㄷ

21.

다음 중 지구에서 온실 효과를 일으키는 기체가 아닌 것은?

① 헬륨
② 메테인
③ 수증기
④ 이산화 탄소

22.

그림은 질량이 서로 다른 2개의 별 중심부에서 모든 핵융합 반응이 끝난 직후 내부 구조의 일부를 각각 나타낸 것이다. 지점 A ~ D 중 가장 무거운 원소가 생성된 곳은?

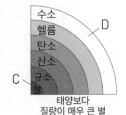

① A
② B
③ C
④ D

23.

다음 설명에 해당하는 지형은?

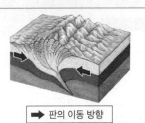

➡ 판의 이동 방향

- 두 판이 충돌하면서 높이 솟아올라 형성된 거대한 산맥이다.
- 수렴형 경계가 존재하는 지역에서 발달할 수 있다.

① 해령
② 열곡
③ 습곡 산맥
④ 변환 단층

24.

다음 중 대기 중의 이산화 탄소가 바닷물에 녹아 들어가는 과정에서 상호 작용하는 지구 시스템의 구성 요소는?

① 기권과 수권
② 지권과 수권
③ 기권과 생물권
④ 지권과 생물권

25.

다음 설명에 해당하는 지질 시대는?

매머드

- 지질 시대 중 기간이 가장 짧다.
- 매머드와 같은 포유류가 매우 번성 하였고 인류의 조상이 출현하였다.

① 선캄브리아 시대
② 고생대
③ 중생대
④ 신생대

01.

다음에서 설명하는 발전 방식은?

- 파도 상황에 따라 전력 생산량이 일정하지 않다.
- 파도의 운동 에너지를 전기 에너지로 전환한다.

① 파력 발전
② 화력 발전
③ 원자력 발전
④ 태양광 발전

02.

그림은 전기 에너지의 생산과 수송 과정을 나타낸 것이다. 이에 대한 설명으로 옳은 것만을 <보기>에서 모두 고른 것은?

765kV   22.9kV   ㉠
발전소   변전소   주상변압기   가정

<보기>

ㄱ. 발전소에서 전기 에너지를 생산한다.
ㄴ. ㉠에 해당하는 전압은 22.9 kV보다 작다.
ㄷ. 수송 과정에서 손실되는 전기 에너지는 없다.

① ㄱ
② ㄷ
③ ㄱ, ㄴ
④ ㄴ, ㄷ

03.

표는 같은 직선상에서 운동하는 물체 A ~ D의 처음 운동량과 나중 운동량을 나타낸 것이다. 물체 A ~ D 중 받은 충격량의 크기가 가장 큰 것은?

물체	운동량 (kg·m/s) 처음 운동량	나중 운동량
A	2	5
B	3	7
C	3	8
D	4	10

① A
② B
③ C
④ D

04.

그림은 고열원에서 100J의 열에너지를 공급받아 W의 일을 하는 열기관을 나타낸 것이다. 열기관에서 저열원으로 50J의 열에너지를 방출할 때, 열기관이 한 일 W의 양은?

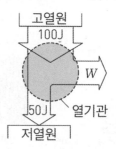

고열원
100J
W
50J   열기관
저열원

① 30J
② 40J
③ 50J
④ 60J

05.

다음은 태양 내부에서 일어나는 반응에 대한 설명이다. ⊙에 해당하는 원소는?

> 고온 · 고압인 태양에서 수소 원자핵이 융합하여
> ⊙ 원자핵이 생성되는 동안 줄어든 질량이 에너지로 전환된다.

① 질소

② 칼슘

③ 헬륨

④ 나트륨

06.

그림은 자유 낙하하는 물체의 위치를 일정한 시간 간격으로 나타낸 것이다. A ~ D지점 중 물체의 속도가 가장 빠른 지점은?(단, 중력 가속도는 10m/s²이고, 공기 저항은 무시한다.)

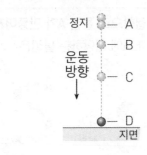

① A

② B

③ C

④ D

07.

그림과 같이 자석을 코일 속에 넣을 때 발생하는 유도 전류의 방향을 변화시킬 수 있는 요인으로 옳은 것만을 <보기>에서 모두 고른 것은?

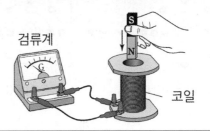

> <보기>
>
> ㄱ. 자석의 극을 바꾼다.
> ㄴ. 자석을 더 빠르게 넣는다.
> ㄷ. 더 강한 자석을 사용한다.

① ㄱ

② ㄷ

③ ㄱ, ㄴ

④ ㄱ, ㄷ

08.

그림은 주기율표의 일부를 나타낸 것이다. 임의의 원소 A ~ D 중 원자가 전자 수가 가장 큰 원소는?

주기\족	1	2	〜	16	17	18
1						
2	A			B		
3	C					D

① A

② B

③ C

④ D

09.

그림은 나트륨 이온의 생성 과정을 모형으로 나타낸 것이다. 나트륨 원자가 잃은 전자의 개수는?

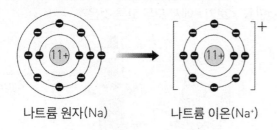

나트륨 원자(Na)　　　　나트륨 이온(Na⁺)

① 1개　　　　　② 2개
③ 3개　　　　　④ 4개

10.

다음에서 설명하는 화학 결합에 의해 형성된 물질은?

- 금속 원소와 비금속 원소 사이에서 형성된다.
- 양이온과 음이온의 정전기적 인력에 의해 형성된다.

① 은(Ag)　　　　　② 구리(Cu)
③ 산소(O_2)　　　　④ 염화 나트륨(NaCl)

11.

다음 중 산화 환원 반응의 사례가 <u>아닌</u> 것은?

① 도시가스를 연소시킨다.
② 철이 공기 중에서 붉게 녹슨다.
③ 산성화된 토양에 석회 가루를 뿌린다.
④ 사과를 깎아 놓으면 산소와 반응하여 색이 변한다.

12.

그림은 묽은 염산과 묽은 황산의 이온화된 모습을 나타낸 것이다. 두 수용액에 공통적으로 존재하는 ㉠에 해당하는 이온은?(단, ●, □, ○는 서로 다른 이온이다.)

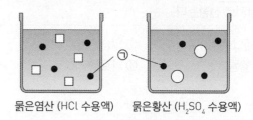

묽은염산 (HCl 수용액)　묽은황산 (H_2SO_4 수용액)

① 산화 이온(O^{2-})　　② 수소 이온(H^+)
③ 염화 이온(Cl^-)　　　④ 황산 이온(SO_4^{2-})

13.

그림은 단위체의 결합으로 물질 A가 만들어지는 과정을 나타낸 것이다. A에 해당하는 물질은?

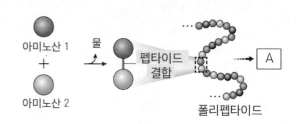

① 핵산　　　　　② 단백질
③ 포도당　　　　④ 글리코젠

14.

그림은 서로 다른 지역에 서식하는 여우의 형태를 나타낸 것이다. 이러한 여우의 형태 차이에 영향을 주는 환경 요인은?

북극여우   붉은여우   사막여우

① 물   ② 산소
③ 온도   ④ 토양

15.

다음은 안정된 생태계의 개체 수 피라미드에서 생태계 평형이 깨진 후 평형을 회복하는 과정의 일부를 설명한 것이다. ⊙과 ⓒ에 들어갈 말로 옳게 짝지어진 것은?

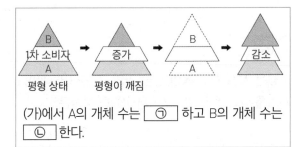

(가)에서 A의 개체 수는 ⊙ 하고 B의 개체 수는 ⓒ 한다.

	⊙	ⓒ		⊙	ⓒ
①	감소	감소	②	감소	증가
③	증가	감소	④	증가	증가

16.

다음은 생명 시스템 유지에 필요한 물질에 대한 설명이다. ⊙에 해당하는 것은?

- 만일 ⊙ 이/가 없다면 음식을 먹어도 영양소를 소화, 흡수할 수 없다.
- 생명체는 물질대사를 하며, 물질대사에는 ⊙ 이/가 관여한다.

① 녹말   ② 효소
③ 인지질   ④ 셀룰로스

17.

그림은 DNA에서 RNA가 전사되는 과정을 나타낸 것이다. ⊙에 해당하는 염기는?(단, 돌연변이는 없다.)

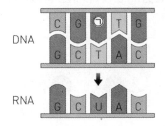

① A   ② T
③ G   ④ C

18.

세포막을 경계로 세포 안팎에 농도가 다른 용액이 있을 때, 물 분자가 세포막을 통해 농도가 낮은 곳에서 높은 곳으로 이동하는 현상은?

① 삼투   ② 호흡
③ 광합성   ④ 이화 작용

19.

다음 설명에 해당하는 것은?

- 일정 지역에 서식하는 생물종의 다양한 정도이다.
- 서식하는 생물종이 많고 그 분포가 고르게 나타날수록 높다.

① 개체   ② 군집
③ 개체군   ④ 종 다양성

20.

화산 활동과 관련된 설명으로 옳은 것만을 <보기>에서 모두 고른 것은?

<보기>
ㄱ. 화산 활동은 태양 에너지에 의해 일어난다.
ㄴ. 대규모의 화산 폭발은 주변의 지형을 변화시킨다.
ㄷ. 화산 활동은 온천, 지열 발전 등과 같이 이롭게 활용 되기도 한다.

① ㄱ   ② ㄷ
③ ㄱ, ㄴ   ④ ㄴ, ㄷ

21.

다음은 규산염 사면체에 대한 설명이다. ㉠에 해당하는 것은?

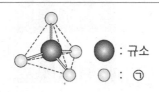

: 규소
: ㉠

규산염 광물을 구성하는 기본 구조는 규소 원자 1개와 [㉠] 원자 4개가 공유 결합을 이룬 사면체이다.

① 산소   ② 질소
③ 탄소   ④ 마그네슘

22.

그림은 지구 시스템을 이루는 각 권의 상호 작용을 나타낸 것이다. 해저 지진 활동으로 인해 지진 해일이 발생 하는 것에 해당하는 상호 작용은?

① A   ② B
③ C   ④ D

23.

다음 설명에 해당하는 현상은?

화석 연료 등의 사용으로 온실 기체의 농도가 크게 증가 하여 지구의 평균 기온이 상승하는 현상이다.

① 황사   ② 사막화
③ 엘니뇨   ④ 지구 온난화

24.

그림은 판의 이동과 맨틀 대류를 나타낸 것이다. A ~ D 중 발산형 경계에 해당하는 것은?

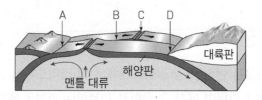

① A   ② B
③ C   ④ D

25.

그림은 지질 시대 동안 생물 과의 수 변화와 대멸종 시기를 나타낸 것이다. A에서 멸종한 생물은?

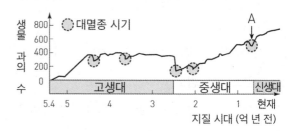

① 공룡   ② 매머드
③ 삼엽충   ④ 화폐석

2024년 2회 기출문제

01.

다음 설명에 해당하는 발전 방식은?

> 태양 전지를 사용하여 태양의 빛에너지를 전기 에너지로 직접 전환하며, 일조량에 따라 전력 생산량이 달라질 수 있다.

① 수력 발전　　　② 조력 발전
③ 파력 발전　　　④ 태양광 발전

02.

그림과 같이 마찰이 없는 수평면에서 질량이 2 kg인 물체가 6 m/s의 일정한 속력으로 운동 할 때 이 물체의 운동량(kg · m/s)의 크기는?

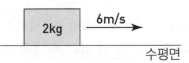

① 12　　　② 15
③ 18　　　④ 21

03.

다음 설명에서 ㉠에 공통으로 해당하는 것은?

> - 코일 근처에서 자석을 움직이면 코일에 전류가 유도되는데 이러한 현상을 　㉠　(이)라 한다.
> - 변압기는 　㉠　을/를 이용하여 전압을 변화시키는 장치로, 각 코일에 걸린 전압은 코일의 감은 수에 비례한다.

① 열효율　　　② 핵발전
③ 전자기 유도　　　④ 초전도 현상

04.

그림은 수평 방향으로 던진 공의 위치를 일정한 시간 간격으로 나타낸 것이다. A와 B 지점에서의 물리량이 같은 것만을 <보기>에서 모두 고른 것은? (단, 중력 가속도는 10 m/s²이고, 공기 저항은 무시한다.)

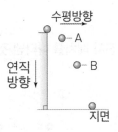

> <보기>
> ㄱ. 공의 수평 방향 속력
> ㄴ. 공의 연직 방향 속력
> ㄷ. 공에 작용하는 힘의 크기

① ㄴ　　　② ㄷ
③ ㄱ, ㄴ　　　④ ㄱ, ㄷ

05.

어떤 열기관이 75 J의 열에너지를 공급받아 외부에 15 J의 일을 하고 60 J의 열에너지를 방출할 때 이 열기관의 열효율은?

① 10 %　　　② 15 %
③ 20 %　　　④ 25 %

06.

다음은 그래핀에 대한 설명이다. ㉠에 해당하는 것은?

- 전기 전도성이 뛰어나다.
- ㉠ 원자가 육각형 모양으로 배열된 평면 구조이다.

① 규소   ② 산소
③ 질소   ④ 탄소

07.

다음은 원자의 전자 배치를 나타낸 것이다. 13족 원소는?

①   ②

③ 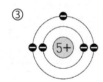   ④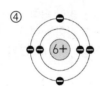

08.

그림은 주기율표의 일부를 나타낸 것이다. 원소 (가) ~ (라) 중 가장 바깥 전자 껍질의 전자 수가 8개이고 반응성이 거의 없는 것은?

족 주	1	2		16	17	18
1						
2				(가)		(나)
3	(다)				(라)	

① (가)   ② (나)
③ (다)   ④ (라)

09.

이온 결합 물질에 대한 설명으로 옳은 것만을 <보기>에서 모두 고른 것은?

<보기>

ㄱ. 산소 기체(O_2)가 해당한다.
ㄴ. 수용액 상태에서 전류가 흐른다.
ㄷ. 양이온과 음이온의 정전기적 인력에 의해 생성된다.

① ㄱ   ② ㄴ
③ ㄱ, ㄷ   ④ ㄴ, ㄷ

10.

다음 중 물에 녹아 염기성을 나타내는 물질은?

① HCl   ② $Ca(OH)_2$
③ H_2SO_4 ④ CH_3COOH

11.

그림은 수산화 나트륨(NaOH) 수용액에 A 수용액을 넣어 중화 반응시키는 과정을 나타낸 것이다. A에 해당하는 것은?

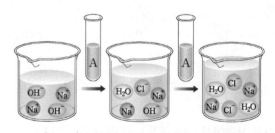

① HCl   ② HNO_3
③ H_2CO_3 ④ H_2SO_4

12.

다음 화학 반응에서의 반응 물질 중 산화되는 것은?

2CuO	+	C	→	2Cu	+	CO₂
산화 구리(II)		탄소		구리		이산화탄소

① CuO
② C
③ Cu
④ CO₂

13.

다음 설명에서 ㉠에 해당하는 것은?

> 같은 종의 무당벌레 개체군에서 겉날개의 색과 반점 무늬가 개체마다 달라지면 ㉠ 이/가 증가한다.

① 생물 대멸종
② 외래종 도입
③ 서식지 단편화
④ 유전적 다양성

14.

다음 설명에 해당하는 물질은?

> - 핵산을 구성하는 기본 단위체이다.
> - 염기 및 당과 인산으로 구성되어 있다.

① 지질
② 포도당
③ 아미노산
④ 뉴클레오타이드

15.

그림은 세포 내 유전 정보의 흐름을 나타낸 것이다. ㉠, ㉡에 해당하는 것은?

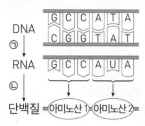

	㉠	㉡		㉠	㉡
①	번역	전사	②	전도	번역
③	전사	번역	④	전사	전도

16.

그림은 세포막의 구조와 세포막을 통한 물질 A와 B의 이동을 나타낸 것이다. 이에 대한 설명으로 옳은 것만을 <보기>에서 모두 고른 것은?

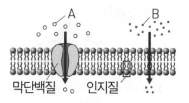

막단백질   인지질

> <보기>
> ㄱ. A는 막단백질을 통해 이동한다.
> ㄴ. B는 인지질 사이로 확산한다.
> ㄷ. 세포막은 막단백질로만 구성되어 있다.

① ㄱ
② ㄷ
③ ㄱ, ㄴ
④ ㄴ, ㄷ

17.

다음 설명에서 ㉠에 해당하는 것은?

> 항생제를 반복적으로 사용하다 보면 세균 집단 내에 항생제 내성 세균의 비율이 증가하게 된다. 이러한 현상은 다윈의 ㉠ (으)로 설명할 수 있다.

① 자연 선택
② 생태계 평형
③ 생태 피라미드
④ 생명 중심 원리

18.

다음 설명에서 밑줄 친 ㉠, ㉡이 해당되는 생태계 구성 요소는?

> 한 그루의 ㉠ 참나무를 관찰했더니 ㉡ 햇빛을 강하게 받은 잎이 약하게 받은 잎보다 두꺼운 것이 확인되었다.

	㉠	㉡		㉠	㉡
①	생산자	분해자	②	생산자	비생물적 요인
③	소비자	분해자	④	소비자	비생물적 요인

19.

그림은 어떤 안정된 생태계의 개체 수 피라미드를 나타낸 것이다. 이 생태계에 대한 설명으로 옳은 것만을 <보기>에서 모두 고른 것은?

2차 소비자
A
B

<보기>

ㄱ. A는 1차 소비자이다.
ㄴ. 참새는 B에 해당한다.
ㄷ. 상위 영양 단계로 갈수록 개체 수는 증가한다.

① ㄱ   ② ㄷ
③ ㄱ, ㄴ   ④ ㄴ, ㄷ

20.

다음 설명에서 ㉠에 공통으로 해당하는 것은?

- 지구의 지각을 구성하는 암석은 주로 규소와 ㉠ 이/가 결합한 규산염 광물로 이루어져 있다.
- ㉠ 은/는 사람을 구성하는 원소 중 가장 많은 질량을 차지한다.

① 수소   ② 탄소
③ 산소   ④ 칼슘

21.

다음 설명에서 ㉠, ㉡에 해당하는 것은?

태양 중심부에서는 ㉠ 원자핵 4개가 융합하여 ㉡ 원자핵 1개로 변환되는 수소 핵융합 반응이 일어난다.

	㉠	㉡		㉠	㉡
①	수소	철	②	수소	헬륨
③	헬륨	철	④	헬륨	수소

22.

그림은 어느 해역의 깊이에 따른 수온 변화를 나타낸 것이다. 층 A ~ C에 대한 설명으로 옳은 것만을 <보기>에서 모두 고른 것은?

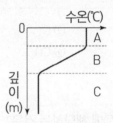

수온(℃)
A
B
깊이(m)
C

<보기>

ㄱ. A에서는 기권과 상호 작용이 일어난다.
ㄴ. B에서는 깊어질수록 수온이 높아진다.
ㄷ. C는 수온 약층이다.

① ㄱ   ② ㄴ
③ ㄱ, ㄷ   ④ ㄴ, ㄷ

23.

그림의 A, B는 판의 경계를 나타낸 것이다. 이에 대한 설명으로 옳은 것만을 <보기>에서 모두 고른 것은?

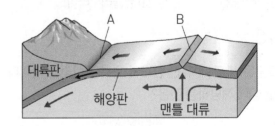

A   B
대륙판
해양판
맨틀 대류

<보기>

ㄱ. A는 발산형 경계이다.
ㄴ. B에서는 판이 생성된다.
ㄷ. A, B에서는 모두 해구가 발달한다.

① ㄱ   ② ㄴ
③ ㄱ, ㄷ   ④ ㄴ, ㄷ

24.

그림은 서로 다른 지질 시대 **A ~ C**의 표준 화석을 나타낸 것이다. 오래된 시대부터 순서대로 나열한 것은?

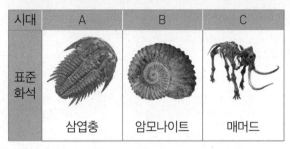

시대	A	B	C
표준 화석	삼엽충	암모나이트	매머드

① A - B - C   ② A - C - B

③ B - A - C   ④ C - A - B

25.

다음 현상을 일으키는 지구 시스템의 주된 에너지원은?

- 지진과 화산 활동을 일으킨다.
- 맨틀 대류를 일으켜 판을 이동시킨다.

① 조력 에너지   ② 풍력 에너지

③ 바이오 에너지   ④ 지구 내부 에너지

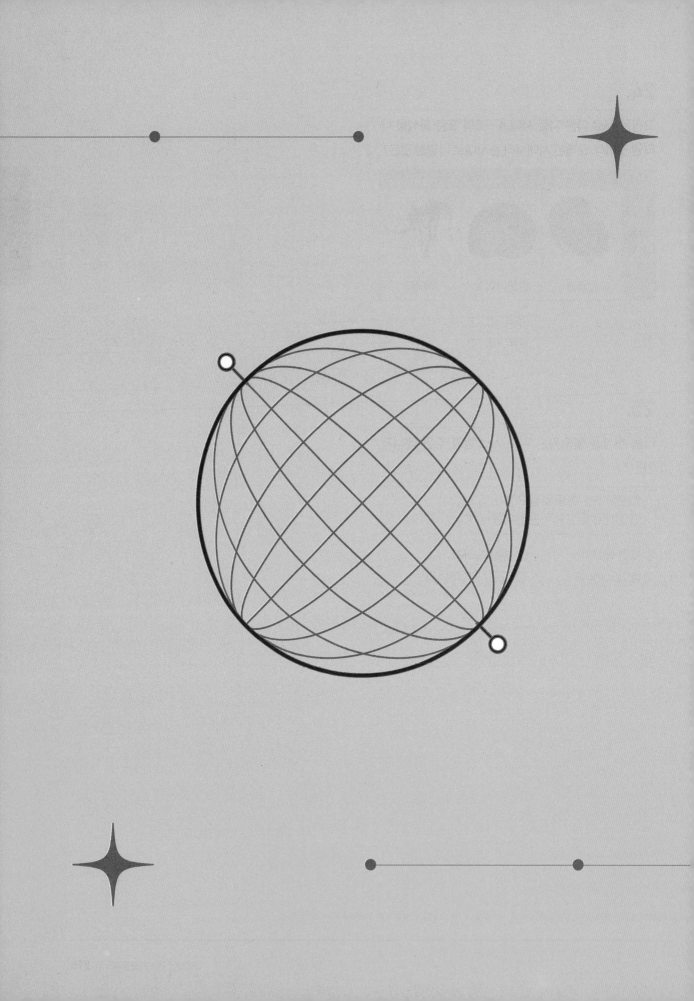

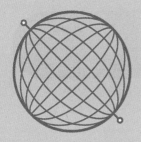

고등학교 졸업학력
검정고시

한국사 기출문제

01.

다음 유물이 처음으로 제작된 시대는?

- 명칭 : 주먹도끼
- 용도 : 짐승을 사냥하고 가죽을 벗기는 등 다양한
  용도로 사용

① 구석기 시대   ② 신석기 시대
③ 청동기 시대   ④ 철기 시대

02.

다음에서 ㉠에 들어갈 내용으로 가장 적절한 것은?

<삼한의 사회 모습>
- 신지, 읍차 등의 군장 세력이 성장함.
- [㉠   ].
- 5월과 10월에 계절제를 지냄.

① 진대법을 실시함   ② 성리학이 발달함
③ 상감 청자를 제작함   ④ 천군이 제사를 주관함

03.

다음에서 설명하는 신라의 조직은?

- 원시 사회의 청소년 집단에서 기원하여, 진흥왕 때
  국가적 조직으로 개편함.
- 원광의 세속 5계를 행동 규범으로 삼음.

① 5군영   ② 별무반
③ 화랑도   ④ 군국기무처

04.

조선 세종의 정책으로 옳은 것을 < 보기 > 에서 고른 것은?

<보기>
ㄱ. 집현전 설치   ㄴ. 『경국대전』 완성
ㄷ. 훈민정음 창제   ㄹ. 노비안검법 실시

① ㄱ, ㄴ   ② ㄱ, ㄷ
③ ㄴ, ㄹ   ④ ㄷ, ㄹ

05.

다음에서 설명하는 문화유산은?

공주에서 발견된 백제 고분으로 중국 남조의 영향을
받아 만들어진 벽돌무덤이다. 또한 출토된 묘지석을
통해 무덤에 묻힌 왕이 누구인지 알 수 있다.

① 천마총   ② 장군총
③ 강서대묘   ④ 무령왕릉

06.

다음에서 ㉠에 들어갈 고려의 군사 조직은?

> ■ 답사 계획 ■
>
> 주제: [㉠] 항쟁 흔적을 찾아서
>
> - 1일차: 강화도 강화산성
> - 2일차 : 진도 용장성
> - 3일차: 제주도 항파두리성

① 삼별초   ② 장용영
③ 훈련도감   ④ 대한 독립군

07.

다음에서 설명하는 고려의 신분은?

> - 최하층 신분인 천민의 대부분을 차지함.
> - 매매 · 증여 · 상속의 대상으로 주인에게 예속됨.

① 향리   ② 노비
③ 귀족   ④ 6두품

08.

다음에서 ㉠에 들어갈 역사서는?

> 학생 『 ㉠ 』에 대해 알려 주세요.
>
> 교사 고려 후기 승려 일연이 저술한 것으로, 단군의 건국 이야기를 기록하고 있습니다.

① 동의보감   ② 농사직설
③ 삼국유사   ④ 향약집성방

09.

다음에서 설명하는 고려의 정치 기구는?

> - 관리의 비리를 감찰하는 기구임.
> - 중서문하성의 낭사와 함께 대간으로 불림.

① 어사대   ② 집사부
③ 제가 회의   ④ 통리기무아문

10.

다음에서 ㉠에 들어갈 정치 세력은?

> < 신라 말의 사회 >
>
> - 중앙 귀족들 사이에 왕위 쟁탈전 전개
> - 지방에서는 [㉠] 이/가 성장하여 지배권 행사
> - 선종과 풍수지리설의 유행

① 사림   ② 호족
③ 권문세족   ④ 신진 사대부

11.

다음에서 설명하는 조선의 사절단은?

> 왜란 이후, 에도 막부의 요청에 의해 19세기 초까지 일본에 12차례 파견되었다. 외교 사절의 의미를 넘어 일본에 조선의 문화를 전파하는 역할도 하였다.

① 영선사   ② 보빙사
③ 통신사   ④ 연행사

12.

다음에서 설명하는 조선 후기 농민 봉기는?

> 1811년 순조 때 평안도에서 지역 차별과 세도 정치에 저항하여 일어난 농민 봉기이다. 이는 19세기에 일어난 대규모 농민 봉기의 시작이었다.

① 만적의 난   ② 홍경래의 난
③ 부 · 마 민주 항쟁   ④ 암태도 소작 쟁의

13.

다음에서 ⊙에 들어갈 조선 후기의 화가는?

> ⊙ 은 중국의 것을 모방하던 기존의 산수화에서 벗어나 우리나라의 산천을 사실대로 묘사하는 진경 산수화를 그렸다. 대표적인 작품으로 '금강전도', '인 왕제색도' 등이 있다.

① 담징　　　　　② 안견
③ 정선　　　　　④ 강희안

14.

다음에서 설명하는 흥선 대원군의 정책은?

> - 군정의 폐단을 시정하기 위함.
> - 상민에게만 거두던 군포를 양반에게도 징수함.

① 태학 설립　　　　② 호포제 실시
③『칠정산』편찬　　④ 수원 화성 건설

15.

다음에서 ⊙에 들어갈 사건은?

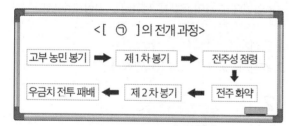

① 병자호란　　　　② 김흠돌의 난
③ 이자겸의 난　　　④ 동학 농민 운동

16.

다음 대화 내용에 해당하는 사건은?

① 임오군란　　　　② 갑신정변
③ 갑오개혁　　　　④ 을미사변

17.

다음에서 ⊙에 들어갈 단체는?

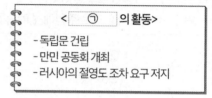

① 신민회　　　　　② 근우회
③ 독립 협회　　　　④ 조선 형평사

18.

다음에서 설명하는 단체는?

> - 일제 강점기에 한글을 지키려는 노력을 전개하여 한글 맞춤법 통일안을 제정하였다.
> - 『우리말 큰사전』편찬을 시도하였으나 일제의 방해로 성공하지 못하였다.

① 황국 협회　　　　② 한국 광복군
③ 한인 애국단　　　④ 조선어 학회

19.

일제의 식민지 경제 정책으로 옳지 <u>않은</u> 것은?

① 영정법 실시
② 남면북양 정책 추진
③ 산미 증식 계획 시행
④ 토지 조사 사업 실시

20.

다음에서 설명하는 민족 운동은?

- 민족 자결주의와 2 · 8 독립 선언의 영향을 받아 일어남.
- 대한민국 임시 정부 수립의 계기가 됨.

① 3 · 1 운동
② 새마을 운동
③ 문자 보급 운동
④ 서경 천도 운동

21.

1948년 제정된 '반민족 행위 처벌법'의 목적으로 옳은 것은?

① 친일파 청산
② 신분제 폐지
③ 삼정 문란 해결
④ 외환 위기 극복

22.

다음에서 설명하는 인물은?

■ 이달의 독립운동가 ■
○ 생몰 연도: 1897년 ~ 1910년
○ 주요 활동
  - 1909년 하얼빈에서 이토 히로부미 처단
  - 뤼순 감옥에서 '동양 평화론' 집필

① 서희
② 안중근
③ 정약용
④ 최승로

23.

다음에서 ㉠에 들어갈 내용으로 옳은 것은?

< 4·19 혁명 >
- 배경: ㉠
- 과정: 학생, 시민들의 전국적인 시위 전개
- 결과: 이승만의 대통령직 사임

① 브나로드 운동
② 농촌 진흥 운동
③ 3 · 15 부정 선거
④ 민족 유일당 운동

24.

의열단에 대한 설명으로 옳지 <u>않은</u> 것은?

① 1919년 만주에서 김원봉이 주도하여 조직하였다.
② 조선 총독부, 종로 경찰서 등에 폭탄을 투척하였다.
③ 신채호의 '조선 혁명 선언'을 행동 강령으로 삼았다.
④ 쌍성총관부를 공격하여 철령 이북의 땅을 회복하였다.

25.

다음에서 ㉠에 들어갈 내용으로 옳은 것은?

<노태우 정부의 정책>
- 북방 외교 추진
- 남북한 유엔 동시 가입
- ㉠

① 교정도감 설치
② 관수관급제 실시
③ 개성 공단 건설
④ 남북 기본 합의서 채택

01.

다음 유물이 처음으로 제작된 시대의 생활 모습으로 옳은 것은?

< 빗살무늬 토기 >

① 민화가 유행하였다.
② 불교를 받아들였다.
③ 농경과 목축을 시작하였다.
④ 철제 농기구를 사용하였다.

02.

다음에서 ㉠에 들어갈 나라는?

< _____㉠_____의 8조법 >
- 사람을 죽인 자는 즉시 죽인다.
- 남에게 상처를 입힌 자는 곡식으로 갚는다.
- 도둑질을 한 자는 노비로 삼는다.

① 마한　　　　　　② 백제
③ 신라　　　　　　④ 고조선

03.

다음에서 ㉠에 들어갈 사건은?

< 고구려와 수 · 당의 전쟁 >
- _____㉠_____ : 수나라의 침입을 을지문덕이 물리침.
- 안시성 싸움 : 당나라의 침입을 성주와 백성들이 결사적으로 저항하여 물리침.

① 기묘사화　　　　② 신미양요
③ 무신 정변　　　　④ 살수 대첩

04.

다음 중 발해에 대한 설명으로 옳은 것을 < 보기 >에서 고른 것은?

< 보기 >
ㄱ. 고구려 계승 의식을 내세웠다.
ㄴ. 당으로부터 해동성국이라 불리었다.
ㄷ. 화랑도를 국가적 조직으로 정비하였다.
ㄹ. 이성계가 건국한 후 한양으로 천도하였다.

① ㄱ, ㄴ　　　　　② ㄱ, ㄷ
③ ㄴ, ㄹ　　　　　④ ㄷ, ㄹ

05.

다음에서 설명하는 고려의 왕은?

- 쌍성총관부를 공격하여 철령 이북의 영토를 수복함.
- 신돈을 등용하여 전민변정도감을 설치함.

① 성왕　　　　　　② 공민왕
③ 장수왕　　　　　④ 진흥왕

06.

다음에서 ㉠에 들어갈 내용으로 가장 적절한 것은?

<수행 평가 계획서>

주제 : [　㉠　]
- 1모둠 : 전시과 제도의 정비 과정에 대해 조사하기.
- 2모둠 : 공음전, 군인전의 특징에 대해 조사하기.

① 고려의 토지 제도
② 삼국의 문물 교류
③ 조선의 대외 관계
④ 통일 신라의 신분 제도

07.

다음에서 설명하는 고려의 공예품은?

- 신라와 발해의 전통과 기술을 토대로 송의 자기 제작기술을 받아들여 만들어짐.
- 귀족 사회의 전성기인 11세기에 만들어진 비색의 자기임.

① 청자　　　　② 활구
③ 거중기　　　④ 신기전

08.

다음에서 설명하는 고려의 인물은?

■ 역사 인물 카드 ■
○ 생몰 연도 : 1158 ~ 1210
○ 주요 활동 - 수선사 결사 조직
　　　　　　 - 수행 방법으로 정혜쌍수, 돈오점수 제시
　　　　　　 - 선·교 일치의 사상 체계 정립

① 계백　　　　② 지눌
③ 김유신　　　④ 김좌진

09.

다음에서 설명하는 조선의 법전은?

- 세조 때 편찬을 시작하여 성종 때 완성함.
- 조선의 기본 법전으로 이·호·예·병·형·공전의 6전으로 구성됨.

① 경국대전　　　② 농사직설
③ 목민심서　　　④ 삼국사기

10.

다음에서 ㉠에 들어갈 내용으로 옳은 것은?

< 정조의 정책 >
- 규장각 운영
- 장용영 설치
- [　㉠　]

① 대가야 정벌
② 훈민정음 창제
③ 수원 화성 건설
④ 노비안검법 실시

11.

다음에서 설명하는 사건은?

- 배경 : 청의 군신 관계 요구를 조선이 거절함.
- 전개 : 청 태종이 침략하자 인조가 남한산성으로 피신하여 항전하였으나 삼전도에서 항복함.
- 결과 : 조선은 청과 군신 관계를 맺음.

① 방곡령　　　　② 병자호란
③ 을미사변　　　④ 홍경래의 난

12.

다음에서 ㉠에 들어갈 조선의 수취 제도는?

> | 학생 | ㉠ 에 대해 알려 주세요. |
> | 교사 | 조선 영조 때 군역 부담을 줄여 주기 위하여 실시된 수취 제도로 1년에 2필을 내던 군포를 1필로 줄였습니다. |

① 과전법　　　　② 균역법
③ 진대법　　　　④ 호패법

13.

다음에서 설명하는 사건은?

> ○○○○년 ○○월 ○○일
>
> **개화당, 새로운 세상을 꿈꾸다**
>
> 개화당의 김옥균, 박영효, 홍영식, 서재필 등은 우정총국 개국 축하연을 기회로 변란을 일으켜 근대 국가를 건설하고자 하였다.

① 갑신정변　　　　② 묘청의 난
③ 삼별초 항쟁　　　④ 위화도 회군

14.

다음에서 설명하는 종교는?

> - 경주의 몰락 양반인 최제우가 창시함.
> - 인내천 사상을 바탕으로 인간의 평등을 강조함.
> - 1894년 전봉준, 손화중 등 교도들이 농민 운동에 참여함.

① 도교　　　　② 동학
③ 대종교　　　④ 원불교

15.

다음 퀴즈의 정답으로 옳은 것은?

> **< 한국사 퀴즈 >**
> **문제: 다음 힌트를 듣고 정답을 말해 주세요.**
> ○ 힌트 1 - 흥선 대원군이 왕실의 권위를 높이기 위해 실시한 정책입니다.
> ○ 힌트 2 - 필요 경비를 마련하려고 당백전을 발행하였습니다.

① 경복궁 중건　　　② 우산국 정복
③ 삼국유사 편찬　　④ 독서삼품과 실시

16.

밑줄 친 ㉠의 회원들이 벌인 활동으로 옳은 것은?

> 1907년 안창호, 양기탁 등이 설립한 ㉠ 비밀 결사 단체로 교육 진흥과 국민 계몽을 강조하고 해외에 독립운동 기지를 건설하였다.

① 강동 6주 개척
② 대동여지도 제작
③ 남북 기본 합의서 채택
④ 대성 학교와 오산 학교 설립

17.

다음에서 설명하는 자주 국권 운동을 전개한 단체는?

> **대한 사람 모두 모이시오!**
> **만민 공동회는 남녀노소 누구나 참여할 수 있습니다.**
>
> ○ 일자: 1898년 ○월 ○○일
> ○ 취지: 러시아 내정 간섭과 이권 요구 규탄
> ○ 운영 방법: 토론회와 강연회

① 의열단　　　　② 독립 협회
③ 북로 군정서　　④ 미 · 소 공동 위원회

18.

다음에서 설명하는 것은?

> 1919년 3 · 1 운동을 계기로 상하이에서 수립되었으며, 민주 공화제를 지향하고 연통제와 교통국을 조직하여 활동하였다.

① 삼정이정청　　　② 통리기무아문
③ 문맹 퇴치 운동　　④ 대한민국 임시 정부

19.

다음에서 일제 강점기 국가 총동원법이 적용된 시기의 상황으로 옳은 것은?

① 공출 제도가 실시되었다.
② 만적의 난이 발생하였다.
③ 강화도 조약이 체결되었다.
④ 전국에 척화비가 세워졌다.

20.

다음에서 설명하는 단체는?

> - 어려운 독립운동 상황을 극복하기 위해 김구의 주도하에 조직됨.
> - 대표적인 활동으로 이봉창 의거와 윤봉길 의거가 있음.

① 별기군　　　　　② 교정도감
③ 한인 애국단　　　④ 조선어 학회

21.

다음에서 ㉠에 들어갈 내용으로 가장 적절한 것은?

> < 다큐멘터리 기획안 >
> ○ 제목: 일제의 역사 왜곡에 맞선 신채호
> ○ 기획 의도: 역사학자 신채호의 활동을 조명한다.
> ○ 내용: 1부 대한매일신보에 '독사신론'을 연재하다.
> 　　　　2부　　　㉠

① 동의보감을 편찬하다.
② 임오군란을 주도하다.
③ 해동 천태종을 창시하다.
④ 민족주의 사학을 연구하다.

22.

다음 정책을 실시한 정부 시기에 일어난 사건은?

> - 유신 헌법 제정
> - 새마을 운동 실시
> - 한 · 일 협정 체결
> - 경제 개발 5개년 계획 추진

① 서원 철폐　　　　② 자유시 참변
③ 베트남 파병　　　④ 금난전권 폐지

23.

다음 대화 내용에 해당하는 민족 운동은?

민족 산업을 보호하기 위해 조만식 등이 평양에서 시작한 운동이야.

그때 '조선 사람 조선 것' 이라는 구호를 외쳤어.

① 형평 운동　　　　② 서경 천도 운동
③ 물산 장려 운동　　④ 좌 · 우 합작 운동

24.

다음에서 설명하는 사건은?

> 1980년 5월, 비상계엄을 전국으로 확대한 신군부에 맞서 광주의 학생과 시민들은 '광주 시민 궐기문'을 발표하고 격렬하게 저항하였다. 당시의 관련 기록물은 2011년 유네스코 세계기록 유산으로 등재되었다.

① 병인박해   ② YH 무역 사건

③ 교조 신원 운동   ④ 5 · 18 민주화 운동

25.

다음에서 ⊙에 들어갈 내용으로 옳은 것은?

>
> - 2000년에 개최된 남북 정상 회담의 결과로 발표됨.
> - 이산가족 방문, 개성 공단 건설 등 남북 교류에 합의함.

① 홍범 14조

② 교육입국 조서

③ 6 · 15 남북 공동 선언

④ 조 · 청 상민 수륙 무역 장정

2022년 1회 기출문제

01.

다음 유물이 처음으로 제작된 시대는?

<탁자식 고인돌>

비파형 동검과 함께 만주와 한반도 북부에 집중적으로 분포한다. 이를 통해 고조선의 문화 범위를 추정할 수 있다.

① 구석기 시대　　　② 신석기 시대
③ 청동기 시대　　　④ 철기 시대

02.

다음에서 설명하는 신라의 인물은?

- 아미타 신앙을 전파하여 불교 대중화에 기여함.
- 여러 종파의 대립을 없애고자 화쟁 사상을 주장함.

① 원효　　　② 일연
③ 김부식　　　④ 정약용

03.

다음에서 설명하는 정치 세력은?

- 고려 말 권문세족의 부정부패를 비판함.
- 성리학을 바탕으로 사회 모순을 개혁하고자 함.
- 대표적 인물로는 조준, 정도전, 정몽주 등이 있음.

① 6두품　　　② 보부상
③ 독립 협회　　　④ 신진 사대부

04.

다음에서 ㉠에 해당하는 내용으로 적절한 것은?

<임오군란>

- 배경 : [　㉠　]
- 전개 : 군란 발생→흥선 대원군 재집권→청군 개입
- 영향 : 청의 내정 간섭, 제물포 조약 체결

① 평양 천도
② 신사 참배 강요
③ 금의 군신 관계 요구
④ 구식 군인에 대한 차별

05.

다음에서 설명하는 사건은?

일본의 도요토미 히데요시가 조선을 침략하자, 각지에서 의병이 일어나 일본군에게 타격을 주었다. 한편, 이순신이 이끄는 수군은 해전에서 여러 차례 일본군에 승리하였다.

① 임진왜란　　　② 살수 대첩
③ 만적의 난　　　④ 봉오동 전투

06.

다음에서 ㉠에 해당하는 조선의 제도는?

근래 방납의 폐단이 심하다고 들었소 이제부터 [㉠]을/를 실시하여 토지 결수에 따라 쌀로 공납을 거두도록 하시오

① 골품제　　　② 대동법
③ 단발령　　　④ 진대법

07.

다음에서 ⊙에 해당하는 것은?

> 신미양요 이후 흥선 대원군은 전국 각지에 ⊙
> 을/를 세워 서양과의 통상을 거부한다는 의지를 널
> 리 알렸다.

① 규장각   ② 독립문

③ 척화비   ④ 임신서기석

08.

다음에서 설명하는 조약은?

> - 조선이 외국과 맺은 최초의 근대적 조약임.
> - 조약 체결의 결과로 부산 외 2개 항구를 개항함.
> - 해안 측량권과 영사 재판권을 인정한 불평등 조약임.

① 간도 협약   ② 전주 화약

③ 톈진 조약   ④ 강화도 조약

09.

다음에서 ⊙에 해당하는 문화유산은?

> < 역사 유물 카드 >
> ○ 명칭: ⊙
> ○ 소재지: 경남 합천 해인사
> ○ 내용: 몽골의 침입을 부처의 힘으로 물리치고자
>   제작하였으며, 고려의 뛰어난 목판 인쇄술을
>   보여줌.

① 석굴암   ② 경국대전

③ 무령왕릉   ④ 팔만대장경판

10.

다음에서 ⊙에 해당하는 통치 기구는?

> 을사늑약의 결과는 무엇일까요?
>
> [⊙]이/가 설치됐어요.
>
> 대한 제국의 외교권을 빼앗겼어요.

① 삼별초   ② 집현전

③ 통감부   ④ 화랑도

11.

다음에서 설명하는 지역은?

> - 안용복이 일본에 건너가 조선의 영토임을 확인함.
> - 일본이 『태정관 지령』으로 조선의 영토로 인정함.
> - 대한 제국은 『칙령 제41호』를 통해 울도군의 관
>   할로 둠.

① 진도   ② 독도

③ 벽란도   ④ 청해진

12.

다음에서 설명하는 시설은?

> - 우리나라 최초의 근대식 병원임.
> - 1885년에 선교사 알렌의 제안으로 설립함.
> - 제중원을 거쳐 세브란스 병원으로 개칭함.

① 서원   ② 향교

③ 광혜원   ④ 성균관

13.

다음과 같이 주장한 일제 강점기의 사회 운동은?

> 신분제가 폐지되었지만 백정에 대한 편견이 여전합니다. 백정을 차별하는 것에 항의하고 평등한 대우를 요구합시다.

① 병인박해   ② 형평 운동

③ 거문도 사건   ④ 서경 천도 운동

14.

다음에서 설명하는 1910년대 일제의 식민 지배 방식은?

- 헌병 경찰로 일상생활을 감시함.
- 『조선 태형령』으로 한국인을 탄압함.
- 학교 교원에게도 제복을 입히고 칼을 차게 함.

① 선대제 ② 기인 제도
③ 무단 통치 ④ 나 · 제 동맹

15.

다음에서 ㉠에 해당하는 사건은?

< ㉠ 다큐멘터리 기획안>

주요 장면
- 장면1. 독립 선언서를 준비하는 33인의 민족 대표
- 장면2. 아우내 장터에서 만세 운동을 벌이는 유관순

① 3 · 1 운동　　　　② 무신 정변
③ 이자겸의 난　　　④ 임술 농민 봉기

16.

다음 대화에 해당하는 무장 투쟁은?

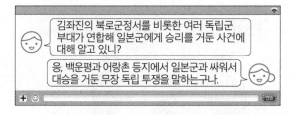

김좌진의 북로군정서를 비롯한 여러 독립군 부대가 연합해 일본군에게 승리를 거둔 사건에 대해 알고 있니?

응, 백운평과 어랑촌 등지에서 일본군과 싸워서 대승을 거둔 무장 독립 투쟁을 말하는구나.

① 명량 대첩　　　　② 청산리 대첩
③ 홍경래의 난　　　④ 6 · 10 만세 운동

17.

다음에서 ㉠에 해당하는 내용으로 적절한 것은?

<전시 동원 체제와 인력 수탈>
- 일제가 1938년에 『국가 총동원법』을 공포함.
- 지원병제와 징병제로 청년을 침략 전쟁에 투입함.
- 근로 정신대와 ㉠ 등으로 여성을 강제 동원함.

① 정미의병　　　　② 금융 실명제
③ 서울 올림픽　　　④ 일본군 '위안부'

18.

다음 설명에 해당하는 것은?

- 1948년에 김구와 김규식 등이 추진함.
- 김구 일행이 38도선을 넘어 평양으로 감.
- 남북의 지도자들이 통일 정부 수립을 결의함.

① 남북 협상　　　　② 아관 파천
③ 우금치 전투　　　④ 쌍성총관부 공격

19.

다음에서 ㉠에 해당하는 것은?

질문 ㉠ 의 활동에 대해 알려주세요.

답변 1919년 상하이에서 수립되었으며, 충칭으로 이동한 후 한국 광복군을 창설하여 대일 선전 포고를 하고 국내 진공 작전을 준비하였습니다.

① 9산선문　　　　② 급진 개화파
③ 대한민국 임시 정부　④ 동양 척식 주식회사

20.

다음에서 ㉠에 해당하는 내용으로 적절한 것은?

> **<반민족 행위 특별 조사 위원회>**
> - 설치 시기 : 1948년 이승만 정부 시기
> - 설치 근거 : 반민족 행위 처벌법
> - 설치 목적 : ┌───── ㉠ ─────┐

① 과거제 실시　　　　② 친일파 청산
③ 황무지 개간　　　　④ 방곡령 시행

21.

다음에서 ㉠에 해당하는 사건으로 적절한 것은?

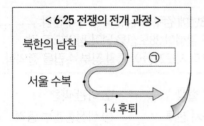

< 6·25 전쟁의 전개 과정 >

북한의 남침 → ㉠ → 서울 수복 → 1·4 후퇴

① 녹읍 폐지　　　　② 후삼국 통일
③ 자유시 참변　　　④ 인천 상륙 작전

22.

다음에서 설명하는 사건은?

> - 배경 : 3 · 15 부정선거(1960)
> - 과정 : 전국에서 시위 발생, 대학교수단 시국 선언
> - 결과 : 이승만 대통령 하야

① 4 · 19 혁명　　　　② 제주 4 · 3 사건
③ 12 · 12 사태　　　④ 5 · 18 민주화 운동

23.

다음에서 설명하는 정부는?

> - 경제개발 5개년 계획을 추진함.
> - 근면 · 자조 · 협동 정신을 강조한 새마을 운동을 시작함.
> - 전태일 사건, YH 무역 사건 등의 노동 문제에 직면함.

① 장면 정부　　　　② 박정희 정부
③ 김영삼 정부　　　④ 김대중 정부

24.

다음에서 ㉠에 해당하는 내용으로 적절한 것은?

> **<수행 평가 보고서>**
> - 주제 : 6월 민주 항쟁
> - 조사 내용
> 　인물 탐구 : 박종철, 이한열
> 　항쟁 결과 : ┌──── ㉠ ────┐

① 집강소 설치　　　　② 정전 협정 체결
③ 노비안검법 실시　　④ 대통령 직선제 개헌

25.

다음에서 ㉠에 해당하는 것은?

한국사 스피드 퀴즈

1997년 우리나라 경제가 위기에 빠지면서 국제 통화 기금(IMF)에 구제 금융을 요청한 것이야.

① 외환 위기　　　　② 베트남 파병
③ 원산 총파업　　　④ 서울 진공 작전

01.

다음에서 설명하는 유물은?

①
주먹도끼

②
이불병좌상

③
비파형 동검

④
빗살무늬 토기

02.

다음에서 설명하는 왕은?

- 신라를 도와 왜를 격퇴함.
- '영락'이라는 독자적 연호를 사용함.
- 4세기 말 즉위 후 고구려의 영토를 크게 넓힘.

① 세종　　　　　② 고이왕
③ 공민왕　　　　④ 광개토 대왕

03.

다음에서 설명하는 기구는?

- 국방에 관계된 일을 회의로 결정함.
- 식목도감과 함께 고려의 독자적인 정치 기구임.
- 원 간섭기에 도평의사사로 명칭과 권한을 변경함.

① 집사부　　　　② 정당성
③ 도병마사　　　④ 군국기무처

04.

다음에서 ㉠에 들어갈 내용으로 옳은 것은?

< 조선 성종의 정책 >
- 경연 활성화
- 홍문관 설치
- 　㉠

① 경국대전 반포
② 기인 제도 실시
③ 삼청 교육대 운영
④ 전민변정도감 설치

05.

다음에서 설명하는 문화유산은?

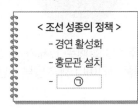

문화유산 카드
○ 위치: 경상북도 토함산
○ 특징: 불국사와 함께 불국토의 이상 세계를 표현한 통일신라 시기의 대표적 건축물

① 경복궁　　　　② 무령왕릉
③ 수원 화성　　　④ 경주 석굴암

06.

다음에서 ㉠에 들어갈 내용으로 옳지 <u>않은</u> 것은?

> **<수행평가 계획서>**
>
> **주제 : 흥선 대원군이 주도한 정책**
>
> - 1모둠 : 경복궁 중건
> - 2모둠 : ㉠

① 서원 정리　　　　② 당백전 발행
③ 호포제 시행　　　④ 훈민정음 창제

07.

다음에서 설명하는 화폐는?

> 조선 후기에 주조된 화폐로 17세기 말 전국적으로 유통되면서 물품 구입이나 세금 납부 수단으로 사용되었다.

① 호패　　　　　　② 명도전
③ 상평통보　　　　④ 독립 공채

08.

다음에서 ㉠에 해당하는 지역은?

> ㉠ 는 군사 전략 요충지로 큰 역할을 해 왔다. 고려 시대에는 몽골의 침입을 피해 이곳으로 수도를 옮긴 적이 있었고, 조선 시대에는 이곳에서 병인양요가 발발하였다.

① 강화도　　　　　② 거문도
③ 울릉도　　　　　④ 제주도

09.

다음에서 설명하는 신문은?

> - 한글판과 영문판으로 발행됨.
> - 서재필 등이 정부의 지원을 받아 창간함.
> - 국민을 계몽하고 국내 사정을 외국인에게도 전달함.

① 독립신문　　　　② 동아일보
③ 조선일보　　　　④ 한성순보

10.

다음에서 ㉠에 들어갈 내용으로 옳은 것은?

> **< 다큐멘터리 기획안 >**
>
> ○ 제목: 녹두장군의 꿈!
> ○ 의도: 동학 농민군 지도자 전봉준의 삶을 조명한다.
> ○ 내용: 1부 고부 농민 봉기를 주도하다.
> 　　　　2부 　　㉠

① 거중기를 제작하다.
② 신민회를 조직하다.
③ 천리장성을 축조하다.
④ 황토현 전투에서 승리하다.

11.

다음 질문에 대한 답으로 옳은 것은?

> 1907년에 1,300만 원에 달하는 대한 제국의 빚을 갚기 위해 서상돈 등이 대구에서 시작한 국권 회복 운동은 무엇일까요?

① 새마을 운동　　　② 위정척사 운동
③ 국채 보상 운동　　④ 서경 천도 운동

12.

다음에서 ⊙ 시기에 들어갈 사건은?

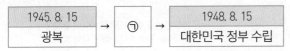

① 기묘사화
② 5 · 10 총선거
③ 오페르트 도굴 사건
④ 6 · 15 남북 공동 선언 발표

13.

다음에서 설명하는 일제 식민 정책은?

> 1910년대 일제가 시행한 경제 정책으로, 토지 소유 권자가 정해진 기간 내에 직접 신고하여 소유지로 인정받는 신고주의 원칙에 따라 진행되었다.

① 균역법
② 노비안검법
③ 토지 조사 사업
④ 경부 고속 국도 개통

14.

다음 대화 내용에 해당하는 단체는?

1927년 비타협적 민족주의자들과 사회주의자들이 협력하여 창립한 단체를 알고 있니?

응. 광주 학생 항일 운동이 일어나자 진상 조사단을 파견하였지.

① 삼별초
② 신간회
③ 통신사
④ 화랑도

15.

다음에서 설명하는 사건은?

> 1919년에 일어난 일제 강점기 최대 규모의 민족 운동이다. 일제의 통치 방식이 바뀌는 계기가 되었으며, 대한민국 임시 정부 수립에 영향을 주었다.

① 3 · 1 운동
② 제주 4 · 3 사건
③ 임술 농민 봉기
④ 12 · 12 군사 반란

16.

다음에서 ⊙에 들어갈 내용으로 옳은 것은?

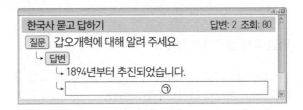

① 별무반이 창설되었습니다.
② 신분제가 폐지되었습니다.
③ 척화비가 건립되었습니다.
④ 세도 정치가 시작되었습니다.

17.

다음 밑줄 친 ⊙에 해당하는 것은?

> 일제는 한국인을 전쟁에 효율적으로 동원하고 일왕에 충성하는 백성으로 만들고자 ⊙ 황국 신민화 정책을 실시하였다.

① 골품제 실시
② 사사오입 개헌
③ 신사 참배 강요
④ 사심관 제도 시행

18.

다음 대본에서 ㉠에 들어갈 말로 가장 적절한 것은?

> 장면 #27 평화 시장에서 시위하는 모습
> 전태일 : 우리 노동자들은 열악한 작업 환경에서 장시간 노동으로 고통 받고 있다. 우리는 기계가 아니다! ㉠

① 신탁 통치를 반대한다!
② 근로 기준법을 준수하라!
③ 군사력을 강화하여 청을 정벌하자!
④ 교조 최제우의 억울함을 풀어 주시오!

19.

다음에서 설명하는 정부는?

> - 금융 실명제를 실시함.
> - 지방 자치제를 전면적으로 시행함.
> - 국제 통화 기금(IMF)에 구제 금융 지원을 요청함

① 김영삼 정부
② 박정희 정부
③ 이승만 정부
④ 전두환 정부

20.

다음에서 설명하는 것은?

> - 국제 사회가 한국의 독립을 처음으로 약속함.
> - 1943년 미 · 영 · 중 정상들이 모여 전후 처리를 논의함.

① 팔관회
② 화백 회의
③ 만민 공동회
④ 카이로 회담

21.

다음에서 ㉠에 해당하는 사건으로 옳은 것은?

한국사 스피드 퀴즈 ㉠

1980년 신군부의 계엄령 확대와 휴교령에 반대하여 광주에서 일어난 시위야. 이후 전개된 민주화 운동에 영향을 주었어.

① 자유시 참변
② 6 · 10 만세 운동
③ 5 · 18 민주화 운동
④ 제너럴 셔먼호 사건

22.

다음에서 설명하는 종교는?

> 나철 등을 중심으로 단군 신앙을 내세웠으며, 중광단을 조직하여 독립운동을 전개하였다.

① 도교
② 기독교
③ 대종교
④ 천주교

23.

다음에서 ㉠에 해당하는 사건은?

> < 6·25 전쟁의 전개 과정 >
> 북한의 남침 → 인천 상륙 작전 → 서울 수복(1950. 9. 28.) → ㉠ → 정전 협정 체결

① 1 · 4 후퇴
② 명량 대첩
③ 무신 정변
④ 아관 파천

24.

다음에서 설명하는 단체는?

- 1919년 만주에서 김원봉 등이 주도하여 결성함.
- 신채호의 『조선 혁명 선언』을 활동 지침으로 삼음.

① 별기군　　　　　② 의열단
③ 교정도감　　　　④ 조선어 학회

25.

다음에서 ㉠에 해당하는 것은?

1972년, 서울과 평양에서 [㉠] 이/가 동시에 발표되었다. 이는 분단 후 남북한이 통일과 관련하여 최초로 합의한 것이며, 자주 · 평화 · 민족 대단결의 통일 원칙을 명시하였다.

① 시무 28조　　　　② 전주 화약
③ 4 · 13 호헌 조치　　④ 7 · 4 남북 공동 성명

01.

①에 들어갈 유물로 옳은 것은?

< 신석기 시대 생활 체험하기 >

ㅇ 장소: 서울 강동구 암사동 선사 유적지
ㅇ 체험 활동 – 가락바퀴를 이용하여 실 뽑기
    -   ①   모형 만들기

① 상평통보
② 비파형 동검
③ 빗살무늬 토기
④ 불국사 3층 석탑

02.

①에 들어갈 내용으로 옳은 것은?

< 법흥왕의 업적 >

- 불교 공인
- 금관가야 정복
-   ①

① 율령 반포
② 훈민정음 창제
③ 사심관 제도 실시
④ 전민변정도감 설치

03.

다음 설명에 해당하는 문서는?

일본 도다이사 쇼소인에서 발견된 문서이다. 이 문서에는 서원경(충북 청주)에 속한 촌락을 비롯한 4개 촌락의 인구 수, 토지의 종류와 크기, 소와 말의 수 등이 기록되어 있어 당시의 경제 상황을 알 수 있다.

① 공명첩
② 시무 28조
③ 영남 만인소
④ 신라 촌락 문서

04.

①에 들어갈 내용으로 옳은 것은?

<삼국 통일 과정>

백제 멸망→고구려 멸망→   ①   →삼국 통일

① 귀주 대첩
② 매소성 전투
③ 봉오동 전투
④ 한산도 대첩

05.

두 학생의 대화 내용에 해당하는 인물은?

고려의 승려로 해동 천태종을 창시하였지

그래. 그는 교리 연구와 실천적 수행을 병행해야 한다는 교관겸수를 주장 하기도 했어.

① 김구
② 의천
③ 안중근
④ 전태일

06.

다음 내용이 원인이 되어 일어난 사건은?

- 명성 황후 시해 사건
- 단발령 실시

① 갑신정변
② 병자호란
③ 을미의병
④ 무신 정변

07.

㉠에 들어갈 내용으로 옳은 것은?

< 수행 평가 계획서 >
ㅇ 주제: 고려 광종의 정책
ㅇ 조사할 내용: ㉠ , 과거제 등

① 신문지법
② 노비안검법
③ 치안 유지법
④ 국가 총동원법

08.

다음 사건이 일어난 시기에 대한 설명으로 옳은 것은?

- 홍경래의 난(1811)
- 임술 농민 봉기(1862)

① 권문세족이 농장을 확대하였다.
② 세도 가문이 권력을 독점하였다.
③ 진골 귀족들이 왕위 쟁탈전을 벌였다.
④ 일제가 황국 신민화 정책을 추진하였다.

09.

㉠에 들어갈 내용으로 가장 적절한 것은?

질문 고려 양인 중 ㉠ 에 대해 알려 주세요.
답변 ↳ 과거 응시와 거주 이전에 제한이 있었습니다.
↳ 일반 군현민에 비해 많은 세금을 부담해야 했습니다.

① 노비
② 향리
③ 하급 장교
④ 향 · 소 · 부곡민

10.

다음에서 설명하는 조선의 교육 기관은?

- 사림의 주도로 설립되기 시작함.
- 지방 양반의 권위를 강화하는 역할을 함.
- 선현에 대한 제사와 학문 연구 및 교육을 담당함.

① 서원
② 광혜원
③ 우정총국
④ 경성 제국 대학

11.

㉠에 들어갈 용어로 옳은 것은?

조선에서는 사헌부, 사간원, 홍문관의 ㉠ 을/를 두어 정사를 비판하고 관리의 비리를 감찰하게 하여 권력의 독점과 부정을 방지하였다.

① 3사
② 비변사
③ 식목도감
④ 군국기무처

12.

㉠에 들어갈 내용으로 옳은 것은?

1866년 프랑스는 병인박해를 구실로 강화도를 공격하였다. 이에 맞서 양헌수 부대가 정족산성에서 승리하여 프랑스군이 철수하였다. 이 과정에서 조선은 ㉠

① 쌍성총관부를 탈환하였다.
② 나·제 동맹을 결성하였다.
③ 백두산정계비를 건립하였다.
④ 외규장각 도서를 약탈당하였다.

13.

다음 질문에 대한 학생의 답으로 옳은 것은?

한국사 골든벨

동학 농민군이 탐관오리 처벌, 조세 제도 개혁, 사회적 악습 폐지 등을 위해 설치한 농민 자치 기구는 무엇일까요?

① 집강소
② 성균관
③ 국문 연구소
④ 조선 총독부

14.

다음에서 설명하는 민족 운동은?

- 준비 과정에서 민족주의 세력과 사회주의 세력이 연대함.
- 1926년 순종의 장례일에 맞추어 시위를 전개함.

① 새마을 운동
② 서경 천도 운동
③ 6·10 만세 운동
④ 5·18 민주화 운동

15.

㉠에 들어갈 내용으로 옳은 것은?

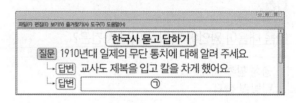

파일(F) 편집(E) 보기(V) 즐겨찾기(A) 도구(T) 도움말(H)

한국사 묻고 답하기

질문 1910년대 일제의 무단 통치에 대해 알려 주세요.
↳ 답변 교사도 제복을 입고 칼을 차게 했어요.
↳ 답변 ㉠

① 골품제를 실시했어요.
② 삼청 교육대를 설치했어요.
③ 사사오입 개헌을 단행했어요.
④ 헌병 경찰 제도를 실시했어요.

16.

㉠에 들어갈 인물로 옳은 것은?

1932년 일제는 훙커우 공원에서 상하이 사변의 승리를 축하하는 기념식을 열었다. 이때 ㉠ 이 폭탄을 던져 일본의 군 장성과 고관들을 처단하였다. 이를 계기로 중국 국민당 정부는 한국 독립운동을 적극 지원하게 되었다.

① 일연
② 김유신
③ 윤봉길
④ 정약용

17.

다음에서 설명하는 일제의 식민지 지배 정책은?

- 배경 : 제1차 세계 대전 이후 일본에서 쌀값이 폭등함.
- 전개 : 일제가 한국을 식량 공급지화함.
- 결과 : 한국의 식량 사정이 악화되고 농민의 부담이 증가함

① 대동법
② 탕평책
③ 의정부 서사제
④ 산미 증식 계획

18.

㉠에 들어갈 내용으로 옳은 것은?

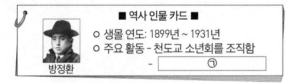

■ 역사 인물 카드 ■

방정환

○ 생몰 연도 : 1899년 ~ 1931년
○ 주요 활동 - 천도교 소년회를 조직함
- ㉠

① 현량과를 시행함.
②『삼국사기』를 저술함.
③ 어린이날 제정을 주도함.
④ 이토 히로부미를 처단함.

19.

밑줄 친 ㉠에 해당하는 민주화 운동은?

1987년 전두환 대통령의 4 · 13 호헌 조치에 맞서 시민들은 ㉠ 호헌 철폐와 독재 타도를 외치며 전국적으로 시위를 전개하였다. 결국 전두환 정부는 국민의 요구에 굴복하여 대통령 직선제 개헌안을 수용하였다.

① 3 · 1 운동
② 6월 민주 항쟁
③ 국채 보상 운동
④ 금 모으기 운동

20.

㉠에 들어갈 내용으로 옳은 것은?

1945년 개최된 [㉠]에서 한국의 임시 민주 정부 수립, 이를 위한 미 · 소 공동 위원회 설치, 신탁 통치 실시 등이 결정되었다.

① 신민회
② 화백 회의
③ 조선 물산 장려회
④ 모스크바 3국 외상 회의

21.

다음 전쟁의 결과로 옳지 <u>않은</u> 것은?

1950년 6월 25일, 북한의 남침으로 발발하였다. 이후 인천 상륙 작전, 1 · 4 후퇴를 거쳐 38도선 일대에서 공방전이 지속되다가 1953년 7월 27일 정전 협정이 체결되었다.

① 강화도 조약이 체결되었다.
② 남북 분단이 고착화되었다.
③ 많은 군인과 민간인이 희생되었다.
④ 이산가족과 전쟁고아가 발생하였다.

22.

㉠에 들어갈 내용으로 옳은 것은?

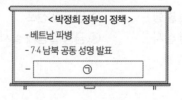

< 박정희 정부의 정책 >
- 베트남 파병
- 7·4 남북 공동 성명 발표
- ㉠

① 별기군 창설
② 유신 헌법 제정
③ 독서삼품과 실시
④ 한 · 일 월드컵 대회 개최

23.

다음에서 설명하는 정부는?

- 삼백 산업 발달
- 3 · 15 부정 선거 자행

① 이승만 정부　　② 노태우 정부
③ 김대중 정부　　④ 이명박 정부

24.

다음에서 설명하는 군사 조직은?

- 1940년에 대한민국 임시 정부가 창설함.
- 총사령관에 지청천, 참모장에 이범석이 취임함.
- 미국 전략 정보국(OSS)과 협력하여 국내 진공 작
  전을 계획함.

① 별무반　　② 삼별초
③ 장용영　　④ 한국 광복군

25.

㉠에 들어갈 내용으로 옳은 것은?

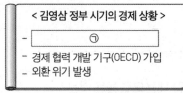

< 김영삼 정부 시기의 경제 상황 >
- ㉠
- 경제 협력 개발 기구(OECD) 가입
- 외환 위기 발생

① 당백전 발행　　② 방곡령 선포
③ 진대법 실시　　④ 금융 실명제 실시

01.

다음 설명에 해당하는 시대는?

- 빈부의 차이와 계급의 분화가 발생함.
- 대표적인 유물은 비파형 동검임.
- 우리 역사 최초의 국가인 고조선이 건국됨.

① 구석기 시대　　　② 신석기 시대
③ 청동기 시대　　　④ 철기 시대

02.

㉠에 들어갈 신라의 왕으로 옳은 것은?

< ㉠ 의 정책 >

- 국학 설립
- 9주 5소경 체제 정비
- 관료전 지급 및 녹읍 폐지

① 신문왕　　　　　② 장수왕
③ 근초고왕　　　　④ 광개토 대왕

03.

다음에서 설명하는 역사서는?

- 김부식이 왕명을 받아 편찬함.
- 현존하는 우리나라 역사서 중 가장 오래됨.

① 경국대전　　　　② 삼국사기
③ 조선책략　　　　④ 팔만대장경

04.

㉠에 들어갈 정책으로 옳은 것은?

< 공민왕의 반원 정책 >

－ 친원 세력 제거
－ 정동행성 이문소 폐지
－ ㉠

① 장용영 설치
② 금관가야 정복
③ 쌍성총관부 공격
④ 치안 유지법 제정

05.

다음에서 설명하는 제도는?

조선은 이상적인 유교 정치 구현을 위해 노력하였다. 특히 세종은 왕권과 신권의 조화를 추구하여 군사 업무, 특정 인사 등을 제외한 대부분의 일들을 의정부에서 논의하여 보고하도록 하였다.

① 골품제　　　　　② 6조 직계제
③ 헌병 경찰제　　　④ 의정부 서사제

06.

다음에서 설명하는 근대적 교육 기관은?

개항 이후 근대적 교육의 필요성이 확대되었다. 이에 1883년 근대 학문과 외국어를 가르치는 최초의 근대적 교육 기관이 함경도 덕원 주민들에 의해 세워졌다.

① 태학　　　　　　② 국자감
③ 성균관　　　　　④ 원산 학사

07.

⊙에 들어갈 내용으로 옳은 것은?

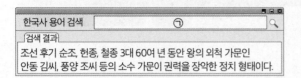

한국사 용어 검색 ⊙

검색 결과
조선 후기 순조, 헌종, 철종 3대 60여 년 동안 왕의 외척 가문인
안동 김씨, 풍양 조씨 등의 소수 가문이 권력을 장악한 정치 형태이다.

① 도병마사　　　　② 세도 정치
③ 무신 정권　　　　④ 동북 공정

08.

밑줄 친 '운동'에 해당하는 것은?

일본의 차관이 도입되면서 대한 제국의 빚은 1,300
만 원에 이르게 되었다. 이에 1907년 대구에서 성금
을 모아 빚을 갚자는 <u>운동</u>이 시작되었고, 대한매일
신보 등 언론사가 후원하면서 전국으로 확산되었다.

① 형평 운동　　　　② 북벌 운동
③ 국채 보상 운동　　④ 서경 천도 운동

09.

⊙에 들어갈 내용으로 옳은 것은?

일본은 [⊙] 체결에 따라 대한 제국의 외교권
을 빼앗고 통감부를 설치하였다. 초대 통감으로 부
임한 이토 히로부미는 대한 제국의 내정 전반을 간
섭하기 시작하였다.

① 을사늑약　　　　② 헌의 6조
③ 남북 협상　　　　④ 간도 협약

10.

을미개혁의 내용으로 옳은 것을 <보기>에서 고른
것은?

<보기>

ㄱ. 단발령 시행　　　ㄴ. 태양력 사용
ㄷ. 노비안검법 실시　ㄹ. 독서삼품과 실시

① ㄱ, ㄴ　　　　② ㄱ, ㄹ
③ ㄴ, ㄷ　　　　④ ㄷ, ㄹ

11.

⊙에 들어갈 인물로 옳은 것은?

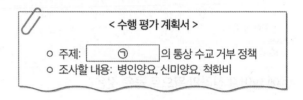

< 수행 평가 계획서 >

o 주제: [⊙]의 통상 수교 거부 정책
o 조사할 내용: 병인양요, 신미양요, 척화비

① 서희　　　　② 안향
③ 정약용　　　④ 흥선 대원군

12.

⊙에 들어갈 내용으로 옳은 것은?

한국사
스피드 퀴즈

⊙

이기붕을 부통령으로 당선시키기 위해 벌어진
사건으로 4·19 혁명의 배경이 되었어.

① 아관 파천　　　　② 위화도 회군
③ 국내 진공 작전　　④ 3 · 15 부정 선거

13.

밑줄 친 '기구'에 해당하는 것은?

1880년대 조선 정부는 개화 정책을 총괄하기 위한 기구를 설치하였다. 그 아래에 실무를 담당하는 12사를 두어 외교, 통상, 재정 등의 업무를 맡게 하였다. 또한 군사 제도를 개편하고 신식 군대인 별기군을 창설하였다.

① 집현전　　　　② 교정도감
③ 통리기무아문　④ 동양 척식 주식회사

14.

㉠에 들어갈 내용으로 옳은 것은?

1910년대 일제는 한국의 산업 성장을 방해하기 위한 정책을 실시하였다. 특히 회사를 설립할 때는 조선 총독의 허가를 받도록 하는 　㉠　 을 공포하여 한국인의 회사 설립을 억제하려 하였다.

① 회사령　　　　② 균역법
③ 공명첩　　　　④ 대동법

15.

다음에서 설명하는 무장 독립 투쟁은?

1920년 김좌진이 이끄는 북로 군정서와 홍범도의 대한 독립군을 중심으로 한 독립군 연합 부대는 백운평과 어랑촌 등지에서 일본군을 크게 격파하였다.

① 병자호란　　　　② 청산리 대첩
③ 한산도 대첩　　　④ 황토현 전투

16.

다음 질문에 대한 답으로 옳은 것은?

민족 자결주의와 2·8 독립 선언의 영향을 받아 1919년에 일어난 일제 강점기 최대의 민족 운동은 무엇일까요?

① 3·1 운동　　　　② 제주 4·3 사건
③ 금 모으기 운동　④ 부·마 민주 항쟁

17.

다음에서 설명하는 민족 운동은?

일제는 한국인에게 고등 교육의 기회를 거의 주지 않았다. 이에 이상재를 중심으로 고등 교육 기관을 설립하자는 취지 아래, '한민족 1천만이 한 사람이 1원씩' 이라는 구호를 내세우며 모금 운동을 펼쳤다.

① 만민 공동회　　　② 서울 진공 작전
③ 토지 조사 사업　④ 민립 대학 설립 운동

18.

㉠에 들어갈 내용으로 옳은 것은?

< 모스크바 3국 외상 회의 결정 내용 요약문 >

1. 한국의 독립을 위하여 임시 민주 정부를 수립한다.
2. 임시 정부 수립을 위하여 미국과 소련은 　㉠　 를 설치하고 한국의 정당 및 사회단체와 협의한다.

① 신간회　　　　② 조선 형평사
③ 국민 대표 회의　④ 미·소 공동 위원회

19.

다음에서 설명하는 일제의 식민 지배 방식은?

일제는 침략 전쟁을 확대하면서 한국인을 전쟁에 동원하고자 하였다. 이에 황국 신민 서사 암송, 궁성 요배, 신사 참배를 강요하고 한국인의 성과 이름도 일본식으로 바꾸게 하였다.

① 호포제
② 금융 실명제
③ 민족 말살 통치
④ 4 · 13 호헌 조치

20.

다음에서 설명하는 인물은?

■ 한국사 인물 카드 ■
○ 생몰 연도: 1876년 ~ 1949년
○ 주요 활동 - 한인 애국단 조직
　　　　　　- 대한민국 임시 정부 주석 역임
○ 주요 저서: 『백범일지』

① 궁예
② 김구
③ 박제가
④ 연개소문

21.

㉠에 들어갈 내용으로 옳은 것은?

일제의 식민 지배에 협력했던 민족 반역자를 청산하는것은 민족정기를 바로잡기 위해 필요한 일이었다. 이에 1948년 제헌 국회는 국민적 여론과 제헌 헌법에 따라 [㉠]을/를 제정하였다.

① 시무 28조
② 미쓰야 협정
③ 남북 기본 합의서
④ 반민족 행위 처벌법

22.

다음에서 설명하는 사건은?

1980년 신군부 세력은 비상계엄을 전국으로 확대하였어. 이에 맞서 광주의 학생과 시민들은 격렬하게 저항하였지.

그래. 그리고 당시 관련 기록물은 2011년 유네스코 세계 기록 유산으로 등재되었어.

① 갑신정변
② 교조 신원 운동
③ 물산 장려 운동
④ 5 · 18 민주화 운동

23.

㉠에 들어갈 전쟁으로 옳은 것은?

〈 [㉠]의 전개 과정 〉

북한군의 남침
↓
인천 상륙 작전
↓
1·4 후퇴
↓
정전 협정

① 임진왜란
② 귀주 대첩
③ 6 · 25 전쟁
④ 쌍성보 전투

24.

박정희 정부 시기에 있었던 사실로 옳은 것을 <보기>에서 고른 것은?

<보기>

ㄱ. 베트남 파병
ㄴ. 전주 화약 체결
ㄷ. 유신 헌법 제정
ㄹ. 서울 올림픽 개최

① ㄱ, ㄴ
② ㄱ, ㄷ
③ ㄴ, ㄹ
④ ㄷ, ㄹ

25.

㉠에 들어갈 지역으로 옳은 것은?

- 1905년 러 · 일 전쟁 중에 일본은 [㉠]를 자국의 영토로 불법 편입하였다.
- 연합국 최고 사령관 각서 제677호에 [㉠]가 한국 영토로 표기되어 있다.

① 독도
② 강화도
③ 제주도
④ 거문도

한국사

2024년 1회 기출문제

01.

다음에서 설명하는 유물은?

경기 연천 전곡리에서 발견된 구석기 시대의 대표적인 유물로 주로 사냥을 하거나 가죽을 벗기는 등의 용도로 사용하였다.

① 해국도지　　② 주먹 도끼
③ 수월관음도　　④ 임신서기석

02.

㉠에 들어갈 내용으로 옳은 것은?

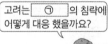 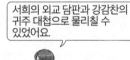

고려는 ㉠ 의 침략에 어떻게 대응 했을까요?

서희의 외교 담판과 강감찬의 귀주 대첩으로 물리칠 수 있었어요.

① 거란　　② 미국
③ 영국　　④ 일본

03.

㉠에 해당하는 인물은?

고려 무신 집권기 보조 국사 ㉠ 은/는 세속화된 불교를 개혁하기 위해 정혜쌍수와 돈오점수를 내세우며 수선사를 중심으로 결사 운동을 펼쳤다.

① 지눌　　② 원효
③ 이순신　　④ 장수왕

04.

㉠에 들어갈 내용으로 옳은 것은?

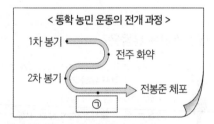

① 국학 설치　　② 사비 천도
③ 우금치 전투　　④ 고구려 멸망

05.

㉠에 들어갈 내용으로 옳은 것은?

< 세도 정치 시기의 ㉠ >
- 원인 : 정치 기강이 문란해져 관원의 부패가 심해짐.
- 결과 : 전정 · 군정 · 환곡의 부담으로 백성들의 삶이 매우 힘들어짐.

① 회사령　　② 삼정 문란
③ 발췌 개헌　　④ 정읍 발언

06.

자료와 관련한 정책으로 옳은 것은?

유생들이 반발하자 흥선 대원군이 크게 노하여 "이 곳은 존경받는 선현을 제사하는 곳인데 지금은 붕당의 근거지로 도둑의 소굴이 되지 않았더냐." 라고 말하였다.

① 서원 철폐
② 녹읍 설치
③ 교정도감 폐지
④ 동·서 대비원 설치

07.

다음에서 설명하는 정치 세력은?

- 인물 : 김옥균, 박영효, 김윤식, 김홍집
- 특징 : 서양의 근대적 제도와 과학 기술을 수용하고자 함.

① 호족
② 무신
③ 개화파
④ 오경박사

08.

다음에서 설명하는 유물은?

< 역사 유물 카드 >
- 출토지 : 충남 부여 능산리
- 용도 : 종교 행사 등에서 향을 피움.
- 특징 : 불교와 도교 세계를 함께 표현함.

① 택리지
② 상평통보
③ 곤여만국전도
④ 백제 금동 대향로

09.

다음 정책을 펼친 조선의 국왕은?

- 임진왜란 이후 피해 극복을 위해 노력함.
- 명과 후금의 싸움에 말려들지 않고 실리를 취하려 함.

① 광해군
② 혜공왕
③ 법흥왕
④ 고국천왕

10.

다음 질문에 대한 답으로 옳은 것은?

한국사 골든벨

이들은 누구일까요? 고종이 을사늑약의 불법성을 알리기 위해 만국 평화 회의에 파견한 이준, 이상설, 이위종을 일컫는 말입니다.

① 중추원
② 도병마사
③ 중서문하성
④ 헤이그 특사

11.

㉠에 들어갈 내용으로 옳은 것은?

1920년대 농민들은 소작료 인하, 소작권 이동 반대 등을 요구하는 쟁의를 벌였다. 특히 ㉠ 은/는 소작료를 낮추는 데 성공하여 전국의 농민 운동을 자극하였다.

① 6·3 시위
② 이자겸의 난
③ 강조의 정변
④ 암태도 소작 쟁의

12.

다음에서 설명하는 신문은?

- 순 한글, 국한문, 영문 세 종류로 발행
- 영국인 베델이 발행인으로 참여한 일간 신문

① 독사신론
② 동경대전
③ 대한매일신보
④ 조선왕조실록

13.

다음 설명에 해당하는 일제의 식민 지배 방식은?

3·1 운동을 계기로 일제는 무단 통치로는 한국을 지배하기 어렵다고 판단하여 한글 신문의 발행을 허용하는 등 문화적 제도의 혁신을 내세웠다.

① 기인 제도
② 문화 통치
③ 대통령 중심제
④ 친명 배금 정책

14.

다음에서 설명하는 인물은?

출생	1902. 3. 15.
직업	이화 학당 학생
활동	3 · 1 운동이 일어나자 천안에서 만세 운동 주도
특징	서대문 형무소에서 사망

① 김흥돌   ② 나운규
③ 유관순   ④ 윤원형

15.

㉠에 들어갈 내용으로 옳은 것은?

개항 이후 일본으로 곡물 수출이 늘어나자 곡물 가격이 오르고 사람들의 피해가 커졌다. 이에 일부 지방관들은 [㉠] 을/를 선포하여 곡물 유출을 막고자 하였다.

① 방곡령   ② 봉사 10조
③ 교육 입국 조서   ④ 좌우 합작 7원칙

16.

다음 설명에 해당하는 활동으로 옳은 것은?

- 파견 목적: 독립 투쟁을 위한 국내 침투
- 파견 요원: 미국 전략 정보국(OSS)의 훈련을 마친 한국 광복군

① 위화도 회군   ② YH 무역 사건
③ 국내 진공 작전   ④ 서경 천도 운동

17.

㉠에 들어갈 내용으로 옳은 것은?

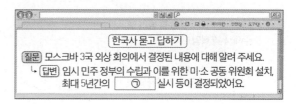

한국사 묻고 답하기

질문 모스크바 3국 외상 회의에서 결정된 내용에 대해 알려 주세요.
↳ 답변 임시 민주 정부의 수립과 이를 위한 미·소 공동 위원회 설치, 최대 5년간의 [㉠] 실시 등이 결정되었어요.

① 신탁 통치   ② 제가 회의
③ 나 · 제 동맹   ④ 독서삼품과

18.

다음에서 설명하는 기구는?

- 1948년 10월에 설치
- 반민족 행위자 조사 및 처벌을 위한 기구

① 정당성
② 식목도감
③ 건국 준비 위원회
④ 반민족 행위 특별 조사 위원회

19.

㉠에 들어갈 내용으로 옳은 것은?

< 역사의 한 장면 >
이 사진은 1920년대 조선 물산 장려회의 거리 행진 모습입니다. 행진에 참여한 사람들은 ' [㉠] '라는/이라는 구호를 외쳤습니다.

① 선 건설 후 통일
② 유신 헌법 철폐하라
③ 조선 사람 조선 것
④ 근로 기준법 준수하라

20.

⊙에 들어갈 내용으로 옳은 것은?

> **< 수행 평가 보고서 >**
> ○ 주제: 4·19 혁명
> ○ 조사 내용
> - 배경: 3·15 부정 선거
> - 전개: 전국적으로 시위 발생, ⊙

① 집강소 설치
② 기묘사화 발생
③ 노비안검법 실시
④ 이승만 대통령의 하야

21.

⊙에 들어갈 내용으로 옳은 것은?

> **< 6 · 25 전쟁의 전개 과정 >**
> ⊙ → 인천 상륙 작전 → 1 · 4 후퇴 → 정전 협정

① 자유시 참변
② 미쓰야 협정
③ 별기군 창설
④ 북한군의 남침

22.

다음에서 설명하는 정부는?

> - 대북 화해 협력 정책(햇볕 정책) 추진
> - 남북 정상 회담 개최와 6 · 15 남북 공동 선언 발표

① 장면 내각
② 김대중 정부
③ 노태우 정부
④ 이명박 정부

23.

다음에서 설명하는 사건은?

> 전두환 등 신군부 세력이 불법적으로 병력을 동원하여 계엄 사령관을 비롯한 군의 주요 지휘관들을 몰아내고 군권을 장악하였다.

① 3포 왜란
② 거문도 사건
③ 12 · 12 군사 반란
④ 임술 농민 봉기

24.

밑줄 친 ⊙에 해당하는 운동은?

⊙ 국민 여러분의 적극적인 협조로 국제 통화 기금(IMF) 지원금을 조기 상환했습니다.

속보 외환 위기 극복, IMF 지원금 200억 달러 전액 상환

① 형평 운동
② 금 모으기 운동
③ 교조 신원 운동
④ 문자 보급 운동

25.

⊙에 들어갈 내용으로 옳은 것은?

> **< 박정희 정부 시기의 경제 상황 >**
> - 경제 개발 5개년 계획 추진
> - ⊙

① 원산 총파업
② 상평창 설치
③ 당백전 발행
④ 경부 고속 국도 건설

2024년 2회 기출문제

01.

다음 설명에 해당하는 시대는?

- 농경과 목축을 시작하여 식량을 생산함.
- 대표적인 유물은 빗살무늬 토기임.

① 구석기 시대   ② 신석기 시대
③ 청동기 시대   ④ 철기 시대

02.

㉠에 들어갈 국왕으로 옳은 것은?

| 신라를 다스린 ㉠의 업적을 말해 볼까요? | 한강 유역 확보, 대가야 정복 등이 있어요. | 정복한 영토에 순수비를 세웠어요. |

① 세종   ② 공민왕
③ 광해군   ④ 진흥왕

03.

다음에서 설명하는 불교의 종파는?

- 경전 공부보다 참선 수행을 강조함.
- 호족 세력의 적극적인 후원을 받음.
- 대표적인 사원으로 '9산선문'이 있음.

① 서학   ② 선종
③ 대종교   ④ 천도교

04.

㉠에 들어갈 내용으로 옳은 것은?

인종은 묘청, 정지상 등 서경 세력을 등용하였다. 이들은 칭제 건원과 금국 정벌, ㉠ 등을 주장하였다. 이들의 주장이 좌절되자 묘청은 반란을 일으켰다.

① 개항 반대   ② 녹읍 폐지
③ 서경 천도   ④ 반민족 행위자 처벌

05.

다음 질문에 대한 답으로 옳은 것은?

일연이 불교의 입장에서 신화, 설화 등을 수록한 역사서로, 단군의 이야기가 포함된 이 책은 무엇일까요?

① 택리지   ② 삼국유사
③ 홍길동전   ④ 대동여지도

06.

㉠에 들어갈 내용으로 옳은 것은?

<수행 평가 계획서>
주제: 정조의 개혁 정치
○ 1모둠: 영조의 탕평책 계승
○ 2모둠: ㉠

① 규장각 설치   ② 유신 헌법 제정
③ 수선사 결사 결성   ④ 통리기무아문 설치

07.

다음에서 설명하는 정책은?

- 배경 : 방납의 폐단
- 내용 : 공납을 토산물 대신 쌀, 옷감, 동전 등으로 납부
- 결과 : 공인의 등장, 상품 화폐 경제의 발달

① 대동법   ② 양천제

③ 전시과   ④ 호포제

08.

다음에서 설명하는 나라는?

- 제너럴셔먼호 사건을 구실로 신미양요를 일으킴.
- 서구 열강 중 최초로 조선과 근대적 조약을 체결함.

① 독일   ② 미국

③ 영국   ④ 베트남

09.

밑줄 친 '개혁 정강'의 내용으로 옳은 것은?

1884년 급진 개화파는 우정총국 개국 축하연을 이용하여 갑신정변을 일으켰다. 이들은 개혁 정강을 마련하여 근대적 개혁을 추진하려 했으나, 청군의 개입으로 실패하였다.

① 율령 반포   ② 모내기법 보급

③ 정동행성 설치   ④ 인민 평등권 보장

10.

다음에서 ㉠ 시기에 들어갈 사건은?

◈ 일제의 국권 침탈 과정 ◈

1904년 러·일 전쟁 발발	→	㉠	→	1910년 한국 병합 조약 체결

① 붕당 형성   ② 예송 논쟁

③ 무신 정권 수립   ④ 을사늑약 체결

11.

다음에서 설명하는 단체는?

- 1907년 안창호, 양기탁 등이 비밀 결사로 조직함.
- 실력 양성을 도모하고 국외 독립운동 기지를 건설함.

① 별기군   ② 비변사

③ 승정원   ④ 신민회

12.

다음에서 설명하는 인물은?

◈ 한국사 인물 카드 ◈

○ 별칭 : 녹두장군
○ 주요 활동 : 동학 농민 운동 주도
○ 사망 : 우금치 전투 이후 체포되어 1895년 처형

① 이황   ② 강감찬

③ 전봉준   ④ 을지문덕

13.

㉠에 들어갈 내용으로 옳은 것은?

2차 갑오개혁 시기에 [㉠] 이/가 반포되었다. 이로 인해 소학교, 외국어 학교, 사범 학교 등 많은 관립 학교가 세워지며 근대적 교육 제도가 마련되었다.

① 교육입국 조서   ② 신라 촌락 문서

③ 조선 혁명 선언   ④ 7·4 남북 공동 성명

14.

㉠에 들어갈 내용으로 옳은 것은?

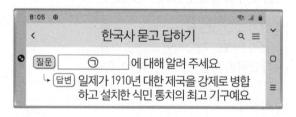

8:05

한국사 묻고 답하기

질문 [㉠] 에 대해 알려 주세요

답변 일제가 1910년 대한 제국을 강제로 병합하고 설치한 식민 통치의 최고 기구예요

① 삼별초   ② 도병마사

③ 제가 회의   ④ 조선 총독부

15.

㉠에 들어갈 인물로 옳은 것은?

> < 조별 과제: 민족주의 사학자와 저서 알아보기>
> ○ 1조: 박은식 – 한국통사, 한국독립운동지혈사
> ○ 2조: ㉠ – 조선사연구초, 조선상고사

① 궁예
② 신채호
③ 이성계
④ 정약용

16.

교사의 질문에 대한 답으로 옳지 않은 것은?

> 1919년 3월 1일 시작된 거국적인 만세 운동이 국내외에 끼친 영향에 대해 말해볼까요?

① 강화도 조약이 체결되었어요.
② 대한민국 임시 정부가 수립되었어요.
③ 중국의 5 · 4 운동에 영향을 주었어요.
④ 일제가 통치 방식을 이른바 문화 통치로 바꿨어요.

17.

㉠에 들어갈 민족 운동은?

> 1931년 동아일보는 문맹 퇴치와 미신 타파를 목표로 농촌 계몽 운동을 전개하였다. 이 운동은 러시아어로 '민중 속으로' 라는 뜻의 ㉠ 으로 불리기도 하였다.

① 북벌 운동
② 새마을 운동
③ 브나로드 운동
④ 금 모으기 운동

18.

㉠에 해당하는 단체는?

> *연표로 보는 ㉠ 의 활동
>
> | 1919 | 1923 | 1924 |
> |---|---|---|
> | 김원봉을 중심으로 만주 지역에서 결성 | 김상옥, 종로 경찰서에 폭탄 투척 | 김지섭, 일본 왕궁에 폭탄 투척 |

① 의열단
② 보안회
③ 황국 협회
④ 통일 주체 국민 회의

19.

다음 설명에 해당하는 것은?

> - 제1차 미 · 소 공동 위원회 결렬 이후 중도 좌파 여운형, 중도 우파 김규식을 중심으로 한반도 통일 정부 수립을 목적으로 추진
> - 냉전 체제가 격화되고 여운형이 암살당하면서 약화

① 형평 운동
② 위정척사 운동
③ 좌우 합작 운동
④ 국채 보상 운동

20.

㉠에 들어갈 내용으로 옳은 것은?

> 1941년 대한민국 임시 정부는 조소앙의 ㉠ 를 기초로 하여 건국 강령을 발표하였다. ㉠ 는 정치, 경제, 교육에서의 균등을 바탕으로 개인과 개인, 민족과 민족, 국가와 국가 간의 균등을 추구하자는 주장이다.

① 삼균주의
② 돈오점수
③ 시무 28조
④ 최혜국 대우

21.

밑줄 친 '전쟁'으로 옳은 것은?

> <u>전쟁</u>이 교착 상태에 빠지자, 소련은 국제 연합에 정전을 제안하였다. 정전 협상은 군사 분계선, 포로 송환 문제 등으로 2년여 동안이나 이어졌고, 마침내 1953년 7월 27일 판문점에서 정전 협정이 체결되었다.

① 임오군란 ② 임진왜란
③ 6 · 25 전쟁 ④ 청산리 대첩

22.

㉠에 들어갈 내용으로 옳은 것은?

 장면 정부의 정책을 수정 · 보완하여 박정희 정부가 추진한 경제 정책이야.

 한국사 스피드 퀴즈

① 사창제 ② 진대법
③ 친명배금 정책 ④ 경제 개발 5개년 계획

23.

㉠에 들어갈 내용으로 옳은 것은?

< 1980년대 대한민국의 민주주의 발전 >
5 · 18 민주화 운동 → ㉠ → 대통령 직선제 개헌

① 아관파천 ② 5 · 10 총선거
③ 6월 민주 항쟁 ④ 모스크바 3국 외상 회의

24.

다음 설명에 해당하는 제도는?

- 김영삼 정부에서 투명한 금융 거래 정착과 부당한 정치 자금 거래 근절 등을 목적으로 시행
- 금융 거래에서 실제 이름을 사용해야 하는 제도

① 농지 개혁 ② 노비안검법
③ 금융 실명제 ④ 황국 신민화 정책

25.

㉠에 들어갈 내용으로 옳은 것은?

> 제 1조 남과 북은 서로 상대방의 체제를 인정하고 존중한다.
> 제 9조 남과 북은 상대방에 대하여 무력을 사용하지 않으며 상대방을 무력으로 침략하지 아니한다.
> - ㉠ (1991) -

① 과전법 ② 전주 화약
③ 국가 총동원법 ④ 남북 기본 합의서

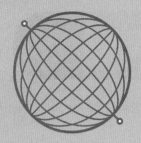

고등학교 졸업학력
검정고시

도덕 기출문제

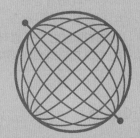

01.

생명 윤리 영역의 윤리적 쟁점으로 가장 적절한 것은?

① 안락사를 허용해야 하는가?
② 예술과 도덕은 갈등할 수밖에 없는가?
③ 직업을 통해 어떻게 행복한 삶을 영위할 수 있는가?
④ 정보 사회에서 표현의 자유는 어디까지 허용해야 하는가?

02.

㉠, ㉡에 들어갈 용어로 알맞은 것은?

> < 칸트(Kant, I.)의 도덕 법칙 >
> - 네 의지의 준칙이 언제나 동시에 [㉠] 입법의 원리가 되도록 행위하라.
> - 너 자신이나 다른사람의 인격을 언제나 동시에 [㉡] 으로 대우하라.

	㉠	㉡		㉠	㉡
①	상대적	수단	②	보편적	목적
③	보편적	수단	④	보편적	목적

03.

공리주의 관점으로 옳은 것을 <보기>에서 고른 것은?

> <보기>
> ㄱ. 행위의 동기 강조
> ㄴ. 유용성의 원리 강조
> ㄷ. 보편타당한 도덕 법칙 추구
> ㄹ. 최대 다수의 최대 행복의 원리 추구

① ㄱ, ㄴ
② ㄱ, ㄷ
③ ㄴ, ㄹ
④ ㄷ, ㄹ

04.

통일 한국이 지향하는 보편적 가치가 <u>아닌</u> 것은?

① 평화
② 인권
③ 차별
④ 자유

05.

(가), (나)에 들어갈 내용으로 적절하지 <u>않은</u> 것은?

> < 인간 개체 복제의 윤리적 쟁점 >
>
> | 찬성논거 | 반대논거 |
> |---------|---------|
> | (가) | (나) |
> | ⋮ | ⋮ |

① (가) : 가족 관계를 명확하게 할 수 있다.
② (가) : 불임 부부의 고통을 해소할 수 있다.
③ (나) : 인간의 존엄성을 훼손할 수 있다.
④ (나) : 자연의 고유한 질서를 해칠 수 있다.

06.

다음에서 설명하는 사상은?

> - 도덕적 인격 완성 강조
> - 대동 사회(大同社會)를 이상 사회로 제시
> - 이상적 인간상으로 성인(聖人), 군자(君子)를 제시

① 유교
② 도가
③ 법가
④ 불교

07.

㉠에 들어갈 성(性)의 가치로 적절한 것은?

생식적 가치	성(性)은 새로운 생명을 탄생시키는 원천이다.
㉠	성(性)은 남녀 상호 간의 존중과 배려를 실현해 준다.

① 교환적 가치   ② 인격적 가치

③ 수단적 가치   ④ 물질적 가치

08.

교사의 질문에 대한 대답으로 적절하지 <u>않은</u> 것은?

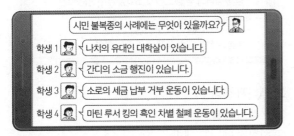

① 학생 1   ② 학생 2

③ 학생 3   ④ 학생 4

09.

부부간의 바람직한 윤리적 자세를 <보기>에서 고른 것은?

<보기>

ㄱ. 서로 존중하고 협력해야 한다.
ㄴ. 배려하며 부족함을 보완해야 한다.
ㄷ. 능력 차이를 인정하여 위계 질서를 세워야 한다.
ㄹ. 경제 활동은 남성이, 육아는 여성이 담당해야 한다.

① ㄱ, ㄴ   ② ㄱ, ㄷ

③ ㄴ, ㄹ   ④ ㄷ, ㄹ

10.

다음 내용과 관련된 공자의 사상은?

"임금은 임금다워야 하고, 신하는 신하다워야 하며, 부모는 부모다워야 하고, 자식은 자식다워야 한다."

① 겸애(兼愛)   ② 정명(正名)

③ 무위(無爲)   ④ 해탈(解脫)

11.

예술에 대한 도덕주의 입장으로 가장 적절한 것은?

① 순수 예술론을 지지한다.

② 예술의 독립성만을 강조한다.

③ 예술에 대한 윤리적 규제를 반대한다.

④ 예술은 교훈적인 본보기를 제공해야 한다.

12.

다음에서 소개하는 윤리 사상가는?

■ 도덕 인물 카드 ■

- 미국의 신학자로 사회 윤리를 강조함
- 사회 구조와 제도 개선의 필요성을 강조함
- 저서: 『도덕적 인간과 비도덕적 사회』

① 노직   ② 벤담

③ 니부어   ④ 슈바이처

13.

다음 사례와 관련 있는 롤스(Rawls, J.)의 정의의 원칙은?

- 여성 고용 할당
- 국가 유공자 특별 대우
- 지역 균형 선발
- 농어촌 자녀 특례 입학

① 차등의 원칙   ② 교정의 원칙

③ 취득의 원칙   ④ 경쟁의 원칙

14.

(가)에 들어갈 개념은?

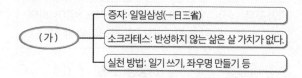

① 사실 판단　　　　② 윤리적 성찰
③ 가치 전도　　　　④ 쾌락의 역설

15.

다음에 해당하는 정보 윤리의 기본 원칙은?

- 정보화 혜택의 차별 없는 분배
- 사이버 공간에서의 규칙과 법 준수

① 정의　　　　　　② 갈등
③ 익명성　　　　　④ 무관심

16.

대중문화에 대한 윤리적 규제를 반대하는 입장을
< 보기 > 에서 고른 것은?

<보기>

ㄱ. 성의 상품화를 예방할 수 있다.
ㄴ. 자율성과 표현의 자유를 중시한다.
ㄷ. 대중은 다양한 대중문화를 즐길 권리가 있다.
ㄹ. 대중의 정서에 미칠 부정적 영향을 방지한다.

① ㄱ, ㄴ　　　　　② ㄴ, ㄷ
③ ㄴ, ㄹ　　　　　④ ㄷ, ㄹ

17.

과학 기술 지상주의의 관점으로 가장 적절한 것은?

① 과학 기술의 발전을 비관적으로 본다.
② 과학 기술이 역기능만을 유발한다고 본다.
③ 과학 기술의 여러 혜택과 성과를 부정한다.
④ 과학 기술이 모든 문제를 해결할 수 있다고 본다.

18.

공직자가 지녀야 할 바람직한 자세로 적절하지 않은
것은?

① 공익을 실현하기 위해 노력해야 한다.
② 위임받은 권한을 남용하지 말아야 한다.
③ 국민을 위해 봉사하는 자세를 지녀야 한다.
④ 대가성 없는 뇌물은 온정으로 받아야 한다.

19.

㉠에 들어갈 내용으로 적절하지 않은 것은?

주제: 지속 가능한 발전의 특징과 실천 방법
1. 특징
　- 미래 세대도 현세대만큼 잘살 수 있게 하는 범위에서
　　경제 성장과 환경 보전의 조화를 추구하는 발전
2. 실천 방법
　- 온실 가스 배출 규제, [　㉠　]
　- 환경 문제에 대한 국제 공조 체제 마련

① 에너지 절약
② 쓰레기 재활용
③ 친환경 에너지 개발
④ 일회용품 사용 권장

20.

다음에서 인간 중심주의 윤리의 관점에만 '✓'를 표
시한 학생은?

관점 \ 학생	A	B	C	D
- 자연은 인간의 이익을 위한 도구이다.		✓		
- 모든 생명체는 내재적 가치를 지닌다.			✓	✓
- 인간과 자연을 동등하게 고려해야 한다.	✓		✓	

① A　　　　　　　② B
③ C　　　　　　　④ D

21.

싱어(Singer, P.)가 주장하는 해외 원조에 대한 입장으로 가장 적절한 것은?

① 질서 정연한 사회의 구성원이 되도록 원조한다.
② 원조는 개인과 국가의 자율적 선택의 문제이다.
③ 고통을 감소시키고 쾌락을 증진하는 것은 인류의 의무이다.
④ 원조를 통해 재화를 똑같이 나누는 것은 국제적 정의이다.

22.

종교 갈등 해결을 위한 바람직한 자세로 적절한 것을 <보기>에서 고른 것은?

> <보기>
>
> ㄱ. 자신이 믿는 종교만을 맹신한다.
> ㄴ. 타인에게 자신의 믿음을 강요한다.
> ㄷ. 대화를 통해 다른 종교에 대한 이해를 높인다.
> ㄹ. 사랑, 평화와 같은 가치를 실천하고자 노력한다.

① ㄱ, ㄴ   ② ㄴ, ㄷ
③ ㄴ, ㄹ   ④ ㄷ, ㄹ

23.

다음은 어느 학생의 서술형 평가 답안이다. 밑줄 친 ㉠ ~ ㉣ 중 옳지 <u>않은</u> 것은?

> 문제: 윤리적 소비의 특징과 실천 방법을 서술하시오
>
> < 학생 답안 >
> 윤리적 소비는 ㉠이웃을 고려하고 자연 환경까지 생각하는 소비 형태이다. 그리고 그 유형으로는 ㉡인권 향상을 고려하는 착한 소비, ㉢대량 소비와 과시적 소비 등이 있다. 이를 생활 속에서 실천하기 위해서는 ㉣환경 마크나 공정 무역 마크가 부착된 제품을 구입한다.

① ㉠   ② ㉡
③ ㉢   ④ ㉣

24.

다문화 사회의 시민 의식으로 적절하지 <u>않은</u> 것은?

① 문화적 편견을 극복해야 한다.
② 서로 다름과 차이를 인정한다.
③ 보편적 가치를 위협하는 문화를 수용해야 한다.
④ 인권과 평화를 위해 책임 있는 행동을 지향한다.

25.

하버마스(Habermas, J.)의 이상적 담화 조건을 <보기>에서 고른 것은?

> <보기>
>
> ㄱ. 타인의 주장을 배척한다.
> ㄴ. 자신의 오류 가능성을 인정하지 않는다.
> ㄷ. 대화의 내용을 서로 이해할 수 있어야 한다.
> ㄹ. 논의에 참여한 사람들은 진실성을 가지고 발언한다.

① ㄱ, ㄴ   ② ㄱ, ㄷ
③ ㄴ, ㄹ   ④ ㄷ, ㄹ

01.

다음 쟁점들을 다루는 실천 윤리 분야로 가장 적절한 것은?

- 사회 참여는 시민의 의무인가?
- 사회적 가치의 공정한 분배 기준은 무엇인가?

① 생명 윤리
② 사회 윤리
③ 과학 윤리
④ 환경 윤리

02.

다음에 해당하는 사랑과 성의 관계에 대한 관점은?

- 결혼을 통해 이루어지는 성적 관계만이 옳다.
- 배우자가 아닌 다른 사람과의 성적 관계는 부도덕하다.

① 자유주의
② 중도주의
③ 보수주의
④ 공리주의

03.

㉠에 들어갈 내용으로 옳은 것은?

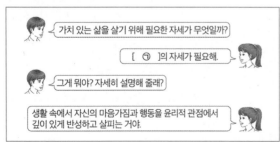

가치 있는 삶을 살기 위해 필요한 자세가 무엇일까?

[㉠]의 자세가 필요해.

그게 뭐야? 자세히 설명해 줄래?

생활 속에서 자신의 마음가짐과 행동을 윤리적 관점에서 깊이 있게 반성하고 살피는 거야.

① 가치 전도
② 특권 의식
③ 윤리적 성찰
④ 이기적 실천

04.

덕 윤리의 특징으로 옳은 것을 <보기>에서 고른 것은?

<보기>

ㄱ. 도덕적 실천 가능성을 강조한다.
ㄴ. 공동체의 전통과 역사를 중시한다.
ㄷ. 인간의 감정과 인간관계를 무시한다.
ㄹ. 공리의 원칙에 따른 행위만을 중시한다.

① ㄱ, ㄴ
② ㄱ, ㄷ
③ ㄴ, ㄹ
④ ㄷ, ㄹ

05.

(가), (나)에 들어갈 내용으로 적절하지 <u>않은</u> 것은?

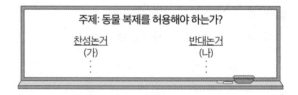

주제: 동물 복제를 허용해야 하는가?

찬성논거
(가)

반대논거
(나)

① (가): 희귀 동물을 보호할 수 있다.
② (가): 우수한 품종을 개발할 수 있다.
③ (나): 자연의 고유한 질서에 어긋난다.
④ (나): 동물 종의 다양성 보존에 기여한다.

06.

다음 설명에 해당하는 처벌에 대한 관점은?

처벌의 본질을 범죄 행위에 대해 응당한 보복을 가하는 것으로 본다.

① 예방주의
② 공리주의
③ 응보주의
④ 실용주의

07.

다음을 주장한 사상가의 입장으로 옳은 것은?

> < 정의의 두 원칙 >
> - 제 1원칙: 평등한 자유의 원칙
>   모든 사람은 다른 사람과 유사한 자유와 양립할 수 있는
>   가장 광범위한 기본적 자유에 대하여 동등한 권리를
>   가져야 한다.
> - 제 2원칙: 공정한 기회균등의 원칙, 차등의 원칙

① 개인의 기본적 자유를 보장해야 한다.
② 사회 구성원의 기본적 자유는 평등하지 않다.
③ 사회 전체의 이익을 위한 소수의 희생은 정당하다.
④ 부유층의 기본권이 빈곤층의 기본권보다 중요하다.

08.

다음 설명에 해당하는 것은?

> - 유교에서 말하는 기본적인 인간관계에서 지켜야
>   할 다섯 가지 도덕규범.
> - 부자유친, 군신유의, 부부유별, 장유유서, 붕우유신.

① 오륜(五倫)　　　　② 충서(忠恕)
③ 삼학(三學)　　　　④ 좌망(坐忘)

09.

(가)에 들어갈 용어로 적절한 것은?

(가) ─ 남녀 모두의 인권을 동등하게 보장함.
　　 ─ 성별에 따른 차별, 편견, 비하, 폭력이 없음.
　　 ─ 남녀의 차이를 인정하고 다양성과 개성을 존중함.

① 성차별　　　　　② 성폭력
③ 양성평등　　　　④ 성 상품화

10.

다음 중 시민 불복종의 정당화 조건으로 옳지 <u>않은</u> 것은?

① 처벌 감수　　　　② 공동선 추구
③ 최후의 수단　　　④ 폭력적 방법 사용

11.

다음 제도가 강조하는 덕목은?

> - 부패 방지법
> - 내부 공익 신고 제도
> - 부정 청탁 및 금품 수수 금지에 관한 법률

① 배려　　　　　② 관용
③ 청렴　　　　　④ 자선

12.

다음에서 소개하는 윤리 사상가는?

> ■ 도덕 인물 카드 ■
> - 고대 그리스의 철학자
> - "너 자신을 알라." 라는 말을 강조함.
> - 반성적으로 검토하는 삶이 중요하다고 주장함.

① 밀　　　　　　② 베이컨
③ 데카르트　　　④ 소크라테스

13.

다음 중 과학 기술자의 윤리적 자세로 옳지 <u>않은</u> 것은?

① 연구 과정에서 표절이나 위조를 해서는 안 된다.
② 연구 및 실험 대상을 윤리적으로 대우해야 한다.
③ 연구 과정에서 부당한 저자 표기를 해서는 안 된다.
④ 연구 결과를 자신의 이익만을 위해 공개해야 한다.

14.

다음에서 생태 중심주의 관점에만 '✓'를 표시한 학생은?

관점 \ 학생	A	B	C	D
- 인간은 자연보다 우월한 존재이다.	✓		✓	
- 동물은 인간을 위한 수단일 뿐이다.	✓			✓
- 자연 전체가 도덕적 고려의 대상이다.		✓		✓

① A
② B
③ C
④ D

15.

다음 설명에 해당하는 정보 사회의 윤리적 문제점은?

> 교육, 소득 수준, 성별, 지역 등의 차이로 정보에 대한 접근과 이용에 차별이 발생하고, 그 결과 사회적 · 경제적 불평등이 초래되는 현상.

① 정보 격차
② 사생활 침해
③ 저작권 침해
④ 사이버 스토킹

16.

(가)에 들어갈 사상은?

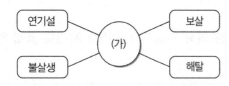

① 유교
② 불교
③ 도교
④ 기독교

17.

예술의 상업화를 반대하는 입장으로 옳은 것을 <보기>에서 고른 것은?

> <보기>
> ㄱ. 예술을 일반 대중들도 누릴 수 있게 해 준다.
> ㄴ. 예술가에게 예술 활동의 경제적 기반을 마련해 준다.
> ㄷ. 예술의 미적 가치와 윤리적 가치를 훼손할 수 있다.
> ㄹ. 예술 작품이 돈을 벌기 위한 투기 수단으로 사용된다.

① ㄱ, ㄴ
② ㄱ, ㄷ
③ ㄴ, ㄹ
④ ㄷ, ㄹ

18.

다음은 서술형 평가 문제와 학생 답안이다. 밑줄 친 ㉠ ~ ㉣ 중 옳지 않은 것은?

> 문제: 뉴미디어(new media)의 의미와 특징을 서술하시오.
>
> <학생 답안>
> 뉴 미디어는 ㉠ 정보 통신 기술이 발달하면서 등장한 새로운 전달 매체이다. 뉴 미디어는 ㉡ 송신자와 수신자 간의 쌍방향 정보 교환이 불가능하지만, ㉢ 수신자가 원하는 시간에 정보를 볼 수 있게 해 주고, ㉣ 정보를 디지털화함으로써 신속하고 정확하게 처리하는 것이 가능하다.

① ㉠
② ㉡
③ ㉢
④ ㉣

19.

다음에 해당하는 윤리 사상가는?

> - 도덕성을 판단할 때 행위의 결과보다 동기를 중시함.
> - 도덕 법칙은 정언 명령의 형식으로 제시됨을 주장함.

① 벤담
② 칸트
③ 플라톤
④ 에피쿠로스

20.

⊙, ⓒ에 들어갈 말이 옳게 짝지어진 것은?

[⊙] 소비	소비자가 자신의 경제력 내에서 가장 큰 효용과 만족을 주는 상품을 구매하는 것.
[ⓒ] 소비	소비자가 윤리적인 가치 판단의 신념에 따라 상품을 구매하는 것.

	⊙	ⓒ		⊙	ⓒ
①	윤리적	합리적	②	충동적	윤리적
③	합리적	충동적	④	합리적	윤리적

21.

⊙에 들어갈 용어로 가장 적절한 것은?

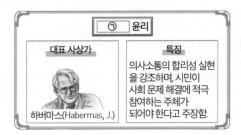

⊙ 윤리

대표 사상가	특징
하버마스(Habermas, J.)	의사소통의 합리성 실현을 강조하며, 시민이 사회 문제 해결에 적극 참여하는 주체가 되어야 한다고 주장함.

① 담론
② 배려
③ 의무
④ 책임

22.

다음에 해당하는 다문화 이론은?

- 다른 맛을 가진 채소와 과일들이 그릇 안에서 서로 조화를 이루듯이 다양한 문화가 평등하게 조화를 이루어야 함.
- 여러 인종, 여러 민족이 각자의 문화적 특성을 유지하며 조화를 이루어야 함.

① 샐러드 볼 이론
② 동화주의 이론
③ 국수 대접 이론
④ 자문화 중심주의 이론

23.

다음 설명에 해당하는 인간의 특성으로 가장 적절한 것은?

인간은 시간과 공간의 한계를 넘어서기를 갈망하며, 그러한 한계를 극복하기 위해 신(神)과 같은 초월적 존재와 연관을 맺고자 하는 존재이다.

① 감각적 존재
② 종교적 존재
③ 윤리적 존재
④ 이기적 존재

24.

⊙에 들어갈 용어로 가장 적절한 것은?

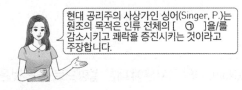

현대 공리주의 사상가인 싱어(Singer, P.)는 원조의 목적은 인류 전체의 [⊙]을/를 감소시키고 쾌락을 증진시키는 것이라고 주장합니다.

① 이익
② 행복
③ 고통
④ 복지

25.

다음 중 남북통일 실현을 위한 올바른 자세가 아닌 것은?

① 주변국과 긴밀히 협력한다.
② 열린 마음으로 소통하고 배려를 실천한다.
③ 북한을 동반자가 아니라 경계 대상으로만 본다.
④ 국민적 합의에 근거하여 통일의 방법을 모색한다.

01.

다음 설명에 해당하는 윤리학은?

> 도덕적 관습 또는 풍습에 대한 묘사나 객관적 서술을 주된 목표로 하는 윤리학

① 규범 윤리학　　② 기술 윤리학
③ 메타 윤리학　　④ 실천 윤리학

02.

칸트(Kant, I.)의 의무론에 대한 설명으로 옳은 것은?

① 가언 명령의 형식을 중시한다.
② 행위의 동기보다는 결과를 강조한다.
③ 공리의 원리에 따른 행동을 강조한다.
④ 보편적 윤리의 확립과 인간 존엄성을 중시한다.

03.

윤리적 소비에 대한 설명으로 옳은 것을 <보기>에서 고른 것은?

> <보기>
> ㄱ. 생태계 보존을 생각하는 소비이다.
> ㄴ. 자신의 재력을 과시하기 위한 소비이다.
> ㄷ. 많은 상품을 충동적으로 구매하는 소비이다.
> ㄹ. 노동자의 인권과 복지를 고려하는 소비이다.

① ㄱ, ㄴ　　　　② ㄱ, ㄹ
③ ㄴ, ㄷ　　　　④ ㄷ, ㄹ

04.

다음 설명에 해당하는 것은?

> - 맹자가 주장한 것으로 모든 인간이 본래부터 가지고 있는 선한 마음
> - 측은지심, 수오지심, 사양지심, 시비지심

① 사단(四端)　　② 삼학(三學)
③ 정명(正名)　　④ 삼독(三毒)

05.

다음 설명에 해당하는 도덕 원리 검사 방법은?

> 도덕 원리가 다른 사람의 처지에서도 받아들여질 수 있는지 다른 사람의 입장을 취해보고 검토하는 것이다.

① 포섭 검사　　　　② 역할 교환 검사
③ 반증 사례 검사　　④ 사실 판단 검사

06.

(가)에 들어갈 내용으로 가장 적절한 것은?

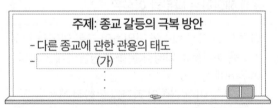

주제: 종교 갈등의 극복 방안
- 다른 종교에 관한 관용의 태도
- (가)

① 특정한 종교의 교리 강요
② 종교 간 적극적인 대화와 협력
③ 타 종교에 대한 무조건적 비난과 억압
④ 종교적 신념을 내세운 비윤리적 행위의 강행

07.

㉠에 들어갈 용어로 적절한 것은?

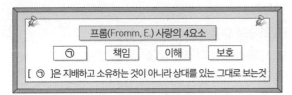

프롬(Fromm, E.) 사랑의 4요소

| ㉠ | 책임 | 이해 | 보호 |

[㉠]은 지배하고 소유하는 것이 아니라 상대를 있는 그대로 보는것

① 존경 　　　　　② 집착
③ 단절 　　　　　④ 금욕

08.

시민 불복종의 특징으로 적절하지 <u>않은</u> 것은?

① 시민 불복종은 최후의 수단이어야 한다.
② 시민 불복종은 처벌을 감수하는 행위이다.
③ 시민 불복종은 개인의 이익만을 충족시켜야 한다.
④ 시민 불복종은 정의 실현을 위한 의도적 위법행위이다.

09.

다음 내용과 관련된 노자의 사상은?

- "으뜸이 되는 선(善)은 물과 같다."
- "도(道)는 자연을 본받아 어긋나지 않는다."

① 충서(忠恕) 　　　② 무위(無爲)
③ 열반(涅槃) 　　　④ 효제(孝弟)

10.

정보 공유를 강조하는 입장으로 옳은 것을 <보기>에서 고른 것은?

<보기>

ㄱ. 정보에 대한 자유로운 접근을 허용해야 한다.
ㄴ. 정보를 공동의 이익을 위해서 사용해야 한다.
ㄷ. 정보에 대한 사적 소유 권리를 강화해야 한다.
ㄹ. 정보 창작이 이루어지는 분야를 축소해야 한다.

① ㄱ, ㄴ 　　　　② ㄱ, ㄷ
③ ㄴ, ㄹ 　　　　④ ㄷ, ㄹ

11.

㉠에 들어갈 용어로 적절한 것은?

[㉠] 윤리

- 보편타당한 도덕법칙이 존재함.
- "선을 행하고 악을 피하라." 라는 핵심 명제를 강조함.
- 자연의 원리에 의해 도출된 의무에 따르는 행위를 옳은 행위로 봄.

① 배려 　　　　　② 담론
③ 자연법 　　　　④ 이기주의

12.

다음 설명에 해당하는 윤리적 관점은?

- 요나스(Jonas, H.)가 과학 기술 시대의 새로운 윤리적 관점으로 제시함.
- 인과적 책임뿐만 아니라 미래의 결과에 대한 책임까지 강조되어야 한다고 보는 관점임.

① 책임 윤리 　　　② 전통 윤리
③ 신경 윤리 　　　④ 가족 윤리

13.

생명 중심주의의 관점으로 가장 적절한 것은?

① 자연은 인간을 위한 수단일 뿐이다.
② 도덕적 고려의 범위에 무생물이 포함된다.
③ 이성적 존재만이 도덕적 존중의 대상이다.
④ 살아있는 모든 존재는 내재적 가치를 지닌다.

14.

다음에서 소개하는 윤리 사상가는?

■ 도덕 인물 카드 ■
- 중국 춘추시대 사상가로 유교를 체계화 함.
- 도덕성 회복을 위해 인(仁)과 예(禮)의 실천을 강조함.
- 제자들이 엮은 『논어』에 그의 사상이 잘 나타남.

① 공자 　　　　　② 장자
③ 순자 　　　　　④ 묵자

15.

우대 정책이 반영된 제도로 옳지 <u>않은</u> 것은?

① 지역 균형 선발 제도
② 장애인 의무 고용 제도
③ 농어촌 특별 전형 제도
④ 음식점 원산지 표시 제도

16.

기업가가 지녀야 할 윤리적 자세로 적절하지 <u>않은</u> 것은?

① 경제적 이윤을 정당한 방식으로 추구해야 한다.
② 근로자의 정당한 권리를 훼손하지 말아야 한다.
③ 윤리 경영은 사회 발전과 무관함을 명심해야 한다.
④ 공익적 가치 실현을 위해 사회적 책임을 다해야 한다.

17.

다음에서 동물 중심주의 사상가인 싱어(Singer, P.)의 관점에만 '✓'를 표시한 학생은?

관점 \ 학생	A	B	C	D
- 인간은 도덕적 행위 능력을 지닌다.	✓		✓	✓
- 동물의 고통을 무시하는 행위는 '종 차별주의'이다.	✓	✓	✓	
- 생태계 전체가 도덕적으로 고려해야 하는 대상이다.	✓	✓		✓

① A
② B
③ C
④ D

18.

공리주의 관점에서 볼 때, 도덕적 행위로 옳지 <u>않은</u> 것은?

① 최대의 유용성을 가져오는 행위
② 사회 전체의 이익을 증대시키는 행위
③ 결과와 상관없이 무조건적 의무에 따르는 행위
④ 최대 다수의 최대 행복의 원리에 부합하는 행위

19.

㉠, ㉡에 들어갈 말을 짝지은 것으로 옳은 것은?

- 석가모니는 죽음을 수레바퀴가 구르는 것과 같이 다음 생으로 이어지는 [㉠]의 한 과정으로 본다.
- 장자는 죽음을 [㉡]의 흩어짐으로 정의하여 생사를 사계절의 운행과 같은 자연의 순환 과정 중 하나로 본다.

	㉠	㉡		㉠	㉡
①	윤회(輪廻)	기(氣)	②	윤회(輪廻)	해탈(解脫)
③	해탈(解脫)	오륜(五倫)	④	오륜(五倫)	기(氣)

20.

롤스(Rawls, J.)의 해외 원조에 대한 설명으로 옳은 것은?

① 국제 사회에서 결코 정당화될 수 없다.
② 의무가 아니라 단순한 자선에 불과하다.
③ 정의로운 시민들은 절대 실천하지 않는다.
④ 대상국이 질서 정연한 사회가 되도록 돕는 것이다.

21.

다음 설명에 해당하는 예술에 대한 관점은?

- 미적 가치와 윤리적 가치의 관련성을 강조한다.
- 예술은 도덕적 교훈이나 모범을 제공해야 한다고 본다.

① 도구주의
② 도덕주의
③ 상업주의
④ 예술 지상주의

22.

교사의 질문에 대한 대답으로 적절하지 <u>않은</u> 것은?

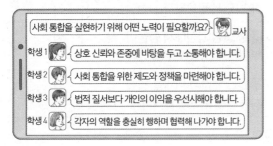

① 학생 1
② 학생 2
③ 학생 3
④ 학생 4

23.

다음 설명에 해당하는 다문화 이론은?

- 다양한 문화의 공존을 위해서는 주류 문화의 역할이 중요하다는 입장
- 주재료인 면 위에 고명을 얹어 맛을 내듯이 주류 문화를 중심으로 비주류 문화가 공존해야 한다는 입장

① 용광로 이론
② 동화주의 이론
③ 샐러드 볼 이론
④ 국수 대접 이론

24.

하버마스(Habermas, J.)가 강조한 소통과 담론의 윤리로 가장 적절한 것은?

① 상대방이 이해할 수 없는 언어로 표현해야 한다.
② 외부 기관의 감시하에서만 소통을 진행해야 한다.
③ 대화 당사자들은 자유롭고 평등하게 참여해야 한다.
④ 해당 영역의 전문가만이 의사결정권을 행사해야 한다.

25.

다음은 서술형 평가 문제와 학생 답안이다. 밑줄 친 ㉠ ~ ㉣ 중 옳지 <u>않은</u> 것은?

문제: 분단 비용과 통일 비용, 통일 편익에 대해 설명하시오.
<답안>
㉠ 분단 비용은 분단으로 인해 남북한이 부담하는 유·무형의 모든 비용을 의미한다. ㉡ 분단 비용은 분단이 계속되는 한 지속적으로 발생하는 소모적 비용이다. 한편 ㉢ 통일 비용은 통일 이후 남북한 격차를 해소하고 이질적 요소를 통합하기 위한 비용이며, ㉣ 통일 편익은 통일 직후에만 발생하는 단기적 이익이다.

① ㉠
② ㉡
③ ㉢
④ ㉣

01.

다음 설명에 해당하는 윤리학은?

- 도덕 원리를 구체적 상황에 적용하여 도덕 문제에 대한 해결 방안을 제시하는 것을 주된 목표로 삼음.
- 예 생명 윤리, 정보 윤리, 환경 윤리 등

① 기술 윤리학　　　　② 메타 윤리학
③ 실천 윤리학　　　　④ 진화 윤리학

02.

(가)에 들어갈 윤리 사상가는?

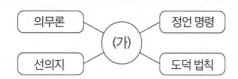

① 밀　　　　　　　② 칸트
③ 플라톤　　　　　④ 데카르트

03.

다음에서 설명하는 사상으로 가장 적절한 것은?

- 무위자연(無爲自然)의 삶을 강조함.
- 이상적 인간으로 지인(至人), 진인(眞人) 등이 있음.

① 유교　　　　　　② 불교
③ 도가　　　　　　④ 법가

04.

다음에서 동물 실험을 반대하는 관점에만 '✓'를 표시한 학생은?

관점　　　　　　　　　　　　　학생	A	B	C	D
- 동물 실험은 신약 개발을 위해 반드시 필요하다.	✓			✓
- 동물 실험 과정에서 동물이 부당하게 고통을 겪고 있다.		✓		✓
- 동물은 인간의 이익을 위해 사용되는 수단에 불과하다.			✓	

① A　　　　　　　② B
③ C　　　　　　　④ D

05.

공리주의의 입장에 대한 설명으로 옳은 것은?

① 유용성의 원리에 따른 행위를 강조한다.
② 행위의 결과보다는 행위의 동기를 중시한다.
③ 행위의 효용보다 행위자 내면의 품성을 강조한다.
④ 사회 전체의 행복보다 개인의 행복 추구를 중시한다.

06.

(가)에 들어갈 성과 사랑의 관계에 대한 관점은?

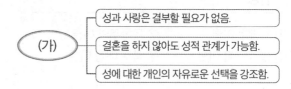

① 자유주의　　　　② 보수주의
③ 도덕주의　　　　④ 중도주의

07.

시민에 대한 국가의 의무로 옳지 <u>않은</u> 것은?

① 시민의 복지를 증진해야 한다.
② 시민의 인권을 보호해야 한다.
③ 시민의 인간다운 삶을 보장해야 한다.
④ 시민의 정당한 요구에 무관심해야 한다.

08.

㉠에 공통으로 들어갈 용어는?

 생태 중심주의의 대표적인 이론은 레오폴드(Leopold, A.)의 [㉠] 윤리입니다. 이는 인간을 동식물, 물, 바위 등과 함께 거대한 [㉠] 공동체의 구성원으로 바라봐야 한다는 입장입니다.

① 대지
② 과학
③ 문화
④ 사회

09.

사형 제도의 찬성 근거로 가장 적절한 것은?

① 오판의 가능성이 있다.
② 정치적으로 악용될 수 있다.
③ 응보적 정의 실현을 위한 수단이다.
④ 생명권을 침해하는 비인도적인 제도이다.

10.

㉠에 들어갈 내용으로 옳지 <u>않은</u> 것은?

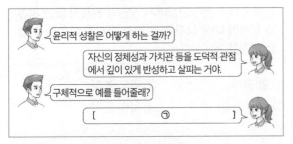

윤리적 성찰은 어떻게 하는 걸까?

자신의 정체성과 가치관 등을 도덕적 관점에서 깊이 있게 반성하고 살피는 거야.

구체적으로 예를 들어줄래?

[㉠]

① 남을 돕는 데 진심을 다했는지 살피는 거야.
② 마음을 흐트러짐이 없게 하고 몸가짐을 삼가는 거야.
③ 어른들의 말씀은 무조건 비판 없이 받아들이는 거야.
④ 끊임없는 질문을 통해 자신의 무지를 스스로 깨우치는 거야.

11.

다음 사상가가 강조하는 덕목은?

> 백성을 사랑하는 근본은 검소함과 자신의 사사로운 이익은 추구하지 않음에 있다. 이는 목민관이 가장 먼저 힘써야 할 일이다.
>
> - 정약용, 『목민심서』-

① 욕망
② 집착
③ 독선
④ 청렴

12.

교사의 질문에 대한 대답으로 적절하지 <u>않은</u> 것은?

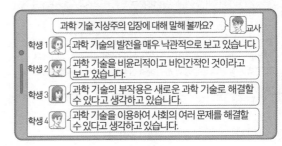

과학 기술 지상주의 입장에 대해 말해 볼까요? 교사

학생 1 과학 기술의 발전을 매우 낙관적으로 보고 있습니다.

학생 2 과학 기술을 비윤리적이고 비인간적인 것이라고 보고 있습니다.

학생 3 과학 기술의 부작용은 새로운 과학 기술로 해결할 수 있다고 생각하고 있습니다.

학생 4 과학 기술을 이용하여 사회의 여러 문제를 해결할 수 있다고 생각하고 있습니다.

① 학생 1
② 학생 2
③ 학생 3
④ 학생 4

13.

통일과 관련된 개념에 대한 설명으로 옳지 <u>않은</u> 것은?

	개념	설명
①	분단 비용	남북한 분단이 지속되어 발생하는 비용
②	평화 비용	남북한 평화 유지와 정착을 위해 필요한 비용
③	통일 편익	통일로 얻게 되는 경제적·경제외적인 손상 및 피해
④	통일 비용	남북한 격차 해소와 이질적 요소 통합에 필요한 비용

14.

예술 지상주의의 입장에 대한 설명으로 가장 적절한 것은?

① 예술의 사회성만을 강조한다.
② 예술을 위한 예술을 주장한다.
③ 예술가에게 도덕적 공감이 중요함을 강조한다.
④ 예술에 대한 윤리적 규제의 필요성을 주장한다.

15.

㉠에 들어갈 내용으로 가장 적절한 것은?

도덕신문	2022년 ○월 ○일
㉠ 의 윤리적 쟁점	

불치병으로 극심한 고통을 겪고 있는 환자의 요구에 따라 인위적으로 생명을 단축하는 행위의 허용 문제는 논란이 될 수 있다. 왜냐하면 이 문제는 생명의 존엄성과 관련하여 심각한 윤리적 문제를 발생시킬 수 있기 때문이다.

① 안락사
② 대리모
③ 장기 이식
④ 배아 복제

16.

다음 설명에 해당하는 정의관으로 가장 적절한 것은?

- 공정한 과정을 통해 발생한 결과는 정당하다는 정의관
- 분배의 결과보다는 분배를 위한 공정한 순서나 방법을 강조하는 관점

① 결과적 정의
② 교정적 정의
③ 산술적 정의
④ 절차적 정의

17.

시민 불복종의 사례를 <보기>에서 고른 것은?

<보기>

ㄱ. 중세의 십자군 전쟁
ㄴ. 나치의 유대인 집단 학살
ㄷ. 소로의 세금 납부 거부
ㄹ. 간디의 소금법 폐지 행진

① ㄱ, ㄴ
② ㄱ, ㄷ
③ ㄴ, ㄹ
④ ㄷ, ㄹ

18.

다음에서 소개하는 윤리 사상가는?

■ 도덕 인물 카드 ■

- 영국의 철학자로 공리주의를 주장함.
- '최대 다수의 최대 행복'을 도덕 원리로 제시함.
- 저서: 『도덕과 입법의 원리 서설』

① 레건
② 벤담
③ 아퀴나스
④ 매킨타이어

19.

다음 설명에 해당하는 권리는?

정보 주체가 온라인상에서 개인이 원하지 않는 자신의 정보에 대해 삭제 또는 확산 방지를 요구할 수 있는 권리를 의미한다.

① 알 권리
② 공유 권리
③ 상속 권리
④ 잊힐 권리

20.

다음 설명에 해당하는 이상 사회는?

- 공자가 제시한 모두가 더불어 잘 사는 사회
- 인륜(人倫)이 실현된 사회로서 누구에게나 기본적인 삶이 보장되는 도덕 공동체

① 공산 사회   ② 소국과민

③ 대동 사회   ④ 철인 통치 국가

21.

그림 (가)와 (나)에서 주장하는 내용으로 옳은 것은?

(가) 자신의 경제력 내에서 가장 큰 만족을 줄 수 있는 소비를 해야 해.

(나) 노동자의 인권이나 환경 문제 등을 적극적으로 고려하는 소비를 해야 해.

	(가)	(나)
①	합리적 소비	윤리적 소비
②	합리적 소비	과시적 소비
③	윤리적 소비	합리적 소비
④	윤리적 소비	과시적 소비

22.

불교의 죽음관으로 가장 적절한 것은?

① 죽음 이후의 세계는 존재하지 않는다.

② 죽음을 통해 영혼은 이데아의 세계로 들어간다.

③ 죽음이란 다음 생으로 이어지는 윤회의 한 과정이다.

④ 죽음은 개별 원자로 흩어져 영원히 소멸되는 것이다.

23.

다음 설명에 해당하는 직업 윤리는?

- 자신의 직업에 자부심을 가지고 사회적 책임을 다하려는 직업의식
- 자기 일에 긍지를 가지고 평생 전념하거나 한 가지 기술에 정통하려고 노력하는 것

① 장인 정신   ② 특권 의식

③ 비판 의식   ④ 관용 정신

24.

다음은 서술형 평가 문제와 학생 답안이다. 밑줄 친 ㉠ ~ ㉣중 옳지 않은 것은?

> 문제: 국제 관계를 바라보는 관점에 대해서 서술하시오
>
> <답안>
> 현실주의는 ㉠ 국가가 자국의 이익을 최우선적으로 추구한다고 보기 때문에 ㉡ 국가 간의 힘의 논리를 통한 세력 균형보다 소통과 대화를 중시한다. 반면에 이상주의는 ㉢ 국가가 이성적이고 합리적 행동이 가능하다고 보기 때문에 ㉣ 국제법, 국제 규범 등을 통한 국제 분쟁의 방지를 강조한다.

① ㉠   ② ㉡

③ ㉢   ④ ㉣

25.

공직자가 지녀야 할 바람직한 자세로 옳은 것은?

① 공익보다 사익을 우선시해야 한다.

② 국민을 위한 봉사의 자세를 지녀야 한다.

③ 개인은 재산을 일절 소유하지 말아야 한다.

④ 친한 친구의 개인적인 청탁은 당연히 받아야 한다.

01.

다음 설명에 해당하는 윤리학은?

> 도덕적 언어의 의미 분석과 도덕적 추론의 정당성을 검증하기 위한 논리 분석을 주된 목표로 하는 윤리학

① 메타 윤리학
② 실천 윤리학
③ 신경 윤리학
④ 기술 윤리학

02.

다음에서 소개하는 윤리 사상가는?

> ■ 도덕 인물 카드 ■
> - 중국 춘추 시대 사상가
> - 도가 사상의 창시자로 무위자연을 강조함.
> - 『도덕경』에 그의 사상이 잘 나타남.

① 묵자
② 노자
③ 순자
④ 맹자

03.

도덕적 탐구에 대한 설명으로 옳지 <u>않은</u> 것은?

① 도덕 판단이나 행위의 정당화에 중점을 둔다.
② 도덕적 사고를 통해 이루어지는 지적 활동이다.
③ 도덕적 탐구에는 도덕적 추론 능력이 필요하다.
④ 도덕적 탐구 과정에서는 정서적 측면을 배제해야 한다.

04.

다음 설명에 해당하는 것은?

> - 세상 모든 존재는 서로 의지한다는 불교의 근본 교리
> - 모든 존재와 현상은 여러 가지 원인(因)과 조건(緣), 즉 인연에 의해 생겨남.

① 심재(心齋)
② 연기(緣起)
③ 오륜(五倫)
④ 정명(正名)

05.

㉠에 들어갈 사상은?

> '최대 다수의 최대 행복' 의 원리를 강조함.

> '어떤 규칙이 최대의 유용성을 낳는가?' 를 중시함.

> 행위 공리주의의 한계를 극복하기 위해 등장함.

① 의무론
② 덕 윤리
③ 자연법 윤리
④ 규칙 공리주의

06.

다음에서 설명하는 자연관으로 옳은 것은?

> - 과학적 지식을 활용하여 인간이 자연을 정복해야 한다.
> - 자연은 단순한 기계로서 도덕적 고려 대상에서 제외된다.

① 인간 중심주의
② 동물 중심주의
③ 생명 중심주의
④ 생태 중심주의

07.

다음 설명에 해당하는 것은?

> 정의롭지 못한 법과 정책을 변화시키려는 목적을 가지고 의도적으로 법을 위반하는 행위

① 공정 무역   ② 시민 불복종

③ 합리적 소비   ④ 주민 투표제

08.

다음은 서술형 평가 문제와 답안이다. 밑줄 친 ㉠ ~ ㉣ 중 옳지 <u>않은</u> 것은?

> 문제: 과학 기술자의 사회적 책임에 대해 설명하시오.
>
> < 답안 >
> 과학 기술자는 ㉠<u>인류 복지 향상을 위해 사회적 책임을 다해야 한다.</u> ㉡<u>자신의 연구 결과가 사회에 미칠 영향력을 인식해야 하고,</u> ㉢<u>자신만의 이익을 위해 연구 결과를 조작해야 한다.</u> 또한 ㉣<u>연구활동이 인간 존엄성을 해치지 않는지 항상 성찰해야 한다.</u>

① ㉠   ② ㉡

③ ㉢   ④ ㉣

09.

대중문화의 건전한 발전을 위한 자세로 옳은 것은?

① 획일화된 문화 상품을 생산해야 한다.

② 대중문화를 무비판적으로 수용해야 한다.

③ 거대 자본으로 대중문화를 지배해야 한다.

④ 주체적인 자세로 대중문화를 감상해야 한다.

10.

평화적인 남북통일 실현을 위해 가져야 할 올바른 자세를 <보기>에서 고른 것은?

> <보기>
> ㄱ. 군사비 증강에 집중하여 무력 통일을 도모한다.
> ㄴ. 통일 시기와 과정은 민주적 절차에 따라 추진한다.
> ㄷ. 남북 교류와 협력을 통해 서로 간에 신뢰를 형성한다.
> ㄹ. 통일 기반 조성을 위한 노력보다 체제 통합을 우선한다.

① ㄱ, ㄴ   ② ㄱ, ㄹ

③ ㄴ, ㄷ   ④ ㄷ, ㄹ

11.

부부 간의 바람직한 윤리적 자세로 옳지 <u>않은</u> 것은?

① 부부는 서로 신의를 지켜야 한다.

② 부부는 동등한 존재임을 인식해야 한다.

③ 부부는 상대방을 존중하고 배려해야 한다.

④ 부부는 고정된 성 역할을 절대시해야 한다.

12.

㉠에 들어갈 내용으로 가장 적절한 것은?

 동화주의의 대표적 이론은 [㉠]입니다. 비주류 문화를 주류 문화에 녹여서 하나로 통합시켜야 한다는 입장입니다.

① 용광로 이론   ② 모자이크 이론

③ 샐러드 볼 이론   ④ 국수 대접 이론

13.

다음에서 롤스(Rawls, J.)의 관점에만 '✓'를 표시한 학생은?

관점 \ 학생	A	B	C	D
- 분배 절차가 공정하면 분배 결과도 공정하다.		✓		✓
- 재산이 많을수록 기본적 자유를 더 많이 가져야 한다.	✓		✓	
- 사회적 약자에게 경제적 이익을 분배해서는 안 된다.		✓	✓	

① A
② B
③ C
④ D

14.

칸트(Kant, I.)의 도덕 법칙에 대한 설명으로 옳은 것을 <보기>에서 고른 것은?

<보기>

ㄱ. 보편화가 가능해야 한다.
ㄴ. 정언 명령의 형식이어야 한다.
ㄷ. 인간 존엄성과는 무관해야 한다.
ㄹ. 행위의 동기보다 결과를 중시해야 한다.

① ㄱ, ㄴ
② ㄱ, ㄷ
③ ㄴ, ㄹ
④ ㄷ, ㄹ

15.

인공 임신 중절에 대한 반대 근거로 적절하지 않은 것은?

① 태아는 생명권을 지닌다.
② 태아는 생명이 있는 인간이다.
③ 태아에 대한 소유권은 임신한 여성에게 있다.
④ 태아는 인간으로 발달할 잠재성을 지니고 있다.

16.

다음 중 윤리적 소비를 실천한 학생은?

① 학생 1
② 학생 2
③ 학생 3
④ 학생 4

17.

예술에 대한 도덕주의 입장으로 옳은 것을 <보기>에서 고른 것은?

<보기>

ㄱ. 예술의 자율성만을 강조해야 한다.
ㄴ. 예술에 대한 윤리적 규제가 필요하다.
ㄷ. 미적 가치를 제외한 모든 가치를 부정해야 한다.
ㄹ. 예술의 목적은 도덕적 교훈을 제공하는 것이다.

① ㄱ, ㄴ
② ㄱ, ㄷ
③ ㄴ, ㄹ
④ ㄷ, ㄹ

18.

바람직한 의사소통을 위해 갖춰야 할 태도로 옳은 것은?

① 대화의 상대방을 무시하는 태도
② 타인의 주장을 거짓으로 간주하는 태도
③ 진실한 마음으로 상대를 속이지 않는 태도
④ 자신의 오류 가능성을 인정하지 않는 태도

19.

전문직 종사자가 지녀야 할 윤리적 자세로 옳은 것은?

① 높은 수준의 직업적 양심과 책임 의식을 지녀야 한다.
② 직무의 공공성보다는 개인적 이익만을 중시해야 한다.
③ 전문성 함양보다 독점적 지위 보장을 우선시해야 한다.
④ 전문 지식을 통해 얻은 뇌물은 정당함을 알아야 한다.

20.

교사의 질문에 대한 대답으로 적절하지 <u>않은</u> 것은?

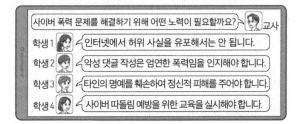

① 학생 1
② 학생 2
③ 학생 3
④ 학생 4

21.

다음 설명에 해당하는 형벌에 대한 관점은?

> 형벌의 목적은 범죄 예방을 통해 사회 전체의 이익
> 을 증대시키는 것이다.

① 국수주의
② 공리주의
③ 이기주의
④ 신비주의

22.

다음 설명에 해당하는 개념은?

> - 의미 : 자신의 인간관, 가치관, 세계관 등을 전체적
>   으로 검토하고 반성하는 과정
> - 방법 : 증자의 일일삼성(一日三省), 이황의 경(敬) 등

① 인종 차별
② 부패 의식
③ 윤리적 성찰
④ 유전자 조작

23.

㉠, ㉡에 들어갈 사랑과 성에 대한 관점으로 옳은
것은?

[㉠]	결혼이라는 합법적 테두리 내에서 이루어진 성적 관계만이 정당하다.
[㉡]	타인에게 피해를 주지 않고 성인이 자발적으로 동의한다면 사랑 없는 성적 관계도 가능하다.

	㉠	㉡		㉠	㉡
①	중도주의	보수주의	②	보수주의	자유주의
③	자유주의	중도주의	④	보수주의	중도주의

24.

기후 변화에 따른 문제점이 <u>아닌</u> 것은?

① 생태계 교란
② 새로운 질병의 유행
③ 자연재해의 증가
④ 인류의 안전한 삶 보장

25.

다음 내용에 해당하는 국제 관계에 대한 입장은?

> - 국가는 이성적 존재이기 때문에 국제 분쟁은 국제
>   법, 국제기구 등 제도의 개선으로 해결할 수 있다
>   고 봄.
> - 대표적 사상가 : 칸트

① 이상주의
② 제국주의
③ 현실주의
④ 지역주의

01.

다음 설명에 해당하는 윤리학은?

> 인간이 어떻게 행위를 해야 하는가에 대한 보편적 원리의 정립을 주된 목표로 하는 윤리학

① 진화 윤리학　　　② 기술 윤리학
③ 규범 윤리학　　　④ 메타 윤리학

02.

다음 설명에 해당하는 이상적 인간은?

> 유교에서 제시한 도덕적 수양과 사회적 실천을 통해 이상적 인격에 도달한 사람

① 군자　　　② 보살
③ 진인　　　④ 철인

03.

㉠에 들어갈 용어는?

> 가상 공간에서 타인에게 정신적, 물질적 피해를 주는 행위
> 익명성을 악용한 비윤리적 행위로 심각한 문제가 되고 있음.
> 유형: 악성 댓글, 허위 사실 유포, 해킹 등

① 기후 정의　　　② 절대 빈곤
③ 사이버 폭력　　　④ 윤리적 소비

04.

윤리적 성찰의 방법으로 적절하지 않은 것은?

① 언행을 신중하게 하고 몸가짐을 바르게 한다.
② 다른 사람을 돕는 데 진심을 다했는지 살핀다.
③ 자신의 생각이나 상식을 반성적으로 검토한다.
④ 권위가 있는 이론은 비판 없이 무조건 수용한다.

05.

다음 설명에 해당하는 윤리적 관점은?

> - 아리스토텔레스의 사상적 전통을 따라 도덕 법칙이나 원리보다 행위자의 품성과 덕성을 중시함.
> - 행위자의 성품을 먼저 평가하고, 이를 근거로 행위의 옳고 그름을 판단해야 한다고 보는 관점임.

① 덕 윤리　　　② 담론 윤리
③ 의무론 윤리　　　④ 공리주의 윤리

06.

다음은 서술형 평가 문제와 답안이다. 밑줄 친 ㉠ ~ ㉣ 중 옳지 않은 것은?

> 문제: 정보의 생산자들이 지녀야 할 윤리적 자세에 대해 서술하시오.
>
> <답안>
> 정보 생산자들은 ㉠사실 그대로 전달하는 진실한 태도를 지녀야 한다. ㉡정보를 자의적으로 해석하거나 왜곡하지 않아야 하고 ㉢관련된 내용에 대한 객관성과 공정성을 추구해야 한다. 또한 ㉣개인의 사생활, 인격권을 침해해서라도 알 권리만을 우선해야 한다.

① ㉠　　　② ㉡
③ ㉢　　　④ ㉣

07.

가족 간의 바람직한 윤리적 자세로 적절하지 <u>않은</u> 것은?

① 형제자매는 서로 우애 있게 지내야 한다.
② 부모와 자녀는 상호 간에 사랑을 실천해야 한다.
③ 가족 구성원 간에 신뢰를 회복하도록 노력해야 한다.
④ 전통 가족 윤리는 시대정신에 맞더라도 거부해야 한다.

08.

㉠에 들어갈 용어로 가장 적절한 것은?

> 싱어(Singer, P.)는 [㉠] 을 갖고 있는 동물의 이익도 평등하게 고려되어야 한다고 주장한다.

① 정보 처리 능력
② 쾌고 감수 능력
③ 도덕적 탐구 능력
④ 비판적 사고 능력

09.

다음에서 소개하는 윤리 사상가는?

>
> ■ 도덕 인물 카드 ■
> - 고대 그리스의 철학자
> - 소크라테스의 제자로 이데아론을 주장함.
> - 대표 저서: 『국가』

① 로크
② 베이컨
③ 플라톤
④ 엘리아데

10.

다음 설명에 해당하는 것은?

> - 남녀 모두의 인권을 동등하게 보장함.
> - 성별에 따라 서로 차별하지 않고 동등하게 대우함.

① 성폭력
② 양성평등
③ 인종 차별
④ 지역 갈등

11.

다음 설명에 해당하는 개념은?

> - 의미 : 행위의 결과와 상관없이 행위 자체가 옳기 때문에 무조건 수행해야 하는 도덕적 명령
> - 예 "네 의지의 준칙이 언제나 동시에 보편적 입법의 원리가 되도록 행위하라."

① 가치 전도
② 정언 명령
③ 책임 전가
④ 가언 명령

12.

(가), (나)에 들어갈 내용으로 적절하지 <u>않은</u> 것은?

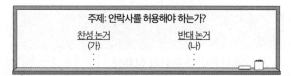

주제: 안락사를 허용해야 하는가?

찬성 논거 (가)	반대 논거 (나)

① (가): 인간답게 죽을 권리는 없다.
② (가): 경제적 고통을 덜어 줄 수 있다.
③ (나): 사회에 생명 경시 풍조가 확산된다.
④ (나): 죽음은 인간이 선택할 수 있는 대상이 아니다.

13.

다음 설명에 해당하는 직업 윤리 의식은?

> 공직자뿐만 아니라 직업 생활의 전반에서 중요한 의식으로 성품과 품행이 맑고 깨끗하여 탐욕을 부리지 않는 것을 의미한다.

① 경쟁 의식
② 패배 의식
③ 청렴 의식
④ 특권 의식

14.

다음에서 설명하는 윤리에 대한 관점은?

- 보편적으로 타당한 도덕 원칙은 없다고 봄.
- 윤리를 문화의 산물로 보고, 각 사회마다 마땅히 따라야 할 규범이 다를 수 있다고 봄.

① 윤리적 상대주의   ② 윤리적 이기주의
③ 윤리적 절대주의   ④ 윤리적 의무주의

15.

다음에서 바람직한 문화적 정체성을 유지하기 위한 관점에만 '✓'를 표시한 학생은?

관점 \ 학생	A	B	C	D
- 자신의 주관이나 문화적 정체성을 버린다.	✓	✓		✓
- 사회 질서를 파괴하지 않는 범위에서 관용을 베푼다.	✓		✓	✓
- 문화의 다양성을 수용하면서도 보편적 규범을 따른다.		✓	✓	✓

① A   ② B
③ C   ④ D

16.

다음 내용과 관련된 사상은?

- 불교에서 서로 다른 종파들 간 대립과 갈등을 더 높은 차원에서 극복하고자 함.
- 특수하고 상대적인 각자의 입장에서 벗어나 대승적으로 융합해야 함을 강조함.

① 묵자의 겸애 사상   ② 공자의 덕치 사상
③ 노자의 무위 사상   ④ 원효의 화쟁 사상

17.

부정부패 행위가 사회에 미치는 영향을 <보기>에서 고른 것은?

<보기>

ㄱ. 국외 자본의 국내 투자가 활발해진다.
ㄴ. 개인의 권리가 부당하게 침해받을 수 있다.
ㄷ. 사회적 비용의 낭비로 사회 발전을 저해할 수 있다.
ㄹ. 국민 간 위화감을 완화하여 사회 통합을 용이하게 한다.

① ㄱ, ㄴ   ② ㄱ, ㄹ
③ ㄴ, ㄷ   ④ ㄷ, ㄹ

18.

그림의 내용과 같은 주장을 한 사상가는?

자유 지상주의적 입장에서 개인의 소유권을 보호하고 존중하는 것이 정의이다.

소득 재분배는 개인의 권리를 침해하는 심각한 문제이다. 해외 원조를 자선의 관점에서 보아야 한다.

① 홉스   ② 노직
③ 벤담   ④ 왈처

19.

유전자 치료에 대한 찬성 근거로 가장 적절한 것은?

① 유전적 질병으로 인한 고통을 해소한다.
② 인간의 유전적 다양성이 상실될 수 있다.
③ 의학적으로 불확실하고 임상적으로 위험하다.
④ 유전 정보 활용으로 사생활 침해 문제가 발생한다.

20.

⑦에 들어갈 용어는?

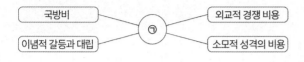

① 기본 소득
② 분단 비용
③ 과시 소비
④ 통일 편익

21.

다음 설명에 해당하는 것은?

> 차별받아 온 사람들에게 고용이나 교육 등 다양한 측면에서 직간접적으로 혜택을 제공함으로써 사회적 이익의 공정한 분배를 실현하려는 제도

① 청탁 금지법
② 생물 다양성 협약
③ 지속 가능한 개발
④ 소수자 우대 정책

22.

다음 대화에서 학생이 주장하는 국제 관계에 대한 관점은?

 국제 분쟁을 어떻게 막을 수 있을까요?

교사 국가는 도덕성보다 국가의 이익을 우선해야 합니다. 국가의 힘을 키워서 세력 균형을 유지해야 분쟁을 막을 수 있습니다. 학생

① 현실주의
② 구성주의
③ 이상주의
④ 도덕주의

23.

시민 불복종의 특징으로 볼 수 없는 것은?

① 폭력을 사용해서는 안 된다.
② 최후의 수단이 되어야 한다.
③ 공개적인 활동을 통해 공동선을 지향해야 한다.
④ 기존 사회 질서와 헌법 체계 전체를 부정해야 한다.

24.

⑦에 들어갈 용어로 가장 적절한 것은?

 노르웨이의 평화학자 갈퉁(Galtung, J.)은 직접적 폭력뿐만 아니라 구조적·문화적 폭력을 제거하여 [⑦]를 이루어야 한다고 주장합니다.

① 일시적 평화
② 적극적 평화
③ 소극적 평화
④ 특수적 평화

25.

다음에서 설명하는 자연을 바라보는 관점은?

> - 무생물을 포함한 생태계 전체를 도덕적 고려의 대상으로 보는 입장
> - 생태계 전체의 선을 위하여 개별 구성원을 희생시킬 수 있다는 한계를 지님.

① 인간 중심주의
② 동물 중심주의
③ 생명 중심주의
④ 생태 중심주의

01.

다음 설명에 해당하는 용어는?

윤리적 문제 상황에서 두 가지 이상의 도덕 원칙 사이에 갈등과 충돌이 전개되는 상황

① 딜레마   ② 이데아
③ 가상 현실   ④ 정언 명령

02.

(가)에 들어갈 윤리 사상은?

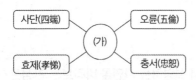

① 도가   ② 불교
③ 법가   ④ 유교

03.

다음 주제들을 다루는 실천 윤리 분야로 가장 적절한 것은?

- 통일이 지향해야 할 윤리적 가치는 무엇인가?
- 국제 사회의 각종 분쟁을 해결하기 위한 방안은 무엇인가?

① 성 윤리   ② 평화 윤리
③ 직업 윤리   ④ 생명 윤리

04.

다음 설명에 해당하는 도덕 원리 검사 방법은?

도덕 원리를 모든 사람에게 적용했을 때 나타나는 결과에 문제가 없는지 확인하는 방법

① 포섭 검사   ② 기술 영향 검사
③ 사실 판단 검사   ④ 보편화 결과 검사

05.

다음에서 설명하는 사회 갈등의 종류는?

도덕신문	2024년 ○월 ○일

급속한 사회 변화에 따라 연령 및 시대별 경험의 차이로 인한 갈등이 심화되고 있다. 기술이나 규범의 변화에 빠르게 적응하는 이들과 상대적으로 그렇지 못한 이들 사이의 갈등이 커지고 있는 것이다.

① 지역 갈등   ② 남녀 갈등
③ 노사 갈등   ④ 세대 갈등

06.

바람직한 토론 자세로 적절하지 <u>않은</u> 것은?

① 토론의 규칙과 절차를 준수한다.
② 논리적으로 타당한 근거를 제시한다.
③ 자기 생각의 오류 가능성을 배제한다.
④ 타인의 의견과 인격을 존중하는 태도를 갖는다.

07.

다음에서 소개하는 윤리 사상가는?

■ 도덕 인물 카드 ■
- 이익 평등 고려의 원칙을 근거로 동물 해방론을 주장함.
- 공리주의 관점에서 해외 원조의 필요성을 강조함.
- 대표 저서: 『동물 해방』, 『실천 윤리학』

① 싱어
② 칸트
③ 슈바이처
④ 아리스토텔레스

08.

공리주의 입장에 대한 비판점으로 가장 적절한 것은?

① 행위의 결과보다 동기를 중시한다.
② 의무 의식과 선의지를 과도하게 강조한다.
③ 소수의 권리와 이익이 훼손될 우려가 있다.
④ 사회 전체의 행복보다 개인의 행복을 우선한다.

09.

㉠에 들어갈 용어로 가장 적절한 것은?

탐구 주제: [㉠   ]

- 필요성: 인간의 욕망은 무한하고 재화는 한정되어 있기 때문임.
- 핵심 질문: 재화를 누구에게 얼마만큼 나눌 것인가?

① 규범적 정의
② 교정적 정의
③ 분배적 정의
④ 형벌적 정의

10.

프롬(Fromm, E.)의 진정한 사랑에 대한 설명으로 옳지 않은 것은?

① 상대를 지배하고 소유하는 것
② 상대의 독특한 개성을 이해하는 것
③ 상대의 요구에 책임 있게 반응하는 것
④ 상대의 생명과 성장에 적극적인 관심을 갖는 것

11.

㉠에 들어갈 용어로 적절한 것은?

① 공정 무역
② 생명 공학
③ 사이버 범죄
④ 시민 불복종

12.

생명 복제를 반대하는 입장의 대답으로 옳은 것은?

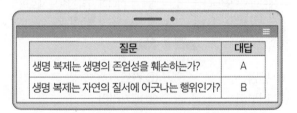

질문	대답
생명 복제는 생명의 존엄성을 훼손하는가?	A
생명 복제는 자연의 질서에 어긋나는 행위인가?	B

	①	②	③	④
A	예	예	아니오	아니오
B	예	아니오	예	아니오

13.

공직자가 지녀야 할 덕목에 해당하지 <u>않는</u> 것은?

① 성실   ② 부패
③ 정직   ④ 책임

14.

과학 기술자가 지녀야 할 윤리적 자세를 <보기>에서 고른 것은?

<보기>

ㄱ. 다양한 자료들을 표절한다.
ㄴ. 연구 결과를 위조하거나 변조한다.
ㄷ. 인류의 삶의 질 향상을 위해 노력한다.
ㄹ. 과학 기술의 위험성과 부작용을 충분히 검토한다.

① ㄱ, ㄴ   ② ㄱ, ㄷ
③ ㄴ, ㄹ   ④ ㄷ, ㄹ

15.

다음 내용과 같은 주장을 한 사상가는?

집단의 도덕성은 개인의 도덕성보다 현저히 떨어진다.

개인의 도덕성 함양뿐만 아니라 사회 정책과 제도의 개선이 필요하다.

① 벤담   ② 칸트
③ 니부어   ④ 베카리아

16.

바람직한 통일 한국의 모습으로 적절하지 <u>않은</u> 것은?

① 대립하는 무력 국가
② 자유로운 민주 국가
③ 창조적인 문화 국가
④ 정의로운 복지 국가

17.

B에 들어갈 내용으로 가장 적절한 것은?

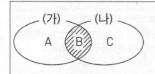

(가): 동물 중심주의
(나): 생명 중심주의

① 동물을 인간만을 위한 수단으로 여긴다.
② 도덕적 고려의 범위에 동물이 포함된다.
③ 인간만이 도덕적 지위를 지닌다고 본다.
④ 무생물을 도덕적 고려의 대상으로 여긴다.

18.

다음 내용에 해당하는 윤리 문제는?

정식으로 음반을 구입하지 않고 인터넷에서 불법으로 노래 파일을 내려 받는 행위

① 정보 격차   ② 저작권 침해
③ 보이스 피싱   ④ 사이버 따돌림

19.

(가), (나)에 들어갈 내용으로 적절하지 <u>않은</u> 것은?

주제: 대중문화를 윤리적으로 규제해야 하는가?

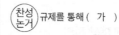 규제를 통해 (가)   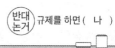 규제를 하면 (나)

① (가): 성 상품화를 예방할 수 있다.
② (가): 청소년을 폭력적 문화로부터 보호할 수 있다.
③ (나): 다양한 문화가 폭넓게 창조된다.
④ (나): 창작자의 표현할 자유와 권리가 침해된다.

20.

다음 설명에 해당하는 것은?

- 이주민의 고유한 문화와 자율성을 존중하여 문화 다양성을 실현하고자 함.
- 대표적으로 샐러드 볼 이론이 있음.

① 동화주의
② 다문화주의
③ 문화 사대주의
④ 자문화 중심주의

21.

다음은 서술형 평가 문제와 학생 답안이다. 밑줄 친 ㉠ ~ ㉣ 중 옳지 않은 것은?

문제: 의복 문화와 관련된 윤리적 문제와 바람직한 자세를 서술하시오

<학생 답안>
윤리적 문제로 ㉠유행에 무비판적으로 동조하는 유행 추구 현상과 ㉡무분별한 명품 소비로 사치 풍조를 조장하는 명품 선호 현상이 있다. 따라서 ㉢타인의 신념에 따라 수동적인 소비를 실천하고 ㉣환경을 고려하여 과도한 욕망을 절제할 필요가 있다.

① ㉠
② ㉡
③ ㉢
④ ㉣

22.

다음 설명에 해당하는 것은?

상호 무관심한 사람들이 무지의 베일하에서 합의를 통해 정의의 원칙을 도출하는 가상적 상황

① 판옵티콘
② 윤리적 공백
③ 원초적 입장
④ 공유지의 비극

23.

다음에서 예술과 윤리의 관계에 대한 학생의 입장은?

예술과 윤리의 관계를 어떻게 바라보아야 할까요? 교사

예술은 인간에게 올바른 품성을 함양하게 하고 도덕적 교훈이나 모범을 제공해야 합니다. 학생

① 도덕주의
② 자유주의
③ 예술 지상주의
④ 현실 지상주의

24.

㉠에 들어갈 용어로 가장 적절한 것은?

요나스(Jonas, H.)는 "너의 행위의 결과가 인류의 존속 가능성을 파괴하지 않도록 행위하라."라고 주장하면서 [㉠]를 고려하는 책임 윤리를 강조한다.

① 과거 세대
② 부모 세대
③ 기성 세대
④ 미래 세대

25.

다음에서 해외 원조에 대한 노직(Nozick, R.)의 관점에만 '✓'를 표시한 학생은?

관점 \ 학생	A	B	C	D
- 해외 원조는 자발적 선택이다.	✓			✓
- 해외 원조는 윤리적 의무이다.		✓		
- 해외 원조는 질서 정연한 사회가 되도록 돕는 것이다.			✓	✓

① A
② B
③ C
④ D

01.

다음에서 설명하는 윤리학은?

주제: ○○ 윤리학
- 의미: 현실의 구체적인 문제 원인을 분석하고
  타당한 해결책을 제시하는 것을 목표로 하는
  윤리학
- 예: 생명 윤리, 정보 윤리 등

① 실천 윤리학　　② 기술 윤리학
③ 이론 윤리학　　④ 메타 윤리학

02.

환경 윤리 영역의 쟁점에 해당하는 것은?

① 안락사를 인정할 수 있는가?
② 성적 욕망과 사랑의 차이는 무엇인가?
③ 자연은 개발의 대상인가, 보존의 대상인가?
④ 통일이 지향해야 할 윤리적 가치는 무엇인가?

03.

다음에서 소개하는 윤리 사상가는?

◈ 도덕 인물 카드 ◈
- 사단(四端)에 근거한 성선설을 주장함.
- 일정한 생업[恒産]이 있어야 바른 마음[恒心]을
  지킬 수 있다고 주장함.

① 노자　　② 맹자
③ 순자　　④ 묵자

04.

다음 설명에 해당하는 윤리 이론은?

- 도덕과 입법의 원리로 최대 다수의 최대 행복을 주장함.
- 쾌락은 선이고 고통은 악이며, 행복이 삶의 목적이
  라고 봄.

① 의무론　　② 덕 윤리
③ 공리주의　　④ 진화 윤리

05.

(가)에 들어갈 용어로 적절한 것은?

탐구 주제: < (가) >에 대한 다양한 관점
- 장점: 기(氣)가 흩어지는 것으로 자연적이고 필연적인 과정
- 플라톤: 영혼이 육체로부터 해방되어 이데아 세계로 들어가는 것
- 에피쿠로스: 인간을 구성하던 원자가 흩어져 개별 원자로
  돌아가는 것

① 죽음　　② 행복
③ 성찰　　④ 희망

06.

다음 설명에 해당하는 것은?

- 좌망(坐忘)과 심재(心齋)를 통해 이를 수 있음.
- 세상 만물을 차별하지 않고 한결같이 보는 상태

① 제물(齊物)　　② 오륜(五倫)
③ 효제(孝悌)　　④ 충서(忠恕)

07.

다음 설명에 해당하는 사상가는?

- 주장 : "너의 행위의 결과가 인류의 존속 가능성을 파괴하지 않도록 행위하라."
- 특징 : 인간과 자연, 미래 세대에 대한 책임 윤리를 강조함.

① 밀　　　　　　　② 벤담
③ 요나스　　　　　④ 베이컨

08.

㉠에 들어갈 내용으로 가장 적절한 것은?

시민 불복종의 일반적인 정당화 조건으로 (㉠)이/가 있습니다. 이는 자신의 위법 행위에 대한 책임을 져야 한다는 것을 의미합니다.

① 익명성　　　　　② 비폭력성
③ 처벌 감수　　　　④ 공동선 추구

09.

㉠에 공통으로 들어갈 용어로 적절한 것은?

프롬(Fromm, E.)은 "(㉠)은/는 자유의 소산이지 결코 지배의 소산이 아닙니다. (㉠)이/가 지배의 관계로 타락하지 않기 위해서는 존경이 필요합니다." 라고 주장하였다.

① 애국　　　　　　② 사랑
③ 정의　　　　　　④ 책임

10.

B에 들어갈 내용으로 가장 적절한 것은?

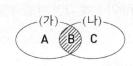

① 인간은 도덕적 고려의 대상이다.
② 모든 생명체는 도덕적 지위를 갖는다.
③ 생태계 전체가 도덕 공동체의 범위이다.
④ 생태계의 안정을 위해 각 생명체의 희생을 강요한다.

11.

다음 설명에 해당하는 직업 윤리 의식은?

프랑스 종교 개혁자 칼뱅(Calvin, J.)은 직업을 '신으로 부터 부름을 받은 자기 몫의 일'이라고 주장하면서 자신의 직업에 충실히 종사하는 것이 바로 신의 명령에 따르는 것이라고 말했다.

① 소명 의식　　　　② 경로 사상
③ 장인 정신　　　　④ 특권 의식

12.

교사의 질문에 대한 대답으로 적절하지 않은 것은?

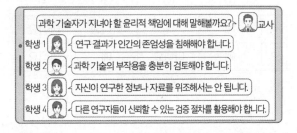

① 학생 1　　　　　② 학생 2
③ 학생 3　　　　　④ 학생 4

13.

다음에서 설명하는 국가 권위의 정당화 근거는?

> 생명과 자유, 재산을 보장받기 위해 개인 간 합의를 통해 국가를 수립함.

① 겸애　　　　　　　② 중용
③ 상업화　　　　　　④ 사회 계약

14.

다음에서 설명하는 윤리적 문제로 가장 적절한 것은?

> **도 덕 신 문**　　　2024년 ○월 ○일
>
> A 국가 사람들이 비만으로 건강을 해치고 있는 반면, B 국가에는 굶주림으로 고통받는 사람들이 있다. A 국가와는 다르게 B 국가에서는 심각한 영양실조와 기아가 대물림되는 악순환이 반복된다.

① 동물 복지 문제　　② 식량 불평등 문제
③ 사이버 폭력 문제　④ 사생활 침해 문제

15.

예술에 대한 도덕주의 입장에서 A, B에 들어갈 대답으로 옳은 것은?

질문	대답
예술의 미적 가치만을 추구해야 하는가?	A
예술은 사회의 도덕적 성숙에 기여해야 하는가?	B

	①	②	③	④
A	예	예	아니요	아니요
B	예	아니요	예	아니요

16.

갈퉁(Galtung, J.)의 평화에 대한 내용 중 (가), (나)에 해당하는 용어는?

(가)	전쟁, 테러, 범죄, 폭행 등과 같은 직접적 폭력이 없는 상태
(나)	직접적 폭력은 물론 가난, 차별 등 구조적·문화적 폭력도 사라져 인간다운 삶을 누릴 수 있는 상태

	(가)	(나)
①	적극적 평화	종교적 평화
②	소극적 평화	적극적 평화
③	종교적 평화	소극적 평화
④	종교적 평화	적극적 평화

17.

롤스(Rawls, J.)의 정의관에 대한 설명으로 옳지 <u>않은</u> 것은?

① 절차가 공정하면 그 결과도 공정하다.
② 모든 사람은 기본적 자유에서 평등한 권리를 지닌다.
③ 무지의 베일을 쓴 개인들은 차등의 원칙에 합의할 수 있다.
④ 국가는 개인의 소유권만을 보호하는 역할을 수행해야 한다.

18.

다음에서 처벌에 대한 응보주의적 관점에만 '✓'를 표시한 학생은?

관점 \ 학생	A	B	C	D
- 범죄 행위에 상응하는 형벌을 내려야 한다.	✓			✓
- 자신의 행위에 책임질 수 있는 자율적 주체를 전제로 한다.		✓		✓
- 범죄 강도와 상관없이 범죄 예방의 가장 효과적인 방법은 종신 노역형이다.	✓	✓	✓	

① A　　　　　　　　② B
③ C　　　　　　　　④ D

19.

⊙에 들어갈 용어로 적절한 것은?

> 매체가 발달한 현대 사회에서는 정보를 교환하고 처리 하는 과정에서 사적인 정보가 노출될 수 있다. 이를 방지 하기 위해 개인 정보를 언제, 누구에게, 어느 범위까지 알리고 또한 이용하도록 할 것인지를 통제하는 정보의 (⊙)이 강조되고 있다.

① 조작권　　　　　② 거주권
③ 선거권　　　　　④ 자기 결정권

20.

다음 설명에 해당하는 용어는?

> 통일 과정과 통일 이후 남북한 격차를 해소하기 위해 부담해야 할 비용

① 통일 비용　　　　② 경쟁 비용
③ 기회 비용　　　　④ 통일 편익

21.

다음은 서술형 평가 문제와 학생 답안이다. 밑줄 친 ⊙~② 중 옳지 않은 것은?

> 문제: 사회 윤리에 대한 니부어(Niebuhr, R.)의 기본 입장을 서술하시오.
> <학생 답안>
> 니부어는 ⊙ 개인의 도덕성과 집단의 도덕성을 구분하며, ⓒ 집단의 도덕성은 개인의 도덕성보다 현저히 떨어진다는 점을 주장하였다. 즉, ⓒ 개인이 양심적이고 도덕적일지라도 사회는 이기적이며 비도덕적일 수 있다. 따라서 ② 사회 문제 해결을 위해서는 제도의 개선보다 개인의 도덕적 함양이 필요하다.

① ⊙　　　　　　② ⓒ
③ ⓒ　　　　　　④ ②

22.

(가), (나)에 들어갈 내용으로 적절하지 않은 것은?

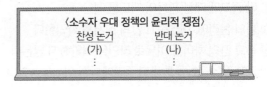

① (가) : 사회적 약자를 배려할 수 있다.
② (가) : 부당한 차별을 극대화할 수 있다.
③ (나) : 역차별로 새로운 사회 갈등을 유발할 수 있다.
④ (나) : 개인의 노력과 성취에 따른 업적을 간과할 수 있다.

23.

하버마스(Habermas, J.)의 이상적 담화 상황의 조건에 대해 적절하게 말하지 않은 학생은?

① 학생 1　　　　　② 학생 2
③ 학생 3　　　　　④ 학생 4

24.

종교 간 갈등 해결을 위한 자세로 적절하지 <u>않은</u> 것은?

① 타 종교에 대한 관용의 태도를 지닌다.

② 힘의 논리에 따라 종교 간의 질서를 확립한다.

③ 종교 간의 차이를 이유로 타인을 억압하지 않는다.

④ 종교 간의 대화를 통해 타 종교에 대한 이해를 높인다.

25.

공직자가 지녀야 할 바람직한 태도만을 <보기>에서 모두 고른 것은?

<보기>	
ㄱ. 정직과 성실	ㄷ. 청탁과 비리
ㄴ. 봉사와 책임	ㄹ. 청렴과 연대 의식

① ㄱ

② ㄴ, ㄷ

③ ㄷ, ㄹ

④ ㄱ, ㄴ, ㄹ

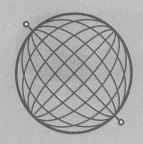
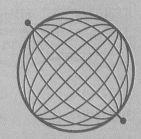

고등학교 졸업학력
검정고시

기술 · 가정 기출문제

01.

다음 대화에서 알 수 있는 사랑의 유형은? (단, 스턴버그 Sternberg, R.)의 사랑의 삼각형 이론에 근거한다.)

무슨 고민이 있으신가요?

우리 부부는 열정과 친밀감은 없고 오로지 헌신뿐이에요. 의무감으로 살고 있어서 허전하고 우울해요.

① 공허한 사랑
② 낭만적 사랑
③ 도취성 사랑
④ 성숙한 사랑

02.

다음 설명에 공통으로 해당하는 것은?

- 태아의 활동과 체온 조절을 돕는다.
- 외부의 충격으로부터 태아를 보호한다.

① 난소
② 양수
③ 태반
④ 탯줄

03.

다음 (가)에 해당하는 반사 행동은?

신생아 반사 행동 검사 결과표		
		검사 아동: ○○○
반사 행동	검사 방법	검사 결과
(가)	갑자기 큰 소리를 내어 아기를 놀라게 한다.	팔다리를 벌렸다가 오므린다.

① 걷기 반사
② 모로 반사
③ 빨기 반사
④ 찾기 반사

04.

다음 설명에 해당하는 것은?

- 우드리(Udry, R.)의 배우자 선택 여과망 이론의 1단계이다.
- 현실적·지리적으로 쉽게 만날 수 있는 상대를 선택한다.

① 근접성 여과망
② 의견 일치 여과망
③ 상호 보완성 여과망
④ 결혼 준비 상태 여과망

05.

다음 육아 일기를 통해 알 수 있는 자녀 발달 단계는?

2021년 ○월 ○일
오늘은 ○○이가 태어난 지 1년이 되는 날이다. 태어날 때보다 체중이 3배 정도 늘었다. 드디어 오늘 스스로 두 발짝을 걸었고, 옹알이만 하던 ○○이가 "아빠"라고 말했다.

① 신생아기
② 영아기
③ 유아기
④ 아동기

06.

다음 중 출산과 관련된 설명으로 옳지 않은 것은?

① 출산 후 혈액이 섞여 있는 분비물인 오로가 나온다.
② 이슬이나 주기적 진통은 출산이 시작되는 징후이다.
③ 출산 후 호르몬 변화로 산후 우울증을 겪기도 한다.
④ 출산 과정 중 개구기는 태반, 탯줄이 나오는 시기이다.

07.

다음 설명에 해당하는 것은?

> 국민의 생활 안정을 위한 것으로 소득이 있을 때 보험료를 납부하고 나이가 들었을 때 국가로부터 연금을 지급받는 제도

① 건강보험 제도　　② 국민연금 제도
③ 경로 우대 제도　　④ 평생 학습 지원 제도

08.

다음 설명에 해당하는 식품으로 옳은 것만을 <보기>에서 모두 고른 것은?

> 우리나라는 젖산균이나 효모 등 미생물의 발효 작용을 이용한 다양한 발효 식품이 발달하였다.
>
> <보기>
>
> ㄱ. 김치　　　　ㄴ. 된장
> ㄷ. 들기름

① ㄱ　　　　　　② ㄷ
③ ㄱ, ㄴ　　　　④ ㄴ, ㄷ

09.

다음 (가)에 공통으로 들어갈 한옥의 구조는?

> 수행 평가 보고서
> 1학년 1반 이름: ○○○
>
> 주제: 한옥의 우수성
> 첫째, 한옥의 　(가)　 은/는 기둥 밖으로 나와 있는 지붕의 일부이다. 　(가)　 의 경사각은 일조와 채광을 조절한다. 여름에는 차양 역할을 하여 실내를 시원하게 하고, 겨울에는 햇빛이 방 안 깊숙이 들어오게 한다.

① 온돌　　　　　② 처마
③ 주춧돌　　　　④ 대청마루

10.

다음과 같은 생활문화를 가진 나라는?

> - 전통 의상으로 치파오를 입는다.
> - 대표 음식으로 동파육, 마파두부 등이 있다.

① 일본　　　　　② 중국
③ 베트남　　　　④ 프랑스

11.

지속 가능한 소비에 해당하는 것을 <보기>에서 고른 것은?

> <보기>
>
> ㄱ. 과소비　　　　ㄴ. 녹색 소비
> ㄷ. 충동 소비　　　ㄹ. 윤리적 소비

① ㄱ, ㄴ　　　　② ㄱ, ㄷ
③ ㄴ, ㄹ　　　　④ ㄷ, ㄹ

12.

다음 사례에 해당하는 노인의 적응 유형은?

> 나는 늙어서 노인이 된 사실이 억울해요. 시대를 잘못 만나고 평생 가족 뒷바라지를 하느라 아무것도 이룬 것이 없어서 화가 치밀어 올라요.

① 방어형　　　　② 분노형
③ 성숙형　　　　④ 은둔형

13.

다음 설명에 해당하는 것은?

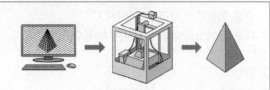

3차원의 설계 도면에 따라 입체적인 제품을 완성한다.

① 가상 현실   ② 인공 지능
③ 하이브리드   ④ 3D 프린팅

14.

다음 (가)와 (나) 교량의 명칭으로 옳은 것은?

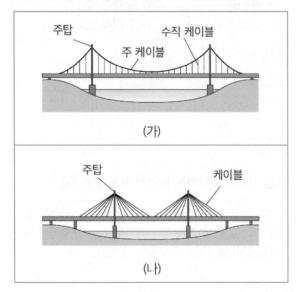

	(가)	(나)
①	사장교	트러스트교
②	아치교	현수교
③	현수교	사장교
④	트러스트교	아치교

15.

다음 설명에 해당하는 것은?

- 모든 사물이 통신망으로 연결되어 사용자에게 다양한 서비스를 제공한다.
- 스마트폰을 이용해 보일러를 실시간으로 조작하여 집 안의 온도를 조절할 수 있다.

① 홀로그램   ② 나노 기술
③ 사물 인터넷   ④ 메카트로닉스

16.

다음 상황에서 활용된 기술로 가장 적절한 것은?

① 로봇 수술   ② 식물 공장
③ 원격 진료   ④ 인공 장기

17.

다음 설명에 해당하는 수송 수단은?

- 무선 전파를 활용하여 원격으로 조종이 가능한 무인 항공기이다.
- 사진 촬영, 농약 살포, 교통 관측, 정찰 등에 활용되고 있다.

① 드론   ② 위그선
③ 하이퍼루프   ④ 극초음속 비행기

18.

다음 중 적정 기술의 조건에 해당하는 것을 '✓'로 표시한 학생은?

관점 \ 학생	A	B	C	D
- 제작 비용이 커야 한다.		✓		✓
- 기술 이전이 쉬워야 한다.	✓		✓	
- 가능한 현지 재료를 사용해야 한다.	✓			✓
- 반드시 화석 에너지를 활용해야 한다.		✓	✓	

① A　　　　　　　② B
③ C　　　　　　　④ D

19.

그림의 지속 가능한 발전에서 환경적 측면의 목표로 적절한 것을 <보기>에서 고른 것은?

```
<보기>
ㄱ. 양성평등           ㄴ. 생태계 보호
ㄷ. 양질의 일자리      ㄹ. 깨끗한 물과 위생
```

① ㄱ, ㄴ　　　　　② ㄱ, ㄷ
③ ㄴ, ㄹ　　　　　④ ㄷ, ㄹ

20.

다음 설명에서 (가)에 들어갈 말로 적절한 것은?

(가)
- 2차 산업 혁명을 이끈 장치
- 작업자는 고정된 자리에 있고, 작업 대상을 이동시키는 장치

① 인터넷　　　　　② 바이오센서
③ 웨어러블 기기　　④ 컨베이어 벨트

21.

다음 (가)에 들어갈 직업으로 적절한 것은?

비행기, 우주선 등의 각종 비행 물체를 설계하고 개발하는 직업은?

기술·가정 퀴즈 (가)

① 녹색 건축 전문가
② 빅 데이터 전문가
③ 유전 공학 연구원
④ 항공 우주 공학 기술자

22.

그림이 나타내는 자동차 경고등의 의미는?

① 엔진 점검
② 배터리 점검
③ 문 열림 상태 점검
④ 타이어 공기압 점검

23.

다음 물체를 정투상법으로 나타낼 때, 평면도가 나머지 셋과 다른 것은?

①
정면→

②
정면→

③
정면

④
정면

24.

<보기>의 특허 출원 단계를 순서대로 바르게 배열한 것은?

<보기>
ㄱ. 출원 신청　　　ㄴ. 특허 심사 ㄷ. 특허권 획득　　ㄹ. 선행 기술 검색

① ㄱ → ㄴ → ㄷ → ㄹ
② ㄴ → ㄷ → ㄹ → ㄱ
③ ㄷ → ㄱ → ㄹ → ㄴ
④ ㄹ → ㄱ → ㄴ → ㄷ

25.

다음에서 설명하는 권리의 종류가 <u>아닌</u> 것은?

질문 산업 재산권은 무엇입니까? 답변 산업 및 경제 활동과 관련된 창작물이나 창작된 방법을 인정하는 권리를 말합니다.

① 상표권　　　② 저작권
③ 특허권　　　④ 디자인권

2021년 2회 기출문제

01.

스턴버그(Sternberg, R.)의 사랑의 삼각형 이론에서 (가)의 요소만 있는 사랑의 유형은?

> 성숙한 사랑을 이루는 요소에는 친밀감, 헌신, <u>(가)</u> 이 있다.

① 낭만적 사랑   ② 도취성 사랑
③ 얼빠진 사랑   ④ 우애적 사랑

02.

우리나라 결혼의 법적 요건으로 옳지 <u>않은</u> 것은?

① 중혼이 가능하다.
② 혼인 신고를 해야 한다.
③ 근친혼이 허용되지 않는다.
④ 만 18세의 경우 부모나 후견인의 동의가 필요하다.

03.

다음 설명에 해당하는 것은?

> 여성의 배란기에 맞추어 남성의 정액을 인공적으로 자궁 내에 넣어 임신을 유도하는 방법이다.

① 인공 수정   ② 기초 체온법
③ 라마즈 분만   ④ 르봐이예 분만

04.

다음 (가)와 (나)에 해당하는 것은?

> (가) 분만 전에 보이는 소량의 출혈이다.
> (나) 출산 후 자궁과 산도에 상처가 생겨 혈액과 분비물이 섞여 나오는 것이다.

	(가)	(나)		(가)	(나)
①	양막	양수	②	양수	이슬
③	오로	태반	④	이슬	오로

05.

다음의 대화에서 알 수 있는 신생아의 반사 행동은?

어머! 아기가 제 손가락을 꼭 잡고 있어요.

그치요? 정말 사랑스럽죠?

① 걷기 반사   ② 모로 반사
③ 파악 반사   ④ 바빈스키 반사

06.

다음에서 (가)에 해당하는 의상은?

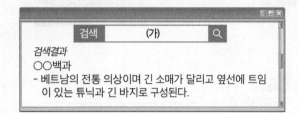

검색 (가) 🔍

검색결과
○○백과
- 베트남의 전통 의상이며 긴 소매가 달리고 옆선에 트임이 있는 튜닉과 긴 바지로 구성된다.

① 사리
② 한복
③ 치파오
④ 아오자이

07.

다음 중 아동기의 특징으로 적절한 것은?

① 옹알이를 시작하는 시기이다.
② 보존 개념과 가역성 개념을 형성한다.
③ 두개골의 숫구멍이 완전히 닫혀 있지 않다.
④ 간 기능의 미숙으로 황달이 나타난 후 7일 이내 사라진다.

08.

다음에서 (가)에 해당하는 것은?

(가) 은 물체가 눈 앞에 보이지 않아도 사라지지 않고 여전히 존재한다는 것을 알게 되는 거지요.

① 애착
② 낯가림
③ 분리 불안
④ 대상 영속성

09.

다음 설명에 해당하는 한식의 특징은?

- 약과 음식의 근본은 같다는 의미이다.
- 약리 작용을 하는 음식 재료를 사용한다.

① 약식동원
② 명절 음식 발달
③ 제철 음식 발달
④ 주식과 부식의 조화

10.

다음 대화에서 말하고 있는 한옥의 구조물은?

한옥이 따뜻한 이유는 뭘까요?

아궁이에 불을 지펴 구들장의 열기로 방바닥을 데우기 때문이에요.

① 마루
② 온돌
③ 지붕
④ 서까래

11.

다음에서 설명하는 것은?

- 원래의 자리로 되돌아오는 힘을 말한다.
- 고난과 역경을 새로운 변화의 기회로 받아들이는 반응과 태도이다.

① 결핍
② 위기
③ 트라우마
④ 회복 탄력성

12.

태국의 대표 음식에 해당하는 것을 <보기>에서 고른 것은?

<보기>

ㄱ. 똠얌꿍   ㄴ. 파스타
ㄷ. 팟타이   ㄹ. 마파두부

① ㄱ, ㄴ
② ㄱ, ㄷ
③ ㄴ, ㄹ
④ ㄷ, ㄹ

13.

다음 설명에 해당하는 것은?

> 재활용품을 새롭게 디자인하여 가치가 높은 제품으로 재탄생시키는 것을 말한다.

① 공정 무역
② 로컬 소비
③ 업사이클링
④ 푸드 마일리지

14.

다음 대화에서 (가)에 해당하는 것은?

건설 구조물이 지진에 견딜 수 있도록 설계하는 건설 공법은 무엇일까요?
(가) 입니다.

① 내진 설계
② 휴머노이드
③ 워드 클라우드
④ 유전자 가위 기술

15.

다음 설명에 해당하는 것은?

> 3D 프린터를 이용한 제작 과정 중 제품의 완성도를 높이기 위해 출력물의 거친 표면을 다듬는 단계이다.

① 모델링
② 프린팅
③ 후처리
④ 슬라이싱

16.

다음 중 식물 공장의 특징으로 적절한 것은?

① 로봇을 이용하여 정밀한 수술을 실시한다.
② 원거리에서 통신망과 의료 장비로 진료를 받는다.
③ 계절과 관계없이 작물의 생산량과 품질을 유지한다.
④ 여러 재료를 이용하여 피부, 뼈 등을 인공적으로 만든다.

17.

다음 설명에 해당하는 것은?

> - 주요 구조물을 공장에서 미리 제작한 다음, 건축 현장으로 운반한 후 조립하여 완성하는 건축물이다.
> - 기존 공사보다 설치 및 해체가 쉬워 공사 기간이 짧다.

① 하이퍼루프
② 초고층 빌딩
③ 초장대 교량
④ 모듈러 하우스

18.

다음 설명의 (가), (나)에 적절한 것은?

구분	(가) 자동차	(나) 자동차
동력원	내연 기관, 전동기	전동기
특징	서로 다른 두 개의 동력원을 함께 사용	수소와 산소를 반응시켜 전기를 생산

	(가)	(나)
①	전기	하이브리드
②	하이브리드	수소 연료 전지
③	수소 연료 전지	전기
④	수소 연료 전지	하이브리드

19.

다음 중 (가)에 들어갈 권리로 적절한 것은?

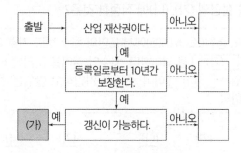

① 상표권
② 저작권
③ 특허권
④ 실용신안권

20.

다음 기사에 나타난 핵심 기술로 적절한 것은?

○○신문

눈부시게 발전한 정보 통신 기술의 적용

다양한 디지털 기기의 보급으로 정보의 생산량이 매우 빠르게 증가하여 필요한 자료를 분석하고 정보를 재가공한 후 활용하는 분야가 점차 늘어나고 있다.
□□시는 유동 인구의 통화량을 수집하고, 지역과 시간대를 분석하여 버스 노선과 운행 시간을 개선하였다.

① 가상 현실　　　　② 빅 데이터
③ 증강 현실　　　　④ 메카트로닉스

21.

다음 중 ㉠에 해당하는 것은?

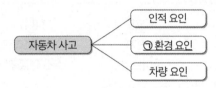

① 과속　　　　　　② 기상 악화
③ 졸음 운전　　　　④ 브레이크 고장

22.

다음 설명의 (가), (나)에 적절한 것은?

제도 통칙(KS A 0005)에서 도면의 치수 보조 기호 Ø 는 ___(가)___ 을 의미한다. 치수의 길이를 나타낼 때 단위는 ___(나)___ 이며, 숫자만 기입하고 단위는 생략한다.

	(가)	(나)		(가)	(나)
①	지름	mm	②	지름	cm
③	반지름	mm	④	반지름	cm

23.

다음 중 제3각법의 투상도 배치로 적절한 것은?

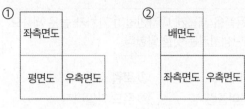

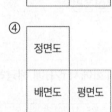

24.

다음 설명에 해당하는 표준화의 특징은?

USB 포트로 규격을 통일하여 각기 다른 전자 기기의 정보 교환 및 처리가 가능하다.

① 첨단 기술을 보호한다.
② 공공의 안전을 유지한다.
③ 현지의 재료를 사용한다.
④ 제품 간 호환성을 높인다.

25.

지속 가능한 개발의 목표로 적절한 것을 <보기>에서 고른 것은?

<보기>

ㄱ. 빈곤 퇴치　　　　ㄴ. 사회 불평등 해소
ㄷ. 화석 에너지 공급　　ㄹ. 국가 간 분쟁 유도

① ㄱ, ㄴ　　　　② ㄱ, ㄷ
③ ㄴ, ㄹ　　　　④ ㄷ, ㄹ

01.

다음 일기를 통해 알 수 있는 사랑의 유형은?
(단, 스턴버그(Sternberg. R.)의 사랑의 삼각형 이론
에 근거한다.)

> 오늘은 그녀와 만난 지 10년 째 되는 날이다.
> 연애 초기와 같은 열정은 줄었지만 친밀감과 책임감
> 때문에 결혼을 결심하였다.

① 공허한 사랑   ② 도취성 사랑
③ 얼빠진 사랑   ④ 우애적 사랑

02.

다음 설명에 해당하는 부모의 양육 태도는?

- 부모는 자녀의 의견과 자율성을 인정하고 독립된
  인격체로 존중한다.
- 자녀는 자율성과 책임감이 강하며 안정된 정서를
  보인다.

① 민주적 양육 태도
② 방임적 양육 태도
③ 과잉보호적 양육 태도
④ 권위주의적 양육 태도

03.

다음 설명에 해당하는 것은?

- 일반적으로 출산 후 6 ~ 8주 정도의 기간이다.
- 출산 후 산모의 몸이 임신 전 상태로 회복되는 시
  기이다.

① 개구기   ② 산욕기
③ 태아기   ④ 후산기

04.

다음 설명의 원인으로 적절한 것을 <보기>에서 고
른 것은?

> 신생아는 생후 3 ~ 4일 동안 일시적으로 체중이 감
> 소한다.

<보기>
ㄱ. 반사 행동   ㄴ. 태변 배설
ㄷ. 감각 기능의 발달   ㄹ. 피부의 수분 증발

① ㄱ, ㄴ   ② ㄱ, ㄷ
③ ㄴ, ㄹ   ④ ㄷ, ㄹ

05.

그림에 나타난 아동기의 사고 능력은?

컵의 모양이
달라져도 물의
양은 같아.

① 보존 개념
② 대상 영속성
③ 물활론적 사고
④ 자기중심적 사고

06.

한식의 특징으로 적절한 것을 <보기>에서 고른 것은?

> <보기>
>
> ㄱ. 계절과 절기에 따른 제철 음식이 발달하였다.
> ㄴ. 김치나 장류와 같은 발효 식품이 발달하였다.
> ㄷ. 동물성 지방의 사용이 많은 고열량 음식이다.
> ㄹ. 육류를 주식으로 하여 단백질 섭취가 용이하다.

① ㄱ, ㄴ
② ㄱ, ㄹ
③ ㄴ, ㄷ
④ ㄷ, ㄹ

07.

한복의 특징으로 적절한 것만을 <보기>에서 모두 고른 것은?

> <보기>
>
> ㄱ. 옷의 품이 넉넉하여 좌식 생활에 적합하다.
> ㄴ. 상의와 하의가 붙어 있어 입고 벗기 편하다.
> ㄷ. 남성의 상의는 저고리이고, 하의는 바지이다.

① ㄱ
② ㄴ
③ ㄱ, ㄷ
④ ㄴ, ㄷ

08.

다음 설명에 해당하는 한옥의 구조는?

> - 한옥에서 바닥과 공간을 두고 나무판을 깐 큰 마루이다.
> - 앞뒤가 트여 있고 아래에 공간이 있어 바람이 잘 통한다.

① 기단
② 대청
③ 온돌
④ 처마

09.

가정 폭력의 예방 및 대처 방안으로 적절하지 <u>않은</u> 것은?

① 가정 내에서 해결하고 외부에 신고하지 않는다.
② 평소 가족 간의 대화를 통해 서로 이해하고 존중한다.
③ 가족 상담 및 피해자 치료, 가해자 교정 프로그램에 참여한다.
④ 폭력은 범죄라는 사실을 알고 폭력에 대한 민감성을 키운다.

10.

다음 대화를 통해 알 수 있는 환자의 증상은?

어디가 불편하신가요?

얼마 전 친구와 함께 밤낚시를 하러 가던 중 교통사고가 나서 운전을 하던 친구가 죽었어요. 그 이후로 저는 교통사고가 나는 악몽을 자주 꾸고, 자동차가 지나가는 소리만 들어도 숨쉬기가 힘들어요.

① 치매
② 약물 중독
③ 신체적 장애
④ 외상 후 스트레스 장애

11.

다음 기사에서 가정 경제의 안정을 위협하는 요소는?

> ○○일보
>
> △△씨는 최근 경기 침체가 장기화되면서 근무하던 회사가 문을 닫아 일자리를 잃었다.
> <후략>

① 저축
② 물가 상승
③ 소득 감소
④ 무절제한 소비

12.

다음 설명에 해당하는 지속 가능한 소비 생활은?

> 초콜릿을 살 때 가격이 다소 비싸더라도 국가 간 동등한 위치에서 거래되어 정당한 대가를 지불한 제품을 구매한다.

① 녹색 소비
② 로컬 소비
③ 절제와 간소한 삶
④ 공정 무역 제품 소비

13.

기술의 영역과 대표 사례 간 연결이 적절한 것을 그림에서 고른 것은?

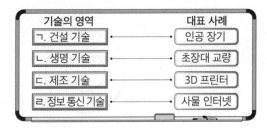

기술의 영역	대표 사례
ㄱ. 건설 기술	인공 장기
ㄴ. 생명 기술	초장대 교량
ㄷ. 제조 기술	3D 프린터
ㄹ. 정보 통신 기술	사물 인터넷

① ㄱ, ㄴ
② ㄱ, ㄹ
③ ㄴ, ㄷ
④ ㄷ, ㄹ

14.

나노 기술의 활용에 해당하는 것은?

① 3차원 공간에서 재료를 쌓아 올려 제품을 제작한다.
② 생산 속도를 높인 로봇을 활용하여 공장을 자동화한다.
③ 미세 공정을 통해 정밀한 치수의 초소형 제품을 생산한다.
④ 공장에서 규격화된 형태로 제작한 구조물을 현장에서 조립하여 완성한다.

15.

다음 대화에서 (가)에 공통으로 들어갈 기술은?

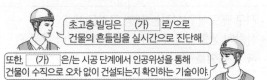

초고층 빌딩은 (가) 로/으로 건물의 흔들림을 실시간으로 진단해.

또한, (가) 은/는 시공 단계에서 인공위성을 통해 건물이 수직으로 오차 없이 건설되는지 확인하는 기술이야.

① 모듈
② GPS 측량
③ 메카트로닉스
④ 고강도 케이블

16.

첨단 의료 기술에 해당하지 <u>않는</u> 것은?

① 정밀한 수술을 위해 로봇을 활용한다.
② 자동차가 운전자 없이 스스로 주행한다.
③ 병원 방문이 어려운 환자를 원격으로 진료한다.
④ 웨어러블 기기를 이용하여 건강 상태를 관리한다.

17.

그림이 나타내는 친환경 자동차의 종류는?

① 전기 자동차
② 가솔린 자동차
③ 수소 연료 전지 자동차
④ 플러그인 하이브리드 자동차

18.

다음 설명에 해당하는 것은?

- 지구 궤도에 건설하는 대형 구조물이다.
- 사람이 생활하면서 우주선을 정비하거나 우주 관측 및 실험을 한다.

① 우주 발사체　　② 우주 왕복선
③ 우주 정거장　　④ 우주 탐사선

19.

표의 (가), (나)에 해당하는 것은?

(가)	현실 세계에 가상의 물체를 겹쳐 보여 주어 정보를 제공하는 기술이다.
(나)	일상생활에서 경험하기 어려운 것을 가상의 정보로 재현하여 실제 경험하고 있는 것처럼 만들어 주는 기술이다.

	(가)	(나)
①	블루투스	증강 현실
②	가상 현실	빅 데이터
③	빅 데이터	블루투스
④	증강 현실	가상 현실

20.

다음 내용으로 예방할 수 있는 산업 재해 유형은?

- 회전 기계를 사용할 때, 면장갑을 착용하지 않는다.
- 기계가 정지했는지 확인하고 정비 및 수리를 진행한다.

① 끼임　　② 넘어짐
③ 떨어짐　　④ 무너짐

21.

실물보다 크게 그리는 척도에 해당하는 것은?

① 10 : 1　　② 1 : 1
③ 1 : 50　　④ 1 : 100

22.

그림의 물체를 정투상법의 정면도로 올바르게 그린 것은?

정면

①

②

③

④

23.

표준과 특허에 대한 설명으로 적절하지 <u>않은</u> 것은?

① 표준은 기술을 사유화한다.
② 특허는 첨단 기술을 보호한다.
③ 표준은 기술을 사회적으로 확산시킨다.
④ 특허는 창조적 발명에 대해 독점적 권리를 인정한다.

24.

산업 재산권의 권리 보장 기간이 출원일로부터 20년인 것을 <보기>에서 고른 것은?

<보기>	
ㄱ. 상표권	ㄴ. 특허권
ㄷ. 디자인권	ㄹ. 실용신안권

① ㄱ, ㄷ
② ㄱ, ㄹ
③ ㄴ, ㄷ
④ ㄴ, ㄹ

25.

㉠에 해당하는 것으로 가장 적절한 것은?

지속 가능한 발전을 이루기 위해서는 ㉠ 사회적 측면, 경제적 측면, 환경적 측면이 조화롭게 고려되어야 한다.

① 화석 연료 대신 신 · 재생 에너지를 활용한다.
② 인권을 존중하고 사회적 불평등 구조를 개선한다.
③ 양질의 일자리 창출을 통해 경제 발전을 지향한다.
④ 생물의 다양성을 보전하기 위해 자연 환경을 관리한다.

01.

임신의 징후로 가장 적절한 것은?

① 오로 ② 이슬
③ 입덧 ④ 파수

02.

건강한 임신과 출산을 위한 실천 사항으로 가장 적절한 것은?

① 금주와 금연을 한다.
② 순산을 위해 강도 높은 운동을 한다.
③ 고지방 위주의 식단으로 체중을 늘린다.
④ 임신 중 의사와 상의 없이 약물을 복용한다.

03.

다음에서 알 수 있는 아기의 발달 시기는?

> 친구야!
> 우리 아기의 탄생을 축하해 줘서 고마워.
> 우리 아기가 태어난 지 벌써 일주일이 되었어. 오늘은 탯줄이 배꼽에서 떨어졌어. 온몸에 솜털이 나 있는 것이 어찌나 귀여운지 몰라.

① 태아기 ② 신생아기
③ 유아기 ④ 아동기

04.

영아기의 발달 특징으로 가장 적절한 것은?

① 2차 성징이 나타난다.
② 보존 개념을 획득한다.
③ 제1차 성장 급등이 일어난다.
④ 젖니가 빠지고 영구치가 난다.

05.

다음과 같은 부모의 양육 태도는?

① 거부적 태도 ② 권위적 태도
③ 지배적 태도 ④ 과잉보호적 태도

06.

다음의 가족생활 주기에 따른 생활 설계로 적절한 것은?

> 결혼 직후부터 첫 자녀 출산 전까지의 시기

① 조부모 역할에 적응하기
② 자녀의 배우자와 원만한 관계 형성하기
③ 배우자 및 새로운 가족 관계에 적응하기
④ 자녀의 독립을 위해 경제적으로 지원하기

07.

다음 설명에 해당하는 지속 가능한 소비 형태는?

> - 지역에서 생산된 제품과 서비스를 이용하는 것을 말한다.
> - 지역 경제 활성화를 돕고 온실가스 배출을 줄일 수 있다.

① 공정 무역　　　　② 과시 소비
③ 로컬 소비　　　　④ 충동 소비

08.

영·유아기 생활 안전사고 예방법으로 적절하지 <u>않</u>은 것은?

① 유모차에서는 안전띠를 채운다.
② 12개월 이하의 아기는 엎드려 재운다.
③ 위험한 물건은 손이 닿지 않는 곳에 둔다.
④ 화장실 바닥에 미끄럼 방지 테이프를 붙인다.

09.

다음 (가)에 해당하는 시절식은?

> 이 날은 24절기의 하나로, 일 년 중 낮이 가장 짧고 밤이 가장 긴 날이다. 이 날에는 　(가)　을 먹는 풍습이 있는데 이는 액을 막고 잡귀를 없애 준다는 의미가 있다.

① 떡국　　　　② 송편
③ 팥죽　　　　④ 삼계탕

10.

그림에 해당하는 한옥 구조의 기능은?

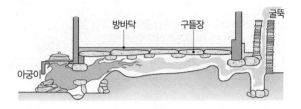

① 난방　　　　② 방음
③ 채광　　　　④ 통풍

11.

우리나라의 결혼 법적 요건으로 옳은 것을 <보기>에서 고른 것은?

> <보기>
>
> ㄱ. 8촌 이내의 혈족은 결혼이 가능하다.
> ㄴ. 남녀 모두 만 20세 이상이 되어야 한다.
> ㄷ. 당사자 간의 결혼에 대한 합의가 있어야 한다.
> ㄹ. 만 18세의 경우 부모나 후견인의 동의가 필요하다.

① ㄱ, ㄴ　　　　② ㄱ, ㄹ
③ ㄴ, ㄷ　　　　④ ㄷ, ㄹ

12.

노년기의 신체적 특징으로 가장 적절한 것은?

① 모발의 양과 굵기가 증가한다.
② 피부의 탄력성이 감소하고 주름이 생긴다.
③ 청력이 좋아져 작은 소리도 잘 들을 수 있다.
④ 골밀도가 높아져 골절이 일어날 가능성이 낮다.

13.

다음 ⊙, ⓒ에 해당하는 자산 관리 요소는?

2천만 원의 여유 자금으로 자산 관리를 하고 싶은데, 높은 수익 보다는 ⊙ 원금과 이자가 보전되고, ⓒ 돈이 필요할 때 손해 없이 현금화할 수 있는 것에 투자하고 싶어요.

	(가)	(나)		(가)	(나)
①	수익성	안정성	②	수익성	환금성
③	안정성	수익성	④	안정성	환금성

14.

다음 설명에 해당하는 기술은?

4차 산업 혁명 시대에는 정보 통신 기술(IT), 생명 공학 기술(BT), 나노 기술(NT) 등의 첨단 기술이나 학문 분야가 하나로 합쳐집니다. 이를 통해 새롭게 창출된 기술은 사회를 혁신적으로 변화시키고 있습니다.

① 건축 기술　　　　② 수송 기술
③ 융합 기술　　　　④ 토목 기술

15.

메커트로닉스에 대한 설명으로 적절하지 않은 것은?

① 지진에 견디도록 구조물 자체의 내력을 활용한다.
② 인간의 노동력을 최소화한 자동화 시스템을 구축한다.
③ 기계 기술과 전자 기술을 복합적으로 적용한 기술이다.
④ 공장에서 제품 정밀도와 생산 속도 향상에 도움을 준다.

16.

<보기>의 모듈러 하우스 제작 과정을 순서대로 바르게 배열한 것은?

> <보기>
> ㄱ. 공장에서 모듈 제작　　ㄴ. 차량으로 모듈 운반
> ㄷ. 현장에서 모듈 조립　　ㄹ. 크레인으로 모듈 설치

① ㄱ→ㄴ→ㄹ→ㄷ
② ㄴ→ㄱ→ㄷ→ㄹ
③ ㄷ→ㄹ→ㄱ→ㄴ
④ ㄹ→ㄷ→ㄴ→ㄱ

17.

다음 설명에 해당하는 생명 기술은?

- 유전체에서 원하는 부위의 DNA를 정교하게 잘라 내는 유전자 편집 기술이다.
- 유전 질환이나 난치병 치료에 활용할 수 있다.

① 바이오칩　　　　② 식물 공장
③ 조직 배양　　　　④ 유전자 가위

18.

그림에 해당하는 친환경 자동차의 특징은?

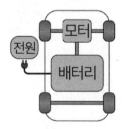

① 화석 연료를 사용한다.
② 배기가스를 배출하지 않는다.
③ 두 개의 동력원을 가지고 있다.
④ 수소와 산소의 화학 반응을 이용한다.

19.

다음 설명에 해당하는 것은?

> 인간의 두뇌와 같이 컴퓨터 스스로 추론, 학습, 판단
> 할 수 있는 지적 능력을 가진 시스템이다.

① 그래핀　　　　　　② 틸트로터
③ 인공 지능　　　　　④ 3D 프린터

20.

그래프에서 가장 큰 비중을 차지하는 산업 재해를
예방하는 방법으로 적절한 것은?

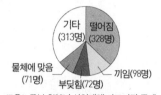

- 고용노동부, 「'20년 산업재해 사고사망 통계」 -

① 안전 난간과 보호망을 설치한다.
② 지게차 주변에 접근하지 않는다.
③ 작업 장소를 주기적으로 환기한다.
④ 기계 설비에 방호 장치를 설치한다.

21.

표의 (가), (나)에 해당하는 치수 보조 기호는?

기호	의미
(가)	45° 모따기를 나타낸다.
(나)	판의 두께를 나타낸다.

	(가)	(나)		(가)	(나)
①	t	R	②	C	t
③	Ø	C	④	R	Ø

22.

그림의 물체를 정투상법의 우측면도로 나타낸 것은?

정면

① 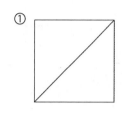　　②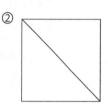

③ 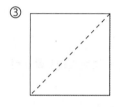　　④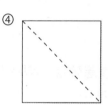

23.

다음 기술 연구 개발 과정의 (가), (나), (다)에 해당하
는 것은?

> 소비자 요구 분석→아이디어 구상 및 설계→ (가)
> →시험 및 평가→ (나) → (다)

	(가)	(나)	(다)
①	생산 설계	제품 생산	시제품 제작
②	제품 생산	생산 설계	시제품 제작
③	제품 생산	시제품 제작	생산 설계
④	시제품 제작	생산 설계	제품 생산

24.

다음 기사와 관련된 지식 재산권은?

> ○○신문
>
> **반복되는 표절 논란, 창작자의 권리 보호해야**
>
> 국내 음악계가 끊임없는 표절 시비로 소란스럽다. 창작자가 의혹이 제기된 원곡과의 유사성을 인정하고 합의에 이르는 경우도 있지만, 창작물에 대한 권리를 주장하여 소송이 진행되기도 한다.

① 상표권 ② 저작권
③ 디자인권 ④ 실용신안권

25.

그래프를 통해 알 수 있는 지속 가능한 발전 목표로 적절한 것은?

(단위: 천 toe, %)
- ○- 신·재생 에너지 공급 비중
- ■ 신에너지 생산량
- □ 재생 에너지 생산량

- 통계청 통계개발원, 「한국의 SDGs 이행보고서 2022」 -

① 빈곤 퇴치

② 성평등 달성

③ 양질의 교육보장

④ 모두를 위한 에너지 보장

2023년 1회 기출문제

01.

다음의 돌보기 방법이 주로 필요한 자녀의 발달 시기는?

- 이유식 먹이기 　　　 - 배변 훈련 시작하기

① 신생아기
② 영아기
③ 유아기
④ 아동기

02.

지속 가능한 소비 생활 실천 방법으로 적절한 것을 <보기>에서 고른 것은?

<보기>

ㄱ. 계획 없이 물건을 구매한다.
ㄴ. 필요하지 않은 물건은 기부한다.
ㄷ. 최신 유행의 옷을 자주 구매한다.
ㄹ. 우리 지역에서 생산되는 농수산물을 이용한다.

① ㄱ, ㄴ
② ㄱ, ㄷ
③ ㄴ, ㄹ
④ ㄷ, ㄹ

03.

방임형 양육 태도의 특성으로 적절한 것을 <보기>에서 고른 것은?

<보기>

ㄱ. 규칙이나 통제가 없다.
ㄴ. 자녀의 자율성을 인정하지 않는다.
ㄷ. 자녀가 멋대로 하도록 내버려 둔다.
ㄹ. 부모의 권위를 내세워 자녀를 통제한다.

① ㄱ, ㄴ
② ㄱ, ㄷ
③ ㄴ, ㄹ
④ ㄷ, ㄹ

04.

우드리(Udry, R.)의 배우자 선택 여과망 이론 중 다음에 해당하는 것은?

- 사회적 배경 여과망 이전 단계이다.   - 개인의 외모, 인성 등에 매력을 느끼며 호감을 갖는 상대를 선택한다.

① 매력 여과망
② 의견 일치 여과망
③ 지리적 근접성 여과망
④ 결혼 준비 상태 여과망

05.

다음 (가)와 (나)에 해당하는 생식 기관으로 옳은 것은?

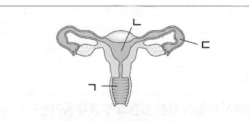

(가): 태아가 성장ㆍ발달한다.
(나): 난자와 정자가 만나 수정이 이뤄진다.

	(가)	(나)		(가)	(나)
①	ㄱ	ㄷ	②	ㄴ	ㄱ
③	ㄴ	ㄷ	④	ㄷ	ㄴ

06.

한옥에서 통풍 기능이 있는 것을 <보기>에서 고른 것은?

<보기>	
ㄱ. 온돌	ㄴ. 서까래
ㄷ. 대청마루	ㄹ. 한지 창문

① ㄱ, ㄴ   ② ㄱ, ㄷ

③ ㄴ, ㄹ   ④ ㄷ, ㄹ

07.

다음 설명에 해당하는 것만을 <보기>에서 모두 고른 것은?

절기와 명절에는 그 뜻을 담아 절식을 먹으며 영양을 보충하였다.

<보기>	
ㄱ. 설날의 떡국	ㄴ. 추석의 쑥국
ㄷ. 정월 대보름의 부럼	

① ㄱ   ② ㄴ

③ ㄱ, ㄷ   ④ ㄴ, ㄷ

08.

다음에서 아들이 가진 결혼의 부정적 동기는?

① 현실 도피

② 성숙한 사랑

③ 순간적인 열정

④ 지위 상승의 수단

09.

다음 생활 문화를 가진 나라의 전통 의복은?

- 주거 실내는 마루와 다다미로 이루어져 있다.
- 낫토, 생선, 채소를 이용한 음식이 발달하였다.

① 판초   ② 한복

③ 기모노   ④ 치파오

10.

다음 (가)에 해당하는 가정생활 복지 서비스로 가장 적절한 것은?

어린이집을 이용하는 만 0 ~ 5세 자녀의 (가) 을/를 지원하여 양육의 부담을 덜어주는 복지 서비스이다.

① 보육료   ② 실손 보험

③ 주거 급여   ④ 가정 양육 수당

11.

다음 설명에 해당하는 가계 재무 설계 단계는?

- 수입, 지출, 투자, 보험 등을 확인한다.
- 수입과 지출은 정기적인 것과 일시적인 것으로 나누어 파악한다.

① 계획의 수립

② 계획의 실행

③ 가계 재무의 목표 설정

④ 가계 재무의 상태 평가

12.

다음 설명에 해당하는 것은?

만 65세 이상의 노인 중 가구의 소득 인정액이 지급 대상 선정 기준 이하인 노인에게 매월 일정액을 지급하는 제도이다.

① 국민연금 제도   ② 기초 연금 제도

③ 주택 연금 제도   ④ 퇴직 연금 제도

13.

하이브리드 자동차가 가속하거나 오르막을 운행할 때의 동력 장치는?

① 수소 에너지
② 태양열 에너지
③ 엔진과 전동기
④ 완충기와 조향기

14.

다음 (가)와 (나)에 해당하는 로봇의 구성 요소는?

- (가): 사람의 두뇌에 해당하며, 정보를 처리함.
- (나): 사람의 오감(五感)에 해당하며, 정보를 수집함.

	(가)	(나)		(가)	(나)
①	구동부	제어부	②	전원부	센서부
③	제어부	센서부	④	제어부	전원부

15.

다음 설명에 해당하는 건축 설계는?

- 초고층 빌딩은 바람의 영향을 덜 받을 수 있는 형태로 설계된다.
- 바람의 영향이 최소화되도록 구조, 모양, 크기, 높이 등에 대한 방법을 적용한다.

① 내풍 설계
② 내화 설계
③ 모듈 설계
④ 토목 설계

16.

다음 설명에 해당하는 건설 기술은?

실내의 공기가 밖으로 새어 나가지 않도록 차단하여 최소한의 냉 · 난방으로 적정한 실내 온도를 유지하는 기술

① BIM 기술
② 면진 기술
③ 제진 기술
④ 패시브 기술

17.

그림의 물체를 정투상법의 정면도로 나타낼 때 추가로 필요한 선의 명칭은?

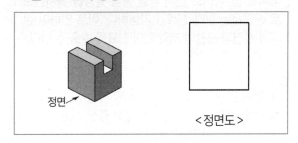

<정면도>

① 숨은선
② 지시선
③ 파단선
④ 해칭선

18.

다음 (가)에 해당하는 것은?

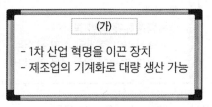

(가)
- 1차 산업 혁명을 이끈 장치
- 제조업의 기계화로 대량 생산 가능

① 컴퓨터
② 증기 기관
③ 사물 인터넷
④ 바이오 의약품

19.

그림에 해당하는 정보 통신 기술은?

① GPS 측량
② 3D 프린팅
③ 웨어러블 컴퓨터
④ 클라우드 컴퓨팅

20.

다음 설명에 적용된 기술을 <보기>에서 고른 것은?

바이오 칩, 바이오 센서 등을 통해 질병을 실시간으로 진단하는 원격 진료가 가능하다. 이로 인하여 환자가 시간과 공간의 제약 없이 진료를 받을 수 있다.

<보기>

ㄱ. 건설 기술 ㄴ. 생명 기술
ㄷ. 수송 기술 ㄹ. 정보 통신 기술

① ㄱ, ㄴ
② ㄱ, ㄷ
③ ㄴ, ㄹ
④ ㄷ, ㄹ

21.

다음 (가)에 해당하는 것은?

- ■ 주제: (가)
- ■ 사례
  - 병충해에 강한 콩
  - 생산량이 증대된 슈퍼 옥수수
  - 건조 기후에 저항성을 가진 벼

① 핵 이식
② 세포 융합
③ 조직 배양
④ 유전자 재조합

22.

다음 설명에 해당하는 치수 보조 기호는?

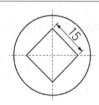

도면에서 한 변의 길이가 15mm인 정사각형의 변을 표현할 때 사용하는 기호

① R
② □
③ t
④ Ø

23.

다음 기사에서 (가)에 해당하는 특허의 조건은?

○○신문

□□년 ◇◇월 △△일

특허 출원 바로 알기

A씨는 최근 자동차 엔진에 적용되는 기술을 발명했다. 해당 기술에 대한 특허를 출원하였으나 같은 내용의 기술을 다른 사람이 이미 등록한 상태였다. 결국, (가) 조건을 충족하지 못하여 특허 등록을 거절당하였다.

① 신규성
② 유지성
③ 자연법칙 이용
④ 산업상 이용 가능성

24.

다음 사례에 적용된 가장 적절한 발명 사고 기법은?

- 거꾸로 접는 우산 - 지우개 달린 연필
- 무선 마우스, 무선 키보드

① ALU
② SCAMPER
③ 평가 행렬법
④ 역 브레인스토밍

25.

다음 (가)와 (나)를 합한 것은?

- 특허권의 권리 유지 기간은 출원일로부터 (가) 이다.
- 실용신안권의 권리 유지 기간은 출원일로부터 (나) 이다.

① 30년
② 40년
③ 50년
④ 60년

2023년 2회 기출문제

01.

그림은 스턴버그(Sternberg, R.)의 사랑의 삼각형 이론이다. ㉠에 해당하는 사랑의 유형은?

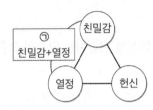

① 낭만적 사랑   ② 도취적 사랑
③ 성숙한 사랑   ④ 우애적 사랑

02.

결혼의 사회적 의의로 적절한 것만을 <보기>에서 모두 고른 것은?

<보기>

ㄱ. 정서적으로 안정된다.
ㄴ. 인격의 성숙을 이룬다.
ㄷ. 사회적 · 문화적 가치를 계승한다.

① ㄱ   ② ㄷ
③ ㄱ, ㄴ   ④ ㄴ, ㄷ

03.

다음 설명에서 ㉠에 해당하는 피임 방법은?

호르몬이 함유된 [㉠] (으)로 배란과 월경을 조절하는 피임 방법이다.

① 루프   ② 콘돔
③ 난관 수술   ④ 먹는 피임약

04.

임신 중 생활에 대한 설명으로 적절한 것을 <보기>에서 고른 것은?

<보기>

ㄱ. 입덧을 하면 무조건 식사를 하지 않는다.
ㄴ. 임신 초기에는 고강도 운동을 하면서 생활한다.
ㄷ. 영양소를 골고루 섭취하고 적정 체중을 유지한다.
ㄹ. 산모의 정서 상태가 태아의 발달에 영향을 미치므로 평안한 마음으로 지낸다.

① ㄱ, ㄴ   ② ㄱ, ㄷ
③ ㄴ, ㄹ   ④ ㄷ, ㄹ

05.

신생아 돌보기 방법으로 적절하지 않은 것은?

① 안을 때는 목을 받쳐 주어야 한다.
② 25℃의 물에서 30분 이상 목욕시킨다.
③ 수유 직후에는 트림을 시켜 소화를 돕는다.
④ 기저귀를 자주 갈아 피부가 짓무르지 않게 한다.

06.

세대 간 조화로운 관계를 유지하기 위한 방법으로 적절한 것을 <보기>에서 고른 것은?

<보기>

ㄱ. 세대 간 편견을 갖고 의사소통한다.
ㄴ. 세대 간 문화를 이해하고 다름을 존중한다.
ㄷ. 세대 간 견해가 다르면 항상 아래 세대를 따른다.
ㄹ. 세대가 함께 여가 활동을 하며 유대감을 증진한다.

① ㄱ, ㄴ   ② ㄱ, ㄷ
③ ㄴ, ㄹ   ④ ㄷ, ㄹ

07.

그림에 나타난 유아기 사고는?

① 서열화 ② 보존 개념
③ 귀납적 사고 ④ 상징적 사고

08.

다음에서 설명하는 식생활 문화를 가진 나라는?

- 올리브와 토마토를 이용한 조리법이 다양하다.
- 비옥한 토양과 지중해성 기후로 음식 재료가 풍부하다.
- 대표 음식으로는 피자, 파스타, 리소토 등이 있다.

① 인도 ② 일본
③ 러시아 ④ 이탈리아

09.

그림의 저고리에 표시된 ㉠의 명칭은?

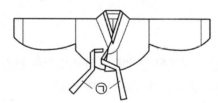

① 깃 ② 고름
③ 동정 ④ 소매

10.

생애 주기 대상자가 받을 수 있는 가정생활 복지 서비스로 가장 적절한 것은?

① 영유아기 - Wee 클래스 상담
② 청소년기 - 기초 연금
③ 청장년기 - 고용 지원
④ 노년기 - 영유아 건강 검진

11.

가정 경제의 안정을 위협하는 요소로 적절하지 <u>않은</u> 것은?

① 실업 ② 불의의 사고
③ 안정적인 소득 ④ 무분별한 과소비

12.

다음 일기를 쓴 사람의 가족생활 주기로 가장 적절한 것은?

> 2023년 ○○월 ○○일
> 막내 아들까지 결혼해서 독립하니 집이 텅 빈 듯하다. 나이가 여든이 넘어가니 집안일과 텃밭 일이 힘들고, 흐린 날이면 여기저기가 쑤신다.
> … (후략) …

① 가정 축소기 ② 가정 형성기
③ 자녀 교육기 ④ 자녀 양육기

13.

그림에서 알 수 있는 노년기의 인지적 특성은?

① 지적 성숙
② 기억력 감퇴
③ 자아 통합감
④ 삶의 지혜 축적

14.

다음 설명에서 ㉠에 해당하는 것은?

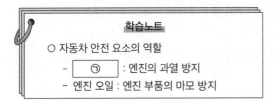

① 냉각수
② 안전띠
③ 에어백
④ 타이어

15.

다음 설명에서 ㉠에 해당하는 것은?

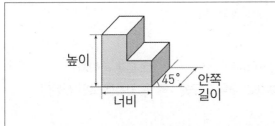

사투상법은 물체의 정면만 실제 길이로 나타내고, 안쪽 길이는 실제 길이의 ㉠ 로 그린다.

① $\frac{1}{2}$
② $\frac{1}{3}$
③ $\frac{1}{4}$
④ $\frac{1}{5}$

16.

기술 개발 과정에서 표준화의 목적으로 적절한 것을 <보기>에서 고른 것은?

<보기>
ㄱ. 업무 능률 저하　　ㄴ. 원가 상승 유도
ㄷ. 명확한 정보 전달　　ㄹ. 품질의 안정성 향상

① ㄱ, ㄴ
② ㄱ, ㄷ
③ ㄴ, ㄹ
④ ㄷ, ㄹ

17.

다음 설명에 해당하는 것은?

- 유전 공학으로 처리된 미생물과 바이오칩을 더해 만든 것
- 유전자, 암세포 등 특정 물질의 성질을 조사하는 장치

① 식물 공장
② 종자 은행
③ 바이오 센서
④ 유전자 변형 농산물

18.

표의 ㉠과 ㉡에 해당하는 내용으로 적절한 것은?

종류	모양	명칭	용도
파선	㉠	㉡	제도에서 물체의 보이지 않는 부분을 나타내는 선

	㉠	㉡
①	- - - - - - - - - - - - -	숨은선
②	- ·· - ·· - ·· - ·· -	외형선
③	────────	중심선
④	- · - · - · - · -	치수선

19.

자율 주행 자동차에 필요한 요소로 적절한 것을 <보기>에서 고른 것은?

<보기>	
ㄱ. GPS	ㄴ. 카메라
ㄷ. 스마트 팜	ㄹ. 모듈러 하우스

① ㄱ, ㄴ ② ㄱ, ㄷ
③ ㄴ, ㄹ ④ ㄷ, ㄹ

20.

다음 설명에 해당하는 것은?

발명이 법적으로 인정받기 위해 특허청에 특허권을 요구하는 것

① 특허 거절 ② 특허 소멸
③ 특허 출원 ④ 특허 취하

21.

기술의 발달에 따른 긍정적인 영향으로 적절한 것을 <보기>에서 고른 것은?

<보기>

ㄱ. 수송 기술의 발달로 더욱 빠르게 이동할 수 있다.
ㄴ. 건설 기술의 발달로 건강한 생태계가 파괴될 수 있다.
ㄷ. 생명 기술의 발달로 친환경 에너지를 생산할 수 있다.
ㄹ. 정보 통신 기술의 발달로 개인 정보가 침해될 수 있다.

① ㄱ, ㄴ ② ㄱ, ㄷ
③ ㄴ, ㄹ ④ ㄷ, ㄹ

22.

다음 설명의 건물에 적용된 기술을 <보기>에서 고른 것은?

높이 200m 이상의 건물이나 50층 이상의 건물	
<보기>	
ㄱ. 핵 이식	ㄴ. 유전자 가위
ㄷ. 내진 · 내풍 설계	ㄹ. 위성 측량 시스템

① ㄱ, ㄴ ② ㄱ, ㄷ
③ ㄴ, ㄹ ④ ㄷ, ㄹ

23.

첨단 정보 통신 기술로 적절하지 않은 것은?

① 빅 데이터 ② 바이오매스
③ 사물 인터넷 ④ 클라우드 컴퓨팅

24.

다음 설명에 해당하는 직업은?

저는 발명이나 디자인, 상표 등의 권리 취득을 위한 서류 작성을 대행하고, 법률적인 상담을 지원합니다.

① 변리사 ② 로봇 공학자
③ 생명 공학 연구원 ④ 컴퓨터 보안 전문가

25.

적정 기술의 일반적인 특징으로 가장 적절한 것은?

① 개발 비용이 매우 비싸다.
② 화석 연료가 주 에너지원이다.
③ 누구나 쉽게 배워 이용할 수 있다.
④ 기반 시설이 갖추어진 대도시에서만 이용된다.

2024년 1회 기출문제

01.

다음 설명에 해당하는 것은?

(단, 스턴버그(Sternberg. R.)의 사랑의 삼각형 이론에 근거한다.)

> 친밀감, 열정, 헌신의 세 요소가 조화를 이룬 사랑의 유형으로, 상대방과 행복한 관계를 이루게 한다.

① 낭만적 사랑   ② 성숙한 사랑
③ 얼빠진 사랑   ④ 우애적 사랑

02.

다음 설명에 해당하는 결혼을 위한 요건으로 가장 적절한 것은?

> 부모로부터 독립하여 자신과 가족을 부양할 수 있어야 한다.

① 경제적 성숙   ② 문화적 성숙
③ 사회적 성숙   ④ 신체적 성숙

03.

다음의 부모가 보이는 양육 태도의 특징으로 가장 적절한 것은?

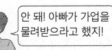

프로 게이머가 되고 싶어요.

안 돼! 아빠가 가업을 물려받으라고 했지!

① 자녀의 선택을 무조건 지지한다.
② 자녀의 의견과 자율성을 인정한다.
③ 자녀를 지나치게 사랑하여 무엇이든 허용한다.
④ 자녀의 의사를 무시하고, 부모의 권위를 이용하여 통제한다.

04.

태아의 성장을 돕는 양수의 역할로 옳은 것을 <보기>에서 고른 것은?

> <보기>
> ㄱ. 태아를 보호하는 막이다.
> ㄴ. 태아의 체온 조절을 돕는다.
> ㄷ. 외부 충격으로부터 태아를 보호한다.
> ㄹ. 영양소, 산소, 노폐물의 이동 통로이다.

① ㄱ, ㄴ   ② ㄱ, ㄹ
③ ㄴ, ㄷ   ④ ㄷ, ㄹ

05.

영아 돌보기 중 (가)에 해당하는 것으로 가장 적절한 것은?

> 영아기의 (가) 은/는 아기와 양육자 사이에 친밀감과 유대감 형성에 중요한 요소이며, 눈 맞춤과 신체적 접촉 등을 이용한다.

① 배변 훈련   ② 영양 관리
③ 안정적 애착   ④ 안전한 환경 조성

06.

다음 설명에 해당하는 것은?

> 젖산균이나 효모 등 미생물의 발효 작용을 이용하여 만든 식품으로 고추장, 된장, 김치 등이 있다.

① 건조 식품   ② 냉동 식품
③ 멸균 식품   ④ 발효 식품

07.

다음 상황에 해당하는 유아기의 사고는?

나 찾아봐.

① 상징적 사고
② 직관적 사고
③ 물활론적 사고
④ 자기중심적 사고

08.

현재 우리나라의 가족 문화 변화 요인으로 가장 적절한 것은?

① 교육의 기회가 감소하였다.
② 가족의 형태가 획일화되었다.
③ 여성의 사회 진출이 증가하였다.
④ 개인주의, 양성평등 의식이 축소되었다.

09.

다음 설명에 해당하는 것은?

- 몽골의 전통 주거 형식이다.
- 조립과 해체가 쉬워 이동이 편리하다.

① 게르
② 흙집
③ 이글루
④ 수상 가옥

10.

다음 설명에 해당하는 가정생활 복지 제도는?

임신 중인 여성 근로자나, 만 8세 이하 또는 초등학교 2학년 이하의 자녀를 둔 근로자가 자녀 양육을 위하여 신청할 수 있는 제도이다.

① 기초 연금 제도
② 육아 휴직 제도
③ 기초 생활 보장 제도
④ 노인 장기 요양 보험 제도

11.

다음 재무 설계 과정의 (가), (나), (다)에 해당하는 것은?

현재 재무 상태 평가 → (가) → (나) → (다)

	(가)	(나)	(다)
①	목표 설정	계획의 수립 · 실행	검토와 수정
②	목표 설정	검토와 수정	계획의 수립 · 실행
③	검토와 수정	계획의 수립 · 실행	목표 설정
④	검토와 수정	목표 설정	계획의 수립 · 실행

12.

다음 설명에 해당하는 소비의 형태로 가장 적절한 것은?

나와 가족의 욕구를 충족하면서 미래 세대의 자원과 환경을 보존하는 소비이다.

① 과시 소비
② 충동 소비
③ 무절제한 소비
④ 지속 가능한 소비

13.

다음 설명에 해당하는 것은?

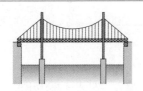

주 탑 사이에 주 케이블을 연결하고, 이 주 케이블에 다시 수직 케이블을 달아 상판을 매단 교량이다.

① 단순교　　　　② 라멘교
③ 현수교　　　　④ 트러스교

14.

다음 설명에 해당하는 것은?

- 빛, 온도, 습도 등의 재배 환경이 자동으로 제어된다.
- 계절과 장소에 관계없이 작물의 생산량과 품질을 유지한다.

① 빅 데이터　　　② 식물 공장
③ 연료 전지　　　④ 3D 프린터

15.

사물 인터넷의 활용 사례로 옳은 것만을 <보기>에서 모두 고른 것은?

<보기>
ㄱ. 스마트 냉장고　　　ㄴ. 스마트 세탁기 ㄷ. 아날로그 시계

① ㄱ　　　　　② ㄷ
③ ㄱ, ㄴ　　　④ ㄴ, ㄷ

16.

다음 설명에 공통으로 해당하는 것은?

- 수소와 산소의 화학 반응으로 생성된 전기를 사용한다.
- 배기가스가 배출되지 않아 친환경적이다.

① 디젤 기관차
② 증기 자동차
③ 내연 기관 자동차
④ 수소 연료 전지 자동차

17.

다음 중 생명 기술에 해당하는 것은?

① 블루투스　　　② 내연 기관
③ 스마트 교량　　④ 유전자 재조합

18.

그림에 해당하는 자동차는?

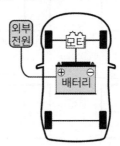

① 가스 자동차　　② 디젤 자동차
③ 전기 자동차　　④ 가솔린 자동차

19.

다음 설명에 해당하는 것은?

- 물질을 나노미터 크기에서 조작 · 분석하여 새로운 제품을 만드는 기술이다.
- 사례에는 탄소 원자로 만든 그래핀이 있다.

① 건축 기술 ② 나노 기술
③ 생명 기술 ④ 토목 기술

20.

그림의 물체를 정투상법의 평면도로 나타낸 것은?

정면

①

②

③

④
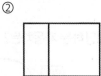

21.

모듈러 하우스의 특징으로 옳은 것을 <보기>에서 고른 것은?

<보기>
ㄱ. 공사 기간이 짧다.
ㄴ. 주요 구조물을 공장에서 제작한다.
ㄷ. 건축물의 설치 및 해체가 매우 어렵다.
ㄹ. 기존 공사 방법에 비해 비용이 많이 든다.

① ㄱ, ㄴ ② ㄱ, ㄷ
③ ㄴ, ㄹ ④ ㄷ, ㄹ

22.

도면에서 (가)에 해당하는 선은?

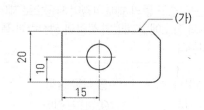

① 숨은선 ② 외형선
③ 중심선 ④ 파단선

23.

다음 설명에 해당하는 산업 재산권은?

- 새로운 물건이나 방법에 대한 독점적 사용 권리이다.
- 출원일로부터 20년간 권리가 보장된다.

① 특허권
② 실용신안권
③ 데이터베이스
④ 컴퓨터 프로그램

24.

그림이 나타내는 산업 재해로 가장 적절한 것은?

① 끼임 　　　② 질식
③ 떨어짐 　　④ 부딪힘

25.

다음 설명에 해당하는 직업은?

 나는 세포나 DNA를 연구하여 신약과 백신을 개발하고 있습니다.

① 로봇 공학자
② 생명 공학 연구원
③ 인공 지능 전문가
④ 공장 자동화 컨설턴트

01.

다음 설명에 해당하는 책임 있는 부모의 준비로 가장 적절한 것은?

> 부부 모두 자녀를 있는 그대로 받아들이고 자녀에게 사랑을 베풀 수 있는 마음의 준비가 되어야 한다.

① 경제적 준비　　　② 신체적 준비
③ 정서적 준비　　　④ 직업적 준비

02.

부모의 양육 태도와 그에 대한 설명을 바르게 연결한 것은?

① 허용적 – 자녀에게 무관심하다.
② 민주적 – 자녀의 자율성을 존중한다.
③ 방임적 – 자녀를 지나치게 보호한다.
④ 권위주의적 – 자녀의 의견을 우선시한다.

03.

다음 설명에 공통으로 해당하는 질병은?

> - 발진성 급성 피부병으로 임신 초기에 산모가 앓으면 선천성 기형아를 낳을 가능성이 있다.
> - 임신 전에 항체 검사를 한 후 필요시 예방 접종을 해야 한다.

① 결핵　　　　　　② 풍진
③ 산욕열　　　　　④ 임신 중독증

04.

임신 5 ~ 6개월에 나타나는 모체의 변화로 가장 적절한 것은?

① 태동을 느낀다.
② 자궁 문이 완전히 열린다.
③ 수정과 착상이 이루어진다.
④ 태반이 형성되기 시작한다.

05.

다음 (가)에 공통으로 해당하는 신생아기의 행동은?

> - ___(가)___ 은/는 외부 자극으로부터 스스로를 보호하거나 기본 욕구를 충족하기 위해 나타나는 행동이다.
> - 모로 ___(가)___ , 바빈스키 ___(가)___ 등이 있다.

① 반사　　　　　　② 낯가림
③ 옹알이　　　　　④ 흉식 호흡

06.

다음 (가)에 해당하는 용어는?

> 한국의 전통 육아 놀이인 '단동십훈' 중 ___(가)___ 은/는 머리를 좌우로 흔드는 동작으로, 다른 사람의 입장을 살펴 일의 이치에 맞게 살라는 의미가 있다.

① 곤지곤지　　　　② 도리도리
③ 섬마섬마　　　　④ 짝짜꿍짝짜꿍

07.

음식에 고명을 올리는 이유로 가장 적절한 것은?

① 식중독을 예방한다.
② 음식의 저장성을 높인다.
③ 모양과 빛깔을 돋보이게 한다.
④ 음식에 함유된 열량을 줄인다.

08.

다음 설명에 해당하는 전통 한복은?

> 음양오행의 다섯 가지 색을 사용하는 옷으로 나쁜 기운을 막고 무병장수하라는 의미가 있다.

① 철릭　　　　　　② 조바위
③ 대수장군　　　　④ 색동저고리

09.

그림의 한옥에서 기단의 기능으로 가장 적절한 것은?

기단 ─

① 비바람을 막아 준다.
② 외부의 소음을 차단한다.
③ 지면에서 올라오는 습기를 줄인다.
④ 실내로 들어오는 직사광선을 차단한다.

10.

가족의 회복 탄력성을 높이는 방법으로 가장 적절한 것은?

① 불행이 반복되는 행동 패턴을 유지한다.
② 대화를 통하여 서로 공감하고 배려한다.
③ 어떤 문제든지 심각하게 받아들이고 긴장한다.
④ 가족 외부 자원을 차단하고 내부 자원만 활용한다.

11.

다음은 가족생활 주기에 따른 수입과 지출 변화 그래프이다. (가) 시기의 명칭과 그 시기에 적절한 가정 경제 설계 방안은?

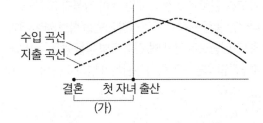

수입 곡선
지출 곡선

결혼　　첫 자녀 출산
(가)

	가족생활 주기	가정 경제 설계 방안
①	가족 형성기	저축이나 투자를 늘린다.
②	가족 형성기	주택 연금으로 수입을 얻는다.
③	가족 확대기	보험으로 미래에 대비한다.
④	가족 확대기	지나친 교육비 지출을 줄인다.

12.

가족생활 설계의 원리로 적절하지 <u>않은</u> 것은?

① 가족 구성원이 직접 목표를 세우도록 한다.
② 목표가 우리 가족에 적합한 수준이어야 한다.
③ 상황에 따라 설계한 내용을 조절할 수 있어야 한다.
④ 가족이 중요시하는 한 가지의 생활 영역만 설계해야 한다.

13.

다음 설명에 해당하는 노후 생활 자금 마련 방법은?

65세가 되면 노후 생활 자금을 받을 수 있도록 은행에서 운영하는 연금 신탁과 증권회사에서 운영하는 연금 펀드에 가입했어요.

① 개인연금   ② 국민연금
③ 건강 보험   ④ 고용 보험

14.

현대 기술에 대한 설명으로 적절하지 <u>않은</u> 것은?

① 초고층 건물과 초장대 교량 등이 건설되고 있다.
② 다양한 품종 개량을 통해 식량 자원을 확보하려 한다.
③ 3D 프린팅으로 인공 뼈, 건축 모형 등을 만들 수 있다.
④ 4차 산업 혁명으로 증기 기관차가 널리 이용되고 있다.

15.

사물 인터넷 기술을 사용하기 위한 조건으로 적절하지 <u>않은</u> 것은?

① 기기 간 네트워크 연결
② 디지털 센서가 부착된 기기
③ 시공간 제약이 없는 인터넷 환경
④ 전기 · 전자 · 통신 부품이 없는 기기

16.

다음 설명에 공통으로 해당하는 용어는?

- 고단열 제품을 사용하여 외부로 새는 열을 차단한 주택
- 화석 연료를 사용하지 않고 신 · 재생 에너지를 사용하는 주택

① 스티로폼   ② 태양광 패널
③ 공기 순환 장치   ④ 제로 에너지 하우스

17.

그림의 (가)를 활용한 지진 대비 설계 방식은?

(가) 진동 충격 완화 장치

① 내풍 설계   ② 내화 설계
③ 면진 설계   ④ 방수 설계

18.

그림과 같이 페어링 설정 없이 사물에 부착된 태그를 인식시켜 정보를 전송할 수 있도록 하는 기술은?

① NFC   ② 클라우드
③ 홀로그램   ④ 가상 현실

19.

연료 탱크가 반드시 필요한 자동차만을 <보기>에서 모두 고른 것은?

<보기>

ㄱ. 전기 자동차   ㄴ. 가솔린 자동차
ㄷ. 수소 연료 전지 자동차

① ㄱ, ㄴ   ② ㄱ, ㄷ
③ ㄴ, ㄷ   ④ ㄱ, ㄴ, ㄷ

20.

다음 물체를 정투상법으로 나타낼 때 우측면도가 나머지 셋과 다른 것은?

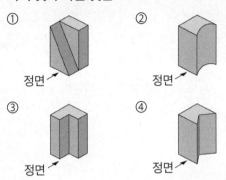

① 정면
② 정면
③ 정면
④ 정면

21.

기술을 표준화하는 목적으로 적절하지 <u>않은</u> 것은?

① 규격의 다양성 증가
② 생산의 효율성 증대
③ 사용자의 안전성 확보
④ 제품 사용의 호환성 개선

22.

자동차의 안전한 운행을 위한 타이어 관리 방법으로 가장 적절한 것은?

① 항상 적정 공기압 미만으로 운행한다.
② 마모 한계선까지 닳기 전에 교체한다.
③ 타이어 위치 교환 시 앞바퀴만 좌우로 바꾼다.
④ 타이어 교체 시 생산된 지 오래된 것으로 교체한다.

23.

지식 재산권에 대한 설명으로 옳은 것을 <보기>에서 고른 것은?

<보기>

ㄱ. 상표권은 갱신이 불가능하다.
ㄴ. 특허권은 산업 재산권에 포함된다.
ㄷ. 사람이 작곡한 노래는 저작권으로 보호된다.
ㄹ. 디자인권의 존속 기간은 출원일로부터 10년이다.

① ㄱ, ㄷ
② ㄱ, ㄹ
③ ㄴ, ㄷ
④ ㄴ, ㄹ

24.

다음 설명에 공통으로 해당하는 직업은?

- 지구 온난화에 대응하기 위해 국제 기후 변화 협약이 체결된 이후 생겨난 직업
- 온실가스와 관련하여 국가나 기업의 거래를 도와주는 직업

① 한복 디자이너
② 우주여행 가이드
③ 부동산 공인 중개사
④ 탄소 배출권 거래 중개인

25.

적정 기술의 조건으로 적절한 것을 <보기>에서 고른 것은?

<보기>

ㄱ. 제품은 크고 무거울수록 좋다.
ㄴ. 생산 비용이 적게 들어야 한다.
ㄷ. 유지 관리 방법이 복잡해야 한다.
ㄹ. 현지에서 구할 수 있는 재료를 사용하면 좋다.

① ㄱ, ㄴ
② ㄱ, ㄷ
③ ㄴ, ㄹ
④ ㄷ, ㄹ

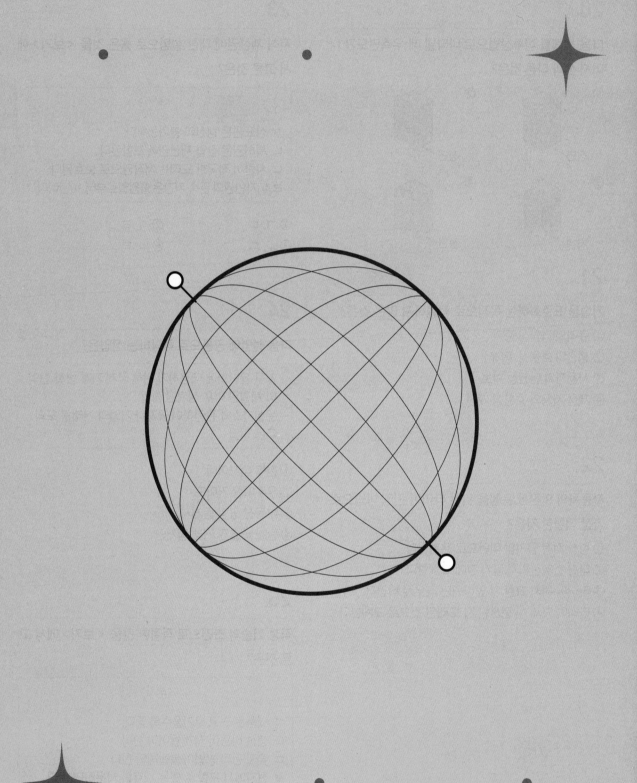

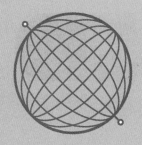

고등학교 졸업학력
검정고시

체육 기출문제

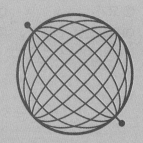

01.

다음 중 건강 관리를 위한 생활 습관으로 적절하지 않은 것은?

① 충분한 수면을 취한다.
② 규칙적으로 운동을 한다.
③ 근력 강화를 위해 약물에 의존한다.
④ 외출 후 귀가하면 비누로 손을 씻는다.

02.

다음 설명에 해당하는 운동 처방의 요소는?

- 일주일간 운동하는 횟수이다.
- 주당 3 ~ 5일 정도가 일반적이다.

① 운동 강도
② 운동 빈도
③ 운동 시간
④ 운동 유형

03.

다음 설명에 해당하는 여가 운동은?

- 산이나 야외를 걸으며 건강을 도모하는 여가 운동이다.
- 근력 및 심폐 지구력 향상, 스트레스 해소 등의 효과가 있다.

① 요가
② 트레킹
③ 배드민턴
④ 필라테스

04.

다음 설명에 해당하는 운동의 효과는?

- 심장, 폐 등 체내 기관이 튼튼해진다.
- 근력, 순발력, 유연성 등의 체력이 향상된다.

① 문화적 효과
② 사회적 효과
③ 신체적 효과
④ 정신적 효과

05.

다음 설명에서 ㉠에 들어갈 안전 장비로 알맞은 것은?

자전거 타기에서 (㉠)은 머리를 보호하기 위해 반드시 착용해야 하며, 외부 충격에 강하면서 가볍고 통풍이 잘 되는 것이 좋다.

① 신발
② 장갑
③ 헬멧
④ 전조등

06.

다음 설명에서 ㉠에 들어갈 체력 측정 종목으로 알맞은 것은?

이번 시간에는 여러분들의 체력을 평가하겠습니다. 유연성 평가를 위해 (㉠)를 실시하겠습니다.

① 팔굽혀 펴기
② 왕복 오래달리기
③ 제자리 멀리뛰기
④ 앉아 윗몸 앞으로 굽히기

07.

다음 중 기계 체조 경기에서 남자만 실시하는 종목으로 바르게 묶인 것은?

① 링 - 철봉
② 마루 - 평균대
③ 도마 - 2단 평행봉
④ 안마 - 2단 평행봉

08.

다음 중 육상 필드 경기 종목의 연결이 바르지 않은 것은?

	경기	종목
①	도약	멀리뛰기
②	도약	높이뛰기
③	투척	창던지기
④	투척	장대높이뛰기

09.

다음 중 축구 경기에서 득점으로 인정되는 공의 위치는?

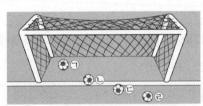

① ㉠
② ㉡
③ ㉢
④ ㉣

10.

다음 설명에 해당하는 수영 경기의 영법은?

- 출발 손잡이를 잡고 벽을 발로 차면서 출발한다.
- 수면 위에 누운 자세로 팔을 뒤로 번갈아 젓는 영법이다.

① 배영
② 접영
③ 크롤
④ 평영

11.

투기 스포츠에 해당하는 것을 <보기>에서 고른 것은?

<보기>

ㄱ. 골프   ㄴ. 씨름   ㄷ. 유도   ㄹ. 스케이팅

① ㄱ, ㄴ
② ㄱ, ㄹ
③ ㄴ, ㄷ
④ ㄷ, ㄹ

12.

다음 설명에 해당하는 볼링 용어는?

- 첫 투구 후 남은 핀을 지칭한다.
- 처리에 성공하면 채점표에 ◢ 로 표시된다.

① 더블
② 터키
③ 스페어
④ 스트라이크

13.

다음 중 테니스 경기의 점수 표시로 옳지 <u>않은</u> 것은?

	A코트	B코트
점수	⊙ 0 : ⓒ 20	ⓒ 30 : ⓓ 40

① ⊙
② ⓒ
③ ⓒ
④ ⓓ

14.

다음 야구 해설 중 ⊙에 들어갈 내용은?

현재 볼 카운트는 (⊙) 입니다.

볼카운트	
B	●○○
S	●●
O	●●

① 1볼 1스트라이크 1아웃
② 1볼 2스트라이크 2아웃
③ 2볼 1스트라이크 1아웃
④ 2볼 2스트라이크 2아웃

15.

다음 설명에 해당하는 배구 기술은?

- 주로 서비스 리시브를 할 때에나 강하게 날아오는 공을 받을 때 사용한다.
- 양손을 모아 손목의 5 ~ 10 cm 위에 공을 맞혀 패스한다.

① 블로킹
② 서비스
③ 언더핸드 패스
④ 오버핸드 패스

16.

양궁 경기에서 그림과 같이 쐈을 때 득점은?

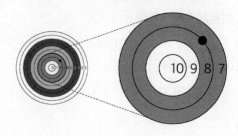

① 0점
② 7점
③ 7.5점
④ 8점

17.

다음 설명에 해당하는 태권도 발차기 기술은?

- 상대방이 자신의 앞에 있을 때 몸을 뒤로 180° 회전하면서 차는 기술이다.
- 무릎을 접었다 뒤로 뻗으면서 발뒤꿈치나 발바닥 등으로 목표를 가격한다.

① 찍기
② 뒤차기
③ 앞차기
④ 지르기

18.

야구 경기에서 한 선수가 다음과 같이 타격했을 때, 해당하는 기록은?

회	타격 기록
1회	3루타
3회	1루타
6회	2루타
8회	홈 런

① 병살타
② 스퀴즈
③ 완봉승
④ 사이클링 히트

19.

다음 설명에서 ㉠에 들어갈 용어로 알맞은 것은?

> 심폐 소생술은 호흡이 멈추었거나 심장 마비가 의심되는 사람에게 실시할 수 있는 응급 처치이다. 주로 (㉠) 압박을 통해 이루어진다.

① 가슴　　　　　② 다리
③ 손목　　　　　④ 허리

20.

그림과 같은 축구 경기의 세트 플레이는?

① 골킥　　　　　② 스로인
③ 코너킥　　　　④ 페널티킥

21.

다음 설명에 해당하는 농구 기술은?

> - 리바운드 시 상대보다 유리한 위치를 선점하기 위한 기술이다.
> - 골 밑에서 상대방을 바깥으로 밀어내는 합법적인 몸싸움이다.

① 어시스트　　　② 트래블링
③ 레이업 슛　　　④ 박스 아웃

22.

다음 대화 내용에서 공통적으로 말하고 있는 스포츠는?

 응원에서 유래된 스포츠야.

활기찬 구호와 동작, 독창적인 표현과 구성이 특징이야.

 여러 사람이 함께 하면서 협동심과 사회성을 기를 수 있어.

① 룸바　　　　　② 왈츠
③ 차차차　　　　④ 치어리딩

23.

다음 설명에 해당하는 것은?

> - 유럽에서 발생한 서양 무용으로 동작의 형식과 기교를 중시한다.
> - 점차 전문적인 예술 양식으로 변화했으며 대표작으로 '백조의 호수'가 있다.

① 발레　　　　　② 삼바
③ 탱고　　　　　④ 자이브

24.

다음 체크 리스트의 내용 중 환경적 요인에 해당하는 것은?

| 안전사고 예방 체크 리스트 ||
내용	확인
① 충분한 휴식을 취하였는가?	예 / 아니오
② 발열 및 이상 증상은 없는가?	예 / 아니오
③ 준비 운동을 충분히 하였는가?	예 / 아니오
④ 기구 및 장비의 결함을 확인하였는가?	예 / 아니오

25.

다음 중 운동 손상에 대한 응급 처치 방법으로 적절하지 <u>않은</u> 것은?

	운동 손상	응급 처치 방법
①	골절	부목법
②	출혈	마사지
③	염좌	냉찜질 후 거상
④	근육 경련	근육 이완 및 스트레칭

2021년 2회 기출문제

01.

씨름 경기에서 사용하는 용어를 <보기>에서 고른 것은?

<보기>
ㄱ. 샅바   ㄴ. 투수
ㄷ. 홈런   ㄹ. 들배지기

① ㄱ, ㄴ   ② ㄱ, ㄹ
③ ㄴ, ㄷ   ④ ㄷ, ㄹ

02.

다음 설명에 해당하는 체력 측정 종목은?

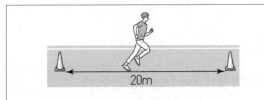

20m

- 심폐 지구력을 측정한다.
- 신호음에 맞추어 20m를 반복하여 달린다.

① 악력
② 팔 굽혀 펴기
③ 왕복 오래달리기
④ 앉아 윗몸 앞으로 굽히기

03.

다음 대화에 해당하는 태권도 경기 종목은?

 손과 발 기술을 이용해 자신을 방어하고 상대방을 공격하는 경기야.

상대의 머리 또는 몸통을 공격해 득점할 수 있어.

① 격파   ② 낙법
③ 품새   ④ 겨루기

04.

다음 설명에서 ㉠, ㉡에 들어갈 내용으로 알맞은 것은?

(㉠)는 고대 인도에서 부터 전해 오는 심신 단련법의 하나로, 숨을 들이쉴 때 배가 나오고 내쉴 때 들어가는 (㉡) 호흡을 사용한다.

	㉠	㉡		㉠	㉡
①	삼바	복식	②	삼바	흉식
③	요가	복식	④	요가	흉식

05.

다음 중 리듬 체조 종목이 <u>아닌</u> 것은?

①
곤봉

②
리본

③
후프

④
2단 평행봉

06.

다음 설명에 해당하는 심리 조절 방법은?

- 자신만의 고유한 동작이나 절차를 의미한다.
- 운동 수행 시 불안과 긴장을 해소하고 집중력을 높일 수 있다.

① 루틴
② 리더십
③ 스포츠맨십
④ 페어플레이

07.

다음 중 우리나라 민속 무용에 해당하는 것은?

①
발레

②
승무

③
왈츠

④
치어리딩

08.

다음 중 경쟁 스포츠의 유형과 종목이 바르게 연결된 것은?

	유형	종목		유형	종목
①	네트형	배구	②	네트형	야구
③	영역형	족구	④	영역형	탁구

09.

다음 설명에 해당하는 육상 경기 종목은?

도움닫기를 통해 얻은 속도를 활용하여 한 발로 구름판을 밟고 뛴 거리를 측정한다.

① 높이뛰기
② 멀리뛰기
③ 창던지기
④ 원반던지기

10.

다음 대화에서 ㉠에 해당하는 점수는?

 오늘 탁구 경기 어떻게 되었니?

마지막 세트 10:10 듀스에서 연속 (㉠)을 득점해서 승리했어요.

① 2점
② 4점
③ 6점
④ 8점

11.

다음 설명에서 ㉠에 해당하는 경기 종목은?

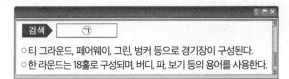

| 검색 | ㉠ |

○ 티 그라운드, 페어웨이, 그린, 벙커 등으로 경기장이 구성된다.
○ 한 라운드는 18홀로 구성되며, 버디, 파, 보기 등의 용어를 사용한다.

① 골프   ② 볼링
③ 스키   ④ 양궁

12.

다음 설명에 해당하는 배구 기술은?

- 경기의 시작이자 공격의 첫 단계이다.
- 엔드 라인 뒤쪽에서 상대 팀 코트로 공을 보낸다.

① 디그   ② 블로킹
③ 서비스   ④ 페인트

13.

다음 설명에 해당하는 농구 기술은?

림을 잡으며 공을 강하게 내리꽂는 공격 기술이다.

① 피벗   ② 덩크 슛
③ 리바운드   ④ 어시스트

14.

축구 경기에서 사용하는 용어를 <보기>에서 고른 것은?

<보기>	
ㄱ. 2분 퇴장	ㄷ. 오프사이드
ㄴ. 페널티 킥	ㄹ. 래터럴 패스

① ㄱ, ㄴ   ② ㄱ, ㄹ
③ ㄴ, ㄷ   ④ ㄷ, ㄹ

15.

그림에서 ㉠에 해당하는 야구 용어는?

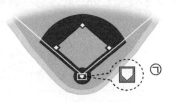

① 1루 베이스   ② 2루 베이스
③ 3루 베이스   ④ 홈 플레이트

16.

다음 설명에 해당하는 운동 손상은?

증상	긁히거나 넘어져 피부 표피가 손상되어 출혈이 발생함.
처치	상처 부위를 깨끗한 물로 씻고 소독하거나 지혈함.

① 골절   ② 염좌
③ 찰과상   ④ 근육 경련

17.

다음 설명에 해당하는 수영 경기의 영법은?

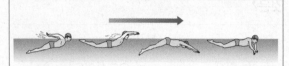

- 양발을 모아 내려 차면서 추진력을 얻는 돌고래차기를 한다.
- 양팔은 좌우 대칭을 이루며, 나비의 날갯짓과 흡사하여 버터플라이라고 불린다.

① 배영   ② 접영
③ 크롤   ④ 평영

18.

그림에서 ㉠, ㉡에 해당하는 육상 경기 종목은?

	㉠	㉡
①	이어 달리기	포환던지기
②	이어 달리기	장애물 달리기
③	장애물 달리기	이어달리기
④	장애물 달리기	포환던지기

19.

다음 중 트라이애슬론(철인 3종 경기) 종목에 해당하지 <u>않는</u> 것은?

①

수영

②

마라톤

③

사이클

④

필라테스

20.

다음 설명에 해당하는 기계 체조 종목은?

높이 1.2m, 길이 5m, 너비 10cm의 기구에서 뛰기, 오르기, 균형 잡기 등의 연기를 펼친다.

① 링   ② 도마
③ 철봉   ④ 평균대

21.

다음 설명에서 ㉠에 해당하는 점수는?

농구 경기에서 자유투를 한 번 던져서 성공하면 (㉠)을 득점한다.

① 1점   ② 2점
③ 3점   ④ 4점

22.

다음 설명에 해당하는 공격 기술은?

- 탁구, 테니스 등의 종목에서 사용한다.
- 라켓을 빠르게 휘둘러 공을 강하게 내려친다.

① 쇼트   ② 커트

③ 스매시   ④ 헤어핀

23.

다음 중 하체 근력 강화를 위한 운동 방법으로 가장 적절한 것은?

①

암컬

②

풀업

③

스쿼트

④

벤치 프레스

24.

신체적 여가 활동에 해당하는 것을 <보기>에서 고른 것은?

<보기>	
ㄱ. 수영	ㄴ. 스키
ㄷ. 책 읽기	ㄹ. 음악 감상

① ㄱ, ㄴ   ② ㄱ, ㄹ

③ ㄴ, ㄷ   ④ ㄷ, ㄹ

25.

다음 설명에 해당하는 응급 처치 방법은?

- 이물질로 인해 기도가 막혔을 때 실시한다.
- 환자 뒤에서 양팔로 허리를 감싸고 주먹으로 복부를 밀쳐 올려 이물질을 빼낸다.

① 냉찜질   ② 부목법

③ 온찜질   ④ 하임리히법

01.

다음 중 모래판 위에서 샅바를 잡고 상대를 넘어뜨리는 우리나라의 전통 스포츠는?

① 승마　　　　　② 씨름
③ 역도　　　　　④ 유도

02.

다음 중 건강 관리 방법으로 적절하지 <u>않은</u> 것은?

① 규칙적으로 운동한다.
② 올바른 자세를 유지한다.
③ 균형 잡힌 영양의 식사를 한다.
④ 고카페인 음료를 자주 섭취한다.

03.

다음 대화 내용에서 말하고 있는 운동 방법은?

심폐지구력 향상을 위한 운동을 하고 싶어.

강한 강도와 약한 강도를 번갈아 반복해서 운동하는 방법이 있어.

① 스트레칭　　　　② 팔 굽혀 펴기
③ 윗몸 일으키기　　④ 인터벌 트레이닝

04.

다음 중 손과 발을 이용하여 암벽을 등반하는 스포츠는?

① 스키　　　　　② 필라테스
③ 스포츠 클라이밍　④ 인라인 스케이팅

05.

다음 설명에서 ㉠에 들어갈 운동 처방의 원리로 알맞은 것은?

우리는 서로 다른 체력 수준을 가지고 있습니다. (㉠)의 원리에 따라 자신의 체력, 기술, 경기력 수준에 맞추어 운동을 실시해야 합니다.

① 개별성　　　　② 과부하
③ 반복성　　　　④ 점진성

06.

그림에서 ㉠, ㉡에 해당하는 수영 영법은?

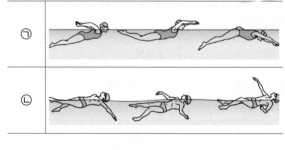

	㉠	㉡		㉠	㉡
①	접영	배영	②	접영	평영
③	크롤	배영	④	평영	크롤

07.

다음 중 리듬 체조 종목에서 사용하는 수구가 <u>아닌</u> 것은?

① 곤봉
② 리본
③ 포환
④ 후프

08.

다음 중 ㉠에 해당하는 골프 용어는?

점수	명칭	정의
-2	이글	파보다 2개 적은 타수
-1	㉠	파보다 1개 적은 타수
0	파	해당 홀의 기준 타수
+1	보기	파보다 1개 많은 타수
+2	더블 보기	파보다 2개 많은 타수

① 버디
② 홀인원
③ 앨버트로스
④ 트리플 보기

09.

다음 설명에 해당하는 볼링 기록은?

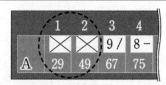

2개의 스트라이크를 연속으로 기록한 경우이다.

① 더블
② 터키
③ 포 베거
④ 퍼펙트게임

10.

다음 육상 종목 중 장애물 달리기에 해당하는 것은?

①
②
③
④

11.

그림에서 ㉠, ㉡에 해당하는 체조 종목은?

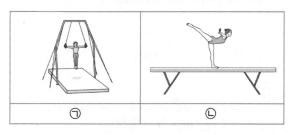

	㉠	㉡		㉠	㉡
①	링	도마	②	링	평균대
③	안마	도마	④	안마	평균대

12.

다음 설명에 해당하는 축구 기술은?

- 공이 터치 라인 밖으로 나갔을 경우 상대 팀 선수가 공을 잡고 경기장 안으로 던지는 기술이다.
- 던지는 사람은 양발을 지면에 붙인 채 양손으로 공을 잡아 오버 헤드 동작으로 던져야 한다.

① 헤딩
② 스로인
③ 코너킥
④ 트래핑

13.

다음 설명에 해당하는 축구 규칙은?

골키퍼를 제외한 선수의 손이나 팔에 공이 닿았을 때 선언되며, 직접 프리킥이 주어진다.

① 차징　　　　② 홀딩
③ 핸드볼　　　④ 오프사이드

14.

다음 설명에 해당하는 태권도 종목은?

- 규정된 형식으로 공격 기술과 방어 기술을 스스로 수련할 수 있도록 만들었다.
- 태극 1장 ~ 8장, 고려, 금강 등으로 구성된다.

① 격파　　　　② 품새
③ 겨루기　　　④ 발차기

15.

다음 설명에 해당하는 농구 규칙은?

신체 접촉이 없는 규칙 위반 행위로 트래블링, 오버 타임 등이 있고, 상대 팀에게 공격권을 넘겨준다.

① 박스 아웃　　　② 바이얼레이션
③ 스크린 플레이　④ 테크니컬 파울

16.

다음 설명에 해당하는 농구 기술은?

공을 가지고 공간을 이동할 때나 상대방의 수비 압박으로 인해 패스할 곳이 없을 때 이용하는 기술이다.

① 슛　　　　② 드리블
③ 스크린　　④ 리바운드

17.

다음 중 빙판 위에서 하는 스포츠는?

①
왈츠

②
치어리딩

③
리듬 체조

④
피겨 스케이팅

18.

다음 설명에 해당하는 배구 규칙은?

플레이 도중 네트에 신체 일부가 닿은 경우이다.

① 캐치　　　② 포 히츠
③ 네트 터치　④ 오버 네트

19.

다음 중 야구에서 타자가 아웃되는 경우는?

① 투수가 던진 공에 타자가 맞은 경우
② 한 타석에서 네 개의 볼이 선언되는 경우
③ 타자가 친 공이 페어 지역의 외야 담장을 넘어간 경우
④ 타자가 친 공이 땅에 닿기 전에 수비수에게 잡힌 경우

20.

다음 중 배드민턴 단식 0:0 상황에서 A선수의 서비스 방향으로 옳은 것은?

①
A선수

②
A선수

③
A선수

④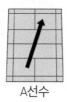
A선수

21.

다음 대화 내용에서 말하고 있는 스포츠는?

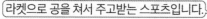

오늘 배울 스포츠에 대해 발표해 볼까요?
라켓으로 공을 쳐서 주고받는 스포츠입니다.
0점을 러브(love)라고 불러요.
2번의 서비스를 모두 실패했을 때 실점을 해요.

① 배구
② 족구
③ 테니스
④ 배드민턴

22.

다음 설명에 해당하는 핸드볼 포지션은?

- 상대편의 슛을 막아 내는 능력이 좋아야 한다.
- 양 팀의 유니폼과 구별되는 색의 유니폼을 입는다.

① 골키퍼
② 포스트
③ 센터 백
④ 레프트 윙

23.

다음 설명과 같은 방법으로 측정하는 체력 요소는?

- 발구름판 위에서 한 번만 굴러서 모둠발로 뛴다.
- 출발선부터 착지 지점까지 최단 거리를 잰다.

① 순발력
② 유연성
③ 평형성
④ 심폐 지구력

24.

다음 응급 처치 포스터에서 ㉠에 들어갈 내용으로 알맞은 것은?

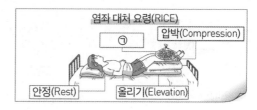

염좌 대처 요령(RICE)
㉠
압박(Compression)
안정(Rest)
올리기(Elevation)

① 소독
② 지혈
③ 가슴압박
④ 얼음찜질

25.

다음 설명에 해당하는 응급 처치 장비는?

갑자기 심정지가 발생하여 몸에 산소 공급이 중단되는 위급한 환자에게 사용하는 장비이다.

① 부목
② 구명 조끼
③ 압박 붕대
④ 자동 심장 충격기(AED)

01.

다음 중 운동이 정신적 건강에 미치는 효과로 가장 적절한 것은?

① 근육량 증가 ② 면역력 향상
③ 스트레스 해소 ④ 심폐 지구력 향상

02.

다음 중 상체 근력 강화를 위한 가장 효과적인 운동 방법은?

①
맨몸 스쿼트

②
팔굽혀 펴기

③
사이드 힙 킥

④
앉아 윗몸 앞으로 굽히기

03.

다음 설명에 해당하는 트레이닝 방법은?

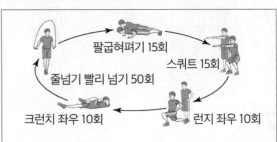
팔굽혀펴기 15회
스쿼트 15회
줄넘기 빨리 넘기 50회
크런치 좌우 10회
런지 좌우 10회

여러 종류의 운동을 휴식 없이 순환하면서 실시하는 운동이다.

① 멘탈 트레이닝
② 서킷 트레이닝
③ 웨이트 트레이닝
④ 이미지 트레이닝

04.

다음 설명에 해당하는 운동 체력 요소는?

- 두 개 이상의 신체 부위를 조화롭게 사용할 수 있는 능력이다.
- 복잡한 운동 수행을 조정하고 통제하는 데 도움을 준다.

① 민첩성 ② 순발력
③ 평형성 ④ 협응성

05.

다음 중 자전거 타기 안전 수칙으로 옳지 <u>않은</u> 것은?

① 헬멧은 반드시 착용한다.

② 주행 중 전화 통화를 하지 않는다.

③ 야간에는 전조등과 후미등을 켜고 주행한다.

④ 교통 신호와 관계없이 교차로에서는 가속하여 통과한다.

06.

다음 중 도전 스포츠의 유형과 종목 연결이 옳은 것은?

	유형	종목
①	기록 도전	레슬링
②	기록 도전	태권도
③	동작 도전	다이빙
④	동작 도전	스피드 스케이팅

07.

다음 중 씨름 기술의 연결이 옳은 것은?

① 들배지기 - 허리 기술

② 앞무릎 치기 - 다리 기술

③ 밭다리 걸기 - 손 기술

④ 오금 당기기 - 허리 기술

08.

㉠에 들어갈 내용으로 알맞은 것은?

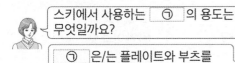

스키에서 사용하는 ㉠ 의 용도는 무엇일까요?

㉠ 은/는 플레이트와 부츠를 연결하는 장비입니다.

① 폴   ② 고글

③ 바인딩   ④ 안전모

09.

다음 중 기계체조 경기 종목이 <u>아닌</u> 것은?

① 리본   ② 마루

③ 안마   ④ 철봉

10.

다음 중 ㉠, ㉡에 들어갈 내용으로 옳은 것은?

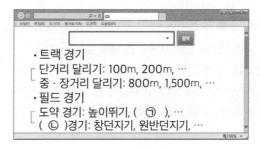

- 트랙 경기
  - 단거리 달리기: 100m, 200m, …
  - 중·장거리 달리기: 800m, 1,500m, …
- 필드 경기
  - 도약 경기: 높이뛰기, (㉠), …
  - (㉡)경기: 창던지기, 원반던지기, …

	㉠	㉡		㉠	㉡
①	멀리뛰기	투기	②	멀리뛰기	투척
③	이어 달리기	투기	④	이어 달리기	투척

11.

다음 설명에 해당하는 골프 경기 용어는?

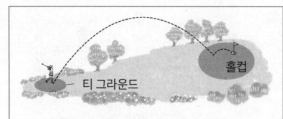

- 첫 번째 티샷이 바로 홀컵에 들어가는 것이다.
- 주로 파(par)3 홀에서 이루어지며, 이 경우 기준 타수보다 2타 줄이게 된다.

① 러프
② 홀인원
③ 해저드
④ 핸디캡

12.

다음 중 볼링 용어에 대한 설명으로 옳은 것은?

① 미스 : 첫 투구로 10개의 핀 모두를 넘어뜨림
② 더블 : 두 번의 투구로 핀을 모두 넘어뜨리지 못함
③ 거터 : 2번 연속하여 첫 투구에 핀 모두를 넘어뜨림
④ 스페어 : 첫 투구 후 남은 핀을 두 번째 투구에서 모두 넘어뜨림

13.

다음 설명에 해당하는 축구 경기 기술은?

- 구르거나 날아오는 공의 움직임을 파악하여 정지시키는 기술이다.
- 손과 팔을 제외한 신체 부위를 모두 사용할 수 있다.

① 태클
② 트래핑
③ 프리킥
④ 오버래핑

14.

㉠, ㉡에 들어갈 내용으로 옳은 것은?

특징 \ 종목	풋살	축구
인원	5명	11명
스로인	(㉠)	있음
공 크기	4호	5호
오프사이드	없음	(㉡)

	㉠	㉡		㉠	㉡
①	있음	있음	②	있음	없음
③	없음	있음	④	없음	없음

15.

다음 설명에 해당하는 농구 경기 기술은?

- 한 쪽 발을 축으로 하여 바닥에서 떼지 않은 상태로 방향을 전환한다.
- 축 발이 끌리거나 바닥에서 떨어지면 바이얼레이션이 선언된다.

① 피벗
② 블록슛
③ 박스아웃
④ 레이업 슛

16.

다음 설명에 해당하는 배구 경기의 포지션은?

- 수비 전문 선수로 서비스나 공격을 할 수 없다.
- 같은 팀원들과 구별되도록 다른 색상의 유니폼을 착용해야 한다.

① 세터　　　　　　② 센터
③ 리베로　　　　　④ 레프트

17.

다음 중 배드민턴 복식 경기에서 서비스가 아웃된 경우는?

<셔틀콕이 떨어진 위치>

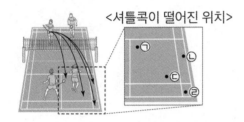

① ㉠　　　　　　　② ㉡
③ ㉢　　　　　　　④ ㉣

18.

다음 중 평영 동작에서 물의 저항을 가장 적게 받는 구간은?

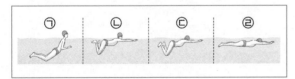

① ㉠　　　　　　　② ㉡
③ ㉢　　　　　　　④ ㉣

19.

다음 야구 경기 해설 중 ㉠에 들어갈 용어는?

 방금 　㉠　에 성공한 주자는 스피드가 엄청납니다.

그렇죠. 　㉠　은/는 수비의 허점을 이용해 다음 누로 달리는 것으로, 스피드와 슬라이딩 기술이 중요하죠.

① 도루　　　　　　② 보크
③ 삼진　　　　　　④ 홈런

20.

다음 중 탁구 경기에 대한 설명으로 옳은 것은?

① 탁구 경기는 개인전으로만 진행된다.
② 넘어온 공을 연속하여 2회 이상 타구할 수 있다.
③ 공에 회전을 걸어 다양한 기술을 구사할 수 있다.
④ 넘어온 공이 탁구대에 닿기 전에 바로 타구할 수 있다.

21.

다음 상황에서 ㉠에 들어갈 용어로 알맞은 것은?

도와주세요. 심정지 환자가 발생했어요. 저는 지금 당장 　㉠　을 실시할 테니, 119에 신고해 주세요.

① 부목법　　　　　② 테이핑
③ 얼음찜질　　　　④ 심폐 소생술

22.

다음 설명에 해당하는 기술은?

- 상대 수비수를 따돌리기 위한 속임 동작이다.
- 축구, 농구, 핸드볼 등의 종목에서 주로 사용되는 기술이다.

① 발리　　　　　　② 리프팅
③ 페인트　　　　　④ 리바운드

23.

다음 중 댄스 스포츠에 해당하는 종목은?

①
발레

②
자이브

③
꾸미기 체조

④
피겨 스케이팅

24.

다음 설명에 해당하는 표현 활동은?

- 춤과 대사를 통해 서민의 정서를 표현하는 우리나라 전통 표현 양식이다.
- 가면 속에 숨겨진 예술이라고도 한다.

① 탈춤　　　　② 살풀이
③ 태평무　　　④ 강강술래

25.

다음 중 안전사고가 발생하게 된 주 요인이 다른 것은?

① 운동 능력이 미숙하여 어깨를 다쳤다.
② 준비 운동 부족으로 근육 경련이 왔다.
③ 주의 산만으로 골대에 심하게 부딪혔다.
④ 자전거의 브레이크 고장으로 인해 부상을 입었다.

2023년 1회 기출문제

01.

다음 설명에 해당하는 건강 관리 생애 주기는?

- 노화가 진행되어 신체 기능과 면역력이 떨어지는 시기이다.
- 이 시기에는 유산소 운동, 근력 운동, 평형성 운동이 필요하다.

① 유아기
② 아동기
③ 청소년기
④ 노년기

02.

그림의 ㉠, ㉡에 해당하는 여가 활동은?

㉠	㉡

	㉠	㉡		㉠	㉡
①	트레킹	요가	②	트레킹	클라이밍
③	자전거 타기	요가	④	자전거 타기	클라이밍

03.

다음은 학생 체력 측정 결과표이다. 부족한 체력 요소를 향상시킬 수 있는 가장 적절한 운동 방법은?

학생 체력 측정 결과표 성명: ○○○	
우수한 체력 요소	근력, 순발력, 유연성
부족한 체력 요소	심폐 지구력

① 팔굽혀 펴기
② 왕복 오래달리기
③ 제자리 멀리뛰기
④ 앉아 윗몸 앞으로 굽히기

04.

다음 설명에 해당하는 육상 장애물 달리기 종목은?

- 경기하는 동안 28회의 허들 장애물과 7회의 물웅덩이 장애물을 넘는다.
- 한 바퀴마다 5개의 장애물이 있고, 이 중 4번째 장애물에는 물웅덩이가 있다.

① 100mH
② 110mH
③ 400mH
④ 3,000mSC

05.

다음 중 멀리뛰기 동작 순서로 옳은 것은?

ㄱ. 착지 ㄴ. 공중 동작

ㄷ. 도움닫기 ㄹ. 발 구르기

① ㄱ→ㄴ→ㄷ→ㄹ
② ㄴ→ㄱ→ㄹ→ㄷ
③ ㄷ→ㄹ→ㄴ→ㄱ
④ ㄹ→ㄷ→ㄱ→ㄴ

06.

그림과 같은 육상 경기 종목은?

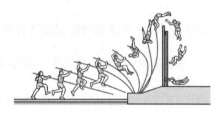

① 세단뛰기 ② 원반던지기
③ 포환던지기 ④ 장대높이뛰기

07.

다음 설명에 해당하는 경기 종목은?

- 빙상 경기장에서 실시한다.
- 500m, 1,000m, 1,500m 등의 세부 종목이 있다.

① 스키 ② 컬링
③ 봅슬레이 ④ 스피드 스케이팅

08.

다음 설명에 해당하는 씨름 기술은?

- 허리 기술 중 하나이다.
- 샅바를 잡아당겨 상대방의 중심을 높게 만들고 허리 회전으로 넘어뜨린다.

① 들배지기 ② 밭다리 걸기
③ 앞무릎 치기 ④ 오금 당기기

09.

그림과 같은 출발법을 사용하는 수영 영법은?

① 배영 ② 접영
③ 크롤 ④ 평영

10.

다음 중 여자만 실시하는 기계 체조 경기 종목은?

①
링

②
철봉

③
평균대

④
평행봉

11.

다음 설명에 해당하는 핸드볼 패스 방법은?

- 경기 중 공을 멀리 보낼 때 주로 사용하는 패스이다.
- 팔을 백스윙하여 허리 및 어깨의 회전과 손목의 스냅을 이용한다

① 숄더 패스 ② 푸시 패스
③ 래터럴 패스 ④ 체스트 패스

12.

다음 설명에 해당하는 야구 경기 심판 판정은?

- 스트라이크가 3개가 되었을 경우
- 타자가 친 공을 수비수가 땅에 떨어지기 전에 바로 잡았을 경우

① 아웃 ② 세이프
③ 파울 볼 ④ 페어 볼

13.

다음 설명에 해당하는 야구 용어는?

- 타자가 친 공이 페어 지역의 외야 담장을 넘어간 경우이다.
- 주자가 있을 경우 주자와 타자 모두 득점으로 인정된다.

① 도루 ② 홈런
③ 병살타 ④ 체인지업

14.

다음 설명에 해당하는 농구 기술은?

- 공을 바닥에 튕기며 하는 패스이다.
- 한 발을 앞으로 내디디면서 양 손목의 스냅을 이용하여 패스한다.

① 훅 패스 ② 점프 패스
③ 바운드 패스 ④ 오버헤드 패스

15.

다음 중 농구 경기 규칙으로 옳지 <u>않은</u> 것은?

① 푸싱 : 상대 선수를 잡는 경우
② 키킹 : 고의로 공을 발로 차는 경우
③ 차징 : 상대 선수에게 몸을 부딪치는 경우
④ 트리핑 : 상대 선수의 다리를 걸어 넘어뜨리는 경우

16.

다음을 사용하는 경기 종목은?

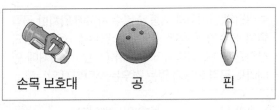

손목 보호대 공 핀

① 다트 ② 볼링
③ 양궁 ④ 족구

17.

배드민턴 기술에 해당하는 것을 <보기>에서 고른 것은?

<보기>
ㄱ. 헤어핀   ㄴ. 리바운드
ㄷ. 스파이크   ㄹ. 하이클리어

① ㄱ, ㄴ   ② ㄱ, ㄹ
③ ㄴ, ㄷ   ④ ㄷ, ㄹ

18.

다음 대화에서 ㉠에 해당하는 골프 용어는?

 ┤지난 시간에 배운 골프에 대해서 발표해 볼까요?

[㉠]은/는 홀이 있는 구역을 말합니다. ├

 ┤맞아요. [㉠]에서는 주로 퍼팅을 해요.

① 그린   ② 벙커
③ 페어웨이   ④ 티 그라운드

19.

㉠에 해당하는 축구 경기 규칙은?

수비팀의 골키퍼와 최종 수비수 사이에 위치한 공격팀의 선수가 공격에 가담했을 경우 (㉠)이/가 선언된다. 단, 공격팀의 선수가 (㉠) 위치에 있더라도 공격 의도가 없는 경우는 해당되지 않는다.

① 페널티킥   ② 어드밴티지
③ 오프사이드   ④ 직접프리킥

20.

다음 중 축구 경기의 포지션으로 짝지어진 것은?

① 투수 - 센터
② 공격수 - 미드필더
③ 유격수 - 슈팅 가드
④ 좌익수 - 포인트 가드

21.

다음 설명에 해당하는 탁구 기술은?

- 탁구의 스트로크 중 하나이다.
- 허리를 틀면서 라켓을 아래에서 위로 휘두르며 공에 전진 회전을 주는 기술이다.

① 쇼트   ② 커트
③ 풋워크   ④ 드라이브

22.

㉠에 해당하는 배구 용어는?

후위 공격이란 후위 선수가 (㉠) 뒤쪽에서 점프하여 공격하는 기술이다. 이때, 선수가 점프 시 (㉠)을 침범할 경우 반칙으로 실점을 하게 된다.

① 골라인   ② 어택라인
③ 파울라인   ④ 사이드라인

23.

⊙에 해당하는 우리나라 민속 무용은?

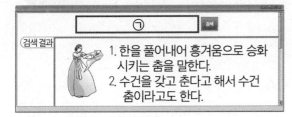

① 탈춤   ② 농악무
③ 살풀이   ④ 소고춤

24.

다음 설명에 해당하는 운동 손상은?

- 외부의 심한 충격을 받아 근육이 붓고 통증이 생기
  는 경우이다.
- 피부 속 근조직의 모세 혈관이 터져 검푸르게 멍이
  든다.

① 물집   ② 자상
③ 탈진   ④ 타박상

25.

다음 중 RICE 요법의 순서로 옳은 것은?

① 안정→압박→얼음찜질→환부 올림
② 안정→압박→환부 올림→얼음찜질
③ 안정→얼음찜질→압박→환부 올림
④ 안정→얼음찜질→환부 올림→압박

01.

다음 설명에 해당하는 용어로 가장 적절한 것은?

- 일상생활을 하거나 운동을 할 때 기초가 되는 신체적인 능력
- 일정 시간 동안 지치지 않고 활동할 수 있는지를 판단할 수 있는 기준

① 체격
② 체력
③ 적응력
④ 정신력

02.

다음 설명에 해당하는 체력 요소는?

- 반복 동작을 빠르게 수행할 수 있는 능력
- 신체의 위치나 진행 방향을 빠르게 바꾸며 움직일 수 있는 능력

① 민첩성
② 평형성
③ 협응성
④ 심폐 지구력

03.

다음의 건강 체력 요소를 측정할 수 있는 운동으로 가장 적절한 것은?

- 근력 및 근지구력, 심폐 지구력과 함께 건강 체력의 한 요소
- 관절의 가동 범위를 넓혀 운동 손상 예방에 도움을 줄 수 있는 능력

① 팔 굽혀 펴기
② 제자리멀리뛰기
③ 왕복 오래달리기
④ 앉아 윗몸 앞으로 굽히기

04.

다음 중 기계 체조 경기에서 사용하지 않는 기구는?

① 도마
② 철봉
③ 허들
④ 평균대

05.

다음 설명에 해당하는 배드민턴 반칙은?

상대가 친 셔틀콕이 네트를 넘어 오기 전에 라켓이 네트를 넘어가 셔틀콕을 치거나 헛치는 경우

① 오버 네트
② 오버 핸드
③ 터치 네트
④ 더블 콘택트

06.

그림에서 ㉠과 ㉡에 해당하는 축구 기능은?

	㉠	㉡		㉠	㉡
①	스로인	태클	②	스로인	핸드볼
③	트래핑	태클	④	트래핑	핸드볼

07.

다음 설명에 해당하는 태권도 기술은?

앞발을 축으로 몸을 180° 회전하며 발등으로 찬다.

① 뒤 차기　　　　② 앞 차기
③ 옆 차기　　　　④ 돌려차기

08.

다음 대화에서 ㉠에 해당하는 운동 처방의 기본 원리는?

- 학생 : 선생님, (㉠)의 원리가 뭐예요?
- 교사 : 특정 부위에 치중하지 않고 전신을 고루 운동하여 신체를 균형 있게 발달시킬 수 있도록 하는 거야.

① 개별성　　　　② 과부하
③ 전면성　　　　④ 특수성

09.

그림에 해당하는 심폐 소생술의 단계는?

여보세요, 괜찮으세요?

① 가슴 압박　　　② 구조 요청
③ 기도 유지　　　④ 의식 확인

10.

8명의 선수가 출전한 경영 결승 경기에서 준결승 경기 기록이 가장 좋은 선수가 배정받는 레인은?

① 1레인　　　　② 2레인
③ 3레인　　　　④ 4레인

11.

㉠에 해당하는 야구의 포지션은?

좌익수, (㉠), 우익수를 외야수라고 하며, 넓은 지역에 떨어지는 공을 주로 수비하므로 빠른 발과 송구 능력이 필요하다

① 투수　　　　② 내야수
③ 유격수　　　④ 중견수

12.

다음 설명에 해당하는 표현 활동의 움직임 요소는?

움직임의 높낮이, 범위, 경로, 방향 등을 알맞게 사용하여 표현 효과를 높인다.

① 힘　　　　② 공간
③ 관계　　　④ 시간

13.

다음 중 영역형 스포츠가 아닌 것은?

① 럭비　　　　② 탁구
③ 핸드볼　　　④ 얼티미트

14.

다음 설명에 해당하는 씨름의 다리 기술은?

> 오른쪽 다리로 상대의 오른쪽 다리 바깥 부분을 걸어 넘어뜨리거나 또는 왼쪽 다리로 상대의 왼쪽 다리 바깥 부분을 걸어 넘어뜨리는 기술

① 밭다리 걸기   ② 안다리 걸기
③ 앞무릎 치기   ④ 오금 당기기

15.

다음 주간 운동 계획서에서 ㉠과 ㉡에 해당하는 운동 처방의 요소는?

- 주간 운동 계획 -
- 주 3회
- ㉠ 최대 심박수의 70%
- ㉡ 30분
- 달리기

	㉠	㉡
①	운동 강도	운동 빈도
②	운동 강도	운동 시간
③	운동 유형	운동 빈도
④	운동 유형	운동 시간

16.

그림에서 A 선수의 농구 기술은?

공격할 수 있는 공간을 확보할 수 있도록 수비수의 이동 경로를 차단하는 방법이다.

① 스틸   ② 스크린
③ 리바운드   ④ 어시스트

17.

다음 중 경기 종목과 기술의 연결이 옳지 <u>않은</u> 것은?

	종목	기술
①	배구	- 스매시
②	씨름	- 들배지기
③	축구	- 리프팅
④	탁구	- 드라이브

18.

공인구의 크기가 작은 종목부터 <보기>에서 골라 순서대로 바르게 배열한 것은?

> <보기>
> ㄱ. 농구   ㄴ. 탁구
> ㄷ. 테니스   ㄹ. 핸드볼

① ㄱ - ㄴ - ㄷ - ㄹ
② ㄴ - ㄷ - ㄹ - ㄱ
③ ㄴ - ㄹ - ㄷ - ㄱ
④ ㄷ - ㄴ - ㄱ - ㄹ

19.

다음 설명에 해당하는 표현 활동은?

- 풍작과 풍요를 기원하는 한국의 전통 표현
- 서로 손을 잡고 원을 그리며 춤을 추는 민속 무용

① 승무　　　　　　② 소고 춤
③ 강강술래　　　　④ 봉산 탈춤

20.

다음 대화에서 ㉠에 해당하는 운동 상해는?

 무릎 다쳤다면서? 보건실에 잘 다녀왔어?

 응. 보건 선생님께서 ㉠ 피부가 벗겨지면서 출혈이 발생했다고 하셨어.

① 골절　　　　　　② 염좌
③ 찰과상　　　　　④ 타박상

21.

육상 경기에서 필드 종목으로 바르게 묶인 것은?

① 높이뛰기, 이어달리기
② 높이뛰기, 포환던지기
③ 멀리뛰기, 단거리 달리기
④ 멀리뛰기, 장애물 달리기

22.

다음 농구 경기 기록지에서 ㉠에 해당하는 점수는?

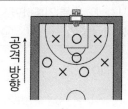

공격 방향

- 농구 경기 기록지 -

- 슛 시도 : 8회
- 성공 : 4회(○의 위치)
- 실패 : 4회(×의 위치)
- 총 득점 : (㉠)점
※ 상대 반칙으로 인한 추가 자유투는 없음.

① 6　　　　　　　② 8
③ 10　　　　　　④ 12

23.

다음 설명에 해당하는 볼링 투구 동작은?

상체를 숙이면서 어깨를 축으로 하는 진자 운동을 통해 공을 뒤쪽으로 어깨 부근까지 들어 올린다.

① 백스윙　　　　　② 다운스윙
③ 어드레스　　　　④ 푸시 어웨이

24.

골프 경기에서 ⑤과 ⑥에 해당하는 것은?

파(par)3 홀에서 (⑤)를 기록하면 - 1타,
파(par)4 홀에서 이글을 기록하면 (⑥)타이다.

	⑤	⑥		⑤	⑥
①	보기	-1	②	보기	-2
③	버디	-1	④	버디	-2

25.

<보기>의 자동 심장 충격기(AED) 사용법을 순서 대로바르게 배열한 것은?

<보기>

ㄱ. 전원 켜기
ㄴ. 심장 리듬 분석 및 물러서기
ㄷ. 패드 부착 및 본체 연결하기
ㄹ. 심장 충격 시행 후 심폐 소생술 계속 시행하기

① ㄱ - ㄷ - ㄴ - ㄹ
② ㄱ - ㄷ - ㄹ - ㄴ
③ ㄴ - ㄱ - ㄷ - ㄹ
④ ㄴ - ㄱ - ㄹ - ㄷ

01.

다음 설명에 해당하는 건강 관리 생애 주기는?

- 아동에서 성인으로 성장하는 시기로 2차 성징이 나타난다.
- 키와 몸무게가 성인 수준으로 자라는 시기로 신체의 균형 있는 발달을 고려하여 충분한 신체 활동이 필요하다.

① 유아기　　　　② 청소년기
③ 장년기　　　　④ 노년기

02.

학생 건강 체력 평가(PAPS) 중 근력 및 근지구력을 측정하는 방법은?

① 왕복 오래달리기
② 윗몸 말아 올리기
③ 종합 유연성 검사
④ 앉아 윗몸 앞으로 굽히기

03.

다음 설명에 해당하는 운동 처방의 원리는?

체력 향상을 위해서는 현재의 체력 수준보다 높은 강도의 운동이 필요하다. 이를 위해 평소 자신의 체력 수준보다 높은 강도의 운동을 실시한다.

① 과부하의 원리　　② 반복성의 원리
③ 전면성의 원리　　④ 특수성의 원리

04.

다음 중 눈 위에서 경기를 실시하는 종목은?

①

스키

②

리듬 체조

③

피겨 스케이팅

④

스피드 스케이팅

05.

다음 설명에 해당하는 육상 경기 종목은?

- 육상 경기 중 유일한 단체 경기로, 4명의 주자가 거리를 나누어 달린다.
- 첫 번째 주자는 크라우칭 스타트로 출발하고, 나머지 주자들은 스탠딩 스타트로 출발한다.

① 높이뛰기　　　　② 멀리뛰기
③ 이어달리기　　　④ 장애물 달리기

06.

다음 설명에 해당하는 육상 필드 경기 종목은?

지름 2.135 m의 원 안에서 한 쪽 손으로 쇠공을 멀리 던지는 경기이다.

① 창던지기   ② 원반던지기
③ 포환던지기   ④ 해머던지기

07.

첫 번째 투구로 10개의 핀을 모두 넘어뜨린 경우를 뜻하는 볼링 용어는?

① 미스   ② 스플릿
③ 스페어   ④ 스트라이크

08.

다음 대화 내용에 해당하는 수영 영법은?

 지난 시간에 배운 수영 영법에 대해서 발표해 볼까요?

턴을 할 때는 반드시 양손이 동시에 벽에 닿아야 해요.

 혼계영 경기에서 두 번째 선수가 하는 영법이에요.

① 배영   ② 접영
③ 크롤   ④ 평영

09.

다음 설명에 해당하는 기계 체조 종목은?

긴 줄에 매달린 고리 모양의 손잡이를 잡고 버티기, 흔들기 등의 동작을 실시하는 남자 종목이다.

① 링   ② 도마
③ 안마   ④ 평균대

10.

다음 설명에 해당하는 태권도 발차기 기술은?

몸을 90도 틀면서 무릎을 접었다가 뻗으며 몸통이나 얼굴을 찬다.

① 앞 차기   ② 옆 차기
③ 찍어 차기   ④ 뒤 후려 차기

11.

다음 설명에 해당하는 씨름 손기술은?

- 한 손으로 상대 선수의 무릎 뒷부분을 잡아당기면
  서 밀어 넘어뜨린다.
- 상대의 한 쪽 다리가 앞으로 많이 나왔을 때 사용
  하면 효과적이다.

① 들배지기   ② 엉덩배지기
③ 안다리 걸기   ④ 오금 당기기

12.

다음 설명에 해당하는 골프 기술은?

- 그린 위에서 홀 컵에 공을 넣는 기술이다.
- 일반적으로 어깨, 팔, 손을 일정한 자세로 유지하면
  서 정확하게 친다.

① 퍼팅   ② 러프 샷
③ 벙커 샷   ④ 드라이버 샷

13.

다음 설명에 해당하는 축구 용어는?

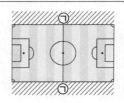

축구 경기 중 공이 필드 안에 있는 선수의 신체 일부
에 닿고 터치라인 밖 빗금 친 ㉠ 영역으로 나가게 될
경우 주어진다.

① 스로인   ② 코너킥
③ 페널티킥   ④ 오프사이드

14.

야구 경기의 포지션만을 <보기>에서 모두 고른
것은?

<보기>	
ㄱ. 투수	ㄴ. 포수
ㄷ. 골키퍼	ㄹ. 유격수

① ㄱ, ㄷ   ② ㄱ, ㄴ, ㄹ
③ ㄴ, ㄷ, ㄹ   ④ ㄱ, ㄴ, ㄷ, ㄹ

15.

다음 설명에 해당하는 배구 서비스는?

- 초보자가 하기 쉬운 서비스이다.
- 공을 밑에서 위로 쳐올려 상대 코트로 보내는 서비
  스이다.

① 백핸드 서비스   ② 스파이크 서비스
③ 언더핸드 서비스   ④ 오버핸드 서비스

16.

다음 중 ㉠, ㉡에 해당하는 배구 기술은?

㉠	㉡
네트 앞에서 점프하여 상대의 공격을 막는 기술이다.	세트업된 공을 점프하여 강하게 내려치는 기술이다.

	㉠	㉡		㉠	㉡
①	토스	리시브	②	리시브	스파이크
③	블로킹	토스	④	블로킹	스파이크

17.

그림의 ㉠, ㉡과 같은 비행경로로 셔틀콕이 날아가는 배드민턴 스트로크는?

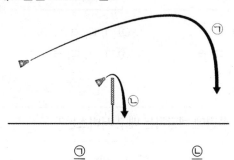

	㉠	㉡
①	푸시	헤어핀
②	드라이브	푸시
③	하이클리어	헤어핀
④	하이클리어	드라이브

18.

다음은 배드민턴 단식 경기에서 A 선수가 서비스한 셔틀콕이 아웃된 이후의 점수판이다. A 선수가 서비스를 넣은 방향과 아웃된 셔틀콕이 떨어진 위치로 옳은 것은?

〈점수판〉

선수	점수	선수
A	9 : 6	B

- 셔틀콕이 떨어진 위치
- → 셔틀콕 진행 방향

①   ②

③   ④

19.

다음 대화 내용에 해당하는 스포츠 종목은?

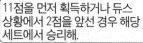

테이블 위에서 공을 라켓으로 쳐서 주고받는 네트형 스포츠야.

11점을 먼저 획득하거나 듀스 상황에서 2점을 앞선 경우 해당 세트에서 승리해.

① 배구　　② 탁구
③ 테니스　　④ 배드민턴

[20~21] 다음 학생의 소감문을 읽고 물음에 답하시오.

학생 스포츠(농구) 소감문

2024년 △월 □일 성명: ○○○

오늘 농구 경기를 하였다. 오랜만에 하는 농구 경기여서 무척 재미있었다. ⊙ 경기 중 내가 슛을 할 때, 상대 선수가 내 몸을 밀어 내가 넘어지게 되었다. ⓒ 이때 지정된 장소에서 상대편의 방해를 받지 않고 슛 할 수 있는 기회를 얻었다.

20.

⊙과 관련된 농구 경기 규칙은?

① 푸싱
② 홀딩
③ 트래블링
④ 더블 드리블

21.

ⓒ과 관련된 농구 슛은?

① 골밑슛
② 자유투
③ 덩크 슛
④ 레이업 슛

22.

다음 중 우리나라 민속 무용이 아닌 것은?

①
승무

②
왈츠

③
탈춤

④
살풀이

23.

다음 설명에서 ⊙에 해당하는 표현 활동은?

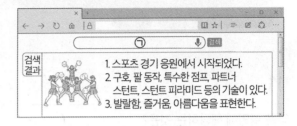

검색결과
1. 스포츠 경기 응원에서 시작되었다.
2. 구호, 팔 동작, 특수한 점프, 파트너 스턴트, 스턴트 피라미드 등의 기술이 있다.
3. 발랄함, 즐거움, 아름다움을 표현한다.

① 자이브
② 강강술래
③ 치어리딩
④ 티니클링

24.

심폐 소생술의 단계별 실시 방법에서 ⊙에 들어갈 내용으로 알맞은 것은?

의식 확인 ⇒ 도움 요청 ⇒ (⊙) ⇒ 인공호흡 ⇒ AED 사용

① 지혈
② 부목법
③ 가슴압박
④ 얼음찜질

25.

체육 활동 안전사고의 요인 중 인적 요인만을 <보기>에서 모두 고른 것은?

<보기>

ㄱ. 기술의 부족
ㄴ. 무리한 운동
ㄷ. 준비 운동 부족
ㄹ. 갑작스런 기후 변화

① ㄹ
② ㄱ, ㄴ
③ ㄷ, ㄹ
④ ㄱ, ㄴ, ㄷ

01.

다음 설명에 해당하는 것은?

- 건강 체력 요소 중 하나이다.
- 근육이 오랫동안 운동을 지속할 수 있는 능력이다.

① 민첩성 　　　　② 순발력
③ 평형성 　　　　④ 근지구력

02.

그림에서 ㉠에 들어갈 용어로 알맞은 것은?

오늘은 키와 몸무게를 측정하여 (㉠)
을/를 구해 보겠습니다.
(㉠)을/를 통해 비만도를 알 수 있습니다.

① 악력 　　　　② 왕복 오래달리기
③ 체질량 지수(BMI) 　④ 종합 유연성 검사

03.

대화의 밑줄 친 부분에 해당되는 체력 증진의 기본 원리는?

학생 : 선생님! 갑자기 높은 강도로 운동을 했더니 몸에 무리가 왔어요. 어떻게 해야 하죠?
교사 : 운동할 때는 운동 강도를 서서히 점차 높여 가면서 해야 해. 그래야 몸에 무리가 없어.

① 개별성의 원리 　　② 전면성의 원리
③ 점진성의 원리 　　④ 특수성의 원리

04.

다음 빈칸에 들어갈 말을 옳게 짝지은 것은?

스트레칭

- (㉠)을 향상시키기 위한 대표적인 트레이닝 방법이다.
- 근육을 (㉡)시키는 행위로서 실시방법에 따라 동적·정적인 방법으로 스트레칭 분류할 수 있다.

	㉠	㉡
①	유연성	수축
②	협응성	수축
③	유연성	이완
④	협응성	이완

05.

다음 중 부목법을 사용해야 할 운동 상해로 가장 적절한 것은?

① 골절 　　　　② 화상
③ 찰과상 　　　④ 타박상

06.

투기 종목에 해당하는 것을 <보기>에서 고른 것은?

<보기>	
ㄱ. 럭비	ㄴ. 씨름
ㄷ. 테니스	ㄹ. 태권도

① ㄱ, ㄴ ② ㄱ, ㄷ
③ ㄴ, ㄹ ④ ㄷ, ㄹ

07.

다음 설명에 해당하는 것은?

- 공을 굴려 핀을 쓰러뜨리는 스포츠 종목이다.
- 스페어, 스트라이크 등의 경기 용어를 사용한다.

① 볼링 ② 사격
③ 탁구 ④ 다이빙

08.

다음 설명에 해당하는 스포츠 유형은?

- 자신이나 타인이 세운 속도나 거리 등의 기록에 도전한다.
- 스피드 스케이팅, 포환던지기, 경영 등의 종목이 있다.

① 기록 도전 ② 동작 도전
③ 네트형 경쟁 ④ 영역형 경쟁

09.

그림에서 홀 컵이 있고 주로 퍼팅 기술을 사용하는 골프 코스의 구역은?

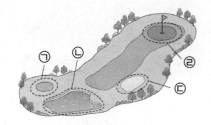

① ㉠ ② ㉡
③ ㉢ ④ ㉣

10.

육상 트랙 경기에 해당하는 것을 <보기>에서 고른 것은?

<보기>	
ㄱ. 창던지기	ㄷ. 원반던지기
ㄴ. 110mH	ㄹ. 400mR

① ㄱ, ㄴ ② ㄱ, ㄷ
③ ㄴ, ㄹ ④ ㄷ, ㄹ

11.

그림에 해당하는 높이뛰기 단계는?

몸을 뒤로 젖히며 두 다리를 위로 차올려 가로대를 넘는다.

① 도움닫기 ② 발구르기
③ 공중 동작 ④ 착지

12.

그림과 같은 출발법을 사용하지 <u>않는</u> 수영 영법은?

① 배영 ② 평영
③ 접영 ④ 크롤

13.

다음 설명에 해당하는 것은?

- 기계 체조 경기의 남녀 공통 종목이다.
- 도움닫기 - 발구르기 - 손 짚기 - 공중 동작 - 착지 순으로 실시한다.

① 링 ② 도마
③ 철봉 ④ 평균대

14.

양궁 경기의 용 · 기구에 해당하는 것을 < 보기 >에서 고른 것은?

< 보기 >

ㄱ. 다트 보드 ㄴ. 볼링 핀 ㄷ. 활 ㄹ. 표적

① ㄱ, ㄴ ② ㄱ, ㄹ
③ ㄴ, ㄷ ④ ㄷ, ㄹ

15.

다음 설명에 해당하는 것은?

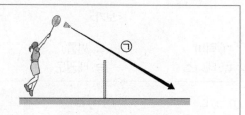

- 배드민턴에서 셔틀콕을 넘기는 기술 중 하나이다.
- 팔의 스윙을 크게 하여 높은 타점에서 셔틀콕을 ㉠ 과 같이 위에서 아래로 강하게 내려친다.

① 서비스 ② 스매시
③ 헤어핀 ④ 하이클리어

16.

다음 설명에 해당하는 것은?

- 경기 시작을 위해 상대 코트로 공을 넘겨 주는 배구 기술이다.
- 도움닫기를 하여 점프한 후 타이밍에 맞춰 공을 강하게 친다.

① 블로킹 ② 세트업
③ 언더핸드 리시브 ④ 스파이크 서비스

17.

다음 설명에 해당하는 것은?

- 가까이 있는 동료에게 공을 옆으로 패스하는 핸드볼 기술이다.
- 손목을 바깥으로 돌려 스냅을 이용하여 던진다.

① 숄더 패스 　　② 래터럴 패스
③ 바운드 패스 　　④ 체스트 패스

18.

다음 중 심폐 소생술이 필요한 상황으로 가장 적절한 것은?

① 심정지가 의심될 때
② 어깨가 탈구되었을 때
③ 날카로운 물건에 살이 베었을 때
④ 다리에 근육 경련이 일어났을 때

[19~20] 다음의 활동 소감문을 읽고 물음에 답하시오.

활동 소감문(축구)
2024년 ○월 □□일

오늘 축구 경기를 하였다. 경기 중 상대방이 슛한 ㉠ 공을 내가 두 손으로 잡았다. 그 후 내가 패스한 공이 우리 팀 수비수에 맞아 골라인 밖으로 나갔고, 심판이 ㉡ 코너킥을 선언했다.

19.

축구 규정상 ㉠의 동작이 가능한 포지션은?

① 공격수 　　② 골키퍼
③ 수비수 　　④ 미드필더

20.

㉡에 해당하는 축구 경기 심판의 수신호는?

①

②

③

④

21.

다음 중 한 팀당 경기 참여 인원이 가장 적은 스포츠 종목은?

① 농구 　　② 야구
③ 축구 　　④ 핸드볼

22.

다음 설명에 해당하는 야구 경기의 포지션은?

- 투수의 투구를 받고, 홈 주변을 수비한다.
- 마스크, 가슴 보호대, 무릎 보호대 등을 착용한다.

① 포수 ② 우익수
③ 유격수 ④ 좌익수

23.

다음 설명에 해당하는 야구 기술은?

- 배트를 손으로 가볍게 받친 자세로 방향과 힘을 조절하여 공에 배트를 갖다 댄다.
- 주자를 진루시키기 위해 주로 사용한다.

① 도루 ② 번트
③ 홈런 ④ 슬라이딩

24.

댄스 스포츠 종목으로 옳은 것만을 < 보기 > 에서 모두 고른 것은?

<보기>
ㄱ. 발레   ㄴ. 자이브
ㄷ. 차차차   ㄹ. 치어리딩

① ㄱ ② ㄴ, ㄷ
③ ㄷ, ㄹ ④ ㄱ, ㄴ, ㄹ

25.

다음 설명에 해당하는 것은?

- 우리나라 민속 무용 중 하나이다.
- 꽹과리, 징, 북, 태평소 등의 소리에 맞춰 추는 춤이다.

① 부채춤 ② 농악무
③ 라인 댄스 ④ 포크 댄스

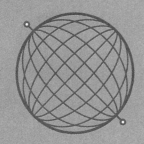

고등학교 졸업학력
검정고시

음악 기출문제

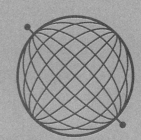

[01~03] 다음 악곡은 『벚꽃 엔딩』의 일부이다. 물음에 답하시오.

봄바람휘날리 며   흩 - 날리는벚꽃잎이 - 울
- 려퍼질이거리를 -   -   - 둘 - 이 - 걸 어 요

01.

위 악곡의 조성은?

① 바장조   ② 사장조
③ 가장조   ④ 나장조

02.

위 악곡의 빠르기는?

① 느리게   ② 빠르게
③ 조금 느리게   ④ 조금 빠르게

03.

위 악곡에 알맞은 박자표는?

① $\frac{2}{4}$ ② $\frac{4}{4}$

③ $\frac{3}{8}$ ④ $\frac{6}{8}$

[04~05] 다음 악곡은 『돌아오라 소렌토로』의 일부이다. 물음에 답하시오.

떠날때가없도   다 -   향기로운꽃 만발한

04.

(가)에 들어갈 알맞은 쉼표는?

①   ②

③   ④

05.

(나) 음에 해당하는 피아노 건반은?

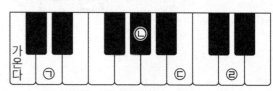

① ㉠   ② ㉡
③ ㉢   ④ ㉣

06.

다음 중 '점점 세게'의 뜻을 가진 악상 기호는?

① cresc.   ② tenuto
③ a tempo   ④ staccato

07.

다음 중 이탈리아 대중가요는?

① 리트   ② 샹송
③ 요들   ④ 칸초네

08.

다음 설명에 해당하는 오페라의 구성 요소는?

- 주인공이 기교를 살려 선율을 노래하는 곡
- 대표곡 : 리날도 중 『울게 하소서』, 투란도트 중 『아무도 잠들지 말라』

① 서곡   ② 간주곡
③ 아리아   ④ 레치타티보

09.

다음 악보에서 연주해야 하는 마디의 수는?

① 6마디   ② 7마디
③ 8마디   ④ 9마디

10.

다음 설명에 해당하는 작곡가는?

- 클래식과 재즈를 결합한 미국 작곡가
- 대표곡 : 『랩소디 인 블루(Rhapsody in Blue)』

① 거슈윈   ② 비발디
③ 슈베르트   ④ 차이콥스키

11.

다음 설명에 해당하는 음악 시대는?

- 음악의 형식과 균형을 강조
- 대표 작곡가 : 하이든, 모차르트, 베토벤

① 르네상스   ② 바로크
③ 고전   ④ 낭만

12.

다음 설명에 해당하는 악기는?

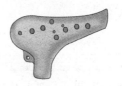

- 흙을 빚어 구워 만든 관악기
- 이탈리아어로 '작은 거위' 라는 뜻

① 바순   ② 리코더
③ 피콜로   ④ 오카리나

13.

다음 중 음정을 연주할 수 있는 타악기는?

① 젬베   ② 마림바
③ 심벌즈   ④ 탬버린

14.

여성 3부 합창에서 (가)에 들어갈 성부는?

① 테너   ② 바리톤
③ 베이스   ④ 메조소프라노

[15~16] 다음 악곡은 『쑥대머리』의 일부이다. 물음에 답하시오.

15.

위 대목이 포함된 판소리는?

① 수궁가   ② 심청가
③ 적벽가   ④ 춘향가

16.

판소리를 반주할 때 사용하는 악기는?

① 소고   ② 피리
③ 해금   ④ 소리북

[17~18] 다음 악곡은 『강원도 아리랑』의 일부이다. 물음에 답하시오.

17.

위 악곡은 어느 지역의 민요인가?

① 남도 민요   ② 동부 민요
③ 서도 민요   ④ 제주 민요

18.

위 악보를 장구로 반주할 때 북편만을 치는 횟수는?

① 1회   ② 2회
③ 3회   ④ 6회

19.

다음은 가야금에 대한 설명이다. (가)에 해당하는 것은?

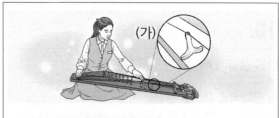

- 기러기 발 모양의 줄 받침대
- 가야금의 음높이를 조절할 때 사용

① 괘   ② 채
③ 활   ④ 안족

20.

다음 중 삼국 시대와 관련이 없는 것은?

① 왕산악이 거문고를 만들었다.
② 세종이 정간보를 창안하였다.
③ 우륵이 가야금 음악을 발전시켰다.
④ 미마지가 기악무를 일본에 전파하였다.

21.

다음 설명에 해당하는 기악곡은?

- 조선 후기에 나타난 민속 음악
- 느린 장단에서 빠른 장단으로 연주
- 판소리와 시나위의 영향을 받아 만들어진 기악 독주곡

① 범패   ② 산조
③ 시조   ④ 사물놀이

22.

다음 중 삼죽에 해당하지 않는 악기는?

① 대금   ② 소금
③ 아쟁   ④ 중금

23.

< 보기 > 에서 극음악을 고른 것은?

<보기>	
ㄱ. 창극	ㄴ. 오페라
ㄷ. 수제천	ㄹ. 협주곡

① ㄱ, ㄴ   ② ㄱ, ㄹ
③ ㄴ, ㄷ   ④ ㄷ, ㄹ

24.

다음 설명에 해당하는 뮤지컬은?

- 노동자와 농민들의 저항 정신, 가난한 사람들의 인간애 등을 다룬 작품
- 대표곡 : 『민중들의 노랫소리가 들리는가?』

너는 듣 고있는 가 분 노의 민중 의 노래

① 맘마미아   ② 레 미제라블
③ 오페라의 유령   ④ 지킬 앤 하이드

25.

다음 설명에 해당하는 음악 관련 직업은?

- 음악 공연 상품을 제작
- 공연의 총괄적인 계획 수립과 집행 과정을 결정

① 공연 기획자   ② 악기 제작자
③ 음악 교육자   ④ 음악 치료사

[01~03] 다음은 『아! 목동아』의 일부이다. 물음에 답하시오.

01.

위 악곡의 조성은?

① 나장조　　　　② 다장조
③ 라장조　　　　④ 마장조

02.

위 악곡의 빠르기는?

① 느리게　　　　② 조금 빠르게
③ 빠르게　　　　④ 매우 빠르게

03.

(가)에 알맞은 쉼표는?

①　　　　　　②

③　　　　　　④

[04~06] 다음은 『오! 내 사랑』의 중간 부분이다. 물음에 답하시오.

04.

위 악곡에 알맞은 박자표는?

①　$\dfrac{3}{4}$　　　　②　$\dfrac{4}{4}$

③　$\dfrac{6}{4}$　　　　④　$\dfrac{6}{8}$

05.

(가) 음에 해당하는 피아노 건반은?

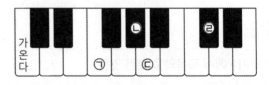

① ㉠　　　　　　② ㉡
③ ㉢　　　　　　④ ㉣

06.

(나) 부분을 노래하는 방법으로 알맞은 것은?

① 점점 빠르게
② 매우 여리게
③ 본래의 빠르기로
④ 미끄러지듯 연결하여

07.

다음 중 합창에서 노래하는 방법으로 적절하지 <u>않은</u> 것은?

① 복식 호흡으로 노래 부른다.
② 정확한 발음으로 노래 부른다.
③ 나의 소리만 돋보이도록 노래 부른다.
④ 공명강을 울려 풍부한 소리로 노래 부른다.

08.

다음 중 현악 4중주의 구성 악기가 <u>아닌</u> 것은?

① 호른
② 첼로
③ 비올라
④ 바이올린

09.

(가) 부분에 알맞은 박자 젓기는?

①
②
③
④

10.

다음 설명에 해당하는 악기는?

- 타악기군에 속함.
- 음높이 조절이 가능함.

① 하프
② 심벌즈
③ 플루트
④ 팀파니

11.

다음 설명에 해당하는 음악가는?

- 바로크 시대 작곡가.
- 평균율, 대위법의 발전에 기여함.
- 대표 작품 : 『토카타와 푸가』, 『브란덴부르크 협주곡』 등.

① 바흐
② 쇼팽
③ 베를리오즈
④ 차이콥스키

12.

다음 대화에서 ㉠에 들어갈 말은?

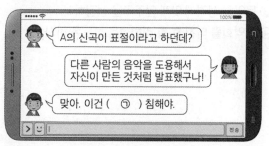

① 미디
② 저작권
③ 샘플링
④ 리메이크

13.

다음 중 소나타 형식에 대한 설명으로 옳지 않은
것은?

① 제시부, 발전부, 재현부로 구성된다.
② 교향곡, 협주곡의 1악장에 주로 사용된다.
③ 가곡, 오페라, 오라토리오에서 주로 사용된다.
④ 하이든, 모차르트, 베토벤 등에 의해 확립되었다.

14.

다음 설명에 해당하는 밴드는?

- 영국 출신의 4인조 밴드.
- 대표곡: 『렛 잇 비(Let it be)』, 『예스터데이(Yesterday)』등.

① 아-하(A-ha)
② 비틀스(The Beatles)
③ 펜타토닉스(Pentatonix)
④ 리얼 그룹(The Real Group)

15.

다음 중 음악회를 열기 위한 의견으로 적절하지 않
은 것은?

① 초대장을 만들어서 홍보하자.
② 연주가 끝나면 박수로 격려해 주자.
③ 음악회 성격에 맞게 연주곡을 선정하자.
④ 음악회를 마친 후 총 리허설을 하도록 하자.

[16~17] 다음은 『자진농부가』의 일부이다. 물음에 답하시오.

16.

위 악곡의 장단은?

① 진양   ② 세마치
③ 엇모리   ④ 중중모리

17.

(가) 부분에 해당하는 시김새는?

① 꺾는 소리   ② 떠는 소리
③ 평으로 내는 소리   ④ 밀어 올리는 소리

18.

활로 연주하는 악기를 <보기>에서 고른 것은?

<보기>	
ㄱ. 해금	ㄴ. 기타
ㄷ. 피리	ㄹ. 바이올린

① ㄱ, ㄴ   ② ㄱ, ㄹ
③ ㄴ, ㄷ   ④ ㄷ, ㄹ

19.

다음 설명에 해당하는 악기는?

- 죽(竹)부에 속하는 악기.
- 취구에 입김을 불어 넣어 소리 냄.

① 장구　　　　　② 편경
③ 대금　　　　　④ 가야금

[20 ~ 21] 다음은 『사랑가』의 일부이다. 물음에 답하시오.

이　리-오　너　라　업　고　놀　자　(가)[얼쑤]

20.

윗부분을 노래할 때 말붙임새로 알맞은 것은?

①
| 이 | 리 | | 오 | 너 | 라 | 업 | 고 | 놀 | | 자 |

②
| 이 | 리 | | 오 | 너 | 라 | 업 | 고 | 놀 | | | 자 |

③
| 이 | | 리 | 오 | 너 | 라 | 업 | 고 | 놀 | 자 |

④
| 이 | | 리 | 오 | 너 | 라 | 업 | 고 | 놀 | | 자 |

21.

(가)에 해당하는 용어는?

① 발림　　　　　② 소리
③ 추임새　　　　④ 아니리

22.

다음 설명에 해당하는 것은?

- 느린 곡과 빠른 곡이 짝을 이루는 형식.
- 예시곡 : 『강강술래 - 자진강강술래』, 『육자배기 - 자진육자배기』.

① 가곡 형식　　　　② 연음 형식
③ 긴자진 형식　　　④ 메기고 받는 형식

23.

다음 중 고려 시대의 음악과 관련된 내용은?

① 풍류 음악, 산조, 판소리가 등장하였다.
② 세종이 박연을 통해 아악을 재정비하였다.
③ 서양식 공연장인 원각사에서 창극이 공연되었다.
④ 연등회와 팔관회 같은 국가적인 행사에서 음악이 연주되었다.

24.

다음 대화에서 ㉠에 공통으로 들어갈 말은?

(㉠)이/가 2012년에 유네스코 인류 무형 문화유산으로 지정되었다는 거 알아?

응. (㉠)은/는 우리나라의 대표적인 민요로, 지역마다 가락과 가사가 다양하게 나타나는 특징이 있어.

① 가곡　　　　　② 아리랑
③ 처용무　　　　④ 종묘 제례악

25.

다음 설명에 해당하는 용어는?

- 인터넷을 기반으로 함.
- 멀티미디어 파일을 실시간으로 전송하여 재생하는 기술.

① LP　　　　　② CD
③ MP3　　　　④ 스트리밍

[01 ~ 03] 다음은 『바람이 불어오는 곳』의 일부이다. 물음에 답하시오.

바람 - 이 불어오는 곳   그곳 - 으로 - 가 네

01.

위 악곡의 조성은?

① 다장조　　　　② 라장조
③ 바장조　　　　④ 사장조

02.

위 악곡에 알맞은 박자표는?

①

$$\frac{2}{4}$$

②

$$\frac{3}{4}$$

③

$$\frac{4}{4}$$

④

$$\frac{6}{8}$$

03.

(가)에 공통으로 들어갈 쉼표는?

①

②

③

④

04.

다음 빠르기말 중 가장 빠른 것은?

① *Largo*　　　　② *Adagio*
③ *Presto*　　　　④ *Andantino*

05.

다음과 같이 하나의 큰악절로 이루어진 악곡의 형식은?

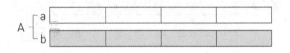

① 한도막 형식　　　② 두도막 형식
③ 세도막 형식　　　④ 작은 세도막 형식

06.

다음 악보에서 연주해야 하는 마디의 수는?

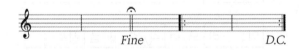

Fine　　　　　　*D.C.*

① 9마디　　　　② 11마디
③ 13마디　　　　④ 15마디

07.

다음 설명에 해당하는 악기는?

- 가로로 연주하는 목관악기
- 오보에, 클라리넷, 바순, 호른과 함께 목관 5중주에 포함됨.

① 튜바   ② 트럼펫

③ 트롬본   ④ 플루트

[08~10] 다음은 『울게 하소서』의 일부이다. 물음에 답하시오.

08.

위 악곡의 박자 젓기로 알맞은 것은?

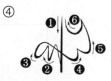

09.

(가) 음에 해당하는 피아노 건반은?

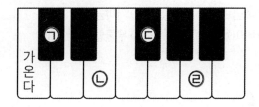

① ㉠   ② ㉡

③ ㉢   ④ ㉣

10.

(나)의 연주법으로 옳은 것은?

① 점점 여리게   ② 점점 빠르게

③ 본래의 빠르기로   ④ 그 음을 특히 세게

[11~12] 다음은 『경복궁타령』의 일부이다. 물음에 답하시오.

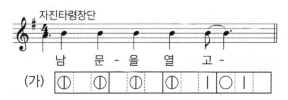

11.

위 악곡과 같은 지역의 민요는?

① 너영나영   ② 한강수타령

③ 진도 아리랑   ④ 강원도 아리랑

12.

(가) 장단에 해당하지 <u>않는</u> 장구 구음은?

① 덩   ② 덕

③ 쿵   ④ 더러러러

13.

다음 중 줄의 개수가 가장 많은 악기는?

① 해금 ② 가야금
③ 바이올린 ④ 우쿨렐레

14.

다음 설명에 해당하는 악기는?

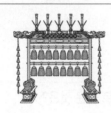

- 금(金)부에 속하는 악기
- 음높이가 다른 16개의 종을 각퇴(角槌)로 쳐서 소리냄.

① 박 ② 생황
③ 장구 ④ 편종

[15~16] 다음은 판소리 『춘향가』의 일부이다. 물음에 답하시오.

(가) "그럼 업고도 놀고 정담도 하여 보자."

(나) 이 리-오너라업 고놀자 사랑사랑사랑내사 랑이야

15.

판소리 구성 요소 중 (가)와 (나)의 연결로 옳은 것은?

① 아니리 - 소리 ② 아니리 - 아리아
③ 아니리 - 추임새 ④ 아리아 - 레치타티보

16.

판소리 『춘향가』와 관련 없는 것은?

① 사랑가 ② 심청가
③ 이별가 ④ 쑥대머리

17.

다음 설명에 해당하는 것은?

- 시조시를 가사로 하는 5장 형식의 전통 성악곡
- 전문 가객이 관현악 반주에 맞춰 노래함.
- 대표곡 : 우조 초수대엽 『동창이 밝았느냐』 등

① 가곡 ② 민요
③ 취타 ④ 사물놀이

18.

다음 중 『종묘 제례악』의 설명에 해당하지 않는 것은?

① 유네스코 인류 무형 문화유산에 등재되었다.
② 악(樂), 가(歌), 무(舞)로 구성된 종합 예술이다.
③ 조선시대 역대 임금의 제사 음악으로 사용되었다.
④ 집사가 '명금일하 대취타 하랍신다'를 외치고 시작한다.

19.

다음 정간보에서 가장 짧게 연주되는 율명으로 옳은 것은?

汰	無	仲
	- 潢	林

① 仲(중) ② 林(임)
③ 潢(황) ④ 汰(태)

20.

다음 설명에 해당하는 작곡가는?

- 오스트리아 출신의 낭만주의 작곡가
- 600여 곡의 예술가곡을 작곡
- 대표곡 : 『마왕』, 『송어』, 『음악에』 등

① 헨델　　　　　　② 비발디
③ 모차르트　　　　④ 슈베르트

21.

다음 설명에 해당하는 것은?

- 독주 악기와 관현악에 의한 합주
- 독주자의 기교를 발휘하는 카덴차(cadenza)가 포함됨.

① 경극　　　　　　② 산조
③ 협주곡　　　　　④ 아 카펠라

22.

다음 중 여성 3부 합창에 해당하지 <u>않는</u> 성부는?

① 알토　　　　　　② 바리톤
③ 소프라노　　　　④ 메조소프라노

23.

다음 중 음악 공연을 만드는 순서로 옳은 것은?

| ㉠ 공연하기 | ㉡ 공연 연습 |
| ㉢ 공연 기획하기 | ㉣ 공연 정리 및 평가 |

① ㉠ - ㉡ - ㉢ - ㉣
② ㉡ - ㉣ - ㉠ - ㉢
③ ㉢ - ㉡ - ㉠ - ㉣
④ ㉣ - ㉢ - ㉡ - ㉠

24.

다음 대화 속 ㉠에 해당하는 음악 관련 직업은?

연주자: 피아노 음정이 정확하지 않아. 음정을 맞춰 줄 전문가가 필요해.

매니저: 그래! 피아노 (㉠)에게 연락해야겠어!

① 작사가　　　　　② 조율사
③ 음악 치료사　　　④ 음악 평론가

25.

다음은 뮤지컬 악곡의 일부이다. (가)와 (나)에 해당하는 뮤지컬의 제목은?

	㉠	㉡
①	캣츠	오페라의 유령
②	캣츠	레 미제라블
③	지킬 앤 하이드	레 미제라블
④	지킬 앤 하이드	오페라의 유령

[01~03] 다음 악곡은 『오! 사랑하는 나의 아버지』의 일부이다. 물음에 답하시오.

01.

위 악곡의 조성은?

① 다장조   ② 라장조

③ 바장조   ④ 사장조

02.

위 악곡에 알맞은 박자표는?

①
$\dfrac{2}{4}$

②
$\dfrac{4}{4}$

③
$\dfrac{6}{8}$

④
$\dfrac{9}{8}$

03.

위 악곡에 나타나지 않은 악상 기호는?

① 스타카토   ② 크레센도

③ 데크레센도   ④ 피아니시모

04.

음악을 구성하는 가장 작은 단위인 ㉠에 해당하는 것은?

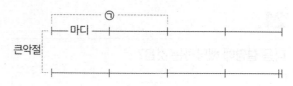

① 동기   ② 론도 형식

③ 두도막 형식   ④ 세도막 형식

[05~06] 다음 악곡은 『강 건너 봄이 오듯』의 일부이다. 물음에 답하시오.

05.

(가)의 못갖춘마디를 지휘할 때 시작되는 박의 위치는?

① 1   ② 2

③ 3   ④ 4

06.

(나)와 높이가 같은 음은?

①
②
③
④

07.

다음 악보를 연주할 수 있는 악기는?

① 기타
② 젬베
③ 카혼
④ 심벌즈

08.

(가) 음으로 구성된 코드는?

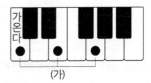

(가)

① C
② D
③ F
④ G

09.

다음 설명에 해당하는 악기는?

- 활로 연주하는 현악기
- 4개의 줄을 갖고 있으며 비올라, 첼로와 함께 현악 4중주에 포함됨.

① 하프
② 마림바
③ 플루트
④ 바이올린

10.

다음 설명에 해당하는 음악 시대는?

- '일그러진 진주'라는 포르투갈어에서 유래
- 대위법, 다성음악, 오페라, 오라토리오의 발달
- 대표 작곡가 : 비발디, 바흐, 헨델 등

① 바로크
② 고전
③ 낭만
④ 현대

11.

다음 설명에 해당하는 작곡가는?

- 프랑스 출신의 작곡가
- 인상주의 미술에서 영향을 받아 다양한 음색을 추구
- 대표곡 : 『달빛』, 『바다』, 『목신의 오후 전주곡』 등

① 슈만
② 드뷔시
③ 하이든
④ 모차르트

12.

다음 설명에 해당하는 악곡 형식은?

- 관현악으로 연주하는 다악장 형식의 악곡
- 1악장은 소나타 형식이며, 보통 3개 또는 4개의 악장으로 구성
- 대표곡 : 베토벤 『운명』, 드보르자크 『신세계』 등

① 푸가
② 교향곡
③ 레퀴엠
④ 즉흥곡

[13~14] 다음 두 악곡을 보고 물음에 답하시오.

13.

(가), (나)의 공통된 제목은?

① 농부가
② 뱃노래
③ 수심가
④ 아리랑

14.

(가), (나)에 어울리는 장단은?

① 타령
② 굿거리
③ 세마치
④ 엇모리

15.

다음 설명에 해당하는 것은?

- 지역에 따른 민요의 음계, 창법 및 여러 요소들을 포함한 음악적 특징
- 종류 : 메나리, 수심가, 육자배기 등

① 발림
② 토리
③ 벨칸토
④ 아 카펠라

16.

다음 단소의 운지법에 해당하는 율명은?

○ 열기
● 닫기
취구

① 仲(중)
② 林(임)
③ 潢(황)
④ 汰(태)

17.

다음 설명에 해당하는 무형 문화유산은?

- 반주 음악으로 '수제천'을 주로 사용
- 가면과 의상, 음악 등이 어우러진 종합 예술

① 산조
② 시나위
③ 처용무
④ 강강술래

18.

전통 국악의 틀에 현대적 정서를 담아 작곡한 새로운 국악은?

① 가사　　　　　　② 블루스
③ 칸초네　　　　　④ 창작 국악

19.

우리나라 창작 뮤지컬이 <u>아닌</u> 것은?

① 렌트　　　　　　② 빨래
③ 영웅　　　　　　④ 명성 황후

20.

다음 설명에 해당하는 악기는?

- 금(金)부에 속하는 악기
- 갱, 개, 갯 등의 구음을 사용

① 거문고　　　　　② 꽹과리
③ 물허벅　　　　　④ 향피리

21.

다음은 판소리 『흥보가』의 한 대목이다. 악곡에 대한 설명으로 옳은 것은?

화초장화초장화초장　　화초장하나를얻었다

① 제비가 날아와서 다리를 고쳐 주는 대목에 부른다.
② 흥부가 암행어사가 되어 출두하는 대목에 부른다.
③ 흥부가 옥에 갇혀 자신의 신세를 한탄하며 부른다.
④ 놀부가 장을 들고 가면서 장의 이름을 떠올리며 부른다.

22.

다음 설명에 해당하는 음악의 종류는?

- 20세기 초 미국 뉴올리언스를 중심으로 발전함.
- 자유로운 리듬과 즉흥성을 살려 개성 있게 연주함.

① 샹송　　　　　　② 요들
③ 재즈　　　　　　④ 트로트

23.

익살스러운 노래나 연기를 삽입하여 분위기를 전환하는 뮤지컬의 구성 요소는?

① 서곡　　　　　　② 아리아
③ 커튼콜　　　　　④ 쇼 스토퍼

24.

다음 대화에서 ㉠에 들어갈 말은?

음악의 창작 기법을 말해 봅시다.

기존 곡의 일부를 사용하여 다른 음악에 삽입하는 (㉠) 기법이 있습니다.

원곡을 변형하는 경우에는 원저작자의 동의가 선행되어야 해요

① 조율　　　　　　② 샘플링
③ 마스터링　　　　④ 스트리밍

25.

음악을 이용하여 심리, 정서, 신체적 기능을 치료하는 음악 관련 직업은?

① 음향 감독　　　　② 악기 제작자
③ 음악 치료사　　　④ 음악 평론가

[01~03] 다음은 『눈』의 끝부분이다. 물음에 답하시오.

01.

위 악곡의 조성은?

① 가장조 　　　　② 다장조
③ 바장조 　　　　④ 사장조

02. (가) 음에 해당하는 피아노 건반은?

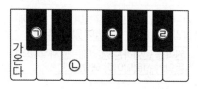

① ㉠ 　　　　② ㉡
③ ㉢ 　　　　④ ㉣

03.

(나)의 연주법은?

① 음을 짧게
② 그 음을 특히 세게
③ 음의 길이를 충분히
④ 음을 한 옥타브 낮춰서

[04~05] 다음은 『내 맘의 강물』의 일부이다. 물음에 답하시오.

04.

(가) 보다 길이가 짧은 음표는?

05.

(나)에서 겹세로줄을 쓰는 이유는?

① 마디를 반복할 때
② 박자가 변화할 때
③ 처음으로 돌아갈 때
④ 곡의 중간에서 끝날 때

06.

3중주를 뜻하는 용어는?

① 듀엣(Duet) 　　　　② 트리오(Trio)
③ 콰르텟(Quartet) 　　④ 퀸텟(Quintet)

07.

다음 설명의 ㉠에 해당하는 것은?

(㉠)은 보통 4마디로 구성되며, 큰악절(한도막 형식)은 두 개의 (㉠)로/으로 이루어짐.

① 작은악절　　　　② 두도막 형식
③ 세도막 형식　　　④ 겹세도막 형식

08.

일반적인 오케스트라의 악기 편성으로 가장 알맞은 것은?

① ㉠-타악기군
② ㉡-건반 악기군
③ ㉢-금관 악기군
④ ㉣-목관 악기군

09.

우쿨렐레의 C 코드에 해당하는 것은?

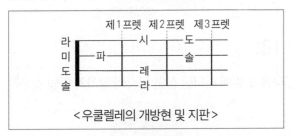

<우쿨렐레의 개방현 및 지판>

10.

다음 설명에 해당하는 악기는?

- 세로로 부는 목관 악기
- 목관 악기군에서 낮은 음역을 연주

① 바순　　　　　② 하프
③ 플루트　　　　④ 바이올린

11.

다음 드럼 세트 악보에서 (가)를 연주하는 것은?

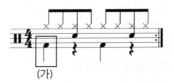

① 하이햇　　　　② 라이드 심벌
③ 베이스 드럼　　④ 스네어 드럼

12.

다음 설명에 해당하는 것은?

- 밤의 분위기를 표현한 단악장의 기악곡
- 대표 작곡가 : 쇼팽 등

① 교향곡　　　　② 소나타
③ 야상곡　　　　④ 협주곡

13.

국악기의 재료에 따른 분류 중 석(石)부에 해당하는 악기로만 묶인 것은?

① 박, 징
② 단소, 소금
③ 북, 거문고
④ 편경, 특경

14.

성악곡에 해당하는 것을 <보기>에서 고른 것은?

<보기>
ㄱ. 민요　　　　　ㄴ. 산조 ㄷ. 판소리　　　　ㄹ. 사물놀이

① ㄱ, ㄴ
② ㄱ, ㄷ
③ ㄴ, ㄷ
④ ㄴ, ㄹ

15.

다음 설명에 해당하는 것은?

- 악(樂), 가(歌), 무(舞)의 종합 예술
- 문덕을 기린 '보태평', 무공을 기린 '정대업'으로 구성
- 조선 왕조의 임금 및 왕비 등의 제사에 사용하는 음악

① 수제천
② 줄풍류
③ 처용무
④ 종묘 제례악

16.

다음 악보의 장구 장단으로 가장 적절한 것은?

굿거리장단

어허야디여 - 어기 - 여　차 뱃놀이-가　잔 다　-

① ⓛ | ① | ① |

② ⓛ | ① | | ○ |

③ ⓛ | ⅰ | ○ | | ○ | ⅰ | ○ | |

④ ⓛ | ① | ① | | ○ |

17.

다음 설명에 해당하는 것은?

- 사용되는 토리 :
- 소리를 굵게 떨거나 꺾는 등 가락이 구성지고 풍부함.
- 대표곡 : 새타령, 강강술래, 진도 아리랑 등

① 경기 민요
② 남도 민요
③ 동부 민요
④ 서도 민요

18.

다음 그림에 나타난 삼현 육각의 악기가 <u>아닌</u> 것은?

김홍도, <무동>

① 대금
② 장구
③ 가야금
④ 향피리

19.

다음 설명에 해당하는 것은?

- 임금의 행차, 군대의 개선 때 사용하는 음악
- '무령지곡'이라고도 하며, 취(吹)악기와 타(打)악기로 연주

① 대취타   ② 사랑가
③ 생소병주   ④ 아 카펠라

20.

다음 설명에 해당하는 오페라는?

- 작곡가 푸치니의 마지막 작품
- 공주가 세 개의 수수께끼를 내는 내용
- 대표곡 : 『아무도 잠들지 말라(Nessun Dorma)』

① 마술피리   ② 투란도트
③ 할렐루야   ④ 레 미제라블

21.

오페라와 뮤지컬의 구성 요소 중 공통적인 것은?

① 서곡, 아리아
② 탱고, 쇼 스토퍼
③ 블루스, 뮤지컬 넘버
④ 추임새, 오프닝 넘버

22.

다음 설명에 해당하는 것은?

- 19세기 후반 러시아, 동 · 북유럽 등의 음악적 경향
- 민족의 역사와 자연, 민요 등을 주요 소재로 사용함.
- 대표 작곡가 : 그리그, 스메타나, 드보르자크 등

① 르네상스   ② 바로크
③ 고전주의   ④ 민족주의

23.

다음 설명에 해당하는 음악 장르는?

- '엉덩이를 흔들다'라는 말에서 유래
- 20세기 후반 뉴욕 빈민가에서 저항적인 문화로 출발하였으며, 랩, 브레이크 댄스, 디제잉 등을 포함

① 왈츠   ② 힙합
③ 미뉴에트   ④ 하바네라

24.

다음 설명에 해당하는 것은?

- 전기 장치에서 발생한 음향을 합성하여 음악을 만듦.
- 대표 작곡가 : 슈토크하우젠, 리게티 등

① 론도   ② 푸가
③ 교향시   ④ 전자 음악

25.

다음 대화에서 ㉠에 들어갈 말은?

① 감상권   ② 자유권
③ 저작권   ④ 평등권

[01~03] 다음은 『샹젤리제』의 일부이다. 물음에 답하시오.

01.

위 악곡의 조성은?

① 나장조　　　　　② 다장조
③ 바장조　　　　　④ 사장조

02.

위 악곡의 빠르기는?

① 느리게　　　　　② 조금 느리게
③ 조금 빠르게　　　④ 빠르게

03.

(가) 음에 해당하는 피아노 건반은?

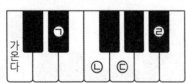

① ㉠　　　　　　　② ㉡
③ ㉢　　　　　　　④ ㉣

04.

다음 설명에 해당하는 악기는?

- 목관 악기에 속함.
- 한 개의 리드를 사용함.

① 첼로　　　　　　② 팀파니
③ 클라리넷　　　　④ 더블베이스

05.

다음 남성 3부 합창에서 ㉠에 들어갈 성부는?

① 알토　　　　　　② 베이스
③ 소프라노　　　　④ 메조소프라노

06.

다음 설명에 해당하는 것은?

- 모든 음에 동등한 가치를 부여함.
- 한 옥타브 안의 12개 반음을 사용함.
- 대표 작품 : 쇤베르크 『바르샤바의 생존자』 등

① 교회 선법　　　　② 블루 노트
③ 12음 기법　　　　④ 전자 음악

[07~08] 다음은 『그대를 사랑해』의 일부이다. 물음에 답하시오.

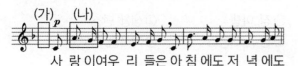

사 랑 이여우 리 들은 아 침 에도 저 녁 에도

07.

(가)에 알맞은 박자표는?

① $\frac{2}{4}$

② $\frac{3}{4}$

③ $\frac{4}{4}$

④ $\frac{6}{8}$

08.

(나)와 같은 길이의 음표는?

①

②

③

④

09.

다음 설명에 해당하는 악곡은?

- 존 케이지가 작곡한 우연성 음악
- 3악장으로 구성된 악보에 '침묵하라(TACET)'라는 지시만 있음.

① 봄의 제전　　　　② 4분 33초
③ 달에 홀린 피에로　④ 목신의 오후 전주곡

10.

다음 설명에 해당하는 작곡가는?

- 러시아 출신의 작곡가
- 발레 음악을 예술의 경지로 끌어 올림.
- 대표 작품 : 『백조의 호수』, 『호두까기 인형』 등

① 바흐　　　　　② 베토벤
③ 하이든　　　　④ 차이콥스키

11.

다음 중 반음에 해당하는 것은?

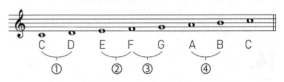

12.

다음 설명에 해당하는 것은?

- 시와 노래 및 피아노 반주가 함께 어우러져 시의 내용과 분위기를 표현함.
- 대표 작품 : 슈베르트 『겨울 나그네』 등

① 푸가　　　　　② 교향곡
③ 소나타　　　　④ 예술가곡

[13~14] 다음은 『몽금포타령』의 일부이다. 물음에 답하시오.

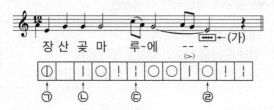

13.

(가)의 시김새는?

① 꺾는 소리　　　　② 떠는 소리
③ 흘러내리는 소리　④ 평으로 내는 소리

14.

㉠ ~ ㉣에 해당하는 장구 장단 구음으로 옳은 것은?

① ㉠-덕　　　　② ㉡-덩
③ ㉢-갱　　　　④ ㉣-쿵

15.

다음 설명에 해당하는 악기는?

- 삼현육각에 편성된 악기
- 2줄로 된 현악기이며, 활로 연주함.

① 대금　　　　② 소금
③ 해금　　　　④ 가야금

16.

'생소병주'에 해당하는 악기 구성은?

① 징, 아쟁　　　　② 생황, 단소
③ 장구, 태평소　　④ 가야금, 거문고

17.

다음 설명에 해당하는 인물은?

- 정간보 창안
- 『보태평』, 『정대업』 등의 음악 창작

① 세종　　　　② 우륵
③ 미마지　　　④ 왕산악

18.

다음 설명에 해당하는 형식은?

- 기본적인 형태에서 사설의 수가 많아짐. 정해진 장단에 긴 사설을 촘촘히 엮어 이야기하듯이 부름.
- 대표곡 : 『수심가 - 엮음수심가』, 『평시조 - 사설시조』 등

① 엮음 형식　　　　② 연음 형식
③ 메기고 받는 형식　④ 한배에 따른 형식

19.

전통 성악곡인 '가곡'에 대한 설명으로 옳은 것은?

① 시조시를 가사로 한다.
② 고수의 북장단에 맞춰 노래한다.
③ 아니리, 소리, 발림으로 구성된다.
④ 북, 장구, 꽹과리, 징으로 연주한다.

20.

다음 설명에 해당하는 것은?

> - '백성과 더불어 즐긴다.'라는 뜻
> - '용비어천가'를 노래하던 성악곡이었으나 현재는 가사 없이 기악곡으로 연주됨.

① 병창　　　　　　② 창극
③ 여민락　　　　　④ 종묘 제례악

[21 ~ 22] 다음은 『아름다운 나라』의 일부이다. 물음에 답하시오.

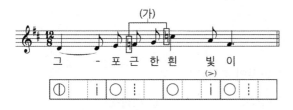

21.

위 악곡에 알맞은 장단은?

① 굿거리장단　　　② 엇모리장단
③ 중모리장단　　　④ 자진모리장단

22.

(가)의 명칭은?

① 늘임표　　　　　② 올림표
③ 겹올림표　　　　④ 제자리표

23.

다음 대화에서 ㉠에 해당하는 장르는?

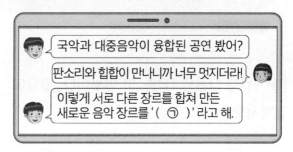

① 범패　　　　　　② 칸초네
③ 사물놀이　　　　④ 크로스오버

24.

다음 설명에 해당하는 음악 관련 직업은?

> - 합창, 오케스트라 등에서 음악을 이끌어 가는 역할을 함.
> - 악곡의 해석을 통일시켜 연주자들에게 박자, 악상 표현 등을 지시함.

① 조율사　　　　　② 지휘자
③ 음악 비평가　　　④ 음향 엔지니어

25.

뮤지컬을 만드는 순서로 가장 적절한 것은?

㉠ 역할 분담	㉡ 최종 리허설
㉢ 발표 및 평가	㉣ 노래 및 연기 연습

① ㉠ - ㉣ - ㉡ - ㉢
② ㉡ - ㉣ - ㉢ - ㉠
③ ㉢ - ㉠ - ㉡ - ㉣
④ ㉣ - ㉠ - ㉢ - ㉡

[01~03] 다음은 『남촌』의 일부이다. 물음에 답하시오.

산 너 머 남 촌 에 – 는

01.

(가)에 해당하는 악상 표현은?

① 세게   ② 여리게

③ 매우 세게   ④ 조금 여리게

02.

(나)의 음표와 같은 길이의 쉼표는?

03.

(다) 코드의 피아노 건반 위치는?

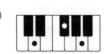

[04~06] 다음은 『오! 내 사랑』의 일부이다. 물음에 답하시오.

이 별 할 때 참 쓸쓸 해 – 참 쓸 쓸 해
cre-di- mi al-men sen-za di te – lan - gui- sce il cor.

04.

위 악곡의 조성은?

① 다장조   ② 라장조

③ 마장조   ④ 바장조

05.

(가)의 꾸밈음 이름은?

① 겹 뒤꾸밈음   ② 겹 앞꾸밈음

③ 짧은 뒤꾸밈음   ④ 짧은 앞꾸밈음

06.

(나) 부분에 나타나지 않는 악상 표현은?

① 늘임표   ② 이음줄

③ 점점 세게   ④ 점점 빠르게

07.

다음 설명에 해당하는 것은?

- 오페라의 구성 요소 중 하나
- 대사를 말하듯이 노래하는 방법으로, 극의 상황 등을 설명

① 서곡   ② 아리아

③ 쇼 스토퍼   ④ 레치타티보

08.

드럼 세트에서 하이햇 심벌에 해당하는 것은?

① ㉠

② ㉡

③ ㉢

④ ㉣

09.

8비트 리듬에 해당하는 것은?

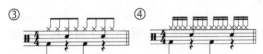

10.

다음 설명에 해당하는 악기는?

- 금관악기에 속함.
- 슬라이드를 이용하여 음계를 연주

① 오보에

② 트롬본

③ 플루트

④ 클라리넷

11.

다음 설명에 해당하는 음악 사조는?

- 불협화음을 주로 사용함.
- 무조 음악의 영향을 받음.
- 객관적인 사실보다는 주관적인 감정과 느낌을 표현함.
- 대표 작곡가 : 쇤베르크

① 바로크

② 고전주의

③ 민족주의

④ 표현주의

12.

㉠에 공통으로 들어갈 용어로 가장 알맞은 것은?

(㉠)는 음악 상품을 최종적으로 구매하는 시장의 궁극적인 주체이다. 이러한 의미에서 (㉠)는 그 사회의 음악 문화 산업의 방향에 큰 영향을 끼친다.

① 교육자

② 생산자

③ 소비자

④ 중개자

13.

오케스트라에서 하프의 연주 위치는?

① ㉠

② ㉡

③ ㉢

④ ㉣

14.

다음 설명에 해당하는 뮤지컬은?

- 푸치니의 오페라 라보엠을 현대화한 록 뮤지컬
- 가난한 예술가들의 꿈과 열정, 사랑과 우정을 담음.
- 대표곡 : 『Seasons of Love』

① 렌트　　　　　② 캣츠
③ 맘마미아　　　④ 명성황후

15.

르네상스 음악에 대한 설명이 <u>아닌</u> 것은?

① 문예 부흥 운동의 영향을 받아 세속 음악이 발달했다.
② 금속 활판 인쇄술의 발명으로 악보 보급이 용이해졌다.
③ 컴퓨터를 비롯한 새로운 매체에 의한 음악이 등장했다.
④ 대표적인 작곡가는 조스캥, 뒤파이, 팔레스트리나 등이다.

16.

다음 설명에 해당하는 것은?

- 우리나라의 대표적인 합주 음악 중 하나
- '영산회상불보살'이라는 가사가 있는 성악곡이었음.
- 현재는 모음곡 형태의 기악곡으로 연주되고 있음.

① 수제천　　　　② 영산회상
③ 가야금 산조　　④ 종묘 제례악

17.

다음 대목이 포함된 판소리는?

동이 틀 때 붉은 해가
동쪽 하늘에 높이 떠
… (중략) …
별주부가 모래 속에 숨어
여러 큰 산을 바라보니

- 『고고천변』 중 -

① 수궁가　　　　② 심청가
③ 춘향가　　　　④ 흥보가

18.

악기 재료에 따른 국악기의 분류가 바르게 연결된 것은?

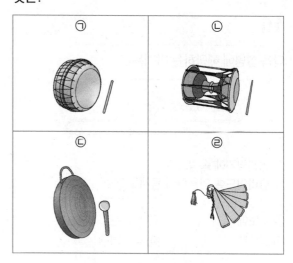

① ㉠ - 목(木)부　　② ㉡ - 석(石)부
③ ㉢ - 금(金)부　　④ ㉣ - 사(絲)부

19.

유네스코 인류 무형 문화유산으로 등재되어 있지 <u>않</u>은 것은?

① 아리랑　　　　　② 판소리
③ 강강술래　　　　④ 문묘 제례악

[20 ~ 22] 다음은 『쾌지나 칭칭 나네』의 일부이다. 물음에 답하시오.

20.

위 악곡에 알맞은 장단은?

① 굿거리　　　　　② 단모리
③ 세마치　　　　　④ 엇모리

21.

(가)에 해당하는 장구 구음은?

① 덕　　　　　　　② 덩
③ 기덕　　　　　　④ 더러러러

22.

위 악곡의 형식에 해당하는 것은?

① 연음 형식　　　　② 엮음 형식
③ 환두환입 형식　　④ 메기고 받는 형식

23.

다음 설명에 해당하는 것은?

- 꽹과리, 장구, 북, 징으로 연주함.
- 풍물놀이를 무대용으로 재구성한 음악
- 1978년 김덕수 놀이패에 의해 처음으로 소개됨.

① 가곡　　　　　　② 범패
③ 봉산탈춤　　　　④ 사물놀이

24.

다음 중 조선 시대 음악과 관련된 내용은?

① 국립국악원이 설립되었다.
② 거문고가 최초로 만들어졌다.
③ 음악 이론 등을 집대성한 악학궤범이 편찬되었다.
④ 당나라에서 불교 음악인 범패를 들여와 연주하였다.

25.

다음 설명에 해당하는 민요는?

- 지역 : 평안도, 황해도
- 음악적 특징 : 콧소리를 섞어 잘게 떠는 시김새를 사용함.

① 수심가　　　　　② 진도 아리랑
③ 한강수 타령　　　④ 강원도 아리랑

[01~02] 다음은 『10월의 어느 멋진 날에』의 일부이다. 물음에 답하시오.

눈을 뜨 기 힘 든 가을 보 다 높은 저하

01.

(가)에 알맞은 박자표는?

① $\dfrac{6}{8}$

② $\dfrac{2}{4}$

③ $\dfrac{4}{4}$

④ $\dfrac{2}{2}$

02.

(나) 음에 해당하는 피아노 건반은?

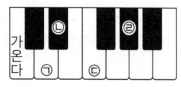

① ㉠

② ㉡

③ ㉢

④ ㉣

[03~05] 다음은 『나의 태양』의 일부이다. 물음에 답하시오.

나의햇 님 만 – 비치인 다 – 오

'o so-le   mi- o   stan-fron-te a te!   'o

03.

위 악곡의 장르는?

① 록

② 요들

③ 포크

④ 칸초네

04.

(가)를 노래하는 방법은?

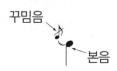

꾸밈음

본음

① 꾸밈음은 짧게, 본음은 길게
② 꾸밈음은 길게, 본음은 짧게
③ 꾸밈음은 낮게, 본음은 높게
④ 꾸밈음은 크게, 본음은 작게

05.

(나)의 음표와 길이가 같은 쉼표는?

① ② ③ ④

06.

다음 설명에 해당하는 악기는?

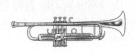

- 높은 음역을 연주하는 금관 악기
- 3개의 밸브로 음높이를 조절할 수 있음.

① 드럼   ② 첼로

③ 트럼펫   ④ 클라리넷

07.

다음 중 가장 높은 음은?

[08~10] 다음은 『그리운 금강산』의 일부이다. 물음에 답하시오.

08.

위 악곡의 조성은?

① 다장조   ② 사장조

③ 내림나장조   ④ 올림바장조

09.

위 악곡의 박자 젓기로 알맞은 것은?

10.

(가) ~ (라) 중 음의 길이가 가장 짧은 것은?

① (가)   ② (나)

③ (다)   ④ (라)

[11~12] 다음은 『지킬 앤 하이드』 공연 안내문의 일부이다. 물음에 답하시오.

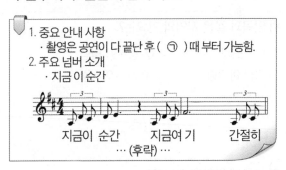

11.

위 공연의 장르는?

① 창극   ② 뮤지컬

③ 오페라   ④ 칸타타

12.

다음 중 ㉠에 해당하는 것은?

① 서곡   ② 간주곡

③ 커튼콜   ④ 오프닝 넘버

13.

다음 설명에 해당하는 것은?

- 일의 능률을 높이거나 즐겁게 일하기 위해 부르는 노래
- 예 『뱃노래』, 『옹헤야』, 『상주 모심기 소리』 등

① 정가
② 노동요
③ 대취타
④ 종묘 제례악

[14~15] 다음은 『강원도 아리랑』의 일부이다.
물음에 답하시오.

아주까리 동 백아 열 - 지 마 - 라 -- -

14.

위 악곡과 같은 지역의 민요는?

① 오돌또기
② 경복궁 타령
③ 정선 아리랑
④ 진도 아리랑

15.

위 악곡에 알맞은 장단은?

① | ⓘ | | | ○ | | ○ | | ○ |
② | ⓘ | | | | ⓘ | | | ○ | | |
③ | ⓘ | | | ○ | | ○ | | ○ |
④ | ⓘ | | ⅰ | ○ | ⁝ | | ○ | | ⅰ | ○ | ⁝ |

16.

다음 설명에 해당하는 연주 형태는?

- 음색이 어울리는 2개의 악기를 함께 연주
- 예 생황과 단소 또는 양금과 단소의 중주

① 독주
② 병주
③ 삼현 삼죽
④ 삼현 육각

17.

다음은 사물놀이 장단의 일부이다. ㉠에 해당하는
악기는?

악기	구음									
꽹과리	갱	갱		갱	갱		개개	갱	갱	갱	갯
장구	덩	덩		덩	덩		더더	덩	덩	덩	따
㉠	둥	둥		둥	둥		두두	둥	둥	둥	따
징	징			징			징			징	

① 북
② 대금
③ 편경
④ 거문고

18.

다음 설명에 해당하는 장구의 부분은?

울림통 / 채편 / 조이개 / 북편

- 두꺼운 가죽 면
- 낮은 소리를 냄.
- 손바닥이나 궁굴채로 연주함.

① 북편
② 채편
③ 울림통
④ 조이개

19.

통일 신라 시대 음악과 관련된 내용은?

① 퓨전 국악곡이 창작되었다.
② 세종이 정간보를 창안하였다.
③ 성종이 악학궤범을 편찬하였다.
④ 음악 기관인 음성서를 설치하였다.

20.

다음 대목이 포함된 판소리의 제목은?

저 제비 거동을 보아
박씨를 입에 물고
…(중략)…
안으로 펄펄 날아들어
- 『제비노정기』 중 -

① 사철가　　　　② 수궁가
③ 적벽가　　　　④ 흥보가

21.

다음 대화에서 ㉠에 해당하는 악기는?

종묘에 갔다가 음악의 시작과 끝을
알리는 (㉠)이라는 악기를 봤어.

종묘 제례악 연주를 봤구나.

① 박　　　　② 소금
③ 아쟁　　　　④ 가야금

22.

다음 중 ㉠에 해당하는 것은?

음 악 칼 럼	2024년 ○월 ○일

피아니스트 ○○○이 쇼팽 피아노 협주곡 1번을 협연했습니다. 협주곡에서 오케스트라가 연주를 멈추고 협연자가 자신의 기량을 마음껏 발휘하는 독주 부분을 (㉠)라고 합니다.

① 재즈　　　　② 추임새
③ 카덴차　　　　④ 아 카펠라

23.

다음 설명에 해당하는 음악 사조는?

- 예술가곡과 교향시의 성행
- 인간의 감정과 사상을 자유롭게 표현
- 대표 작곡가 : 슈베르트, 리스트 등

① 르네상스　　　　② 바로크
③ 고전주의　　　　④ 낭만주의

24.

다음 중 ㉠에 들어갈 용어는?

검색　(㉠) 음악　Q

검색 결과
　1. 독립음악 (Independent music)
　2. 뮤지션이 독립적으로 음반을 제작, 유통, 홍보

① 인디　　　　② 조선
③ 중세　　　　④ 소프라노

25.

다음 설명에 해당하는 직업은?

- 음악에 관한 보도나 논평 활동에 종사함.
- 폭넓은 음악적 지식과 경험을 갖추어야 함.

① 조율사　　　　② 조명 감독
③ 악기 제작자　　　　④ 음악 평론가

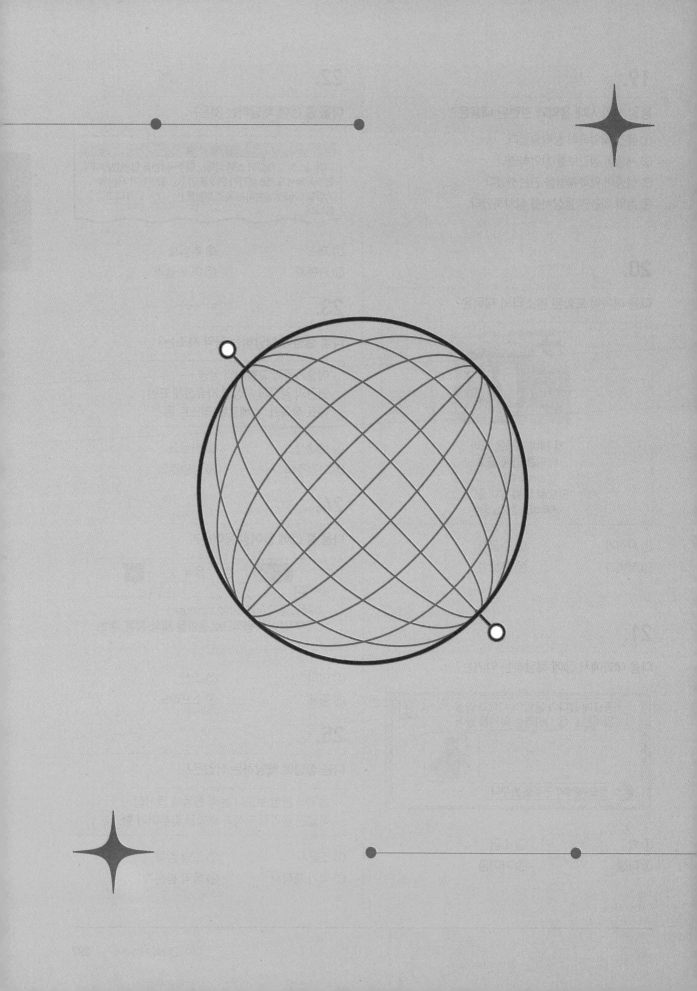

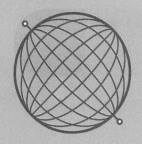

고등학교 졸업학력
검정고시

미술 기출문제

01.

다음 설명에 해당하는 조형 원리는?

> 형과 색에 일관된 질서가 있어 조화를 이루며 안정
> 감을 준다.

① 강조   ② 동세
③ 통일   ④ 재질감

02.

다음 설명에 해당하는 공예의 재료는?

융만, <세임세임>

> - 뜨거운 액체 상태의 재료를 굳혀 만든다.
> - 다양한 형태와 색 표현이 가능하며 단단하고 광택
>   이 난다.

① 흙   ② 나무
③ 유리   ④ 종이

03.

다음 설명에 해당하는 채색 재료는?

> - 합성수지로 만든 재료로 건조가 빠르고 색이 선명
>   하다.
> - 수채화 또는 유화의 효과를 낼 수 있고 다양한 재
>   료에 채색이 가능하다.

① 먹   ② 목탄
③ 파스텔   ④ 아크릴 물감

04.

다음 설명에 해당하는 애니메이션은?

오슬로, <밤의 이야기>

> 오려 낸 종이나 인형을 스크린 뒤에 배치히고 뒤편
> 에서 조명을 비추어 실루엣을 만든다.

① 플립북
② 모래 애니메이션
③ 그림자 애니메이션
④ 클레이 애니메이션

05.

다음 설명에 해당하는 것은?

심검당 현판

- 나무나 돌 위에 문자를 새긴 것이다.
- 건물의 현판이나 책을 찍기 위한 인쇄용 목판본 등에 활용된다.

① 문진　　　　② 벼루
③ 서각　　　　④ 연적

06.

다음 설명에 해당하는 미술 사조는?

- 강렬한 색채와 역동적인 구성으로 인간의 감정을 표현했다.
- 대표 작가로는 들라크루아, 제리코 등이 있다.

① 팝 아트　　　　② 낭만주의
③ 대지 미술　　　　④ 초현실주의

07.

다음 설명에 해당하는 작품은?

한자의 획 속에 해당 글자의 의미인 효도와 관련된 상징물로 잉어, 부채, 죽순, 가야금을 그려 넣었다.

① 　　②

③ 　　④

08.

다음 대화에 해당하는 발상 방법은?

뮤익, <소년>

① 분해　　　　② 절단
③ 제거　　　　④ 확대

09.

다음 설명에 해당하는 미술과 융합된 분야는?

라이트 아트는 빛의 효과를 활용해 시각 이미지를 창조하려는 실험에 의해 탄생했다.

① 경제　　　　② 과학
③ 의학　　　　④ 스포츠

10.

다음 설명에 해당하는 표현 기법은?

여러 장의 사진을 오려 붙여 새로운 이미지를 만든다.

① 스크래치　　　　② 프로타주
③ 데칼코마니　　　　④ 포토콜라주

11.

다음 설명에 해당하는 것은?

> 현실 공간에 가상 이미지를 합성하여 실제 환경에 존재하는 사물처럼 보이게 하는 컴퓨터 그래픽 기술이다.

① 캐릭터
② 패러디
③ 증강 현실
④ 픽토그램

12.

다음은 오방색을 나타내는 그림이다. (가)에 해당하는 색은?

① 황색
② 회색
③ 보라색
④ 연두색

13.

다음 설명에 해당하는 작품은?

> - TV, 비디오 등과 같은 전자 매체를 활용하여 기술과 예술을 결합한 작품이다.
> - 대표 작가로는 백남준, 비올라 등이 있다.

①

< 존 케이지 >

②

< 무제 >

③

< 스푼 브릿지 >

④

< 풍선 개 >

14.

다음 설명에 해당하는 것은?

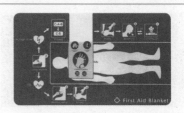

> - 정보와 그래픽의 합성어이다.
> - 정보를 시각적으로 표현하여 쉽고 빠르게 전달한다.

① 마스코트
② 캐리커처
③ 인포그래픽
④ 컬리그래피

15.

그림에 대한 설명으로 옳지 <u>않은</u> 것은?

김정희, < 세한도 >

① 조선 시대에 제작된 작품이다.
② 물감을 두껍게 채색한 유화 작품이다.
③ 화려한 기교보다는 정신과 운치를 중시했다.
④ 소나무와 잣나무를 각각 자신과 제자에 빗대어 표현했다.

16.

다음 설명에 해당하는 것은?

> - '거리의 가구'라는 의미로 사람들의 편의를 위한 시설물이다.
> - 가로등, 벤치, 버스 정류장 등이 있다.

① 그래피티
② 인테리어
③ 슈퍼그래픽
④ 스트리트 퍼니처

17.

다음은 동·서양 조각 양식의 교류를 나타낸 것이다. (가)에 해당하는 나라는?

① 미국　　　　　② 그리스
③ 프랑스　　　　④ 뉴질랜드

18.

다음 대화 내용에 해당하는 회화의 종류는?

무엇을 그린 건지 알기 어렵네. 어디서 영감을 받은 거니?

몬드리안이 순수한 조형요소를 이용해 나무를 단순화하는 과정을 보고 나도 적용해 봤어.

① 인물화　　　　② 정물화
③ 종교화　　　　④ 추상화

19.

다음 설명에 해당하는 미술 사조는?

뒤샹, <샘>

- 1차 세계 대전 말엽부터 유럽과 미국을 중심으로 등장했다.
- 전통과 관습을 부정하고 기성품을 선택하여 작품화했다.

① 다다이즘　　　② 인상주의
③ 표현주의　　　④ 신고전주의

20.

다음 작품에 대한 설명으로 옳은 것은?

무어, <비스듬히 누운 인물>

① 모빌 작품이다.
② 추상 조소이다.
③ 극사실적으로 표현했다.
④ 모터의 동력으로 움직인다.

21.

그림에 대한 설명으로 옳지 않은 것은?

김준권, <향촌에서>, 목판화

① 볼록 판화의 한 종류이다.
② 총 80장 중 17번째로 찍었다.
③ 찍었을 때 판과 이미지의 좌우가 바뀌지 않는다.
④ 일련번호와 총 매수, 제목, 서명은 연필로 표기한다.

22.

다음 설명에 해당하는 직업은?

음식이 매력적으로 보이도록 연출하며 색, 형, 맛, 향 등을 시각적으로 표현하는 미술적 감각을 필요로 한다.

① 도슨트　　　　　② 금속 공예가
③ 애니메이터　　　④ 푸드 스타일리스트

23.

다음 설명에 해당하는 것은?

> - 시대를 기록하거나 순간을 포착하는 표현 매체이다.
> - 디지털 카메라와 편집 프로그램의 발달로 이미지를 새롭게 가공, 합성하기도 한다.

① 데생
② 사진
③ 스케치
④ 정밀 묘사

24.

다음 설명에 해당하는 디자인의 종류는?

< 계란 판을 재활용하여 제작된 의자 >

> 재활용 자원에 디자인을 입혀 새로운 가치와 용도를 부여한 제품으로 재탄생시킨다.

① 북 디자인
② 영상 디자인
③ 포스터 디자인
④ 업사이클링 디자인

25.

다음 그림을 ㉠의 기준에 따라 비평한 것은?

신사임당, <양귀비와 도마뱀>

> <전통 회화를 비평하는 6가지 기준 (화육법)>
> ㉠ 기운생동
> 골법용필
> 응물상형
> :

① 나비와 도마뱀에게서 생동감이 느껴진다.
② 뛰어난 관찰력과 정확한 묘사력이 돋보인다.
③ 자연 그대로의 은은한 색채를 느낄 수 있다.
④ 중앙에 위치한 양귀비가 삼각형 구도로 안정감이 든다.

2021년 2회 기출문제

01.

다음 설명에 해당하는 것은?

> - 금, 은, 동, 철 등의 금속을 이용하여 만든 공예이다.
> - 대표적인 제작 기법으로 주금, 판금, 누금 등이 있다.

① 금속 공예　　② 염색 공예
③ 유리 공예　　④ 화각 공예

02.

다음 설명에 해당하는 소묘의 종류는?

> 대상의 형태, 명암, 양감, 질감을 세밀하게 표현한다.

① 스케치　　② 크로키
③ 정밀 묘사　　④ 컨투어 드로잉

03.

다음 설명에 해당하는 조형 원리는?

> 형과 색의 배열이 규칙적으로 연속됨에 따라 시각적
> 으로 느껴지는 운동감, 리듬감이다.

① 명암　　② 비례
③ 율동　　④ 질감

04.

다음 설명에 해당하는 것은?

> 색채나 농담을 사용하지 않고 선으로만 대상을 묘사
> 하는 전통 회화의 표현 기법이다.

① 고원법　　② 구륵법
③ 몰골법　　④ 백묘법

05.

다음 설명에 해당하는 애니메이션은?

> 종이나 필름 위에 직접 그리는 방식으로, 캐릭터의
> 움직이는 모습을 여러 셀로 연결하여 제작한다.

① 셀 애니메이션
② 3D 애니메이션
③ 클레이 애니메이션
④ 실사 합성 애니메이션

06.

다음 설명에 해당하는 창의적 사고 기법은?

- 고정된 사고에서 벗어나기 위한 7가지 발상법의 앞 글자를 따서 부르는 말이다.
- 발상법으로는 대체하기(Substitute), 결합하기(Combine), 응용하기(Adapt) 등이 있다.

① 스캠퍼(SCAMPER)
② 시네틱스(Synetics)
③ 마인드맵(Mindmap)
④ 브레인스토밍(Brainstorming)

07.

다음 설명에 해당하는 것은?

미로, <탈출을 꿈꾸는 여인>

- 초현실주의 기법이다.
- 내면의 무의식 세계를 표현한다.
- 즉흥성과 우연성을 중시하여 손이 가는 대로 이미지를 표현한다.

① 골법용필
② 자동기술법
③ 1점 투시법
④ 실크 스크린

08.

다음 설명에 해당하는 표현 방법은?

원하는 형태만 남기고 불필요한 부분을 뚫어서 표현한다.

① 부조
② 심조
③ 투조
④ 환조

09.

석가탑에 대한 설명으로 옳지 않은 것은?

① 삼층 석탑으로 제작되었다.
② 불교를 기반으로 제작되었다.
③ 통일 신라 시대에 제작되었다.
④ 실학의 영향을 받아 제작되었다.

10.

다음 ㉠에 해당하는 색은?

	북	
서	중앙	동
	남	

오방색은 동, 서, 남, 북, 중앙의 다섯 방위를 상징하는 색으로 ㉠ 은 동쪽을 상징한다.

① 백색
② 청색
③ 황색
④ 흑색

11.

다음 대화 내용에 해당하는 디자인은?

① 패션 디자인
② 패키지 디자인
③ 앱(App) 디자인
④ 셉테드(CPTED) 디자인

12.

다음 설명에 해당하는 직업은?

미술관에서 교육 프로그램을 기획하고 진행하여 관람객의 전시 이해를 돕는다.

① 애니메이터
② 미술품 경매사
③ 미술관 에듀케이터
④ 미술품 보존 · 복원가

13.

(가) ~ (라)를 판형에 맞게 바르게 연결한 것은?

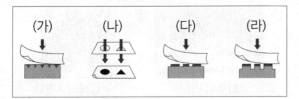

① (가) - 평판화
② (나) - 공판화
③ (다) - 볼록 판화
④ (라) - 오목 판화

14.

다음 설명에 해당하는 전통 회화의 종류는?

김득신, <야묘도추>

- 당시 사람들의 풍습이나 일상의 모습을 주제로 그렸다.
- 대표 화가로 김홍도, 신윤복, 김득신 등이 있다.

① 산수화
② 풍속화
③ 화조화
④ 기명절지화

15.

(가)와 (나)에 해당하는 염색 기법은?

(가): 천을 실로 묶거나 매듭을 지은 후 염료에 담가 염색한다.
(나): 염료를 물감처럼 활용해 붓으로 직접 그려 염색한다.

	(가)	(나)		(가)	(나)
①	파라핀염	직접염	②	파라핀염	홀치기염
③	홀치기염	침염	④	홀치기염	직접염

16.

다음 도자기 제작 과정에서 (가)와 (나)에 해당하는 것은?

< 백자 청화 매죽 무늬 유개 항아리 >

모양 만들기 → 건조하기 → (가) → 무늬 그리기 → 유약 바르기 → (나) → 완성

	(가)	(나)		(가)	(나)
①	상감	초벌구이	②	재벌구이	상감
③	초벌구이	상감	④	초벌구이	재벌구이

17.

다음 그림의 ㉠에 대한 설명으로 옳은 것은?

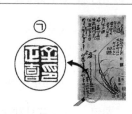

추사 김정희, < 부작난도 >

① 양각으로 '추사'를 새긴 아호인
② 음각으로 '추사'를 새긴 아호인
③ 양각으로 '김정희'를 새긴 성명인
④ 음각으로 '김정희'를 새긴 성명인

18.

다음 그림에 대한 설명으로 옳은 것은?

< 나무와 두 여인 >

① 박수근의 작품이다.
② 조선 시대의 산수화이다.
③ 바쁜 현대인의 도시 속 일상을 묘사하였다.
④ 색종이를 잘라 붙여 우연의 효과를 만들었다.

19.

다음 설명에 해당하는 시대의 작품이 아닌 것은?

- 15세기 전후 이탈리아에서 시작되었다.
- 해부학, 원근법, 명암법을 과학적인 방법으로 연구하였다.
- 대표 작가로 레오나르도 다빈치, 미켈란젤로, 라파엘로 등이 있다.

①
< 피에타 >

②
< 아테네 학당 >

③
< 최후의 만찬 >

④
< 칼레의 시민 >

20.

다음 설명에 해당하는 미술 사조는?

앤디 워홀, <캠벨 수프 캔> 부분

- 대중 소비 문화의 이미지를 소재로 하였다.
- 순수 미술과 대중 미술의 경계를 허물었다.

① 팝아트   ② 다다이즘
③ 표현주의   ④ 키네틱아트

21.

다음 설명에 해당하는 작가는?

<사과 바구니가 있는 정물>

- 사물의 본질을 표현하기 위해 대상을 구, 원뿔, 원기둥의 형태로 환원하고자 하였다.
- 입체파에 영향을 주었다.

① 세잔   ② 백남준
③ 몬드리안   ④ 칸딘스키

22.

(가) ~ (다)를 제작된 시대 순서대로 바르게 배열한 것은?

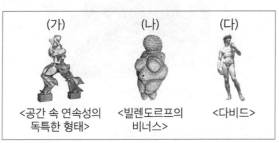

(가)	(나)	(다)
<공간 속 연속성의 독특한 형태>	<빌렌도르프의 비너스>	<다비드>

① (가) - (나) - (다)   ② (나) - (가) - (다)
③ (나) - (다) - (가)   ④ (다) - (나) - (가)

23.

다음 설명에 해당하는 서체는?

- 직사각 형태로 세로가 길고 획의 굵기가 대체로 일정하다.
- 가장 오래된 한자 서체이다.

① 궁서체   ② 명조체
③ 전서체   ④ 판본체

24.

다음 그림에 대한 설명으로 옳은 것은?

정선, <인왕제색도>

① 꿈을 꾼 이야기를 듣고 그렸다.
② 조선 후기에 그려진 진경산수화이다.
③ 색을 화려하게 칠한 수묵진채화이다.
④ 비가 개인 한라산의 모습을 표현하였다.

25.

다음 대화 내용에 해당하는 미술의 역할은?

 말로만 들었던 정조의 화성능행이 어떤 모습으로 이루어졌는지 생생하게 볼 수 있네.

 당시 행사의 규모와 격식에 대한 정보를 구체적으로 알 수 있지.

김홍도 외, <화성능행도병> 중 <시흥환어행렬도> 부분

① 아름다움의 창조
② 경제적 이윤 추구
③ 역사적 사실의 기록
④ 종교적 신념의 추구

2022년 1회 기출문제

01.

다음 설명에 해당하는 조형 원리는?

원반을 던지려는 사람의 역동적인 자세에서 운동감이 느껴진다.

① 강조　　　　② 대비
③ 동세　　　　④ 통일

02.

다음 설명에 해당하는 발상 방법은?

- 두뇌에서 폭풍우가 몰아치는 것과 같은 현상을 비유한 말이다.
- 타인의 아이디어를 비판하지 않으면서 많은 아이디어를 자유롭게 이야기한다.

① 스캠퍼(SCAMPER)
② 마인드맵(Mindmap)
③ 시네틱스(Synectics)
④ 브레인스토밍(Brainstorming)

03.

다음 설명에 해당하는 직업은?

박물관이나 미술관 등에서 전시물의 수집과 관리 및 연구, 전시 기획 등 종합적인 업무를 담당한다.

① 학예 연구사　　　② 무대 디자이너
③ 일러스트레이터　④ 푸드 스타일리스트

04.

다음 대화 내용에 해당하는 미술 비평 관점은?

① 도구주의　　　② 의도주의
③ 표현주의　　　④ 형식주의

05.

다음 설명에 해당하는 표현 기법은?

요철이 있는 물체 위에 종이를 얹고, 연필이나 크레용 등으로 문질러 독특한 질감을 표현한다.

① 마블링　　　② 프로타주
③ 데칼코마니　④ 데페이즈망

06.

다음 중 보색 관계가 <u>아닌</u> 것은?

① 노랑 - 남색　　② 보라 - 자주
③ 주황 - 파랑　　④ 청록 - 빨강

07.

다음 작품에서 인물의 표현 부위에 따른 명칭은?

권진규, <지원의 얼굴>

① 흉상　　　　② 마스크
③ 전신상　　　④ 토르소

08.

다음 중 입체 표현 방법과 설명이 바르게 연결된 것은?

① 부조 : 완전한 입체 형태로 사방에서 감상할 수 있다.
② 소조 : 점토를 붙여 가며 형태를 제작하는 기법이다.
③ 심조 : 필요 없는 부분을 파내거나 뚫어서 표현한다.
④ 환조 : 반입체 형태로 한 방향에서만 감상할 수 있다.

09.

다음 설명에 해당하는 것은?

- 20세기 미국의 콜더가 창안했다.
- 바람이나 진동에 의해 움직이는 추상 조각 작품을 말한다.

① 모빌　　　　② 오브제
③ 그라피티　　④ 어셈블리지

10.

다음 설명에 해당하는 것은?

- 아름다운 손 글씨를 뜻한다.
- 전통적인 서예의 현대화와 대중화에 기여하였다.

① 낙관　　　　② 임서
③ 영자팔법　　④ 컬리그래피

11.

다음 두 작품의 공통점이 <u>아닌</u> 것은?

① 인물화　　　② 좌상화
③ 초상화　　　④ 추상화

12.

다음 설명에 해당하는 것은?

- 빠르고 간략하게 쓰는 서체이다.
- 점획의 생략과 흘림이 심하여 읽기 어렵다.

① <예서>　　　② <전서>
③ <전서>　　　④ <해서>

13.

다음 설명에 해당하는 전각의 종류는?

- 바탕은 두고 글자나 그림을 파내는 음각 기법이다.
- 인주를 묻혀 찍으면 글자나 그림 부분이 희게 나온다.

①
<백문인>

②
<사구인>

③
<주문인>

④
<초형인>

14.

다음 설명에 해당하는 것은?

- VR(Virtual Reality)이라고도 한다.
- 컴퓨터를 활용하여 실제와 유사한 공간적, 시간적 체험을 제공한다.

① 가상 현실　　　② 사실주의
③ 정크 아트　　　④ 퍼포먼스

15.

㉠, ㉡에 해당하는 것은?

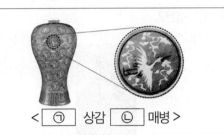

< ㉠ 상감 ㉡ 매병 >

	㉠ 종류	㉡ 무늬
①	백자	용호문
②	백자	운학문
③	청자	운학문
④	청자	용호문

16.

민화에 대한 설명으로 적절하지 <u>않은</u> 것은?

① 소재의 상징성이 두드러진다.
② 주로 무명 화가들에 의해 그려졌다.
③ 집 안을 장식하고 복을 기원하는 그림이다.
④ 고려 시대 문인들 사이에서 크게 유행하였다.

17.

다음 중 조선 시대 작품이 <u>아닌</u> 것은?

①
김홍도, <서당>

②
박수근, <나무와 두 여인>

③
윤두서, <자화상>

④
정선, <박연폭포>

18.

다음 작품에 대한 설명으로 옳은 것을 <보기>에서 모두 고른 것은?

< 모나리자 >

<보기>

ㄱ. 수채 물감으로 그렸다.
ㄴ. 르네상스 시대에 제작되었다.
ㄷ. 레오나르도 다빈치의 작품이다.
ㄹ. 후기 인상주의의 영향을 받았다.

① ㄱ, ㄴ   ② ㄱ, ㄷ
③ ㄴ, ㄷ   ④ ㄷ, ㄹ

19.

다음 설명에 해당하는 것은?

- 빛을 이용하여 시각적 이미지를 만든다.
- 전구, 네온, 형광등, 레이저, 홀로그램 등을 사용한다.

① 야수파   ② 라이트 아트
③ 추상 표현주의   ④ 콤바인 페인팅

20.

다음 중 나전칠기의 재료는?

< 나전 국화 넝쿨 무늬합 >

① 볏짚   ② 쇠뿔
③ 한지   ④ 전복껍데기

21.

다음 설명에 해당하는 것은?

점토로 인형을 만들고 조금씩 움직임을 주어 촬영하는 스톱 모션 기법이다.

① 셀 애니메이션
② 종이 애니메이션
③ 그림자 애니메이션
④ 클레이 애니메이션

22.

(가) ~ (다)를 제작된 시대 순으로 바르게 배열한 것은?

(가)	(나)	(다)
<롱상 성당>	<스톤헨지>	<콜로세움>

① (가)→(나)→(다)   ② (나)→(가)→(다)
③ (나)→(다)→(가)   ④ (다)→(나)→(가)

23.

다음 작품에 대한 설명으로 옳은 것은?

피카소, <아비뇽의 처녀들>

① 중세 시대 작품이다.
② 다시점을 활용한 입체주의 작품이다.
③ 액션 페인팅으로 물감을 뿌려 표현하였다.
④ 인체를 사진과 같이 사실적으로 그렸다.

24.

다음 설명에 해당하는 판화는?

- 평판화의 한 종류로 한 장만 찍을 수 있다.
- 유리 판, 아크릴 판, 금속 판 등 판 위에 직접 그림을 그리고 물감이 마르기 전에 찍어 낸다.

① 목판화   ② 고무 판화
③ 모노타이프   ④ 실크 스크린

25.

공공 미술에 대한 설명 중 적절하지 <u>않은</u> 것은?

① 지역의 랜드마크가 되기도 한다.
② 공동체보다는 개인 중심의 문화를 형성한다.
③ 벽화, 환경 조각, 스트리트 퍼니처 등이 있다.
④ 일반 대중에게 공개되는 장소에 설치, 전시된다.

01.

다음 설명에 해당하는 채색 재료는?

- 안료를 기름에 개어 만든 물감이다.
- 건조 시간이 길지만 발색이 선명하고 오래 보존할 수 있다.

① 템페라
② 수채 물감
③ 유채 물감
④ 아크릴 물감

02.

표현 부위에 따른 명칭과 설명이 바르게 연결된 것은?

① 흉상 : 머리에서 가슴까지 표현한 것이다.
② 마스크 : 머리에서 허리까지 표현한 것이다.
③ 토르소 : 머리에서 발까지 몸 전체를 표현한 것이다.
④ 반신상 : 팔, 다리를 제외하고 몸통만 표현한 것이다.

03.

다음 설명에 해당하는 것은?

- 17세기 전후 네덜란드를 중심으로 유행한 정물화 양식이다.
- 인생의 덧없음과 허무, 세속적 욕망의 허망함을 상징적으로 표현한다.

① 민화
② 패러디
③ 바니타스
④ 스크래치

04.

다음 중 조형 요소로만 묶인 것은?

① 선, 강조
② 색, 균형
③ 점, 대비
④ 형, 질감

05.

다음 설명에 해당하는 것은?

- 이 작품은 윤두서의 <자화상> 이다.
- 정확한 관찰과 치밀한 묘사를 통해 인물의 정신적인 면까지 표현해야 한다는 동양화론이 나타나 있다.

① 사군자
② 전신론
③ 문방사우
④ 서화동법

06.

인상주의에 대한 설명으로 적절하지 <u>않은</u> 것은?

① 빛에 의해 시시각각 변화하는 색채를 표현하였다.
② 대표 작가로는 마네, 모네, 드가, 르누아르 등이 있다.
③ 대기 흐름에 의해 달라지는 순간적인 인상을 포착하였다.
④ 인간 내면에 잠재된 꿈, 무의식, 공상 세계를 주로 표현 하였다.

07.

다음 설명에 해당하는 산수화의 공간 표현 방법은?

- 고원법
- 평원법
- 심원법

- 이 작품은 곽희의 <조춘도>이다.
- 한 화면에 높은 산을 표현하는 고원법, 자연의 광활함을 표현하는 평원법, 자연의 깊이감을 표현하는 심원법이 공존한다.

① 삼원법　　　　② 역원근법
③ 선 원근법　　　④ 색채 원근법

08.

다음 설명에 해당하는 것은?

폐품, 쓰레기, 잡동사니 등을 이용하여 제작하는 미술로, 소비적인 산업사회에 경각심을 불러일으킨다.

① 옵 아트　　　　② 정크 아트
③ 라이트 아트　　④ 미니멀 아트

09.

(가) ~ (다)를 제작된 시대 순으로 바르게 배열한 것은?

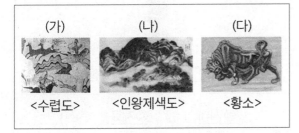

(가)	(나)	(다)
<수렵도>	<인왕제색도>	<황소>

① (가)→(나)→(다)　　② (나)→(가)→(다)
③ (나)→(다)→(가)　　④ (다)→(나)→(가)

10.

다음 설명에 해당하는 것은?

측
늑　　　　탁
책　　　　　책
락　　노　적

붓글씨로 한자를 쓸 때 사용되는 기본 점·획 여덟 가지 '측-늑-노-적-책-략-탁-책'을 익히도록 만든 운필 방법이다.

① 완법　　　　　② 삼묵법
③ 집필법　　　　④ 영자팔법

11.

유니버설 디자인에 대한 설명으로 적절하지 않은 것은?

① 기능보다는 외관의 아름다움을 중요시한다.
② 다양한 생활환경에서도 간단하고 직관적으로 사용할 수 있다.
③ 장애의 유무, 연령, 성별, 문화 등에 관계없이 사용할 수 있다.
④ 모든 사람이 편리하고 안전하게 사용할 수 있도록 만든 디자인이다.

12.

다음 설명에 해당하는 표현 기법은?

- 이 작품은 마그리트의 <심금>이다.
- 대상을 원래 있던 환경에서 이질적인 환경으로 옮겨 낯설고 기이한 만남을 연출했다.

① 프로타주　　　　② 데칼코마니
③ 데페이즈망　　　④ 자동기술법

13.

다음 설명에 해당하는 애니메이션의 원리는?

> 연속된 여러 장의 이미지를 빠르게 보여 주면, 전에 본 형상이 망막에 남아서 마치 움직이는 것처럼 보인다.

① 보색 ② 잔상
③ 명시성 ④ 주목성

14.

(가)와 (나)에 해당하는 색의 대비는?

> (가) : 같은 색이라도 면적의 크고 작음에 따라 명도와 채도가 다르게 보이는 현상이다.
> (나) : 같은 주황이라도 회색 배경 위의 주황이 빨간색 배경 위의 주황보다 더 선명하게 보이는 현상이다.

	(가)	(나)		(가)	(나)
①	명도 대비	보색 대비	②	면적 대비	채도 대비
③	색상 대비	명도 대비	④	채도 대비	색상 대비

15.

다음 설명에 해당하는 것은?

> - 이 작품은 라우션버그의 <모노그램>이다.
> - 채색된 화면에 사진이나 실제 사물을 결합함으로써 회화에 2차원 또는 3차원 물체를 도입했다.

① 스핀 아트 ② 액션 페인팅
③ 콤바인 페인팅 ④ 인터렉티브 아트

16.

다음 설명에 해당하는 건축물은?

> - 고대 그리스 건축물이다.
> - 이상적인 황금 비율(1 : 1.618)을 적용하여 안정감과 균형감이 있다.

① 콜로세움 ② 베르사유 궁전
③ 파르테논 신전 ④ 노트르담 대성당

17.

다음 설명에 해당하는 것은?

> - 투명한 판 밑에서 빛을 비추고 그 위에 모래로 형상을 표현하며 촬영한다.
> - 투과되는 빛의 양과 모래의 두께에 따라 다양한 톤 표현이 가능하다.

① 셀 애니메이션 ② 모래 애니메이션
③ 컴퓨터 애니메이션 ④ 클레이 애니메이션

18.

㉠, ㉡에 해당하는 것은?

< ㉠ ㉡ 대향로>

	㉠ 시대	㉡ 재료
①	백제	금동
②	백제	유리
③	고려	금동
④	고려	유리

19.

다음 두 작품의 공통된 회화 종류는?

신윤복, <쌍검대무>   브뤼헐, <농부의 결혼식>

① 문인화   ② 산수화
③ 추상화   ④ 풍속화

20.

다음 설명에 해당하는 판화는?

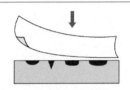

판의 패인 부분에 잉크를 밀어 넣고 프레스의 강한 압력으로 찍는다.

① 공판화   ② 평판화
③ 볼록 판화   ④ 오목 판화

21.

(가)와 (나)에 해당하는 전통 회화의 표현 방법은?

	(가)	(나)
①	구륵법	몰골법
②	구륵법	백묘법
③	몰골법	구륵법
④	백묘법	몰골법

22.

(가) ~ (라) 중 '유약 바르기' 순서에 해당하는 것은?

< 도자기 제작 과정 >

(가)→성형하기→(나)→
건조하기→(다)→초벌
구이→(라)→재벌구이

유약 바르기

① (가)   ② (나)
③ (다)   ④ (라)

23.

다음 설명에 해당하는 작품은?

- 안평대군의 꿈속에서 펼쳐진 신비로운 광경을 그린 그림이다.
- 현실 세계와 무릉도원인 이상 세계를 자연스럽게 연결하여 표현하였다.

①    ②

김정희, <세한도>   안견, <몽유도원도>

③    ④

조맹부, <작화추색도>   작자 미상, <십장생도>

24.

다음 설명에 해당하는 것은?

> 모터, 전기와 같은 동력 장치를 이용하거나 바람과 같
> 은 자연의 힘을 이용하여 움직이게 만든 작품이다.

① 스태빌 ② 그래피티
③ 픽토그램 ④ 키네틱 아트

25.

㉠에 해당하는 미술 비평 관점은?

> **미술 비평 활동지**
>
> 뭉크의 작품 <절규>에서 ㉠ 작가
> 내면의 불안과 공포의 감정이
> 강렬하게 느껴진다.
> ⋮

① 맥락주의 ② 모방주의
③ 표현주의 ④ 형식주의

2023년 1회 기출문제

01.

다음 설명에 해당하는 채색 재료는?

- 물감을 물에 개어 사용한다.
- 물의 양을 조절하여 겹침, 번짐, 흘림 등 다양한 기법이 가능하다.

① 목탄　　　　　② 파스텔
③ 수채 물감　　　④ 유채 물감

02.

조형 원리가 <u>아닌</u> 것은?

① 대비　　　　　② 동세
③ 율동　　　　　④ 질감

03.

다음 설명에 해당하는 것은?

글자의 형태, 색상, 배치 등의 요소를 디자인하여 의미와 감정을 시각화한다.

① 모자이크　　　② 캐리커처
③ 에코 디자인　　④ 타이포그래피

04.

다음 설명에 해당하는 것은?

- 특정한 장소나 전시 공간을 고려하여 제작된 작품이다.
- 관객은 작품이 놓인 전시 공간을 작품의 일부로 인식하여 공감각적 경험을 하게 된다.

① 마블링　　　　② 설치 미술
③ 자동기술법　　④ 일러스트레이션

05.

기명절지화의 소재로 가장 적절한 것은?

① 신화와 전설
② 산과 계곡 등의 자연 경치
③ 도교의 신선과 불교의 고승
④ 제기, 문구류, 꽃가지, 과일, 화초

06.

다음 설명에 해당하는 것은?

미켈란젤로, <천지창조>

- 회반죽을 바른 벽이 마르기 전에 물에 녹인 안료로 그린다.
- 습기에 약하고, 수정이 어려워 철저한 계획이 필요하다.

① 데생   ② 프레스코
③ 모노타이프   ④ 애니메이션

07.

판화의 판형과 종류가 바르게 연결된 것은?

① 공판 – 스텐실
② 평판 – 드라이포인트
③ 볼록판 – 실크 스크린
④ 오목판 – 석판화

08.

(가) ~ (다)를 제작된 시대순으로 바르게 배열한 것은?

(가)	(나)	(다)
<풍선 개>	<밀로의 비너스>	<칼레의 시민>

① (가)→(나)→(다)   ② (가)→(다)→(나)
③ (나)→(다)→(가)   ④ (다)→(가)→(나)

09.

다음 중 민화가 <u>아닌</u> 것은?

①
작자 미상, <모란도>

②
작자 미상, <문자도>

③
작자 미상, <책거리>

④
정선, <박연폭포>

10.

초현실주의에 대한 설명이 <u>아닌</u> 것은?

① 꿈과 무의식의 세계를 표현했다.
② 직접 경험한 객관적 사실을 표현했다.
③ 대표 작가로는 달리, 마그리트 등이 있다.
④ 감상자에게 현실을 초월한 상상의 세계를 경험시킨다.

11.

다음 대화 내용에 해당하는 미술 비평 관점은?

작품에서 다양한 사물들이 상징하는 것은 무엇일까요?

해골은 죽음을 상징하는 것 같아요.

① 도상학적 비평   ② 인상주의 비평
③ 표현주의 비평   ④ 형식주의 비평

12.

다음 설명에 해당하는 발상 방법은?

<날개 달린 배의 출항>

- 서로 상관없는 사물이나 아이디어를 인위적으로 연결하여 새로운 주제를 탐색하는 방법이다.
- 쿠쉬는 나비와 배를 조합하여 실제로 존재하지 않는 상상 속 장면을 만들어 냈다.

① 분해
② 마인드맵
③ 강제 결합
④ 체크리스트

13.

다음 설명에 해당하는 공예는?

종이를 꼬고 엮거나 덧붙여서 만든다.

① 목공예
② 지공예
③ 금속 공예
④ 유리 공예

14.

다음 설명에 해당하는 것은?

<샘>

- 기성품을 작가가 선택하고 전시함으로써 그것에 새로운 의미를 부여한 것이다.
- 뒤샹은 변기라는 기존의 사물을 그 자체로 전시함으로써 이 개념을 창안하였다.

① 드로잉
② 레디메이드
③ 키네틱 아트
④ 콤바인 페인팅

15.

다음 설명에 해당하는 조형 요소는?

<춤추는 사람들>

- 작품에 표현된 대상의 부피, 무게 등의 느낌을 말한다.
- 보테로는 인체의 덩어리감을 강조하여 유머러스하게 표현했다.

① 면
② 선
③ 양감
④ 통일

16.

다음 설명에 해당하는 전각의 종류는?

사람, 식물, 동물 등의 형상을 간결하게 새긴 것이다.

①
사구인

②
성명인

③
아호인

④
초형인

17.

다음 설명에 해당하는 작가는?

< 세한도 >

- 조선 말기 문인 화가이다.
- 추사체로 불리는 독창적인 서체를 창안하였다.

① 김정희   ② 박수근
③ 백남준   ④ 이중섭

18.

전통 회화 기법 중 진채화에 대한 설명으로 적절한 것은?

① 수묵에 엷은 채색을 곁들인다.
② 먹물을 흠뻑 적셔 번지도록 표현한다.
③ 농묵, 중묵, 담묵을 한 붓으로 표현한다.
④ 물감을 여러 번 덧칠하여 두껍고 화려하게 채색한다.

19.

다음 설명에 해당하는 양식은?

< 사르트르 대성당 >

- 13 ~ 14세기 중세 예술 양식이다.
- 높이 치솟은 뾰족한 첨탑과 화려한 스테인드글라스로 종교적 신비감을 고조시킨다.

① 고딕   ② 로코코
③ 르네상스   ④ 고대 그리스

20.

빈칸에 해당하는 것은?

국보 83호, 〈□□□미륵보살반가사유상〉

① 금동   ② 목조
③ 석조   ④ 유리

21.

포장 디자인이 갖추어야 할 조건이 <u>아닌</u> 것은?

① 상품을 안전하게 보호한다.
② 실내 공간을 아름답게 장식한다.
③ 상품의 정보를 소비자에게 전달한다.
④ 상품을 운반하거나 정리하기 편리하다.

22.

다음 작품이 제작된 시대의 미술의 특징은?

< 반구대 암각화 >

① 현대 대중문화의 이미지를 미술의 소재로 삼았다.
② 불교를 기반으로 화려한 미술 문화를 형성하였다.
③ 종족의 번성과 풍요를 기원하는 주술적 목적을 지닌다.
④ 유교와 실학을 바탕으로 한 소박하고 실용적인 미술이다.

23.

다음 설명에 해당하는 것은?

- 이탈리아어로 '구운 흙'이라는 의미이다.
- 점토로 형태를 제작한 후 구워내어 내구성을 높인다.

① 콜라주   ② 테라코타
③ 데칼코마니   ④ 데페이즈망

24.

다음 설명에 해당하는 것은?

아르망, <장기주차장>

여러 가지 폐품이나 주변의 물건을 집적, 집합, 조합하여 만드는 입체 조각이다.

① 드리핑   ② 크로키
③ 프로타주   ④ 어셈블리지

25.

다음 설명에 해당하는 시대의 작품은?

- 절대 권력, 태양 숭배, 영혼 불멸 신앙을 바탕으로 한다.
- 얼굴과 발은 옆모습을, 눈과 상체는 앞모습을 그리는 정면성이 나타난다.

①    ②

③    ④

01.

다음 설명에 해당하는 전통 회화는?

풀과 벌레, 곤충을 소재로 하여 그린 그림이다.

① 산수화　　　　② 초충도
③ 화조화　　　　④ 기명절지화

02.

㉠에 해당하는 것은?

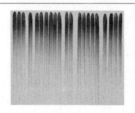

이우환, <㉠ 으로부터 >

- 연속된 점들이 모인 것으로 대상의 윤곽을 나타낸다.
- (㉠)의 굵기, 속도감, 방향, 힘 등에 따라 느낌이 다르다.

① 색　　　　　② 선
③ 원근　　　　④ 질감

03.

다음 설명에 해당하는 것은?

색상환에서 서로 마주 보는 색끼리 배색할 때 선명한 인상을 주는 현상이다.

① 가산 혼합　　　　② 감산 혼합
③ 면적 대비　　　　④ 보색 대비

04.

다음 설명에 해당하는 서체는?

- 정자체와 흘림체가 있다.
- 조선 시대 궁중에서 궁녀들이 사용하였다.

① 궁서체　　　　② 전서체
③ 초서체　　　　④ 판본체

05.

다음 설명에 해당하는 것은?

- 우리나라 전통색으로 다섯 방위를 상징하는 색이다.
- 청색, 백색, 적색, 흑색, 황색이 있다.

① 무채색　　　　② 삼원색
③ 오방색　　　　④ 유사색

06.

홀치기염의 제작 과정을 순서대로 바르게 배열한 것은?

(가) 천을 염료에 담가 염색한다.
(나) 천을 묶은 실을 풀고 찬물에 헹군다.
(다) 천을 실로 묶거나 매듭짓는다.

① (가)→(나)→(다)
② (나)→(가)→(다)
③ (나)→(다)→(가)
④ (다)→(가)→(나)

07.

다음 설명에 해당하는 판화는?

- 물과 기름의 반발 원리를 이용한다.
- 판을 새기지 않고 평평한 판면에 유성 재료로 그린 후 잉크를 묻혀 찍는다.

① 목판화
② 석판화
③ 스텐실
④ 고무 판화

08.

다음 설명에 해당하는 것은?

쿠쉬, <아프리카 소나타>

- 스캠퍼(SCAMPER) 발상법 중 하나로, 두 가지 이상의 대상을 연결하여 표현한다.
- 쿠쉬는 동물과 악기를 함께 조합하였다.

① 결합(Combine)
② 마인드맵(Mindmap)
③ 만다라트(Mandal-Art)
④ 체크리스트(Checklist)

09.

다음 설명에 해당하는 건축물은?

- 로마 시대에 제작되었다.
- 경기장 겸 극장으로 사용되었다.

① 경복궁
② 콜로세움
③ 타지마할
④ 파르테논

10.

다음 설명에 해당하는 표현 기법은?

- 잭슨 폴록은 캔버스에 물감을 떨어뜨리거나 뿌리는 등 즉흥적인 방식으로 작품을 제작하였다.
- '그린다'는 행위 자체에 가치를 둔다.

① 마블링
② 스크래치
③ 데칼코마니
④ 액션 페인팅

11.

다음 설명에 해당하는 것은?

- 건물의 벽면이나 설치물 전체를 덮을 만큼 거대한 크기로 제작되는 디자인이다.
- 건축물을 벽화나 그래픽 디자인으로 장식하여 환경을 개선한다.

① 레디메이드
② 슈퍼 그래픽
③ 의상 디자인
④ 제품 디자인

12.

㉠에 들어갈 교사의 말로 가장 적절한 것은?

완성한 목탄 그림이 손에 묻어 그림이 뭉개져요. 어떻게 보관하면 좋을까요?

목탄이나 파스텔로 그린 그림은 손상되지 않도록 완성한 후에 ㉠

① 소성을 해야 해요.
② 정착액을 뿌려야 해요.
③ 비눗물을 발라야 해요.
④ 부식액에 담가 놓아야 해요.

13.

다음 작품에 대한 설명으로 옳지 않은 것은?

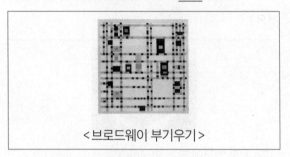

< 브로드웨이 부기우기 >

① 몬드리안의 작품이다.
② 차가운 추상에 해당한다.
③ 풍경을 사실적으로 묘사하였다.
④ 기하학적 요소로 화면을 구성하였다.

14.

다음 설명에 해당하는 전통 회화는?

- 시·서·화를 한 화면에 조화롭게 표현하였다.
- 직업 화가가 아닌 선비나 사대부들이 그린 그림이다.

① 민화
② 불화
③ 문인화
④ 일월오봉도

15.

(가) ~ (다)를 제작된 시대 순서대로 바르게 배열한 것은?

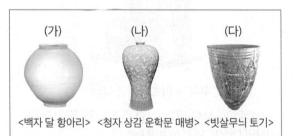

<백자 달 항아리> <청자 상감 운학문 매병> <빗살무늬 토기>

① (가)→(나)→(다)
② (나)→(가)→(다)
③ (다)→(가)→(나)
④ (다)→(나)→(가)

16.

다음 설명에 해당하는 것은?

종이를 오려 만든 인형을 배경 위에서 움직여 가며 촬영한다.

① 플립 북
② 모래 애니메이션
③ 클레이 애니메이션
④ 컷 아웃 애니메이션

17.

다음 설명에 해당하는 미술 사조는?

시냐크, <파페 성>

- 인상주의 기법에 색채 이론을 적용하여 발전시켰다.
- 팔레트에서 색을 혼합하는 대신 캔버스에 무수한 색점을 병치한 점묘법을 사용하였다.

① 다다이즘　　　② 대지 미술
③ 신인상주의　　④ 초현실주의

18.

다음 설명에 해당하는 작가는?

<매릴린 먼로>

- 20세기 미국 팝 아트의 선구자이다.
- 대중에게 친숙한 이미지를 작품의 소재로 선택하였다.
- 실크 스크린 기법으로 작품을 대량 생산하였다.

① 피카소　　　　② 반 고흐
③ 앤디 워홀　　　④ 벨라스케스

19.

다음 작품과 관계가 있는 것은?

미켈란젤로, <피에타>

① 두상　　　　　② 흉상
③ 반신상　　　　④ 전신상

20.

전각의 종류와 그 설명이 바르게 연결된 것은?

① 아호인 : 호를 새긴 인장
② 사구인 : 그림을 새긴 인장
③ 초형인 : 이름을 새긴 인장
④ 성명인 : 좋아하는 문구를 새긴 인장

21.

다음 설명에 해당하는 것은?

샤르댕, <파이프와 물병>

과일, 꽃, 기물 등의 움직이지 않는 대상을 배치하여 그리는 그림이다.

① 인물화   ② 정물화
③ 풍경화   ④ 풍속화

22.

다음 설명에 해당하는 것은?

오펜하임, <나의 보모>

- 현대 조소의 표현 방법이다.
- 작가가 일상의 물건을 선택하여 새로운 의미를 부여한 물체이다.

① 오브제   ② 모자이크
③ 영자팔법   ④ 프로타주

23.

다음 설명에 해당하는 동양화의 비평 기준은?

고전을 충실히 모사하여 전통적인 묘사 기법을 수련하고 체득하였는가를 평가하는 기준이다.

① 경영위치(經營位置)
② 골법용필(骨法用筆)
③ 기운생동(氣韻生動)
④ 전이모사(轉移模寫)

24.

다음 설명에 해당하는 것은?

- 삼원법의 하나로 산의 깊이를 강조할 때 적합한 원근법이다.
- 위에서 아래를 내려다보는 시점으로 그리는 방법이다.

① 구륵법   ② 몰골법
③ 심원법   ④ 평원법

25.

다음 설명에 해당하는 것은?

- 독일을 중심으로 일어난 표현주의 작품이다.
- 작가 내면의 불안과 공포를 왜곡된 형태와 색채로 표현하였다.

①

뭉크
<절규>

②

다빈치
< 모나리자 >

③

척 클로스
<필>

④

페르메이르
< 우유 따르는 여인 >

01.

다음 설명에 해당하는 것은?

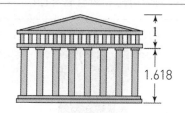

< 파르테논 신전 >

시각적으로 가장 균형적이고 이상적인 비율이다. 파르테논 신전, 밀로의 비너스 등에서 찾아볼 수 있다.

① 마방진
② 스태빌
③ 황금비
④ 회전 혼합

02.

다음 설명에 해당하는 것은?

- 이 작품은 저드의 <무제> 이다.
- 주관성을 배제하고 최소한의 조형 요소만을 이용하여 간결한 형태로 표현하였다.

① 옵 아트
② 팝 아트
③ 다다이즘
④ 미니멀 아트

03.

다음 설명에 해당하는 것은?

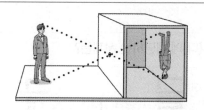

- 사진기의 원형으로 화가들이 대상을 재현하는 보조 수단으로 사용했다.
- 어두운 방에 작은 구멍을 뚫어 반대쪽 벽에 거꾸로 비친 대상을 그려 낸다.

① 카툰
② 애니메이션
③ 타이포그래피
④ 카메라 옵스큐라

04.

다음 설명에 해당하는 공예는?

- 나무를 이용하여 물건을 만드는 공예이다.
- 가공이 용이하지만 물에 약하고 부패할 수 있다는 단점이 있다.

① 목공예
② 금속 공예
③ 도자 공예
④ 유리 공예

05.

다음 설명에 해당하는 재료는?

- 안료를 점토, 물과 함께 반죽하여 구운 것이다.
- 유성을 띠고 있어 진하고 윤기 나는 표현이 가능하지만 수정이 어렵다.

① 목탄
② 콩테
③ 템페라
④ 수채 물감

06.

(가)와 (나)에 해당하는 서체는?

글월	글월
(가)	(나)

	(가)	(나)
①	궁서체	판본체
②	판본체	초서체
③	판본체	궁서체
④	초서체	궁서체

07.

다음 설명에 해당하는 것은?

전철이나 건물의 벽면에 낙서처럼 그린 그림이다. 적극적인 사회 참여를 통해 대중과 소통하는 공공 미술의 한 분야이다.

① 모빌
② 그래피티
③ 비디오 아트
④ 스트리트 퍼니처

08.

다음 중 오방색이 아닌 것은?

① 백색
② 청색
③ 황색
④ 분홍색

09.

다음 설명에 해당하는 판화의 종류는?

판 위에 헝겊, 종이, 나뭇잎 등 요철이 있는 다양한 재료를 붙이고 찍어 내어, 재료의 재질감을 그대로 표현하며, 콜라주 판화라고도 한다.

① 석판화
② 스텐실
③ 고무 판화
④ 콜라그래프

10.

다음 설명에 해당하는 시대는?

< 수렵도 >

- 씩씩하고 용맹한 북방 민족의 호방한 문화가 형성되었다.
- 쌍영총, 무용총 등의 고분 벽화에서 종교관과 생활상을 엿볼 수 있다.

① 고구려
② 통일 신라
③ 고려
④ 조선

11.

다음 설명에 해당하는 전각은?

> 주문인은 글씨 부분을 남기고 배경을 파내는 양각 기법으로 글자가 붉게 보인다.

①    ②

③   ④

12.

다음 설명에 해당하는 원근법은?

> 풍경을 그릴 때 명암, 색조 등에 변화를 주어 가까이 있는 것은 선명하고 강하게, 멀리 있는 것은 흐리고 약하게 표현한다.

① 삼원법　　　　　② 역원근법
③ 색채 원근법　　　④ 투시 원근법

13.

(가) ~ (다)를 제작된 시대 순서대로 바르게 배열한 것은?

(가)	(나)	(다)

마티스 작품	루벤스 작품	리히텐슈타인 작품

① (가)→(나)→(다)　② (나)→(가)→(다)
③ (나)→(다)→(가)　④ (다)→(나)→(가)

14.

캐리커처에 대한 설명으로 가장 적절한 것은?

① 사용자가 직접 제작한 영상 콘텐츠이다.
② 인물을 익살스럽게 과장하여 표현한 그림이다.
③ 전통 회화에서 산이나 바위 등을 표현하는 방법이다.
④ 기업이나 단체의 이미지를 시각적으로 표준화하는 것이다.

15.

다음 두 작품의 공통점이 <u>아닌</u> 것은?

로댕, <청동 시대>	김복진, <소년>

① 군상　　　　② 입상
③ 환조　　　　④ 전신상

16.

전통 회화의 표현 소재에 따른 분류가 옳은 것을 <보기> 에서 고른 것은?

> <보기>
>
> ㄱ. 산수화 : 산과 들, 계곡
> ㄴ. 어해화 : 물고기와 게
> ㄷ. 영모화 : 풀과 벌레
> ㄹ. 초충도 : 털 짐승이나 새

① ㄱ, ㄴ　　　　② ㄱ, ㄹ
③ ㄴ, ㄷ　　　　④ ㄷ, ㄹ

17.

⊙에 공통으로 해당하는 것은?

작품 보고서		
	제목	백자 달 ⊙
	제작 시기	조선
	도자기의 종류	백자
	도자기의 형태	⊙
특징	보름달과 같은 형태로 너그러움과 여유가 느껴진다. …(생략)…	

① 매병   ② 연적

③ 편병   ④ 항아리

18.

다음 설명에 해당하는 작품이 <u>아닌</u> 것은?

대상의 구체적인 형상을 재현하지 않고 점, 선, 면, 형 등의 순수한 조형 요소만으로 표현한 그림이다.

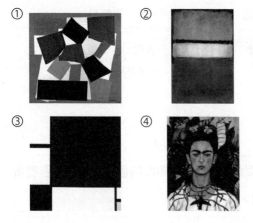

①   ②

③   ④

19.

다음 설명에 해당하는 직업은?

박물관이나 미술관에서 작품 및 작가에 대해 설명하여 관람자의 이해를 돕는 직업이다.

① 도슨트   ② 미술 치료사

③ 푸드 스타일리스트   ④ 메디컬 일러스트레이터

20.

다음 설명에 해당하는 미술 사조는?

- 이 작품은 밀레의 <이삭줍기>이다.
- 자연의 풍경과 농촌의 생활을 사실적으로 표현하였다.

① 미래주의   ② 야수주의

③ 자연주의   ④ 신고전주의

21.

다음 작품에 대한 설명으로 옳지 <u>않은</u> 것은?

김홍도 작품

① 조선 후기에 제작되었다.

② 작품 제목은 <무동>이다.

③ 캔버스에 유채 물감으로 그렸다.

④ 당시 생활상을 그린 풍속화이다.

22.

다음 설명에 해당하는 비평 관점은?

대상을 얼마나 정확하게 재현하였는지 판단하는 비평 관점이다.

① 맥락주의   ② 모방주의

③ 표현주의   ④ 형식주의

23.

다음 중 사군자에 해당하는 것은?

①
<풍죽도>

②
<묵포도도>

③
<고사관수도>

④
<봉수당진찬도>

24.

포트폴리오에 대한 설명으로 가장 적절한 것은?

① 작품의 제작 과정과 결과를 모은 작품집이다.
② 렌즈를 통과하는 빛의 양을 조절하는 장치이다.
③ 도시 환경 개선을 위해 제작하는 대형 벽화이다.
④ 윤곽선 없이 면을 살려 한 붓에 그리는 기법이다.

25.

다음 설명에 해당하는 것은?

관객을 작품과 상호 작용하도록 하여 작품을 만들어 가는 예술이다. 작품에 설치된 센서, 카메라 등이 관객의 움직임을 인식하여 반응과 참여를 유도한다.

① 프로타주
② 레디메이드
③ 어셈블리지
④ 인터랙티브 아트

01.

다음 설명에 해당하는 재료는?

- 그을음과 아교, 향료를 혼합하여 굳힌 것이다.
- 전통 회화에서 주로 사용하며 농담과 번짐의 효과를 낼 수 있다.

① 먹
② 펜
③ 연필
④ 파스텔

02.

다음 두 그림의 공통점은?

<바니타스>　　　　<기명절지화>

① 산수화
② 인물화
③ 정물화
④ 풍경화

03.

다음 대화에서 A와 B가 이야기하는 디자인의 조건을 바르게 연결한 것은?

A : 기능과 목적에 맞는 디자인이 좋은 디자인이야.
B : 기존의 디자인과 다른 차별성을 지니는 것도 중요해.

	A	B		A	B
①	기능성	경제성	②	기능성	독창성
③	독창성	경제성	④	심미성	독창성

04.

다음 설명에 해당하는 작품은?

- 순수 예술과 대중 예술 사이의 벽을 허문 팝 아트 작품이다.
- 대량 생산된 상품을 반복적으로 표현하였다.

① 　　　　　　　　　　②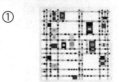

몬드리안,　　　　　로스코,
<브로드웨이 부기우기>　　<무제>

③ 　　　　④

워홀,　　　　　반 고흐,
<캠벨 수프 캔>　　　<해바라기>

05.

다음 설명에 해당하는 도자기의 종류는?

- 조선 초기에 유행하였다.
- 청자에 흰색 분을 칠해서 백자처럼 보이도록 한 것으로 회청색 또는 회황색을 띤다.

① 백자
② 옹기
③ 토기
④ 분청사기

06.

다음 설명에 해당하는 판화는?

- 나무판에 조각칼로 형상을 새긴다.
- 판의 볼록한 부분에 잉크를 묻혀 찍는다.

① 에칭 ② 목판화
③ 석판화 ④ 스텐실

07.

(가) ~ (다)의 건축물을 제작된 시대 순서대로 바르게 배열한 것은?

(가)	(나)	(다)
<피사 대성당>	<바우 하우스>	<파르테논 신전>

① (가)→(나)→(다) ② (나)→(다)→(가)
③ (다)→(가)→(나) ④ (다)→(나)→(가)

08.

문화재 복원 전문가에 대한 설명으로 옳은 것은?

① 작가와 작품을 섭외하고 전시를 총괄한다.
② 전시 관련 교육 프로그램을 계획하고 개발한다.
③ 정보를 효과적으로 전달하기 위해 삽화를 그린다.
④ 유물이나 미술품이 손상되었을 때 원형에 가깝게 복원한다.

09.

㉠에 해당하는 조형 원리는?

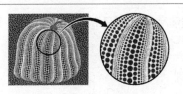

쿠사마 야요이, <황색호박>

㉠ 은/는 형, 색, 명암 등이 점진적으로 변화하는 것으로 방향성을 느끼게 한다.

① 공간 ② 보색
③ 점이 ④ 채도

10.

브레인스토밍을 할 때 유의 사항으로 옳지 않은 것은?

① 되도록 많은 아이디어를 모은다.
② 타인의 생각을 경쟁적으로 비판한다.
③ 자유롭고 편안한 분위기를 조성한다.
④ 아이디어를 점차 확장하고 발전시킨다.

11.

㉠에 공통으로 해당하는 것은?

- 만 원권에는 세종 대왕의 어진과 ㉠ 가 그려져 있다.
- 조선 시대 왕이 앉는 곳 뒤에 다섯 개의 산봉우리와 해, 달, 소나무를 그린 ㉠ 를 병풍으로 두었다.

① 문자도 ② 어해화
③ 초충도 ④ 일월오봉도

12.

다음 설명에 해당하는 것은?

> 자연물에서 얻은 염료로 옷이나 천 등을 물들이는 공예이다.

① 목공예 ② 지공예
③ 염색 공예 ④ 유리 공예

13.

다음 작품에 대한 설명으로 옳은 것은?

칼로, <가시 목걸이와 벌새가 있는 자화상>

① 수묵 담채로 그린 산수화이다.
② 국가의 행사를 기록하기 위해 그렸다.
③ 순수한 조형 요소와 원리만으로 표현한 추상화이다.
④ 가시 목걸이를 한 자신의 모습을 통해 정신적 고통을 표현하였다.

14.

다음 조각에 대한 설명으로 옳은 것을 모두 고른 것은?

<석굴암 본존불>

ㄱ. 돌을 깎아 만들었다.
ㄴ. 종교적인 목적으로 제작되었다.
ㄷ. 동력을 이용하여 움직이는 작품이다.
ㄹ. 기성품을 선택하여 작품으로 제시하였다.

① ㄱ, ㄴ ② ㄱ, ㄷ
③ ㄴ, ㄷ ④ ㄷ, ㄹ

15.

다음 설명에 해당하는 것은?

> 비디오, 텔레비전, 영화 등의 대중 매체와 컴퓨터 기술을 활용하는 매체 예술을 말한다.

① 마블링 ② 미디어 아트
③ 데칼코마니 ④ 물감 번지기

16.

다음 설명에 해당하는 미술 사조는?

모네, <인상, 해돋이>

- 빛에 의해 시시각각 변화하는 색채를 표현하였다.
- 대표적인 화가로 모네, 르누아르 등이 있다.

① 인상주의 ② 자연주의
③ 표현주의 ④ 초현실주의

17.

이모티콘에 대한 설명으로 옳은 것은?

① 손으로 쓴 개성 있는 글자체를 말한다.
② 옛 그림의 모사를 통해 선인들의 기법을 체득하여 그린다.
③ 일상생활에서 생기는 잡동사니, 폐품 등을 활용하여 만든다.
④ 온라인에서 감정이나 메시지를 전달하기 위한 그림 기호이다.

18.

다음의 전통 회화 묘법에 대한 설명으로 옳은 것은?

백묘법

① 먹선으로 윤곽선만 표현한다.
② 물감을 여러 번 두껍게 채색한다.
③ 윤곽선 없이 면을 살려 한 붓에 그린다.
④ 윤곽선을 그린 후 그 안을 먹이나 채색으로 채워 넣는다.

19.

다음 설명에 해당하는 것은?

서화에 도장을 찍기 위해 나무, 돌 등의 재료에 글자나 그림을 새기는 것이다.

① 농담
② 사진
③ 여백
④ 전각

20.

다음 설명에 해당하는 것은?

- 미술의 물질성보다 아이디어를 중시하는 미술 경향이다.
- 언어적 의미와 내용, 작가의 사고 과정을 중시하는 미술이다.

① 옵아트
② 개념 미술
③ 대지 미술
④ 키네틱 아트

21.

다음 작품의 표현 방법과 자세에 따른 분류로 옳은 것은?

로댕, <생각하는 사람>

	표현 방법	자세에 따른 분류
①	부조	입상
②	부조	좌상
③	환조	입상
④	환조	좌상

22.

다음 설명에 해당하는 것은?

컴퓨터상 가상의 X축, Y축, Z축으로 입체 공간을 만들고, 3차원 모델이나 캐릭터를 등장시켜 움직임을 표현한다.

① 캐리커처
② 픽토그램
③ 3D 애니메이션
④ 유니버설 디자인

23.

환경 디자인에 대한 설명으로 옳지 <u>않은</u> 것은?

① 소비를 부추기는 경제적 가치가 가장 중요시된다.

② 주변 환경과의 조화와 균형을 이루도록 디자인한다.

③ 생활 공간과 자연 공간을 아름답고 쾌적하게 만든다.

④ 기념비 조각이나 스트리트 퍼니처, 벽화 등이 포함 된다.

24.

㉠과 ㉡에 들어갈 조형 요소로 옳은 것은?

쿤스, <풍선 개>

| 풍선으로 만든 개의 형상을 풍성한 | ㉠ | 와/과 매 끈한 | ㉡ | 으로 표현 하였다. |

	㉠	㉡		㉠	㉡
①	대비	율동	②	양감	율동
③	양감	질감	④	대비	질감

25.

다음 보고서에 드러난 비평 관점은?

미술 비평 보고서

작가	김정희
제목	세한도

작가는 추운 겨울에도 시들지 않고 서 있는 소나무와 잣나무를 통해 지조 있는 선비의 기상과 정신을 표현하고자 하였다.

① 작가의 의도를 파악하는 관점

② 감상자의 인상을 중요시하는 관점

③ 조형 요소로 작품의 가치를 판단하는 관점

④ 대상과 닮게 그렸는가를 기준으로 비평하는 관점

블랙고시마스터 SHIN 2025 대비 고졸 검정고시 기출문제집(문제)

발행일 2025년 1월 2일

발행인 조순자
펴낸곳 인성재단(지식오름)
편저자 블랙고시마스터 신
표지디자인 김지원
편집디자인 김지원

정 가 33,000원   **ISBN** 979-11-93686-82-9 (전 2권)